普通高等教育"十一五"国家级规划教材

现代化学基础实验

（第三版）

主　编　张　勇

副主编　童志平　李　绛

科学出版社

北　京

内 容 简 介

本书是普通高等教育"十一五"国家级规划教材。

本书由七部分组成，主要内容包括化学基本原理实验和物理化学量的测定，常见元素及化合物的性质及离子(基团)的分离鉴定，化合物的制备、提纯、分析检测，化学及其技术在工业和日常生活中的应用，基本仪器操作和基本实验技术等。书后有参考文献和附录。本书精心选编整合了无机化学(普通化学)、物理化学、分析化学、有机化学和仪器分析等课程的86个实验，其中41个基础实验和26个应用实验为各类专业的基础化学实验组合提供了较大的选择空间，19个综合实验与设计研究实验用于提高学生的综合实验技能和设计实验能力。

本书可作为高等院校地质、矿产、石油、环境、冶金、材料等非化学化工专业本科生的基础化学实验教材，也可作为相关科研人员和教师的参考书。

图书在版编目(CIP)数据

现代化学基础实验/张勇主编．—3版．—北京：科学出版社，2010.8
普通高等教育"十一五"国家级规划教材
ISBN 978-7-03-028496-9

Ⅰ.①现… Ⅱ.①张… Ⅲ.①化学实验-高等学校-教材 Ⅳ.①O6-3

中国版本图书馆CIP数据核字(2010)第150166号

责任编辑：丁 里 王国华 / 责任校对：鲁 素
责任印制：张 伟 / 封面设计：耕者设计工作室

科学出版社出版
北京东黄城根北街16号
邮政编码：100717
http://www.sciencep.com
北京厚诚则铭印刷科技有限公司 印刷
科学出版社发行 各地新华书店经销
*
2000年8月第 一 版 开本：B5(720×1000)
2005年8月第 二 版 印张：20 1/2
2010年8月第 三 版 字数：408 000
2023年6月第十五次印刷

定价：49.00元

(如有印装质量问题，我社负责调换)

第三版前言

《现代化学基础实验》第一版于 2000 年出版，经 2005 年修订再版后，较好地满足了高等学校基础化学教学改革深化发展以及对大学生实践能力培养的要求，得到了同行专家的好评和兄弟院校的支持，使用面不断扩大。

按照非化学化工类工科专业对基础化学教学基本要求，力图更充分地体现高等教育改革精神，反映社会发展科技进步和基础化学教学改革实践的成果，本书作为普通高等教育"十一五"国家级规划教材再次修订出版。

党的二十大报告指出："坚持以人民为中心发展教育，加快建设高质量教育体系，发展素质教育，促进教育公平。"本书保持了第二版的体系和结构，并在此基础上对教材内容做了相应的充实和调整。在前 3 章的内容中，增加了现代化学实验基础知识的介绍；加大了无机化学、有机化学和分析化学基础实验的比例，增加了物质合成制备和组成分析的内容，同时尽量介绍学校应用较广的新型仪器和设备。在实验内容方面，对基础实验和基本应用实验的内容没有做大的变动，主要结合教学实践经验总结，对一些实验的试剂用量和具体操作进行了适当调整，增加了应用实验、综合实验与设计研究实验。根据理论教材的章节充实实验，尽量做到普遍性、综合性、先进性和趣味性相结合，有浅有深，深入浅出，以便不同学校与不同专业根据教学和学时的需要选择实验内容，以达到验证理论、巩固知识和实验操作技能训练的最佳组合。

本书由成都理工大学、西南交通大学、内蒙古科技大学和西北民族大学等高校的教师共同编写，由张勇任主编，童志平和李绛任副主编。具体分工如下：张勇，绪论，第 1 章、实验五、十～十二、十五、十六、六十三、六十四、六十八、七十六～七十九；童志平，实验一、三、四、十八～二十一、六十七、七十、七十一、八十、八十一；李绛，第 2 章，实验六、八、九、二十六、二十七、四十三；蔡颖，实验二、五十～五十三、八十五；韩凤兰，实验十七、五十七～六十；万涛，第 1 章 1.2.9，实验六十九、七十二、七十五、八十四；刘光灿，实验三十三～四十一；王关明，实验二十三～二十五、二十八～三十一、四十二；徐进勇，实验四十八、五十四～五十六、八十二；李霖，实验七、三十二、四十四、四十九、八十三；胡子文，实验十三、十四、四十五～四十七；许书霞，实验六十一、六十二、六十五、六十六；张若曦，附录，实验二十二、七十三、七十四、七十六～七十八、八十六；第 3 章由童志平和张勇共同编写。全书由张勇策划、整理和统稿。

在本书编写和修订过程中一直得到各参编学校相关院系领导与同事的支持及

帮助，科学出版社的领导和编辑对本书的出版发行与推广应用给予了极大的关心及指导，本书还吸收和借鉴了一些兄弟院校实验改革的内容与成果，使用第一版和第二版教材的许多老师也对本次修订提出了许多宝贵意见，编者在此一并表示最衷心的感谢。

由于编者水平有限，书中的错误和问题在所难免，恳请有关专家、同行和使用教材的师生批评指正。

编　者

2023 年 6 月于成都

第二版前言

《现代化学基础实验》是教育部面向21世纪课程教材《现代化学基础》的配套教材。第一版于2000年出版,5年来,社会经济和科技迅猛发展,高等教育和教学改革不断深化,社会对学生的实践能力要求越来越高,实验教材必须满足这种要求;《现代化学基础》理论教材改版后,又增加了一些新的内容。第一版实验教材已经不能适应社会发展和理论教材内容的要求,对其修订是很必要的。

《现代化学基础实验》(第二版)为了与《现代化学基础》(第二版)配套,力图充分体现高等教育改革精神,按照非化学化工类工科专业对基础化学教学基本要求和理论教材的内容,反映"面向21世纪工科(非化工类)专业化学系列课程体系与教学内容改革"和近年教学实践的成果。在保持2000年第一版《现代化学基础实验》的体系和主线的基础上,对实验内容作了相应的充实、调整和取舍,加大了无机化学、有机化学和分析化学基础实验的比例,增加了物质合成和组分分析的内容,同时增加了一些新型仪器设备的介绍。由于实验内容较以前增大,全书由原来的四章调整为六章,将实验部分分为基础实验、应用实验、综合实验与设计研究实验三章,便于不同学校和不同专业根据教学和学时的需要选择实验内容,以达到验证理论、巩固知识和实验操作技能训练的最佳组合。在设计研究实验中,增加了实验背景和参考文献,引导学生了解实验的应用意义和研究现状,帮助学生独立完成实验,提高学生科学研究的能力。

本书由成都理工大学、昆明理工大学、西南交通大学、内蒙古科技大学等高校的教师共同编写。由张勇任主编,胡显智和童志平任副主编。具体分工为:张勇(绪论,第一章1.1~1.2.8,第三章,附录Ⅰ~Ⅸ,实验五、六十三、六十四、六十九、七十六);胡显智(第二章、实验二十三~二十五、七十七、七十八);童志平(实验一、三、四、十九~二十二、六十七、六十八、七十、七十二、七十三);蔡颖(实验二、五十~五十三、八十三,附录Ⅹ);万涛(第一章1.2.9、实验七十一、七十四、七十五、八十一、八十三);司云森(实验十、三十七~四十);杨保民(实验五十七~六十二);陈阵(实验十一~十八);钟传蓉(实验四十五~四十七、六十五、六十六);李绛(实验六、八、九、二十六、二十七、四十三);刘光灿(实验三十三~三十六、四十一、八十四);王关民(实验二十八~三十一、四十二);徐进勇(实验四十八、五十四~五十六、六十一、七十九);李霖(实验七、三十二、四十四、四十九、八十)。全书由张勇策划、整理和统稿。

本教材编写过程中,一直得到各参编学校相关院系领导和同事们的支持和帮章，附录，实验三十七、三十八、四十三、四十四、四十五、四十六），胡忠鲠（实验二十一、四十九、五十、五十一、五十二、五十三），李瑜（实验四、六、十一、十三、十八、二十五、二十六、二十七、二十八、三十三、四十八），王关民（实验二、七、八、九、十四、十五、十七、十九、二十三、二十四、三十五、四十），李霖（实验三、五、十、十二、二十、二十二、三十六、四十一、四十二），郑亚西（实验一、十六、二十九、三十、三十一、三十二、三十四、三十九、四十七）。全书由张勇统稿，胡忠鲠全面审定。

本书编写过程中得到高等工科院校普通化学课程教学指导组的指导和帮助，受到成都理工学院应用化学系的领导和同志们给予的关心和支持，同时吸收借鉴了一些兄弟院校的实验研究成果，在此一并表示感谢。

由于编者水平所限，将普通化学、物理化学、分析化学、有机化学实验课合编为一本篇幅较小的实验教材，是一种教学改革尝试，难免有错误和不足之处，恳请读者批评指正。

编　者

2000 年 3 月

目　录

绪　论

0.1　化学基础实验的目的和要求

0.1.1　化学基础实验的目的

化学是一门实践性很强的学科。化学基础实验是基础化学教学不可缺少的重要组成部分。通过学生独立地进行实验操作、观察和记录实验现象、分析问题、归纳知识、撰写报告等多方面的训练，学生可对学到的基本知识、基本理论进行验证、巩固、深化和提高，掌握化学实验的基本操作技能，同时培养严谨求实的工作作风和科学态度，提高独立观察和分析问题、解决问题的能力。

0.1.2　化学基础实验的要求

（1）认真预习。实验前应认真阅读实验教材，明确实验目的；了解实验内容、原理和方法；清楚实验操作方法及注意事项；估计实验中可能发生的现象和预期结果；明了实验数据处理方法和有关计算公式；思考实验中应该注意的问题。在此基础上按指导老师的要求撰写实验预习报告。提前10 min进入实验室，在指定位置进行实验。

（2）严格遵守实验室工作规则，接受教师指导。按照实验教材的内容、方法、步骤、要求及药品用量进行实验，严格遵守实验操作规程，操作过程中注意安全、爱护仪器、节约试剂，有条不紊地进行实验，保持实验室的整洁和安静。

（3）仔细观察实验现象，翔实、准确地记录实验数据，认真分析实验结果，注意理论联系实际，用已学的知识判断、理解和分析实验中观察到的现象，解决遇到的问题，如实验现象与理论不符则应重做，有疑问可相互讨论或询问教师。

（4）实验完毕后，清洗用过的仪器，整理好试剂架上的试剂瓶及其他物品，摆放好仪器，清洁桌面、地面和水槽，经教师允许后离开实验室。

（5）实验后分析实验结果，讨论实验成功与失败的原因，及时总结经验教训，不断提高实验工作能力。认真撰写实验报告，实验报告要求字迹工整、文字简明、记录清楚、图表清晰、结论明确，并按时交教师批阅。实验及报告不符合要求者，必须重做。

0.1.3　化学基础实验报告的要求和基本内容

撰写实验报告是实验教学的基本训练内容。实验报告是记录和总结实验过程的文献资料。实验报告的基本格式包括实验目的、实验原理、仪器和药品、实验装置、实验内容的现象和测量数据、实验结果与讨论。

各种类型的实验报告包括如下内容：

(1) 测量实验。包括实验目的、测量的简单原理、实验方法、数据记录及处理、误差及误差分析。

(2) 制备实验。包括实验目的、制备方法(流程)、实验步骤、产品性质、纯度检验(检验方法、反应方程式、现象、结果)、讨论。

(3) 性质实验。包括实验目的、内容、现象、解释(反应方程式或文字叙述)、必要的结论。

实验数据处理和结果讨论是实验报告的重点内容。实验数据处理应有相应的计算公式;实验结果讨论应包括对实验现象的分析和解释、实验结果的误差分析、实验的心得体会及对实验的改进建议等。实验报告应保证实验现象和实验数据真实可靠。实验数据的处理和实验结果的分析应科学、准确。

实验报告的质量能在较大程度上反映学生的学习态度、知识水平和实验操作能力。一份好的实验报告应该实验目的明确、原理清楚、现象和数据准确、图表合理规范、结果正确、讨论深入、书写简洁。

0.2 化学实验室规则和事故处理

为确保实验顺利进行和实验室安全,进入实验室的操作人员必须知道并遵守实验室工作规则和安全守则,了解常见事故的简单处理。

0.2.1 实验室工作规则

(1) 在实验室操作的人员必须遵守纪律,保持肃静,集中精神,认真操作,仔细观察,积极思考,如实记录。

(2) 实验前检查所需仪器是否齐全,有无破损,以便及时补齐、更换。损坏仪器、设备要向教师报告,填写报损单后按规定手续到实验室换取新仪器。

(3) 爱护国家财物,节约水电和药品,爱护器材。正确使用实验仪器和设备。精密仪器应严格按照操作规程使用,发现仪器有故障应立即停止使用,并及时向教师报告。

(4) 药品应按规定的量取用,已取出的试剂不能再放回原试剂瓶中,以免带入杂质。取用药品的用具应保持清洁、干燥,以保证试剂的纯度和浓度。取用药品后应立即盖上瓶塞,以免盖错瓶塞,污染药品。

(5) 实验中保证器皿清洁,保持实验台面清洁整齐。实验后仪器、药品放回原处。废弃的固体药品、纸、玻璃碴、火柴梗等应倒入废品篮内;废液倒入指定的废液回收桶,不得倒入水槽流入下水道,剧毒废液统一处理;未反应完的金属要处理后回收。

(6) 实验完后由学生轮流打扫实验室,检查水、电、气安全,关好门窗。

(7) 实验室一切物品不得私自带出室外。

0.2.2　实验室安全守则

化学实验中使用水、电、气和易燃易爆有毒或腐蚀性的药品,存在不安全因素,如果使用不当会给国家财产和个人造成危害。在实验室操作的人员必须重视安全问题,遵守操作规程,努力提高安全操作的自觉性,绝不可麻痹大意,要严格遵守实验室安全守则,以避免事故的发生。

1. 危险品分类

根据危险品的性质,常用的一些化学药品可大致分为易爆、易燃和有毒三大类。

1) 易爆化学药品

H_2、C_2H_2、CS_2 和乙醚及汽油的蒸气与空气或 O_2 混合,均可因火花导致爆炸。

单独可发生爆炸的物质包括硝酸铵、雷酸铵、三硝基甲苯、硝化纤维、苦味酸等。

混合可发生爆炸的物质包括 C_2H_5OH 加浓 HNO_3、$KMnO_4$ 加甘油、$KMnO_4$ 加 S、HNO_3 加 Mg 和 HI、NH_4NO_3 加锌粉和水滴、硝基盐加 $SnCl_2$、过氧化氢加铝和水、硫加氧化汞、钠或钾与水等。

氧化剂与有机物接触极易引起爆炸,故在使用 HNO_3、$HClO_4$、H_2O_2 等时必须注意。

2) 易燃化学药品

可燃气体包括 NH_3、$CH_3CH_2NH_2$、Cl_2、CH_3CH_2Cl、C_2H_2、H_2、H_2S、CH_4、CH_3Cl、SO_2 和煤气。

易燃液体包括丙酮、乙醚、汽油、环氧丙烷、环氧乙烷、甲醇、乙醇、吡啶、甲苯、二甲苯、正丙烷、异丙醇、二氯乙烯、丙酸乙酯、煤油、松节油等。

易燃固体包括无机类(如红磷、硫磺、P_2S_3、镁粉和铝粉)、有机类及硝化纤维等。自燃物有白磷,遇水燃烧的物质有钾、钠、CaC_2 等。

3) 有毒化学药品

有毒气体包括 Br_2、Cl_2、F_2、HBr、HCl、HF、SO_2、H_2S、$COCl_2$、NH_3、NO_2、PH_3、HCN、CO、O_3、BF_3 等,具有窒息性或刺激性。

强酸、强碱均会刺激皮肤,有腐蚀作用,会造成化学烧伤。

高毒性固体包括无机氰化物、As_2O_3 等砷化物、$HgCl_2$ 等可溶性汞盐、铊盐、Se 及其化合物和 V_2O_5 等。

有毒的有机物包括苯、甲醇等有机溶剂，芳香硝基化合物、苯酚、硫酸二甲酯、苯胺及其衍生物等。

已知的危险致癌物质包括联苯胺及其衍生物，*N*-四甲基-*N*-亚硝基苯胺、*N*-亚硝基二甲胺、*N*-甲基-*N*-亚硝基脲、*N*-亚硝基氢化吡啶等 *N*-亚硝基化合物，双(氯甲基)醚、氯甲基甲醚、碘甲烷、*β*-羟基丙酸丙酯等烷基化试剂，稠环芳烃，硫代乙酰胺硫脲等含硫有机化合物，石棉粉尘等。

具有长期积累效应的毒物包括苯、铅化合物，特别是有机铅化合物，汞、二价汞盐和液态有机汞化合物等。

2. 易燃易爆和腐蚀性及有毒、有害药品的使用规则

(1) 禁止随意混合各种化学试剂，以避免发生意外事故。

(2) 易燃试剂应远离火源，用完后立即塞紧瓶塞。加热时，均不能用明火，必须用水浴、沙浴、油浴或电热套。钾、钠和白磷等暴露在空气中易燃烧，所以钾、钠应保存在煤油中，白磷则可保存在水中，取用时用镊子。

(3) 酒精灯要用火柴点燃。添加酒精时要先熄灭火焰，待稍冷后再加，熄灭酒精灯应用灯罩盖熄。加热、浓缩液体时试管口要朝向无人处并防止液体冲出容器。

(4) 产生有刺激性气味和有毒气体的实验要在通风橱中进行，嗅气体的气味时只能用手轻轻地扇动空气，使少量气体进入鼻孔。

(5) 使用有毒试剂(如铬盐、钡盐、砷化物、汞及其化合物、氰化物等)要严格防止进入口内和伤口，废液严禁排入下水道。

(6) 使用浓酸、碱液、溴、洗液等具有强腐蚀性试剂时，不能溅在皮肤或衣物上，尤其不能溅入眼中，以免灼伤。稀释它们的溶液时应将浓溶液倒入稀释剂中，并不断搅拌，尤其是浓硫酸的稀释，绝不可将水倒入浓硫酸中。在热天取用浓氨水时，最好先用冷水浸泡氨水瓶使其降温后再开盖取用，以避免浓氨水强烈的刺激性造成伤害。

(7) 湿手不要接触电器插头，人体不能与导电物体直接接触。实验完毕要拔下电器插头。

(8) 某些强氧化剂(如 $KClO_3$、KNO_3、$KMnO_4$ 等)或其混合物不能研磨，否则将引起爆炸。银氨溶液不能留存，因其久置后会变成 Ag_3N 而容易发生爆炸。

(9) 严禁在实验室内饮食、吸烟，不得把食物或餐饮具带入实验室，实验后要洗净双手。

0.2.3 常见事故的预防和简单处理

因各种原因发生事故后，切忌慌张，应沉着冷静，立即采取有效措施处理事故。

1）起火

有机物着火应立即用湿布或砂扑灭，火势太大则用泡沫灭火器扑灭。电器设备起火应先切断电源，再用四氯化碳或二氧化碳灭火器扑灭，不能用泡沫灭火器。

2）触电

首先拉开电闸切断电源，或尽快用绝缘物（干燥的木棒、竹竿等）将触电者与电源隔开。必要时进行人工呼吸。

3）割伤

先将伤口中的异物取出，不要用水洗伤口。伤势较轻时可涂以碘酒；伤势较重时先用酒精清洗消毒，再用纱布按住伤口，压迫止血，并立即送医院治疗。

4）烫伤

被火或高温物体灼烫后，不要用冷水冲洗或浸泡，若伤处皮肤未破，可涂擦饱和 $NaHCO_3$ 溶液或以 $NaHCO_3$ 调成糊状敷于伤处，也可用10%（质量分数，下同）高锰酸钾溶液或苦味酸溶液揩洗灼伤处，涂上凡士林或烫伤药膏。

5）酸、碱腐蚀

首先用大量水冲洗，然后酸腐蚀用饱和 $NaHCO_3$ 溶液（或稀氨水、肥皂水）冲洗，碱腐蚀用1%柠檬酸或硼酸溶液冲洗，再用清水冲洗，涂上凡士林。若被氢氟酸腐伤，应用水冲洗后再用稀苏打溶液冲洗，然后浸泡在冰冷的饱和硫酸镁溶液中30 min，最后敷以20%硫酸镁、18%甘油、1.2%盐酸普鲁卡因和水配成的药膏。若酸、碱溅入眼中，应立即用大量水冲洗（可用自来水），然后分别用稀碳酸氢钠溶液或硼酸饱和溶液冲洗，最后滴入蓖麻油。

6）吸入刺激性或有毒气体

吸入 Br_2、Cl_2 或 HCl 气体时，可吸入少量乙醇和乙醚的混合蒸气解毒。吸入 H_2S 或 CO 气体而感到不适者，应立即到室外呼吸新鲜空气。

7）毒物进入口内

将5～10 mL稀硫酸铜溶液加入一杯温开水中，内服，然后将手指伸入咽喉催吐，并立即送医院治疗。

8）伤势严重者

伤势严重者经简单处理后，应立即送医院治疗。

0.2.4　化学实验室“三废”处理

（1）无机实验室中经常有大量的废酸液。废液缸（桶）中的废酸液可先用耐酸塑料网纱或玻璃纤维过滤，浊液加碱中和，调 pH 至6～8后即可排出，少量滤渣可埋于地下。

（2）对于回收的较多废铬酸洗液，可以用高锰酸钾氧化法使其再生后使用；少量的废洗液可加入废碱液或石灰使其生成 $Cr(OH)_3$ 沉淀，将沉淀埋于地下即可。

(3) 氰化物是剧毒物质，含氰废液必须认真处理。少量的含氰废液可先加 NaOH 调 pH 至 10 以上，再加入几克高锰酸钾使 CN^- 氧化分解；大量的含氰废液可用碱性氯化法处理，先用碱调 pH 至 10 以上，再加入次氯酸钠，使 CN^- 氧化成氰酸盐，并进一步分解为 CO_2 和 N_2。

(4) 含汞盐废液应先调 pH 至 8～10 后加适当过量的 Na_2S，使其生成 HgS 沉淀，并加 $FeSO_4$ 与过量 S^{2-} 生成 FeS 沉淀，从而吸附 HgS 共沉淀下来，静置后分离，再离心、过滤。清液含汞量降至 $0.02\ mg \cdot L^{-1}$ 以下时可排放；少量残渣可埋于地下，大量残渣可用焙烧法回收汞，但注意一定要在通风橱内进行。

(5) 对于含重金属离子的废液，最有效、最经济的方法是加碱或 Na_2S，将重金属离子变成难溶的氢氧化物或硫化物沉积下来，再过滤分离，少量残渣可埋于地下。

第 1 章　化学基本实验仪器及基本操作

1.1　基本实验仪器

表 1－1 是化学实验常用仪器介绍。

表 1－1　化学实验常用仪器介绍

仪　器	规　格	用　途	注意事项
试管　离心试管 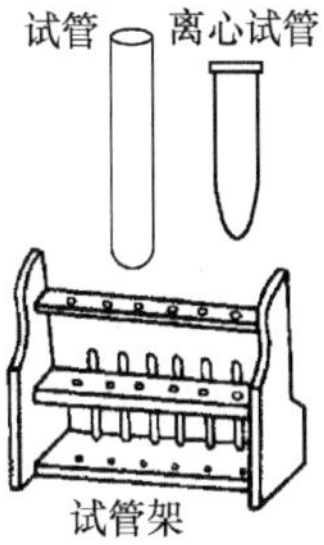 试管架	分硬质试管、软质试管；有普通试管、离心试管。普通试管以管口外径（mm）×长度（mm）表示，如 15 mm×150 mm、10 mm×150 mm等。离心试管以容积（mL）大小表示。试管架有木、铝和塑料等不同质地	用作少量试剂的反应容器，便于操作和观察。离心试管还可用于定性分析中的沉淀分离。试管架放试管用	普通试管可直接用火加热，硬质试管可以加热至高温，但加热后不能骤冷，否则易破裂。离心试管只能用水浴加热
 试管夹	由木料或粗钢丝制成	加热试管时夹试管用	防止试管烧损或锈蚀
 毛刷	以大小和用途表示，如试管刷、滴定管刷等	洗刷玻璃仪器	小心刷子顶端的铁丝撞破玻璃仪器
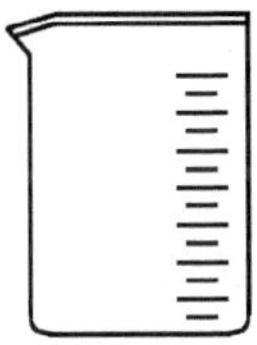 烧杯	以容积（mL）大小表示。外形有高、低之分	用作反应物量较多时的反应容器。反应物易混合均匀	加热时应放置在石棉网上，使受热均匀
 圆底烧瓶	以容积(mL)大小表示	反应物多，且需长时间加热时，常用它作反应容器	加热时应放置在石棉网上，使受热均匀

续表

仪　器	规　格	用　途	注意事项
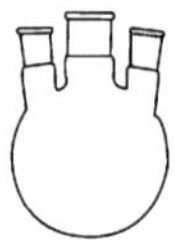 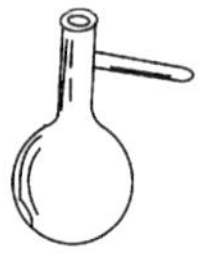 三口蒸馏烧瓶　蒸馏烧瓶	以容积(mL)大小表示	用于液体蒸馏,也可用于少量气体的发生	加热时应放置在石棉网上,使受热均匀
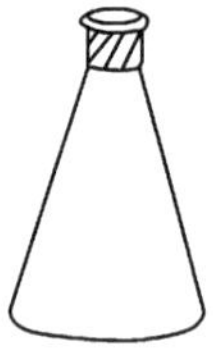 锥形瓶	以容积(mL)大小表示	反应容器。振荡很方便,适用于滴定操作	加热时应放置在石棉网上,使受热均匀
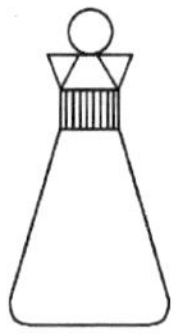 碘量瓶	以容积(mL)大小表示	反应容器,适用于易挥发物质的滴定操作,可水封	加热时应放置在石棉网上,使受热均匀
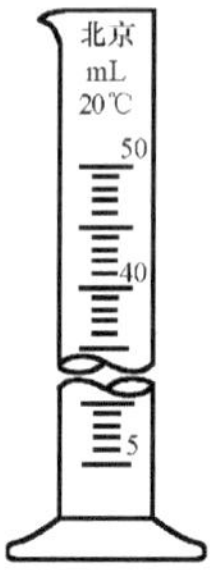 量筒	以所能量度的最大容积(mL)表示	用于量度一定体积的液体	不能加热。不能用作反应容器
 容量瓶	以刻度以下的容积(mL)大小表示	配制准确浓度的溶液时用。配制时液面应刚好在刻度上	不能加热。磨口瓶塞是配套的,不能互换或打碎
 称量瓶	以外径(mm)×高(mm)表示。分“扁形”和“高形”两种	要求准确称取一定量的固体时用	不能直接用火加热。盖子和瓶子是配套的,不能互换

续表

仪　器	规　格	用　途	注意事项
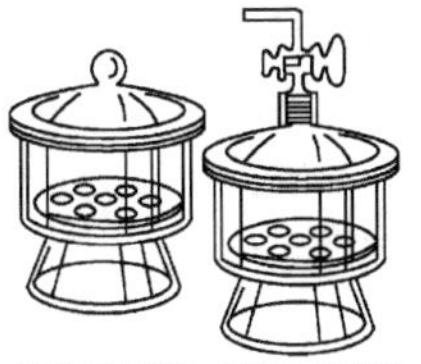 普通干燥器 真空干燥器	以外径(mm)大小表示。分普通干燥器和真空干燥器	内放干燥剂,可保持样品或产物的干燥	防止盖子滑动而打碎。烘热的物品待稍冷后才能放入。未完全冷却前要每隔一定时间开一开盖子,以调节干燥器内的气压
 药匙	由牛角、瓷或塑料制成。现多数是塑料制品	拿取固体药品用。有的药匙两端各有一个勺,一大一小,根据其用药量多少选用	不能用以取灼热的药品
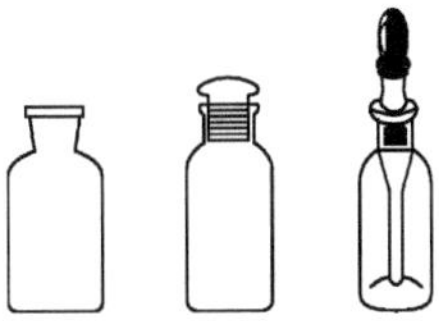 广口瓶 细口瓶 滴瓶	以容积(mL)大小表示	广口瓶用于盛放固体药品。滴瓶、细口瓶用于盛放液体药品。不带磨口塞的广口瓶可作集气瓶	不能直接用火加热。瓶塞不要互换。盛放碱液时,要用橡胶塞,不能用磨口瓶塞,以免玻璃磨口瓶塞被腐蚀粘牢
 表面皿	以口径(mm)大小表示	盖在烧杯上,防止液体进溅或作其他用途	不能用火直接加热
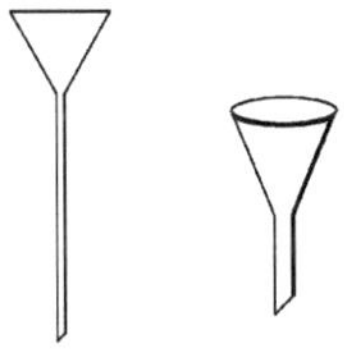 长颈漏斗 漏斗	以口径(mm)大小表示	用于过滤等操作。长颈漏斗特别适用于定量分析中的过滤操作	不能用火直接加热
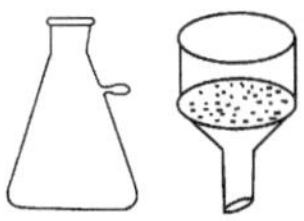 吸滤瓶和布氏漏斗	布氏漏斗为瓷质,以容量(mL)或口径(cm)大小表示。吸滤瓶以容积大小表示	两者配套用于无机制备中晶体或沉淀的减压过滤	不能用火直接加热
 分液漏斗	以容积(mL)大小和形状(球形、梨形)表示	用于互不相溶的液-液分离。也可用于少量气体发生器装置中加液	不能用火直接加热。磨口的漏斗塞不能互换

续表

仪 器	规 格	用 途	注意事项
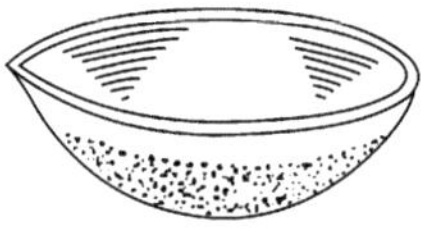 蒸发皿	以口径或容积(mL)大小表示。有瓷、石英、铂等不同质地	蒸发液体用。随液体性质不同可选用不同质地的蒸发皿	能耐高温,但不宜骤冷。蒸发溶液时,一般放在石棉网上加热。也可直接用火加热
 坩埚	以容积(mL)大小表示。有瓷、石英、铁、镍、铂等不同质地	灼烧固体用。随固体性质不同可选用不同质地的坩埚	可直接用火灼烧至高温。刚灼烧过的坩埚不要直接放在桌上(可放在石棉网上)
 泥三角	由铁丝弯成,套有瓷管。有大、小之分	灼烧坩埚用	
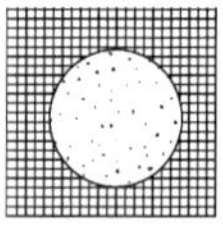 石棉网	由铁丝编成,中间涂有石棉。有大、小之分	加热时,垫上石棉网,能使受热物体均匀受热,不致造成局部过热	不能与水接触,以免石棉脱落或铁丝锈蚀
铁夹 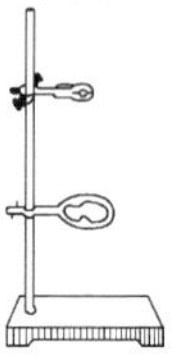 铁环铁架台		用于固定或放置反应容器。铁环还可以代替漏斗架使用	
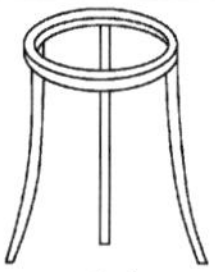 三角架	铁制品,有大小、高低之分,比较牢固	放置较大或较重的加热容器	
 研钵	以口径大小表示。有瓷、玻璃、玛瑙、铁等不同质地	用于研磨固体物质。按固体的性质和硬度选用不同的研钵	不能用火直接加热

续表

仪　器	规　格	用　途	注意事项
 坩埚钳	铁或不锈钢制品	用来夹取高温物体，如灼烧或经马弗炉高温处理后的盛有样品的坩埚等	
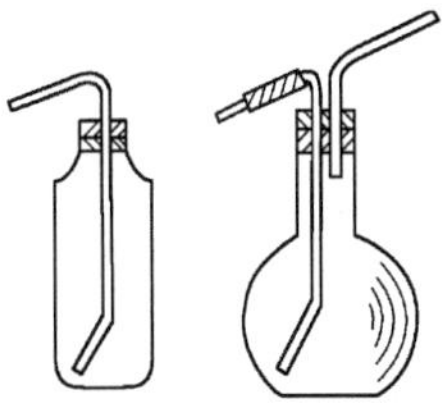 洗瓶	玻璃或塑料制品，橡胶瓶塞打孔插入玻璃弯管	用于盛放蒸馏水或其他洗涤液	
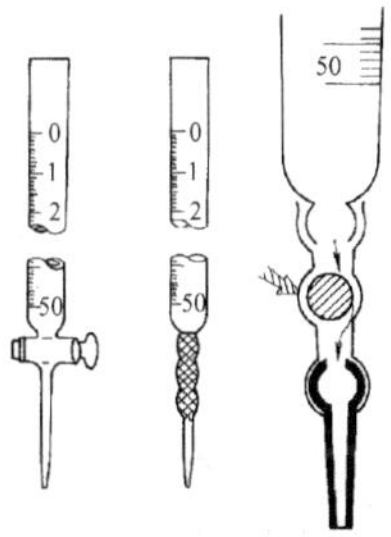 酸式滴定管 碱式滴定管	玻璃制品以所能量度的容量(mL)大小表示	用于量度一定体积的溶液，一般用于滴定分析	酸式滴定管下面为磨口玻璃塞，装酸性及氧化性溶液。碱式滴定管下面为带有玻璃珠的乳胶管加一个玻璃下嘴口，装碱性及无氧化性溶液。棕色滴定管用于装见光易分解的溶液
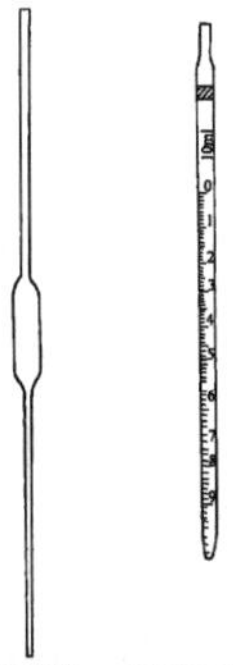 移液管　刻度吸量管	玻璃制品以其刻度为最大容积(mL)	用于移取或量取所需溶液	不可加热
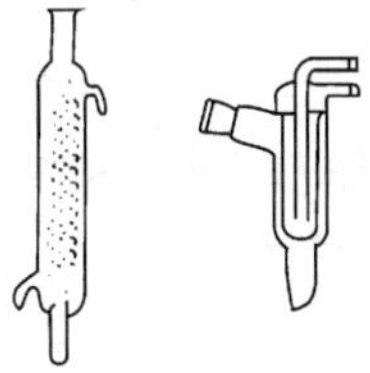 蛇形冷凝管　磨口直形冷凝管	玻璃制品	蒸馏用	

续表

仪　器	规　格	用　途	注意事项
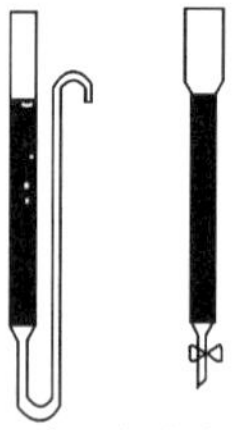 离子交换柱	玻璃制品	分别装入阴离子树脂、阳离子树脂，制作纯水用	

1.2　基本操作

1.2.1　玻璃仪器的洗涤

化学实验中经常用到玻璃仪器，为保证实验取得正确、理想的效果，必须将仪器清洗干净。玻璃仪器的一般洗涤方法有冲洗、刷洗和药剂洗涤等。根据实验要求的污物性质和污染程度选择洗涤方法。

1）水洗

用水刷洗能洗去仪器上的尘土、可溶性物质和对器壁附着力不强的不溶性物质。洗涤时，先用少量水润湿仪器，然后根据仪器口径大小，选用合适的毛刷刷洗，再用自来水冲洗，直至壁面透明而不黏附水珠即为洗净，最后用蒸馏水淌洗一两次即可。洗试管时，应注意将毛刷伸入试管底部，再用手指握住刷柄，另一只手食指抵住试管底部，以避免穿破试管。

2）合成洗涤剂刷洗

用去污粉、肥皂粉或合成洗涤剂能除去仪器沾有的油污或其他污迹。洗涤时可用毛刷蘸取少量洗涤剂于润湿的仪器从外向内刷洗，然后用自来水冲洗干净，最后用蒸馏水淌洗一两次。

3）洗液洗

对容量仪器形状特殊或对仪器洁净程度要求较高的用于精确容量分析的仪器，常用铬酸洗液（25 g $K_2Cr_2O_7$ 溶于 50 mL 热水中，冷却后缓缓加入 450 mL 浓硫酸即得深褐色铬酸洗液）。洗涤时，尽量抖去容器中的水后注入少量洗液，然后倾斜并慢慢转动仪器，使洗液润湿仪器内壁，稍后将洗液倒回原瓶，再用自来水将仪器内壁残留的洗液洗去，最后用蒸馏水淌洗一两次即可。洗液具有强酸性、强氧化性和腐蚀性，使用时要特别小心，切忌将洗液溅在皮肤和衣服上，以避免造成伤害。

4）某些特殊处理

根据污物的性质，通过试剂的相互作用，将附在器壁的污物转化为水溶性的物质而除去。例如，铁盐引起的黄色污染可用少量盐酸或稀硝酸浸泡后再洗；附在器壁的铜或银可用稀硝酸加热后除去；使用高锰酸钾后带来的器壁污染可用乙二酸溶液浸泡洗涤干净；器壁沾有碘时，可用碘化钾溶液浸泡，或以热的氢氧化钠溶液洗涤。

仪器是否洗净可通过器壁是否挂水珠来检查。将洗净后的仪器倒置，如果器壁透明，不挂水珠，则说明已洗干净；如果器壁有不透明处或附着水珠或有油斑，则应重洗。洗净的仪器不能再用布或纸擦拭内壁，以免布或纸的纤维沾污仪器。宜将洗净的仪器倒置，使水流出，待用。

1.2.2　干燥

1. 仪器的干燥

仪器的干燥就是把沾附在仪器上的水分除去。洗净的仪器可采用以下方法干燥。

1）自然干燥

对于不急于使用的仪器，可将其倒置在干净的仪器架上，使沾附在仪器中的水分自然蒸发而干燥。

2）烘干

对于需要迅速干燥的仪器，可将其放在电热干燥箱（烘箱）或红外干燥箱内烘干。仪器烘干前应尽量沥干水，以免水珠淌下损坏炉丝。有刻度的容器不宜在烘箱中烘干。

3）烤干

烧杯、蒸发皿等可直接在石棉网上用小火烤干。试管可在灯焰上烤干，操作开始时，管口向下，先均匀预热，从底部逐渐向管口移动，至管内不见水珠后，将管口向上，赶尽水汽。

4）有机溶剂干燥

对量筒、移液管等不能加热的有容量刻度的仪器，可采用有机溶剂干燥。在仪器内加入少量易挥发的有机溶剂（如乙醇、丙酮等），倾斜并转动仪器，然后倒出溶剂，少量残留在仪器内的溶剂混合物会很快挥发而干燥。用电吹风向仪器内吹风可加速干燥。

2. 干燥用仪器

1）电热干燥箱

电热干燥箱（烘箱）用于烘干玻璃仪器和固体试剂，采用电热丝隔层加热而使物体干燥，适用于在 5～200 ℃对物品进行干燥和烘烤。它借助自动控制系统(热胀式控制器)使温度恒定。箱内装有鼓风机，促使箱内空气对流，温度均匀。工作室内设有两层搁板以放置干燥物，若干燥物太大，可抽去上层搁板(图 1－1)。

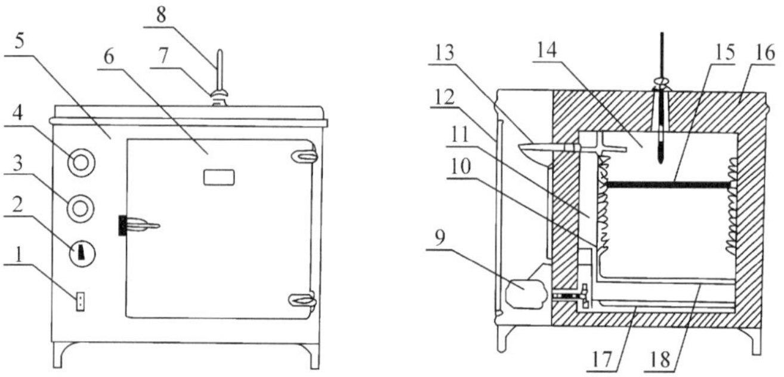

图 1－1　电热鼓风干燥箱

1-鼓风开关；2-加热开关；3-指示灯；4-控温器旋钮；5-箱体；6-箱门；7-排气阀；8-温度计；9-鼓风电动机；10-搁板支架；11-风道；12-侧门；13-温度控制器；14-工作室；15-试样搁板；16-保温层；17-电热器；18-散热板

使用时接通电源，开启两组加热开关，调节温度旋钮，使箱内温度上升，这时红色指示灯发亮，同时开启鼓风机。当温度升至所需工作温度(从插入箱顶排气阀的温度计上观察)时，将控温器旋钮逆时针慢慢旋回即为所需温度的恒定点。之后须再做几次小微调，使工作温度恒定在需要值。

恒温时可关闭一组加热开关，以免加热功率过大，影响温度控制的灵敏度。

使用烘箱时注意以下几点：

(1) 洗净的仪器尽量把水沥干后放入，并使口朝下，烘箱下层放一搪瓷盘承接从仪器上滴下的水，使水不滴到电热丝上。

(2) 升温时不能无人照看，以免温度过高。应定期检查烘箱的自动控温系统，自动控温系统一旦失效，会造成箱内温度过高，导致温度计炸裂。

(3) 易燃、易挥发物不得进入烘箱，以免发生爆炸。

2) 电吹风

图 1－2　电吹风

电吹风是用于局部加热的快速干燥仪器(图 1－2)。

使用电吹风时注意以下几点：

(1) 开关分三挡，最下位置为停挡，中间为冷风挡，最上为热风挡。

(2) 使用时先开冷风挡，如马达不转应立即切断电源排除故障。

(3) 电吹风是冷、热两用，一些不能高温加热的仪器

(如吸管、容量瓶、比重瓶等)可使用冷风吹干。

3) 干燥器

干燥器是保持物品干燥的仪器。已经干燥但又易吸水的物品或需较长时间保持干燥的物品应放在干燥器内保存。

干燥器由厚壁玻璃制成,其结构如图 1－3 所示。上部是一个边缘磨口的盖子,使用前应在磨口边涂上一层薄薄的密封油膏;下部装有干燥的氯化钙或变色硅胶等干燥剂;中部有一个可取的带孔的圆形瓷板,以承放装有待干燥物品的容器。

打开干燥器时,不能将盖子直接上提,而应以一手扶住干燥器,另一手握住盖的圈顶沿水平方向移动盖子,如图 1－3 所示;打开盖子后,应将盖翻过来放在桌面上,放取物品后,必须立即盖好盖子。此时也应把盖子沿水平方向推移到盖子的磨口边与干燥器吻合。搬动干燥器时,用两手拇指压住盖子以防滑落而打碎,如图 1－4 所示。

图 1－3　打开干燥器

图 1－4　搬动干燥器

温度较高的物品应冷却至略高于室温后,再放入干燥器内,否则器内空气受热膨胀可能将盖子冲开,或因干燥器内的空气冷却使其压力降低而难以打开盖子。

1.2.3　加热

1. 加热装置及其使用

实验室中常用的加热方式有直接加热和间接加热。直接加热常用的装置有酒精灯、喷灯、煤气灯、电炉、马弗炉等;间接加热的装置有水浴、油浴、砂浴、盐浴等。

1) 酒精灯

加热温度不高(400～500 ℃)时可用酒精灯(图 1－5)。使用酒精灯应注意:壶内酒精容量不能少于容积的 1/2、多于 2/3;添加酒精时要先熄灭火焰,稍冷后通过漏斗加入;点燃酒精灯只能用火柴点燃,绝不允许酒精灯之间相互点燃;灯罩要竖立放在桌上;熄灭酒精灯应用灯罩盖熄,切不可用

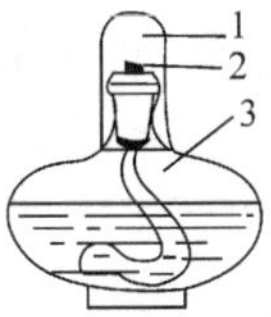

图 1－5　酒精灯
1-灯罩;2-灯芯;3-灯壶

嘴吹熄；夏天或长期未用的酒精灯，开罩后要将灯罩上下提放几次，以放出灯壶内的酒精蒸气，然后再点燃。不用时必须盖好灯罩，以免酒精挥发。

2）酒精喷灯

需 700～1000 ℃的高温加热时可用酒精喷灯。酒精喷灯的形式较多，有座式、挂式、沸腾式等，一般由铜或其他金属制成。常用的座式和挂式喷灯的构造如图 1－6 所示，它们的结构原理相同，都是先将酒精气化后与空气混合再燃烧，因此酒精燃烧速度快、单位时间发热多温度高。它们的区别仅在于座式喷灯的酒精储存在下面的空心灯座内，挂式喷灯的酒精储存在悬挂于高处的酒精储罐内。

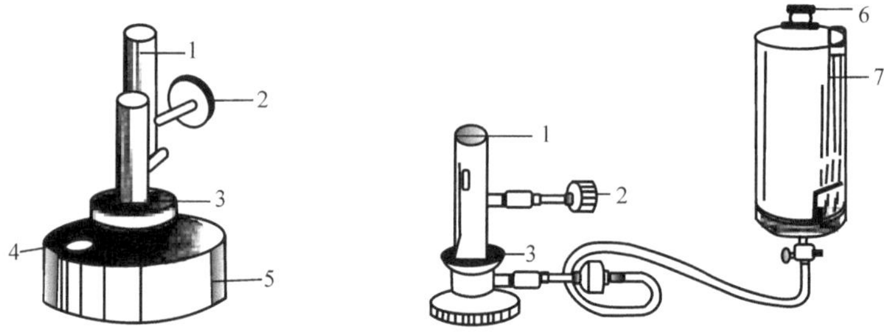

图 1－6 酒精喷灯的类型和构造

1-灯管；2-火力调节器；3-预热盆；4-油孔；5-酒精壶；6-罐盖；7-酒精储罐

使用时首先在预热盆中储满酒精并点燃，当灯管温度足够高时，开启灯管处的火力调节器，使酒精蒸气与来自喷火孔的空气混合并由管口喷出，点燃酒精蒸气。火焰温度可通过上下移动火力调节器来控制。使用完毕，座式喷灯用金属片或木板盖住灯管口，挂式喷灯关闭储罐开关，火焰熄灭。

必须注意：座式喷灯酒精储量只能是储器容量的 1/3～1/2，连续使用的时间一般不超过 30 min，若需更长时间的加热则中途需添加酒精，此时应先熄灭火焰，稍冷后再加酒精，重新点燃；挂式喷灯要在保证灯管充分灼热后才开启酒精储罐开关并点燃酒精蒸气，此时应控制酒精的流入量，不要太多，等火焰正常后再调大酒精流量，否则酒精在灯管内不能完全气化，将有液态酒精从管口喷出，从而形成“火雨”，甚至引起火灾。

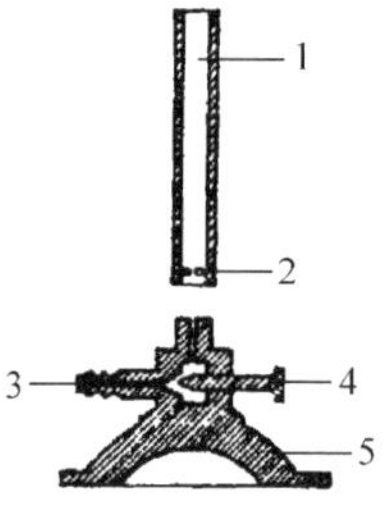

图 1－7 煤气灯的构造

1-灯管；2-空气入口；3-煤气入口；4-针阀；5-灯座

3）煤气灯

煤气灯以可燃气体为燃料，燃烧速度快，火焰温度高且稳定。煤气灯的构造如图 1－7 所示，由灯管和灯座两部分组成。灯管下部有几个进入空气的圆孔并带有螺口，灯管和灯座以螺口相连，旋转灯管调节灯管的高低，可控制空气的进入量，直至完全关闭。

使用时先将灯管向下旋转，关闭空气入口，然后将针阀向外旋转以开放煤气入口，再慢慢打开煤气开关，用火柴在灯管口点燃煤气，将灯管向上旋转。逐渐增大空气进入量，使煤气完全燃烧，产生不明亮的蓝色火焰[图1-8(a)]，温度可达1200～1380 ℃。如果空气和煤气的进入量比例不合适，会产生不正常火焰[图1-8(b)]；如果空气和煤气的量都大，会使火焰离开灯管口，称为临空火焰，此时火焰不稳或者熄灭；如果空气量多而煤气量少，此时燃烧在灯管内进行，火焰大部分在灯管内，灯管口火焰消失或者只见一细长的绿色火焰，称为侵入火焰，灯管烧得很烫且有“嘘嘘”声，此时应立即关闭煤气灯管阀门，重新调节和点燃。煤气灯使用完毕后，煤气入口和煤气开关必须关好，以防煤气逸散造成事故。

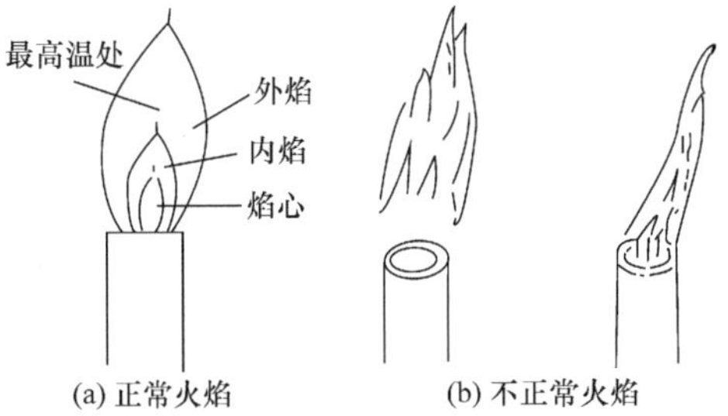

图1-8 煤气灯火焰

4) 电炉

图1-9 电炉

电炉可以代替酒精灯或煤气灯加热容器中的液体，根据发热量不同有不同规格，如500 W、800 W、1000 W等，温度的高低可以通过调节变压器控制(图1-9)，使用时应注意以下几点：

(1) 电源电压与电炉本身规定电压要相符。

(2) 连续使用时间不宜过长，否则会缩短电炉寿命。

(3) 加热容器和电炉之间放一块石棉网，以使加热均匀。

(4) 耐火炉盘的凹渠要保持清洁，及时清除烧灼焦煳杂物(断电操作)，以保持炉丝传热良好，延长使用寿命。

5) 电热板

电炉做成封闭式称为电热板，其加热面积比电炉大，多用于加热体积较大或数量较多的试样。但电热板升温速度较慢，且加热是平面的，不适合加热圆底容器。

6) 电加热套

电加热套(电热包)是专为加热圆底容器而设计、电热面为凹的半球面的电加热设备(图1-10)，可取代油浴、砂浴对圆底容器加热，有50 mL、100 mL、250 mL等规格，使用时应根据圆底容器的大小选用合适的型号。受热容器应悬置在电加热套的中央，不能接触包的内壁。电加热套相

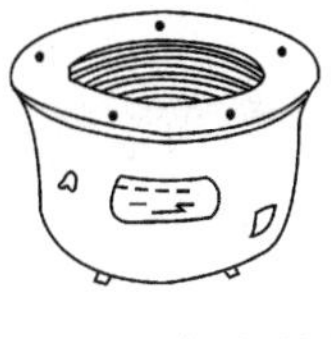
图1-10 电加热套

当于一个均匀加热的空气浴。为有效地保温,可在包口和容器之间用玻璃布围住,最高温度可达 450～500 ℃。

7) 管式炉

管式炉有一管状炉膛,利用电热丝或硅碳棒加热,温度可达 1000 ℃以上。炉膛中插入一根瓷管或石英管,管内放入盛有反应物的反应舟(图 1-11)。反应物可在空气或其他气氛中加热反应。一般用来焙烧少量物质或对气氛有一定要求的试样。

8) 箱式炉

箱式炉(或马弗炉)有一个长方形炉膛。与管式炉一样,也用电热丝或硅碳棒加热,打开炉门就可放入各种要加热的器皿和样品(图 1-12)。

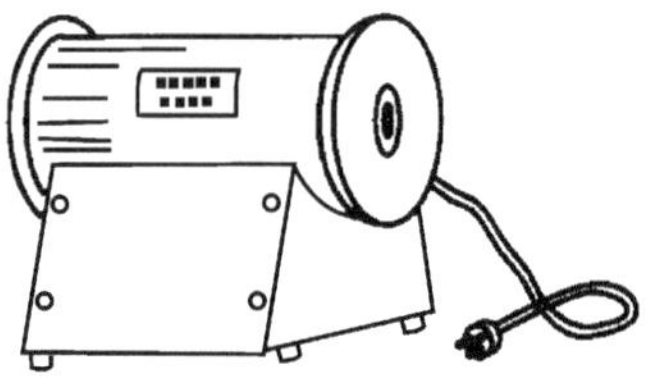

图 1-11　管式炉

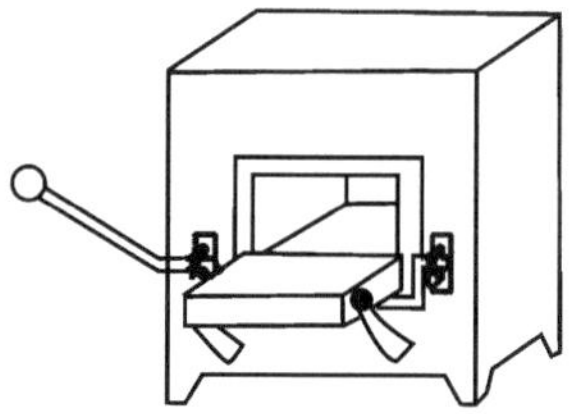

图 1-12　马弗炉

管式炉和马弗炉的炉温由高温计测量,由一对热电偶和一只毫伏表组成温度控制装置,可以自动调温和控温。

使用时应注意以下几点:

(1) 查明高温炉所接电源电压是否与电炉所需电压相符、热电偶是否与测量温度相符、热电偶正负极是否接反。

(2) 调节温度控制器的定温调节螺丝,使定温指针指示所需温度处。打开电源开关升温,当温度升至所需温度时即能恒温。

(3) 灼烧结束,先关电源。不要立即打开炉门,以免炉膛骤冷碎裂。一般温度降至 200 ℃以下方可打开炉门,用坩埚钳取出样品。

(4) 高温炉应置于水泥台面上,不可放置在木质桌面上,以免过热引起火灾。

(5) 炉膛内应保持清洁。炉周围不要放置易燃物品,也不要放精密仪器。

2. 加热方法

1) 常用的加热器皿

实验中常用于加热的玻璃器皿有试管、烧杯、烧瓶、锥形瓶,其他还有蒸发皿、各种坩埚等。表面皿、集气瓶、细口瓶等不能作为直接加热容器;量器(量筒、量杯、容量瓶、移液管、滴定管等)不能作为加热器皿。

2）直接加热

对在较高温度时没有燃烧危险的液体或固体，可用灯或电热设备直接加热。加热时应注意以下几点：

（1）用试管、烧杯、烧瓶等玻璃器皿加热物质前，应将容器表面的水擦干。

（2）除试管可直接在火焰上加热外，其余的玻璃器皿都要垫上石棉网，使其受热均匀。

（3）加热后的器皿不能立即放在湿的或过冷的地方，以免玻璃因膨胀不均匀而破裂。

（4）加热试管时要用试管夹夹持在离管口 1/3 处，先预热试管体的中下部，再集中加热物品所在位置。

（5）用玻璃器皿加热液体时，液体量不能超过容器容积的一半，对试管中的液体加热时，液体沸腾后要不时地离开火源以防暴沸，管口不要向着有人的地方。

（6）在试管中加热固体药品时管口应稍向下倾斜，以防止凝结在管壁的水倒流入试管的底部，引起试管炸裂（图 1－13～图 1－15）。

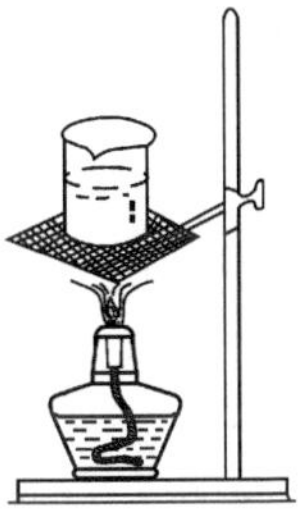

图 1－13　烧杯加热

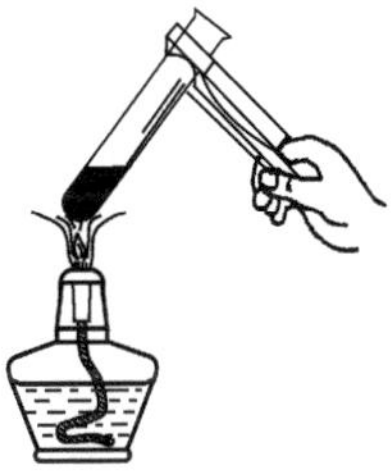

图 1－14　试管中液体的加热

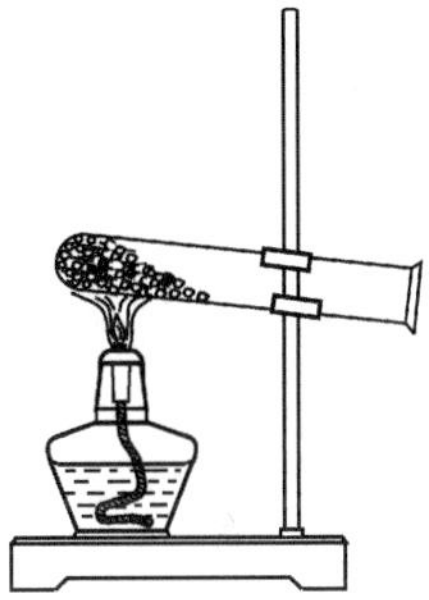

图 1－15　试管中固体的加热

蒸发皿因其表面积大而常用于溶液的浓缩或结晶。使用时盛液体的量不宜超过容积的 2/3，外壁的水应擦干，逐渐升温至液体沸腾并保持沸腾状态，以蒸发溶剂，浓缩溶液。如需结晶，一般浓缩到溶液表面有晶膜时再冷却，即析出晶体。

3）间接加热

当被加热的物体要求受热均匀而且要保持在一定的温度范围内时，可用各种浴间接加热。若需 100 ℃以下温度的加热，可用水浴；100 ℃以上可用油浴、砂浴或盐浴。

（1）液浴。将水或油盛入水浴锅中，液体量约为浴锅容积的 2/3，以灯焰或电炉加热浴中的液体至所需温度。水浴锅是一种有可移动的同心圆盖的铜制容器，也可以用烧杯代替，如图 1－16 所示。加热时保持受热容器底部有最大的受热面积（用热液或蒸气使其加热），但容器不能接触浴锅的底部。油浴温度可达 250 ℃

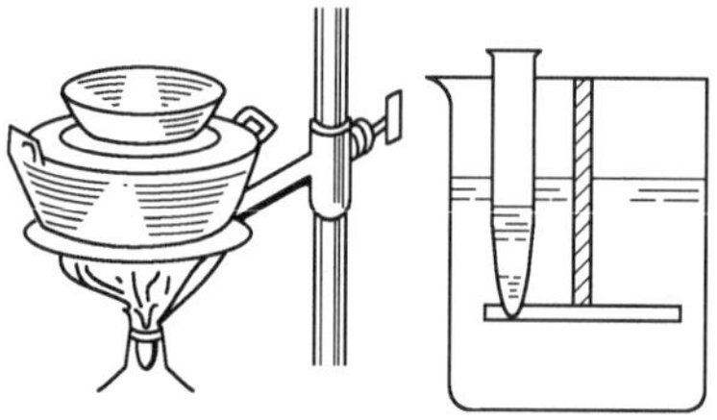

图 1－16　水浴加热

左右，使用时应注意油着火，一旦着火，首先要撤去热源，并立即用木盖盖住油浴，隔绝空气而灭火。

（2）砂浴。温度较高时可使用砂浴（图 1－17）。以干燥洁净的细砂平铺在铁盘内，受热容器的下部埋在砂中。用煤气灯加热铁盘和砂，测量温度时需将温度计的水银球部分埋在靠近受热容器的砂中。

4）固体物质的干燥和灼烧

干燥固体物质时要选择合适的加热温度，以防止固体物质分解。加热温度在 100 ℃以下的，可用水溶加热；加热温度超过 100 ℃以上的，可用干燥箱加热干燥。

固体物质需要高温灼烧时，先把固体放在坩埚中用低温烘烧，然后用氧化焰灼烧或在马弗炉或管式炉中灼烧（图 1－18）。

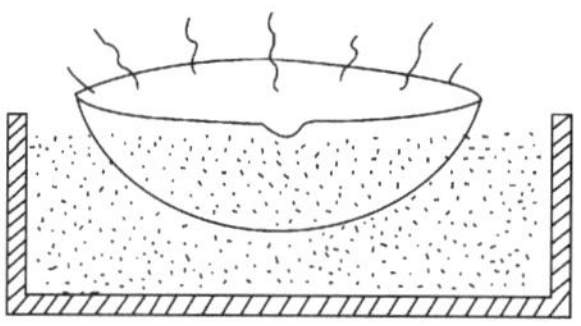

图 1－17　砂浴加热

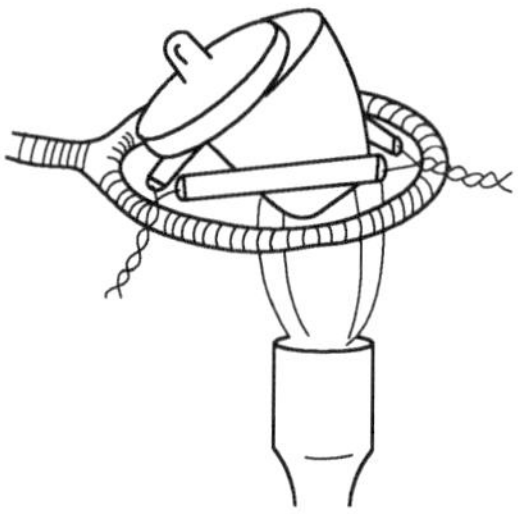

图 1－18　坩埚的灼烧

1.2.4　溶解、蒸发和结晶

1. 溶解与熔融

将固体物质转化为液体通常采用溶解与熔融两种方法。

1）溶解

将固体物质溶于水、酸、碱等溶剂中制备成溶液称为溶解。溶解固体时，要根据固体物质的性质选择适当的溶剂，并用加热、搅拌等方法促使溶解。溶解一般在烧杯中进行。

2）熔融

将固体物质与某种固体熔剂混合，在高温下加热，使固体物质转化为可溶于水或酸的化合物称为熔融。根据所用熔剂性质不同可分为酸熔法和碱熔法。酸熔法是用酸性熔剂分解碱性物质；碱熔法是用碱性熔剂分解酸性物质。熔融一般在高温下进行，根据熔剂的性质和温度选择合适的坩埚（如铁坩埚、镍坩埚、铂坩埚、刚玉坩埚等),将固体物质与熔剂在坩埚中混匀后,送入高温炉中灼烧熔融,冷却后用水或酸浸取溶解。

2. 蒸发与浓缩

当溶液的浓度很低或物质的溶解度较大时,为了能从中析出该物质的晶体或增大浓度,需对溶液进行蒸发、浓缩。蒸发水溶液一般用蒸发皿,蒸发有机溶剂则在锥形瓶中进行。

在无机制备中,蒸发、浓缩一般在水浴上进行。当溶液浓度很低,且物质对热的稳定性较好时,可先放在低温电炉上或在石棉网上用煤气灯直接加热蒸发,然后放在水浴上加热蒸发。蒸发皿内所盛放的液体不应超过其容量的 2/3。当水分不断蒸发,溶液就不断浓缩,蒸发到一定程度后冷却,就可析出晶体。

有机溶剂的蒸发应在通风橱中进行,根据溶剂的沸点和易燃性,注意选用合适的温度。最常用的是水浴,切不可用煤气灯直接加热有机溶剂。蒸发时须用沸石,以防止暴沸。

3. 结晶与重结晶

晶体析出的过程称为结晶。当溶液蒸发到一定浓度后冷却,即有晶体析出。结晶时要求物质溶液的浓度达到饱和程度。物质在溶液中的饱和程度与物质的溶解度和温度有关。晶体的大小与溶质的溶解度、溶液浓度、冷却速度等因素有关。如果希望得到较大颗粒状的晶体,则不宜蒸发至太浓,此时溶液的饱和程度较低,结晶的晶核少,晶体易长大。反之,溶液饱和程度较高,结晶的晶核多,晶体快速形成,得到的是细小晶体。从纯度来看,缓慢生长的大晶体纯度较低,而快速生成的细小晶体纯度较高。因为大晶体的间隙易包裹母液或杂质,因而影响纯度;但晶体太小且大小不均匀时,易形成糊状物,夹带母液较多,不易洗净,也影响纯度。因此晶体颗粒要求大小适中且均匀,才有利于得到纯度较高的晶体。

如果第一次结晶所得物质的纯度不符合要求,可进行重结晶。其方法是在加热的情况下使被纯化的物质溶于尽可能少的水中,形成饱和溶液,并趁热过滤,除去不溶性杂质,然后使滤液冷却,被纯化物质即结晶析出,而杂质则留在母液中,过滤便得到较纯净的物质。若一次重结晶还达不到要求,可以再次重结晶。重结晶是提纯固体物质常用的重要方法之一,它适用于溶解度随温度有显著变化的化合物的提纯。

1.2.5　液体体积的量度

实验室中常用来量度液体体积的量器有量杯、量筒、容量瓶、移液管、吸量管、滴定管等。量筒、量杯可量取体积较大但不太准确的液体体积,其余的量器量取液体可精确到 0.01 mL，应根据实验对液体体积准确性的要求不同而选用各种量器。

1. 量筒和量杯

量筒和量杯是有刻度的玻璃圆筒或圆锥体，是实验中常用来量取液体体积的仪器，有 10 mL、20 mL、50 mL、100 mL、500 mL、1000 mL 等各种规格供选用。要使量取的液体体积准确，正确的方法是使量器内的液面保持水平，视线与液体弯月面的底部在同一平面上，如图 1-19 所示。

对液体体积要求不严格的定性实验，可用数滴数的方法取少量液体，一般情况下，滴管取水溶液 18～20 滴约为 1 mL。

2. 移液管和吸量管

移液管和吸量管用于量取准确体积的液体，它们都是有刻度的玻璃仪器，如图 1-20 所示。它们的区别仅在于移液管只有一条刻度线，量取的液体体积固定，常用的有 1 mL、5 mL、10 mL、25 mL、50 mL 等规格，吸量管像量筒一样有分刻度，可量取非整数体积的液体。

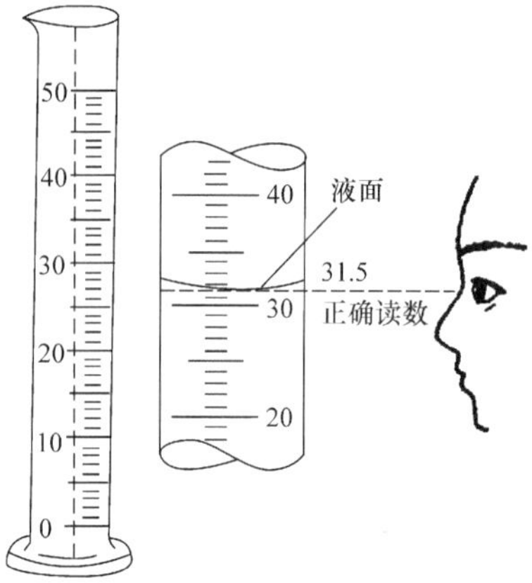

图 1-19　量筒及其读数方法

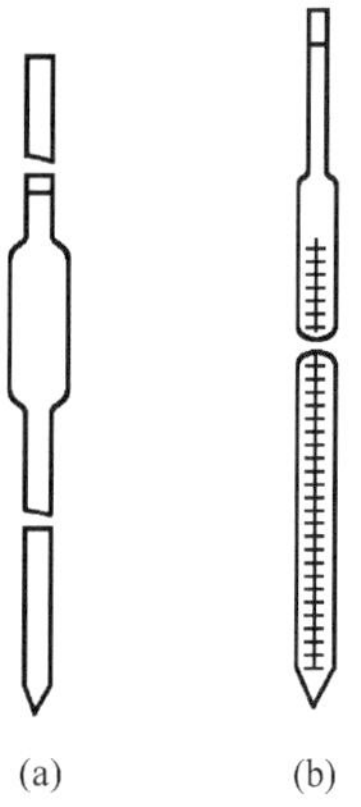

图 1-20　移液管(a)和吸量管(b)

取液的方法是：用一只手的拇指、食指、中指握持住管的刻度线的上端，下端深深地伸入待取液面下，另一只手持洗耳球(吸气橡皮球)，排除球中空气后将球的尖口插入移液管上端孔内，慢慢将手指松开，使液体吸入管内。当移液管内液面上升到刻度线上(约 2 cm)以后，立即用食指按住管口(图 1-21)，然后用拇指和中指转动移液管并使按住的食指稍微松动，慢慢地让液体流下，直至液体弯月面的底部与刻度线相切，再压紧食指，不让液体继续流下。取出移液管，置于盛液器内，使移液管尖端紧靠盛液器内壁，然后松开食指使液体自然流完再停留约 15 s，再将移液管拿开。此时移液管下端出口处剩余的少量溶液切不可吹入盛液器内(图 1-22)。

注意，在移取溶液前，应用少量待取溶液淌洗两三次，以保证取出溶液浓度不变。吸量管的操作与移液管相同，只是在放取所需体积的液体后，要用食指立即按住管口，使液体停止流出。但初学操作吸量管的人最好是需要多大体积的液体就吸取多少体积，不要取多量液体再放出所需的体积，以免因控制不好而造成量取误差。

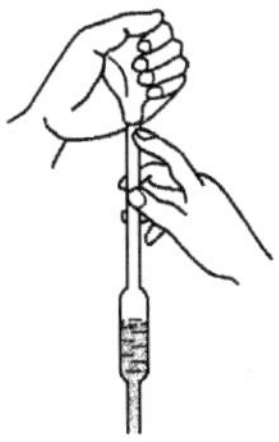

图 1－21　用洗耳球吸溶液

图 1－22　放液体法

3. 容量瓶

容量瓶用于配制体积一定、浓度准确的溶液，也可用于准确地稀释溶液。容量瓶只有一个刻度。当以固体溶质配制溶液时，首先将已准确称量的溶质放在烧杯中，以少量水将其完全溶解，用玻璃棒引流转入洗净的容量瓶中，以少量去离子水冲洗烧杯和玻璃棒，将液体转入容量瓶中，如此反复两三次，然后加水稀释，近刻度线时改用滴管逐滴加至刻度，以免加水过量(图 1－23)，最后塞紧瓶塞，用左手握住瓶颈，食指压住瓶塞，右手托住瓶底将容量瓶倒转并振荡液体后竖立，反复数次，以保证溶液混合均匀。用浓溶液配制稀溶液时，用移液管(或吸量管)准确量取溶液后放入容量瓶中，再以去离子水稀释至刻度。但用浓硫酸配稀硫酸时，应先在烧杯中以适量的水稀释成较稀硫酸并冷却后再转入容量瓶，最后用水稀释至刻度摇匀。

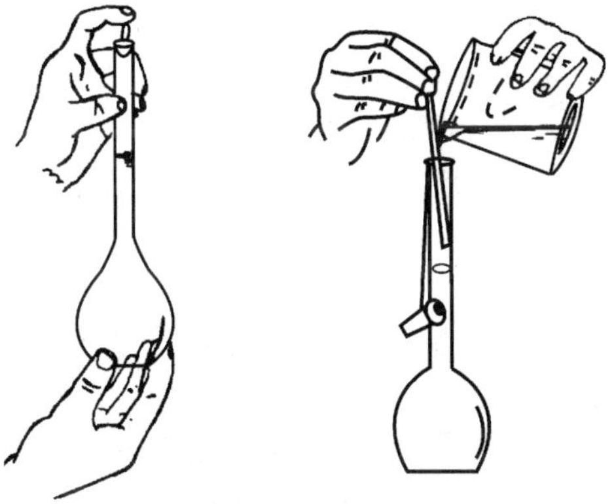

图 1－23　容量瓶的使用

4. 滴定管

滴定管是容量分析中用来准确测量管中流出的液体体积的量器。它的刻度由上而下，读数时与量筒相反，常用的滴定管最大容量为 50 mL，每一大格为 1 mL，每一小格为 0.1 mL，可估计读到 0.01 mL，是常用的定量分析仪器。

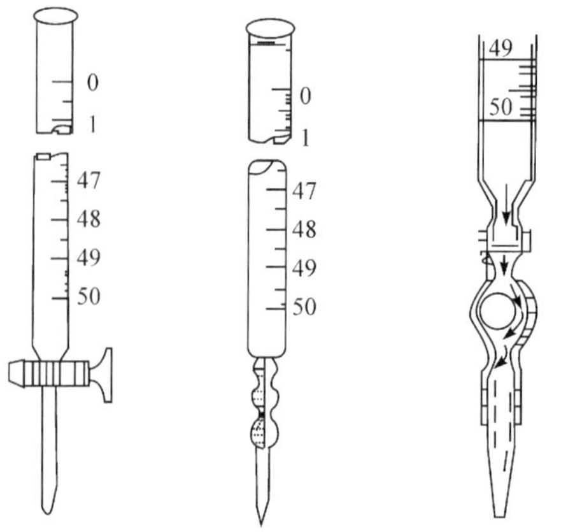

图 1-24　滴定管

滴定管分为酸式和碱式两种，如图 1-24 所示，下端有玻璃活塞的是酸式滴定管，用于装酸性或氧化性溶液[图 1-24(a)]；下端橡皮管内装有玻璃小球、尖端有玻璃嘴的是碱式滴定管[图 1-24(b)、(c)]，用于装碱性或非氧化性溶液。可根据取用液的量和液体的性质选择滴定管的容量和类型。

滴定操作包括以下几个方面。

1) 检查滴定管

使用前要检查是否漏液，酸管还要检查旋塞转动是否灵活。如果酸式滴定管漏水或转动不自如，可先取下旋塞，洗净并用滤纸擦干旋塞和旋槽，在旋槽小口端的内壁和旋塞大头端的表面均匀地涂上一薄层凡士林，将旋塞装好转动旋塞，使旋塞与塞槽接触处从外面看完全呈透明状，使用时转动灵活且不漏水。碱式滴定管使用前，应检查橡皮管及管段中装的玻璃球大小是否合适，玻璃球太小易漏液，太大则不易操作。

2) 装液和排气泡

洗净的滴定管在装液前还应用滴定液清洗两三次，并直接向滴定管内注入溶液。装管时溶液先装到管的零刻度线以上，然后转动活塞或挤压橡皮管，让液体流出一部分，观察下端尖端部分有无气泡，若有气泡，一定要排除。其方法是：酸式滴定管将管体倾斜约 30°，然后迅速打开活塞，让溶液冲出而排尽气泡；碱式滴定管将橡皮管向上弯曲，用手挤压橡皮管，让液体冲出而排气，如图 1-25 所示。

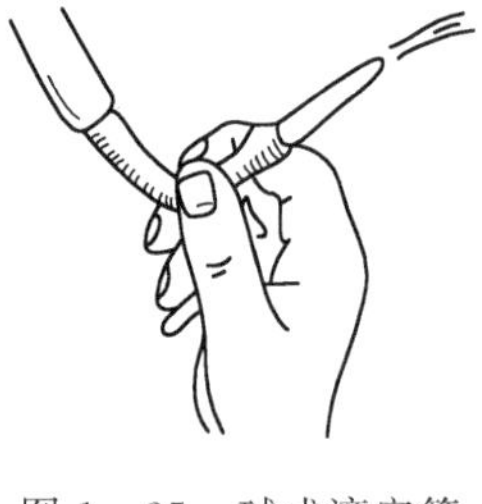

图 1-25　碱式滴定管排除气泡

3）滴定

装好溶液的滴定管竖直地夹在滴定管夹上，在铁台上放一张白纸或一块白瓷板，便于更清楚地观察滴定过程中的颜色改变。滴定前调节管内液面在 0.00～1.00 mL 的某一刻度。读数时，视线必须与液面在同一水平上，准确读到小数点后两位数字。为便于读数，可在滴定管刻度面的对面衬一张白纸。读数时滴定管尖端应无液滴悬挂，若有则应除去后再读数。滴定操作：用左手拇指、食指和中指旋转活塞或挤压玻璃球，让溶液逐渐滴入被滴定液中，右手握住锥形瓶颈并不断转动，或用玻璃棒不断搅拌盛于烧杯中的被滴定液（图 1－26），使滴定的液体尽快地均匀混合。接近终点时要逐滴加液，每加一滴要等溶液混合均匀后再加。到终点时停止滴液，等 1～2 min 后才读数并记录，滴定前后两次读数之差即为滴定用去的溶液体积。滴定完毕后，倒掉溶液，洗净滴定管待用。

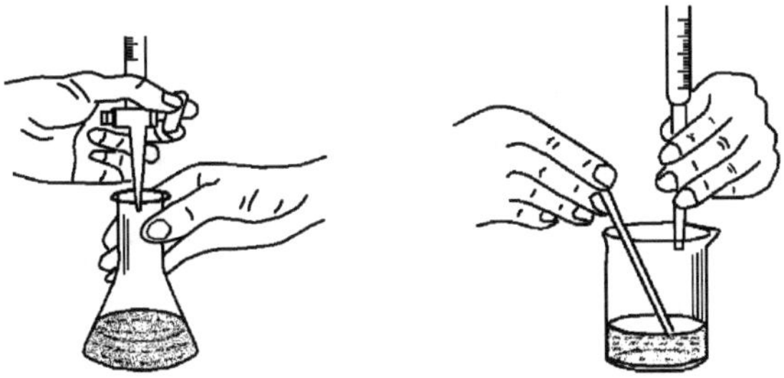

图 1－26　滴定操作

注意：滴定过程中左手不能离开活塞让液体无控制地流下；要随时注意观察液滴周围的溶液颜色，若颜色改变或褪去较慢时，表明已接近终点，应逐滴以至半滴加入液体。半滴液体的加入方法：控制液滴在尖嘴口悬而不落，以容器内壁蘸下悬挂的液体，再用少量去离子水将附在瓶壁的试液洗入瓶内。

1.2.6　化学药品的取用

1. 液体试剂的取用

液体试剂一般盛放在细口玻璃瓶中，瓶上贴有标签，标明试剂的名称、浓度和纯度等。一般试剂用无色透明的玻璃瓶，见光易分解的试剂用棕色瓶，瓶塞有平顶的和带滴头的两种。取药品前注意瓶中标签标明的内容是否符合实验的要求。

（1）从平顶瓶塞的试剂瓶中取药品时，先取下瓶塞，将其仰放在实验台上，拿试剂瓶时注意让瓶上的标签贴着手心，以防止液体腐蚀标签，用洁净的玻璃棒引流取出所需量的液体，如图 1－27 所示。若不用玻璃棒引流而直接倾注，应在液体倒完后将试剂瓶口在容器壁上靠一下，再使试剂瓶竖直，以免液滴沿外壁流下，取完试剂应立即盖好瓶塞，防止瓶塞盖错。

(2) 需少量液体时可用滴瓶盛取试剂，从滴瓶中取试剂时，首先从滴瓶中拿出滴管，排除橡皮头内的空气(若滴管内已有试剂，则无需排除)，再放入滴瓶试剂中吸取试剂，如图 1-28 所示，挤压橡皮头让液滴滴入试管。往试管中滴加试剂时，滴管的管口不能伸入试管中，以免碰在试管壁而使滴管污染；吸满试剂的滴管只能竖放，不能横卧或倒置，否则试剂会流入橡皮头，腐蚀橡皮，污染试剂；滴加完试剂后的滴管应立即放回原试剂瓶中，不要错放；绝对不能用不清洁的滴管在试剂瓶中吸取试剂。

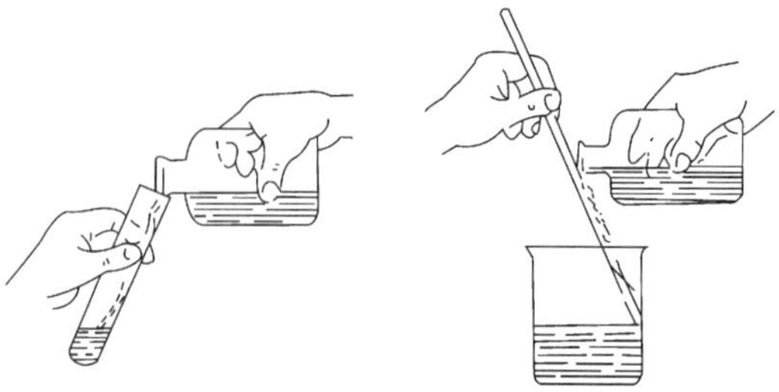

图 1-27　取用液体试剂

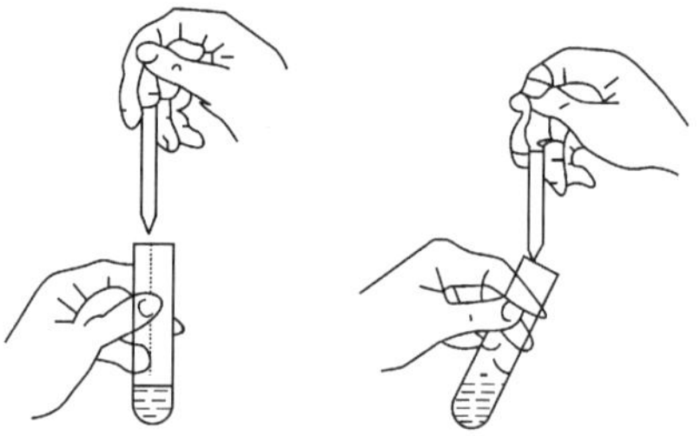

图 1-28　用滴管取试液

2. 固体试剂的取用

固体药品一般放在广口瓶中，取用粉末或小粒状固体用药匙。取药品时药匙必须清洁、干燥，为避免粉末沾附在管口和管壁，可将药匙小心地送入试管中，或将药品放在一折成舟状的干净纸条内再送入倾斜的试管，然后将试管竖直，药品全部落到试管底部。较大的块状固体用镊子夹出，将试管稍微倾斜，让固体沿管壁缓慢地滑到试管底部，不可竖着试管将固体垂直向下扔，否则会砸破试管底部。用过的药匙和镊子要立即用清洁的纸擦干净，以备下次使用。

从试剂瓶取药品的量应按要求取用，多取的药品不能再放回原试剂瓶中。未规定取量的液体一般取用 1～2 mL，固体以盖满试管底部为宜。

1.2.7　试纸的使用方法

实验室中经常用试纸来证实某些物质的存在，或者测定它们的性质，基础化学实验中常用的试纸有广泛 pH 试纸或精密 pH 试纸、乙酸铅试纸、碘化钾-淀粉试纸等。

1) pH 试纸

pH 试纸用来粗略地测定溶液的 pH，广泛 pH 试纸测定的 pH 范围为 0～14，精密 pH 试纸测定的 pH 范围为 2.7～4.7、3.8～5.4、5.4～7.0、6.0～8.4、8.2～10.0、9.5～13.0 等。pH 试纸的使用方法是：取一小块 pH 试纸放在点滴板上，用干净的玻璃棒蘸取待测液，点在试纸的中央润湿试纸，变色后立即与标准色阶板比较，变色后试纸的颜色与色阶板上某个色阶的颜色相似，该色阶的 pH 即为溶液的 pH。注意：不要将待测液倾倒在试纸上，更不能将试纸浸泡在溶液中，以免影响与色阶的比较。各种 pH 试纸有配套的色阶板，不可混用。

2）乙酸铅试纸

乙酸铅试纸是用乙酸铅溶液浸泡且干燥过的滤纸，可用于验证 H_2S 气体存在与否。其检测原理是 H_2S 气体溶解在试纸吸附的水中，离解出的 S^{2-} 与滤纸上的乙酸铅中的 Pb^{2+} 生成黑褐色的 PbS 沉淀。使用时先用去离子水润湿试纸后悬于气体出口，试纸变成有金属光泽的棕黑色，证明有 H_2S 气体存在，若溶液在酸性介质中，则可证明溶液中有 S^{2-} 存在。

3）碘化钾-淀粉试纸

碘化钾-淀粉试纸用于检验 Cl_2、Br_2 等强氧化性气体的存在，试纸上浸有碘化钾和淀粉的混合物，当氧化性气体与润湿的试纸接触后，氧化性气体使试纸上的 I^- 氧化为 I_2，I_2 遇淀粉变蓝。使用试纸时，试纸先用去离子水润湿后再悬于气体出口。当氧化性气体量较多且氧化性很强时，I_2 进一步被氧化为 IO_3^-，使已变蓝的试纸又变得无色，因此应注意观察。

各种试纸在使用时都要注意节约，每次用一小块即可，取试纸后立即盖紧瓶盖，避免因实验室中的气体污染而失效。

1.2.8　固-液分离

实验中经常会遇到沉淀和溶液分离或晶体与母液分离等情况，其分离方法主要有倾析法、过滤法、离心分离等。

1. 倾析法

当沉淀的相对密度较大或晶体颗粒较大时，沉淀容易很快沉降到容器底部，此时可用倾析法进行固-液分离。其操作方法是待沉淀完全沉降后，小心地将沉淀上层清液慢慢地倾入另一容器中，倾倒时用一洁净的玻璃棒在容器上引流（图 1－29）。如果沉淀需洗涤，则另加适量洗液（如蒸馏水）搅拌均匀，静置沉降后再倾析，如此反复几次，直至符合要求为止。

图 1－29　倾析法

2. 过滤法

过滤法是固-液分离最常用的一种方法。过滤法利用沉淀和溶液在过滤器上穿透能力的差异,使沉淀留在滤器上而溶液透过滤器进入接收器中,将沉淀和溶液分离。根据沉淀的性状、大小的不同,可选用各种型号的滤纸或砂芯漏斗等过滤器,采用常压、减压、热过滤等过滤方法。

1）常压过滤

常压过滤是用滤纸紧贴在 60°的圆锥玻璃漏斗上作为过滤器。当沉淀物为胶状或微细晶体时,常压过程效果较好。

(1) 准备过滤器:首先选一张半径比漏斗圆锥高度稍低的圆形滤纸(若为方形滤纸则要剪圆),然后把滤纸对折两次,将滤纸展开为 60°的圆锥,从三层滤纸一边的下面两层撕去一小角(图 1-30),平整地放入干燥、洁净的漏斗中,使滤纸的圆锥面与漏斗相吻合。叠好的滤纸放入漏斗后用去离子水润湿,再以干净的玻璃棒(或手指)轻压滤纸,使之紧贴漏斗壁,中间不应有空气泡,以保证溶液能快速通过滤纸。一般滤纸边应低于漏斗边约 5 mm。

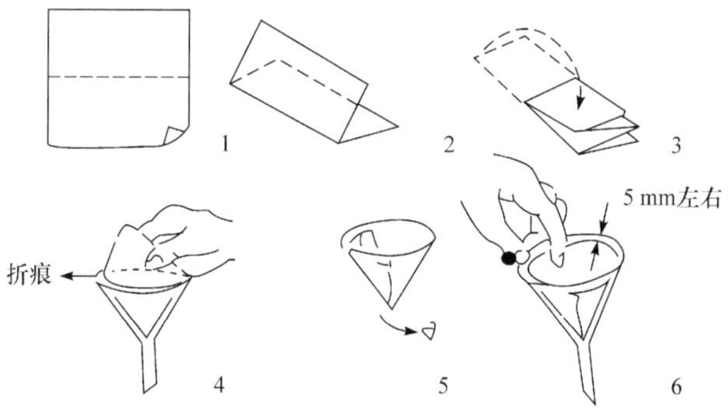

图 1-30 滤纸的折叠方法及安装

(2) 过滤:将准备好的漏斗放在漏斗架上,下面用烧杯或其他器皿承接滤液,漏斗颈末端紧贴在接收器的内壁,以加快滤液的流速。将玻璃棒指向滤纸三层的一边,用玻璃棒引流,将上层清液慢慢倾入过滤器(图 1-31)。倾入液体的高度要注意比滤纸边缘低 0.5～1 cm;待漏斗中的液体流尽时再逐渐将液体倾入漏斗。溶液倾倒完后,用洗瓶挤少量水淋洗盛放沉淀的容器及玻璃棒,并将洗涤水全部滤入接收器中(图 1-32)。若需洗涤沉淀,则用洗瓶挤出洗涤液在滤纸的三层部分离边缘稍下的地方,自上而下洗涤,并借此将沉淀集中在滤纸圆锥体的下部(图 1-33),如此洗涤多次。

强酸、强碱或强氧化剂会破坏滤纸结构,它们的固-液分离要以石棉纤维或玻璃丝代替滤纸,或改用玻璃砂芯漏斗。

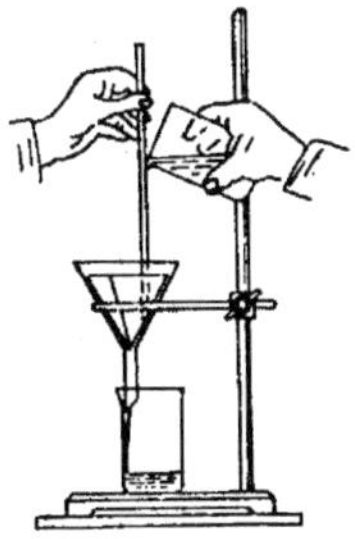

图 1－31　常压过滤

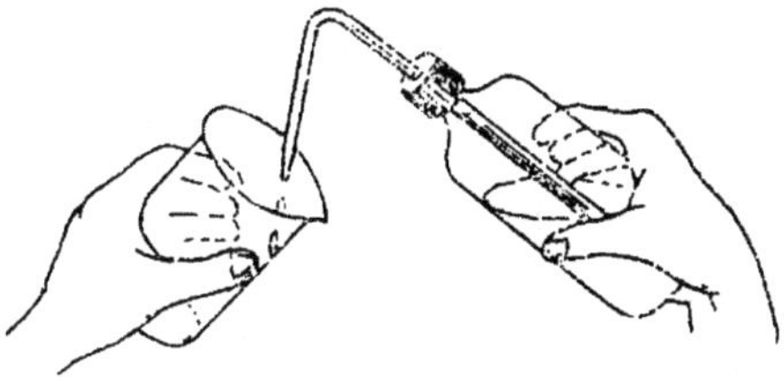

图 1－32　淋洗器皿

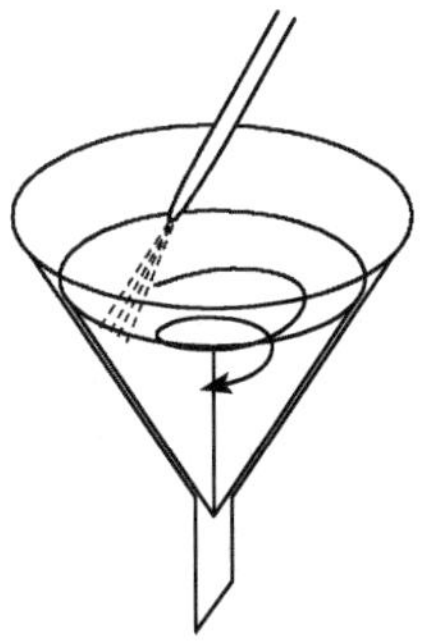

图 1－33　沉淀在漏斗中的洗涤

2）减压过滤

减压过滤(抽滤或吸滤)是采用水泵或真空泵抽气,使滤器两边产生压差而快速过滤,并抽干沉淀上溶液的过滤方法。它不适合过滤细小颗粒的晶体沉淀和胶状沉淀,前者会堵塞滤纸孔而难以过滤,后者会透过滤纸且堵塞滤纸孔。

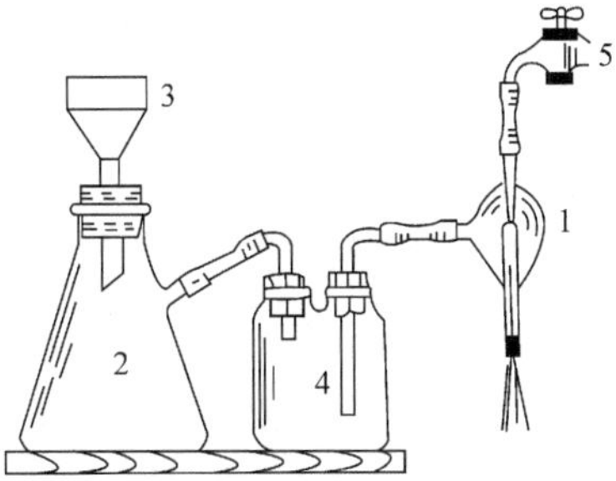

图 1－34　减压过滤装置

1-抽气管;2-吸滤瓶;3-布氏漏斗;4-安全瓶;5-自来水龙头

减压过滤装置如图 1－34 所示,它由吸滤瓶、布氏漏斗、安全瓶和玻璃抽气管组成。玻璃抽气管是一个简单的减压水泵,其内有一窄口,当水急速流经窄口时,将装置内的空气带出而形成真空,使吸滤瓶内的压力减小,瓶内与布氏漏斗液面间产生压差而使过滤速度大大加快。

减压过滤操作步骤如下:

(1) 剪贴滤纸。将滤纸剪成圆形,比布氏漏斗略小但又能盖住瓷板上所有的小孔,平铺在瓷板上,以少量去离子水将滤纸润湿,微开水阀,轻轻抽吸,使滤纸紧贴在瓷板上。

(2) 过滤。先将澄清的溶液以玻璃棒引流倒入布氏漏斗中,溶液量不要超过漏斗容积的 2/3,开大水阀,待溶液滤完后再将沉淀转入漏斗,抽滤至干,沉淀平铺在瓷板的滤纸上。注意:吸滤瓶内液面不能达到支管的水平位置,否则滤液会被水泵抽出,因此滤液过多时,中途应拔掉吸滤瓶上的橡皮管,取下漏斗,把吸滤瓶的支管口向上,从瓶口倒出滤液,再装好继续过滤。

(3) 关闭水阀。在抽滤过程中不能突然关闭水阀,停止抽滤时应先拔掉吸滤瓶支管上的橡皮管,使吸滤瓶与安全瓶脱离,再关闭水阀,否则水会倒吸。

沉淀的洗涤和抽干:在布氏漏斗内洗涤沉淀,首先应停止抽滤,然后加入少量洗涤液，使其缓缓通过沉淀，再接上吸滤瓶的橡皮管，微开水阀抽吸，最后开大水阀抽干，此时可用一个干净的平顶瓶塞挤压沉淀，帮助抽干。如此反复数次，直至达到要求为止。

(4) 沉淀的取出。沉淀抽干以后，先将吸滤瓶与安全瓶拆开，然后关闭水阀，再取下漏斗，将漏斗的颈口向上，轻轻敲打漏斗边缘，或在漏斗颈口用力一吹，即可使沉淀脱离漏斗，倾入预先准备好的滤纸或容器上。欲得干燥沉淀可用干燥滤纸将水分吸干或放入恒温烘箱内烘干。

3) 热过滤

如果溶质的溶解度明显地随温度的降低而降低，但又不希望它在过滤过程中析出晶体，可采用热过滤。其方法是将玻璃漏斗放在铜质的热漏斗内(图 1-35)，热漏斗内装热水以维持溶液的温度，趁热过滤。也可以在过滤前将玻璃漏斗放在水浴上用蒸气加热后快速过滤。

3. 离心分离

离心分离是用离心机将少量沉淀和溶液分离的简便而快速的方法。实验中常用的电动离心机如图 1-36 所示。

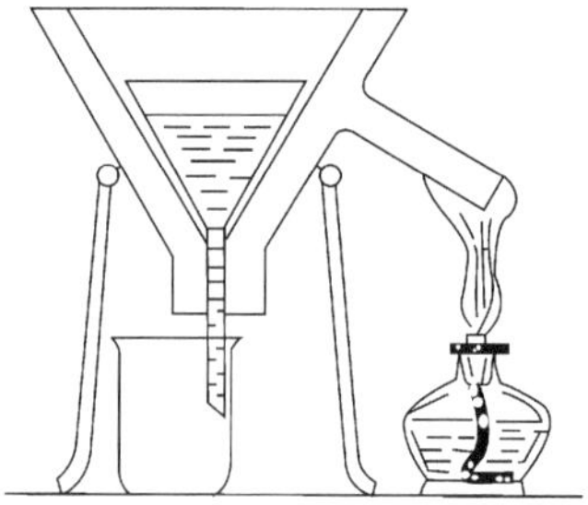

图 1-35　热过滤

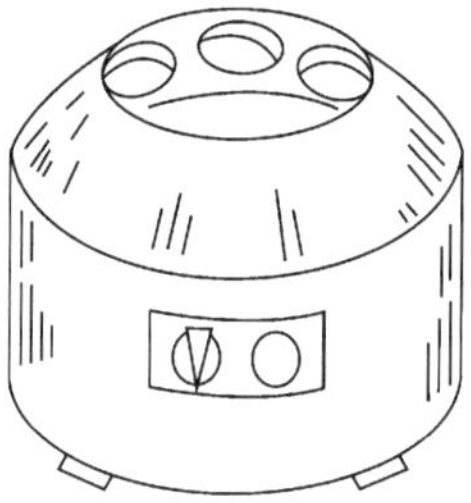

图 1-36　电动离心机

离心分离时，选用大小相同、混合物的量大致相等的离心试管，对称地放在离心机套筒内，如果只有一支要离心分离的试管，则可用另一支大小相同、盛有同量水的离心试管与之相配，以保持离心机平衡，然后盖上盖子。启动离心机时先调到变速器的最低挡，转动后再逐渐加速，2～5 min 后，断开电源，使其自然停止，切不可加以外力强迫它停止转动。离心分离操作完毕后，轻轻取出试管，不要摇动，将一支干净的滴管排气后伸入离心管的液面下，慢慢吸取清液。在吸取过程中吸管口始终不离开液面而又不接触沉淀(图 1-37)。欲得较纯净的沉淀，还需用洗涤液加入沉淀

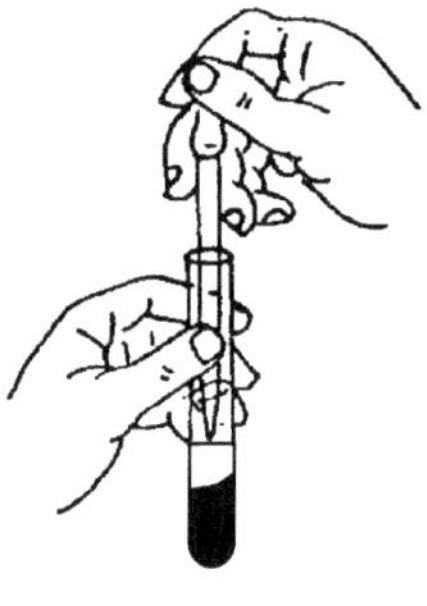

图 1-37　吸去上层溶液

中，用玻璃棒搅拌均匀后再离心分离，反复数次直至达到要求。

1.2.9　分离与提纯

蒸馏是分离和纯化液体物质最常用、最重要的方法。在混合液中，若各组分的相对挥发能力存在差异，就能够借助蒸馏进行分离。纯液态有机化合物在蒸馏过程中沸点范围很小，因此通过蒸馏还可以测定物质的沸点，定性地检验物质的纯度。根据有机化合物性质的不同，在具体运用上分为常压蒸馏、分馏、水蒸气蒸馏和减压蒸馏。

1. 常压蒸馏

常压蒸馏就是在常压下将液态物质加热至沸腾变为蒸气，又将蒸气冷凝为液体这两个过程的联合操作。例如，蒸馏沸点差别较大的液体混合物，沸点较低者首先蒸出，沸点较高者随后蒸出，不挥发的留在蒸馏器中，这样可以达到分离和提纯的目的。常压蒸馏一般适用于液体混合物中各组分的沸点有较大差别时的分离。

1）操作方法

按如图1-38所示的装置安装仪器，于蒸馏头上放一玻璃漏斗，倒入待蒸液。液体应占烧瓶容积的1/3～2/3。加入两三粒沸石，插入温度计。检查仪器安装无误后，冷凝管通入自来水，加热，使温度慢慢上升。当液体开始沸腾时，可以看到蒸气慢慢上升，同时液体开始回流。当蒸气的顶端到达温度计水银球部位时，温度急剧上升，这时应注意控制温度，使温度计水银球上总保持有液珠，此时液体和蒸气

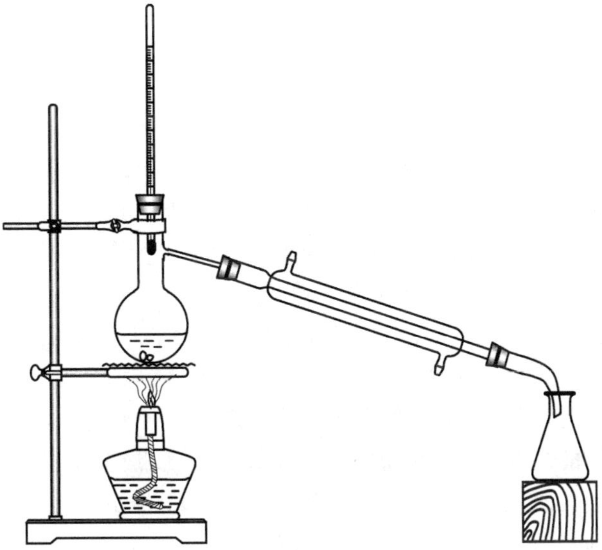

图1-38　常压蒸馏装置

保持平衡，温度计指示的温度是真正的液体沸点。当蒸气过热时，水银球上的液珠消失，此时温度计所示的温度比液体沸点高，所以控制蒸馏速度是蒸馏效果好坏、测得沸点是否准确的关键，一般要求蒸馏速度保持每秒 2～3 滴为宜。尽管如此，也难免会发生过热现象，如果沸点区间保持间隔为 1～2 ℃，表示液体纯度符合要求。

蒸馏完毕，先停止加热，然后停止通冷凝水，按与安装蒸馏装置相反的顺序拆下仪器，称量产品并记录，洗净仪器。

2）注意事项

（1）操作中若发现忘加沸石，应停止加热，待液体稍冷后再补加。

（2）被蒸馏物沸点在 140 ℃以下时，用水冷凝管；沸点高于 140 ℃时，用空气冷凝管；蒸馏高挥发性和易燃液体（如乙醚）时，选用较长的冷凝管，使蒸气充分冷凝。

（3）用不带支管的接引管时，接引臂与接收瓶之间不可用塞子塞住，否则该系统成为密闭系统，导致爆炸事故；接收瓶可用锥形瓶或梨形瓶，注意不要用烧杯等广口器皿接收蒸出液，接收瓶需事先称量并记录。

（4）若用水浴加热，水浴中的水不要加得太多，一般高于烧瓶中液面 1 cm 即可，瓶底应距水浴锅底 1 cm 左右。

（5）蒸乙醚等低沸点有机溶剂时，特别要注意蒸馏速度不能太快，否则冷凝管不能将乙醚全部冷凝。应在冷凝管下端通过带支管的接引管侧口，连接橡皮管导入流动的水中，以便把挥发的乙醚蒸气带走，否则由于乙醚易燃，不易散去，如遇明火易发生事故。

2. 分馏

利用常压蒸馏可以分离两种或两种以上沸点相差较大（至少相差 30 ℃以上）的液体混合物。而当液体混合物中各组分的沸点相差较小或接近时，仅用一次蒸馏不可能把各组分完全分开。若要获得较纯组分，则必须进行多次蒸馏，这样既费时，液体损失量又大。分馏柱可以把这种重复蒸馏的操作在柱内完成，这种方法称为分馏。分馏是多次重复的常压蒸馏的改进。

利用分馏柱进行分馏，实际上就是在分馏柱内使混合物进行多次气化和冷凝。当上升的蒸气与下降的冷凝液互相接触时，上升的蒸气部分冷凝放出热量使下降的冷凝液部分气化，两者发生热量交换。其结果是上升蒸气中易挥发组分增加，而下降的冷凝液中的高沸点组分增加，如此进行多次气-液平衡，即达到了多次蒸馏的效果。当分馏柱的柱效足够时，从分馏柱顶部出来的几乎是纯净的易挥发组分，而高沸点组分则残留在烧瓶中。分馏装置如图 1－39 所示。

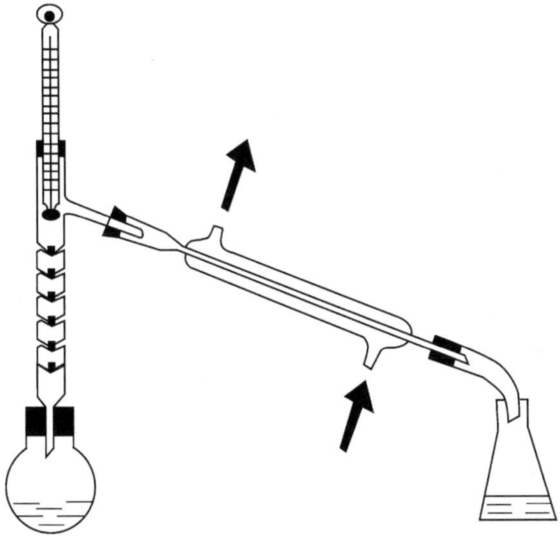

图 1 - 39　分馏装置

1）分馏柱的选择

分馏柱种类较多，其效率高低与柱的长径比、填料类型及绝热性能等有关。实验室常用的有维氏（Vigreux）分馏柱、赫姆帕（Hempel）分馏柱和球形分馏柱。维氏分馏柱的柱体由多组倾斜的刺状管组成，赫姆帕分馏柱和球形分馏柱可填充填料，以增加柱效率。常用的填料有短玻璃管、玻璃珠、瓷环或金属丝制成的圈状填料和网状填料，使用金属丝作填料时，要选择与待蒸馏物不发生作用的物质。

对沸点差距较小的化合物用长的分馏柱或高效率分馏柱可获得令人满意的效果。当分馏少量液体时，常使用维氏分馏柱；当分馏较低沸点的液体时，可在柱外缠石棉绳来保持柱内温度；若沸点较高，则需安装真空外套或电热外套管。若混合液体积较大，可用空气冷凝管作为分馏柱体，管内装填适当的填料（如小玻璃珠），管外包裹保温材料来进行分馏。

2）分馏操作

按如图 1 - 39 所示的装置安装仪器，分馏操作与蒸馏相似，把待蒸馏的液体倒入烧瓶中，其体积以不超过烧瓶容积的 1/2 为宜，控制恒定的分馏速度，一般为每秒 2～3 滴，保证有相当量的液体自柱中流回烧瓶，并尽量减少分馏柱的热量散失和温度波动。待低沸点组分蒸完后再缓慢升温，收集沸点较高的组分。实验完毕后，应称量各段馏分。

3. 水蒸气蒸馏

常压蒸馏和分馏技术适用于分离完全互溶的液体混合物，而要分离完全不互溶物系,水蒸气蒸馏是一种较简便的方法(图 1-40)。

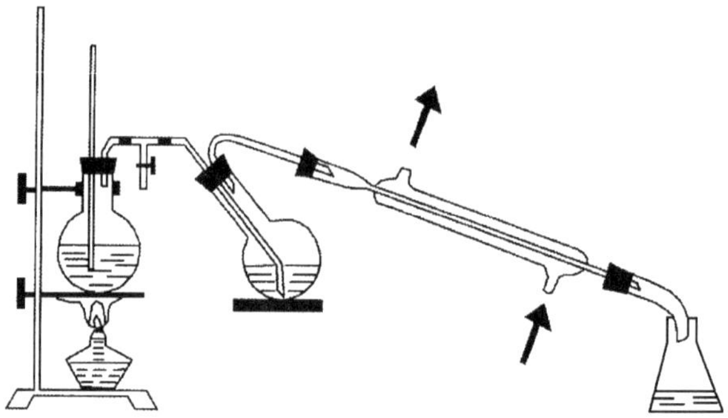

图 1-40　水蒸气蒸馏装置

水蒸气蒸馏操作是将水蒸气通入含有不溶或难溶于水但有一定挥发性的有机物质的混合物中,使该有机物在低于 100 ℃的温度下随水蒸气一起蒸馏出来。

两种互不相溶的液体混合物的蒸气压等于两液体单独存在时的蒸气压之和。当组成混合物的两液体的蒸气压之和等于外界大气压时,混合物开始沸腾。互不相溶的液体混合物的沸点比每一物质单独存在时的沸点低。因此在不溶于水的有机物质中通入水蒸气进行水蒸气蒸馏时,在低于该物质的沸点及水的沸点(100 ℃)的某一温度下可使该物质和水一起被蒸馏出来,从而使该物质与混合物分离。

水蒸气蒸馏常用于以下情况:

(1) 常压下蒸馏会发生分解的高沸点有机物质。

(2) 混合物中混有大量固体、不溶性杂质或含有大量树脂状杂质,通常的蒸馏、过滤、萃取等方法都不适用。

(3) 被提纯物必须难溶于水,在沸腾下长时间与水共存而不发生化学变化,在 100 ℃左右有一定的蒸气压(大于 1.33 kPa)。

1) 水蒸气蒸馏操作

水蒸气蒸馏装置主要由水蒸气发生器、蒸馏部分、冷凝部分和接收部分组成。按如图 1-40 所示的水蒸气蒸馏装置安装仪器,在烧瓶中放入待分离的提纯物,不超过烧瓶容积的 1/3,水蒸气发生器中加入 1/3～2/3 容积的水,应尽量使水蒸气导入管的下端接近烧瓶底部。先打开螺旋夹,加热使发生器中的水沸腾,当有大量水蒸气从 T 形管冲出时,旋紧螺旋夹,使水蒸气通入烧瓶。为防止水蒸气进入烧瓶被大量地冷凝,用小火加热烧瓶,当烧瓶内混合物剧烈翻滚时将热源撤去。注意观察蒸馏的情况,适当调节热源及螺旋夹,使蒸馏在平稳的情况下进行,蒸馏速度为每秒 2～3 滴。蒸馏快结束时,可用干净的表面皿放入少量清水,再接几滴馏液,如果没有油状物且溶液呈澄清透明时可停止加热,打开螺旋夹,断开气源。馏液用分液漏斗分离，量出蒸馏物的体积，计算回收率。

2）注意事项

在蒸馏过程中必须经常检查安全管中的水位是否正常、有无倒吸现象等。如果安全管中水柱迅速上升，则应立即旋开螺旋夹，移去热源，待排除故障后再进行蒸馏。

4. 减压蒸馏

在低于大气压下进行蒸馏的操作过程称为减压蒸馏，减压蒸馏是分离和提纯某些具有高沸点（200 ℃以上）的有机化合物或低熔点固体有机物的一种主要方法，它特别适用于常压蒸馏时未达到沸点就已受热分解、氧化或聚合的物质。

液体的沸点是随着外界压力的变化而变化的。如果外界压力降低，液体的沸点也就相应降低。因此，降低蒸馏系统的压力，即可降低液体的沸点，可在较低的温度下蒸出所需的物质。这种在降低压力下进行的蒸馏操作就是减压蒸馏。

1）减压蒸馏操作

按如图 1-41 所示的减压蒸馏装置安装仪器，需先检查系统是否漏气，以及装置能减压到何种程度，然后在蒸馏烧瓶中倒入待蒸馏液体，其量控制在烧瓶容积的 1/3～1/2。先旋紧毛细管上的螺旋夹，打开安全瓶上的二通旋塞，然后开泵抽气。逐渐关闭二通旋塞，系统压力能达到所需真空度且保持不变，说明系统密闭，否则应检查各连接处是否漏气，必要时可在磨口接口处涂少量真空脂密封。进气量可通过螺旋夹调节，以能冒出一连串小气泡为宜。

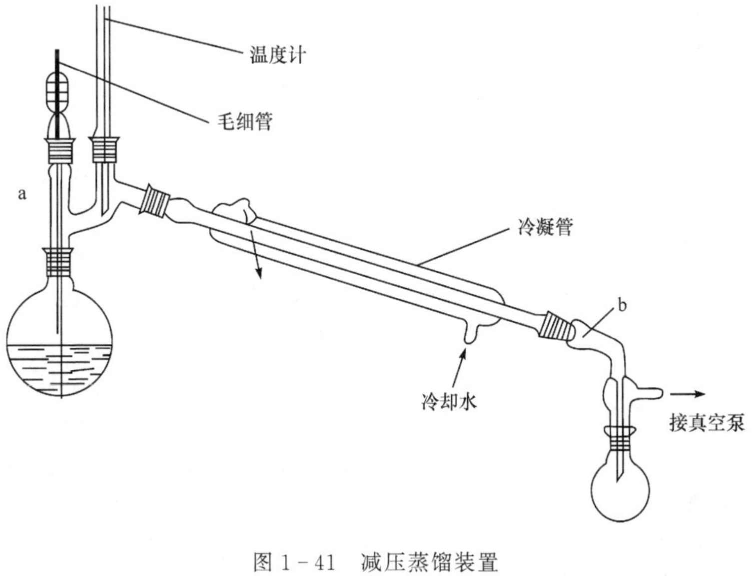

图 1-41　减压蒸馏装置

当系统达到所要求的压力时，开启冷凝水，选用合适的热浴加热。密切注意蒸馏的温度和压力，若有不符应调节。先接收前馏分，当沸点达到所需温度时，更换接收器（只需转动多头接引管的位置，使馏出液流入不同接收器中）。控制馏出速度为每秒 1～2 滴。蒸馏完毕，撤去热源，慢慢打开毛细管上的螺旋夹，并缓慢地打开安全瓶上的活塞，平衡系统内外压力，然后关闭油泵，再拆卸仪器。

2）注意事项

（1）在减压蒸馏系统中切勿使用有裂缝的或薄壁的玻璃仪器，尤其不能用不耐压的平底瓶（如锥形瓶）。因为内部压力小于装置外部的压力，不耐压的部分可引起内向爆炸。

（2）为防止暴沸、保持稳定沸腾，常用一根细而柔软的毛细管尽量伸到蒸馏瓶底部。空气细流经过毛细管引入瓶底，作为气化的中心。在减压蒸馏中，加入沸石对防止暴沸是无效的。有些化合物易氧化，在减压时，可由毛细管通入氮气或二氧化碳保护。

（3）减压蒸馏时，可用水浴、油浴、空气浴等加热，浴温需比蒸馏物沸点高 30 ℃以上。

5. 升华

具有较高蒸气压的固体有机物受热后往往不经过熔融状态而直接变成蒸气，蒸气遇冷后又直接变成固体，这种过程称为升华。容易升华的物质中含有不挥发性杂质时，可以用升华的方法进行精制，所得产物纯度较高，但损失较大。

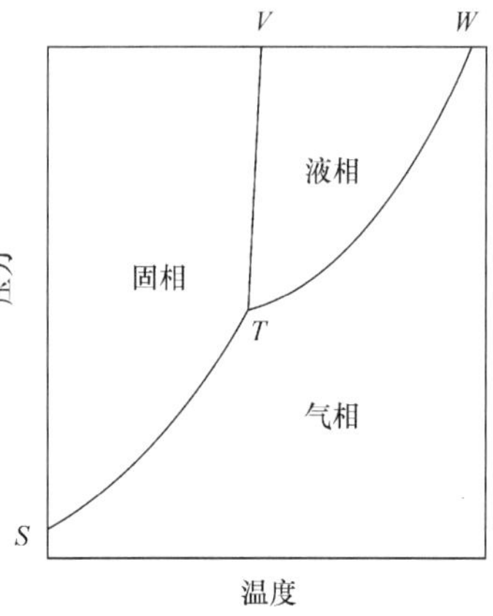

图 1－42　物质三相平衡曲线

1）基本原理

图 1－42 是物质三相平衡曲线，其中 ST 表示固、气两相时固体的蒸气压曲线，T 为三相点，此时固、液、气三相共存。在三相点温度以下，物质仅有固、气两相。升高温度，固态直接气化；降低温度，气相直接转为固相。因此，升华应在三相点温度以下进行。在一定温度下固体物质的蒸气压等于固体物质表面所受的压力时，此温度即为该物质的升华点。对于同一种物质，固体化合物表面所受的压力越小，升华点越低，即外压越小，升华点越低。所以常压下不易升华的物质可以在减压下进行升华提纯。为了提高升华速度，有时可以通入适量的空气或惰性气体进行升华。一般来说，低于熔点温度时的蒸气压应至少不小于 2.7 kPa，这样的物质才可能直接升华。

2）操作方法

图 1－43(a)为常压下的简易升华装置。在蒸发皿中放入待升华物，铺匀，上覆盖多孔滤纸，再倒置一大小合适的玻璃漏斗，漏斗颈部轻塞少量脱脂棉或玻璃纤维，以减少损失。缓慢加热，温度应控制在物质的熔点以下，慢慢升华。蒸气通过滤纸小孔，冷却，凝结在滤纸上层或漏斗内壁上，必要时漏斗外壁上可用湿布冷却。

若物质具有较高的蒸气压，可采用图 1－43(b)的装置。烧杯中盛有样品，上面放有一个大小合适的圆底烧瓶，瓶内通入冷凝水，用于冷却蒸气。样品必须干燥，否则其中的水受热气化后冷凝在瓶底，使固体物质不易附着。

在常压下不易升华、受热易分解的物质或升华较慢的物质可采用减压升华装置，如图 1－43(c)所示。它是由两个大小不同的抽滤管通过橡皮塞组合而成的。操作时先减压，向小抽滤管中通冷凝水，升华物可冷凝于其外壁，再缓慢加热。结束后，应慢慢使系统接通大气，以免气流将升华物吹落，这种装置适用于少量物质的升华提纯。

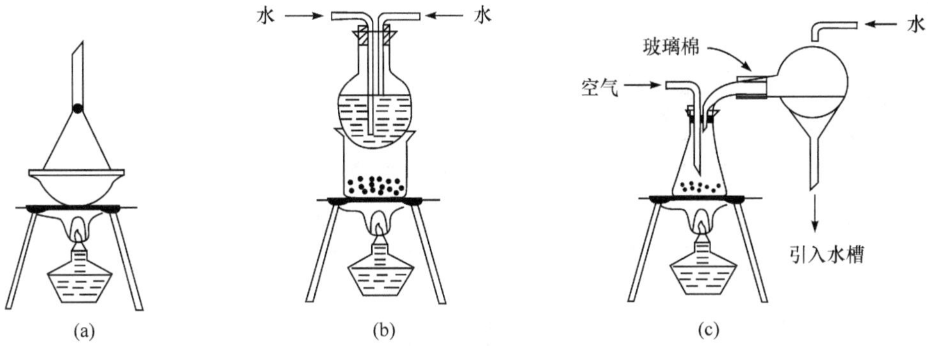

图 1－43　升华装置

第2章　常用测量仪器

2.1　称量仪器

准确称量物体的质量是化学实验最基本的操作之一。由于不同实验对物体质量称量的准确度要求不同，因此进行实验时需要选用不同精确度的称量仪器。常用的有台秤、电光天平和电子天平等。

2.1.1　台秤

台秤又称为台式天平或架盘天平(图2-1)，用于粗略的称量，一般能准确称量0.1 g物体的质量。

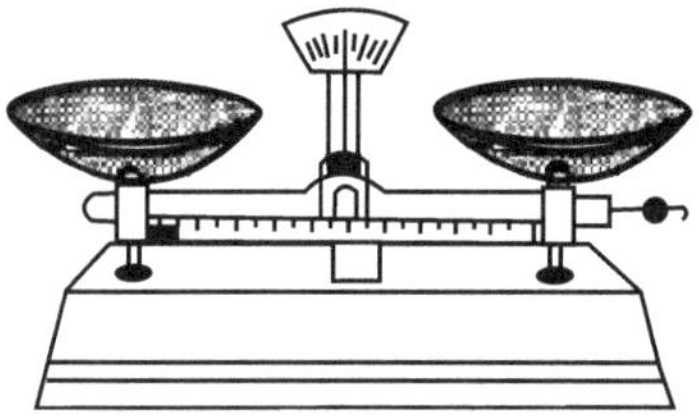

图2-1　台秤

称量前先调节台秤的零点，使指针指零。称量时，将称量物品放在左盘，砝码放在右盘，添加10 g以下的砝码时，可移动标尺上的游码。当最后的停点与零点符合时，砝码加游码的质量就是称量物的质量。

称量时应注意以下几点：

(1) 称量的固体物品应放在表面皿中或蜡光纸上，不能直接放在托盘上；软湿的或具有腐蚀性的药品应放在玻璃容器内。

(2) 不能称量过冷或过热的物品。

(3) 称量完毕，应将砝码放回砝码盒，将游码移至刻度“0”处。

2.1.2　半机械加码电光天平

在许多化学分析实验中，通常需要准确称量物体质量至0.1 mg，这就需要选用精确度高的精密分析天平。电光天平是常用的一种分析天平，有半机械加码和全机械加码两种。半机械加码电光天平的构造如图2-2所示。

1. 电光天平的构造

1) 天平梁

天平梁又称为横器，是天平的主要部件，一般用特殊的铝合金制成。天平梁上装有三个三棱形的玛瑙刀，中间一个是支点刀(或称中刀)，刀口向下，由固定在立柱上的玛瑙刀支承。左右两边距离相等处各有一个刀口向上的承重刀。两边玛瑙

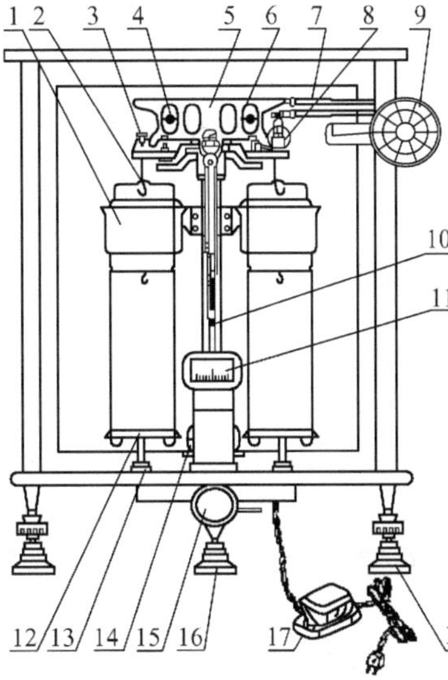

图 2-2　电光天平结构示意图

1-空气阻尼器；2-挂钩；3-吊耳；4-平衡螺丝；5-天平梁；6-天平柱；7-圈码钩；8-圈码；9-指数盘；10-指针；11-投影屏；12-秤盘；13-盘托；14-光源；15-旋钮；16-垫脚；17-变压器；18-螺旋脚

刀口用来悬挂秤盘，玛瑙刀口是天平的重要部件，刀口的角度和锋光整程度直接影响称量的准确度。因此必须注意保护好刀口。天平梁中央下方有一指针，指针下端装有一透明的微缩标尺，光幕上可以读出指针的位置。天平梁的两侧都装有一个平衡螺丝，用来调节天平的零点。

2）空气阻尼器和秤盘

空气阻尼器由两个内外相互罩合而不相接触的铝盒组成。两个外盒分别固定在天平立柱两侧的托架上，内盒则倒挂在吊耳的挂钩上。称量时，阻尼器的内盒上下浮动，由于盒内空气阻力的作用，天平较快地停止摆动而达到平衡，以缩短称量时间。在天平左右两个吊耳的挂钩上都有一个秤盘。左盘放待称物体，右盘放砝码。

3）升降旋钮

升降旋钮是控制天平工作和休止的旋钮，也是天平的电源开关。当使用天平时，转动升降旋钮，天平梁微微下落，支点刀口和立柱上的玛瑙刀承接触，两边承重力和吊耳上的玛瑙刀承接触，使天平梁和天平盘可以自由摆动，这称为启动天平。当不使用天平时，反向转动升降旋钮，把天平梁托住并稍微抬起，刀口和刀承分开，不再接触，这称为休止天平。

4）光学投影读数装置

启动天平时，天平梁和指针开始摆动，通过光学系统使指针下端微分标尺上刻度放大，在光幕上可以清楚地读出标尺的刻度，中间为零，左负右正。标尺上的刻度直接表示被称物的质量。每一大格代表 1 mg，每一小格代表 0.1 mg。光幕下方设有一微动调节杆，以便进行零点微调。

5）砝码和环码

每一台电光天平都配有一组 1～100 g 的专用砝码，装在砝码盒内。1 g 以下的砝码是用金属丝做成的环，称为环码。它按照一定顺序放在天平梁右侧的加码钩上。加减环码由机械加码旋钮控制，用它可加 10～990 mg 的质量，10 mg 以下的质量可直接在光幕上读出。

6）天平箱

为了保护天平，防止灰尘、湿气或有害气体的侵入，并在称量时减少外界因素的影响，如湿度的变化、空气流、人的呼吸等，分析天平都安装在镶有玻璃的木框天平箱内。天平箱设有三个玻璃门，前门可以向上开启，供安装、修理天平用，称量时不允许打开。两侧各有一个玻璃推门，供取放称量物和砝码用，但是在读取天平零点、停点时，两侧的推门必须关好。

天平箱底板下装有三个支脚，后面一个支脚固定不动，前面两个支脚可以上下调节，通过观察水平仪，使天平处于水平位置。

2. 电光天平的使用规则

(1) 天平的灵敏度主要取决于天平梁上的三个玛瑙刀，特别是中间的支点刀，因此称量始终要注意保护好天平刀口。增减砝码或取放被称物时必须先使天平休止，绝不允许在天平未休止的情况下进行上述操作，这是保护天平刀口的关键。启动升降旋钮时必须缓慢均匀，避免天平剧烈摆动。

(2) 天平载重不能超过天平的最大负荷(200 g)，称量前须在台秤上粗称。

(3) 切勿用手直接触摸天平的各个部件，取放砝码必须用镊子夹取。在使用加减环码旋钮时，要轻轻地逐格转动，避免环码脱落或变位。

(4) 为了减少称量误差，在做同一个实验时，所有称量都要使用同一架天平和同一组砝码。

(5) 称量物的温度必须与天平的温度一致，不能称量过冷、过热的物品，试样应放在称量器皿中。具有挥发性和腐蚀性的物体必须放在带盖的容器中称量。

(6) 称量时不允许开启天平前门，加减砝码和取放物品时可打开两边侧门，砝码和称量物置于托盘中央，精确读数前，一定要关好侧门，以防气流影响读数准确性。称量数据应及时准确地记录在记录本上。

(7) 称量完毕后，休止天平，取出被称物和砝码，将环码指数拨回零位，切断电源，指导教师检查后，套上天平套，并登记天平使用情况。

(8) 不能随意移动天平位置。如发现天平有不正常情况或称量过程中天平发生故障，应及时向指导教师报告，修复后才能继续使用，不可自行修理。

3. 试样称量方法

1) 直接称量法

在空气中稳定、不易潮湿的试样或试剂(如金属)可在表面皿(或 50 mL 小烧杯、经特殊处理的硫酸纸)上直接称取。先准确称量出表面皿的质量，然后用药匙取试样于表面皿中，再准确称量，两次质量之差即为试样的质量。用这种方法称量时，也可以根据所需试样的质量，先放好砝码，然后用药匙将试样放在表面皿中央，待天平接近平衡时，用食指轻敲匙柄将试样慢慢抖入。称量完毕，将试样全部转移到准备好的容器中。

2) 减量称量法

减量称量法适用于称量易吸水、易氧化或易吸收二氧化碳的物质。一般试样或基准试剂都是盛于称量瓶中用减量称量法称取。减量称量法步骤如下:将装有试样的称量瓶在台秤上粗称后移至分析天平上精确称量,然后将称量瓶置于准备好盛放试样的烧杯(或锥形瓶)上方,用右手将瓶盖轻轻打开,慢慢将称量瓶口向下倾斜,用盖轻敲瓶口,使试样落入烧杯中,绝对不能将试样撒落在杯外。当倒出的试样接近所需量时,仍在烧杯上方一面用瓶盖轻轻敲打称量瓶,一面将称量瓶慢慢竖起,使粘在瓶口和内壁的试样落入称量瓶或烧杯中,然后盖好盖子,再准确称量,两次称量之差即为试样的质量。

2.1.3　电子天平

电子天平是基于电磁学原理制造的最新一代天平,不需砝码,可直接称量,具有自动调零、校正、扣皮重、显示读数等功能。操作简单,称量速度快。常见的电子天平有直立式和顶载式。图 2-3 是 BS224S 直立式电子天平构造图。

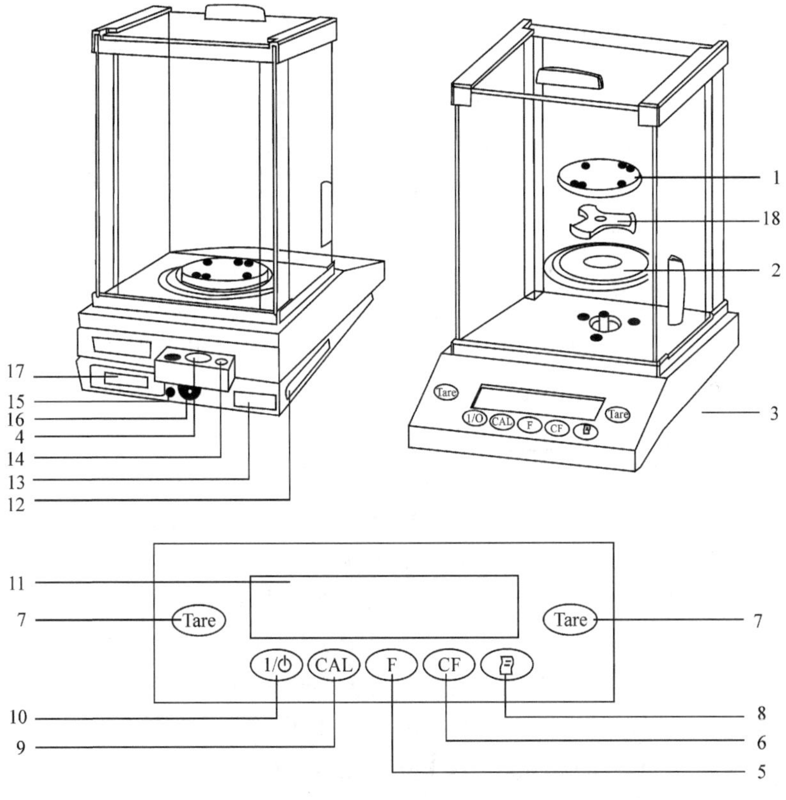

图 2-3　BS224S 直立式电子天平构造图

1-称盘;2-屏蔽环;3-地脚螺栓;4-水平仪;5-功能键;6-CF 清除键;7-除皮键;8-打印键(数据输出);9-调校键;10-开关键;11-显示器;12-CMC 标签;13-型号牌;14-防盗装置;15-菜单-去联锁开关;16-电源接口;17-数据接口;18-称盘支架

电子天平的详细使用操作应按其使用说明书进行。BS224S 直立式电子天平操作大致包括以下步骤：

（1）调水平。调整地脚螺栓高度，使水平仪内空气气泡位于圆环中央。

（2）开机。接通电源，按开关键直至全屏自检。

（3）预热。天平在初次接通电源或长时间断电后至少需要预热 30 min。为获得理想的测量结果，天平应保持在待机状态。

（4）校正。首次使用天平必须进行校正，按校正键，天平将显示所需校正砝码质量，放上砝码直至出现“g”，校正结束。

（5）称量。按除皮键除皮清零。放置被称物进行称量。

（6）关机。天平应一直保持通电状态（24 h），不使用时将开关键关至待机状态，使天平保持保温状态，可延长天平使用寿命。

2.2　酸　度　计

酸度计（又称 pH 计）是一种通过测量电位差测定溶液 pH 的仪器，除了可以测量溶液的 pH 外，还可测量氧化还原电对的电极电势（mV）等。实验室常用的酸度计有 pHS-25 型、pHS-3C 型等。各种型号仪器的结构虽有所不同，但其工作原理基本相同。

2.2.1　仪器工作原理

酸度计的基本工作原理是利用一对电极与被测溶液组成原电池，电池在不同 pH 溶液中能产生不同的电动势，将此电动势输入仪器，经过电子线路的一系列工作，最后在电位计上指示出测量结果（图 2－4）。

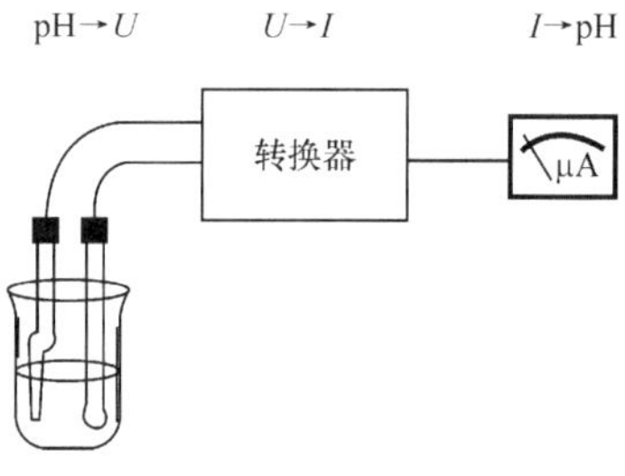

图 2－4　酸度计工作原理示意图

酸度计主要由指示电极、参比电极和与其相连的电位计组成。

指示电极通常采用玻璃电极（图 2－5），其电极电势随被测溶液 pH 的变化而变化。玻璃电极的主要部分是由一种特殊导电玻璃吹制成的空心小球泡，这种玻璃薄膜对氢离子有敏感作用。球内装有 0.1 $mol \cdot L^{-1}$ HCl（或一定 pH 的缓冲溶液）和 Ag/AgCl（覆盖 AgCl 的 Ag 丝）。

参比电极通常采用甘汞电极（图 2－6），该电极的稳定性好，其电极电势值不随被测溶液 pH 的变化而变化，在一定温度下有一定值。

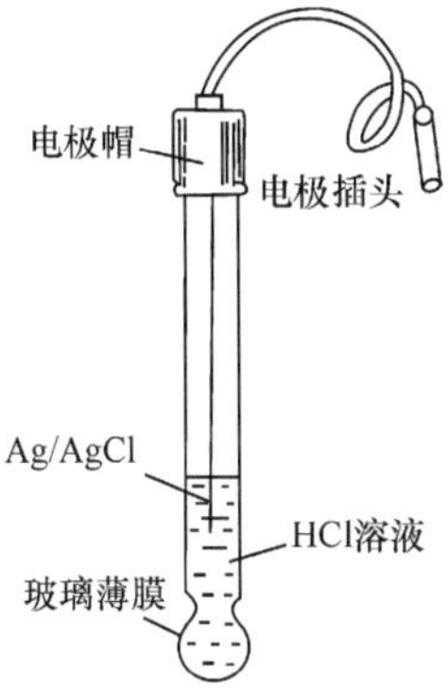

图 2－5　玻璃电极示意图

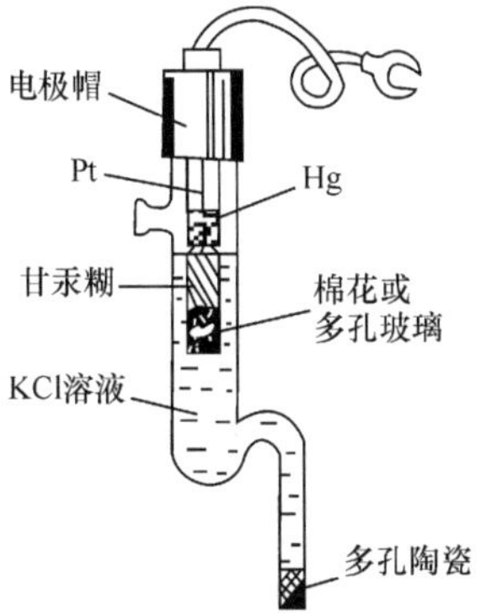

图 2－6　甘汞电极示意图

将玻璃电极和甘汞电极同时插入待测溶液中组成原电池，与精密电位计连接，可以测定该电池的电动势 E。在 25 ℃时，溶液 pH 与电动势 E 的关系为

$$E=\varphi_{+}-\varphi_{-}=\varphi_{甘汞}-\varphi_{玻璃}=\varphi_{甘汞}-(\varphi^{\ominus}_{玻璃}-0.0592\mathrm{pH}) \tag{2-1}$$

$$\mathrm{pH}=\frac{E-\varphi_{甘汞}+\varphi^{\ominus}_{玻璃}}{0.0592} \tag{2-2}$$

式中，$\varphi_{甘汞}$表示甘汞电极电势，常用的是饱和甘汞电极，在 25 ℃时其电势为 0.2415 V；对于给定的玻璃电极，$\varphi^{\ominus}_{玻璃}$是一定的，其数值可用一已知 pH 的标准缓冲溶液代替待测溶液组成原电池，再根据所测原电池的电动势求得。为了使用上的需要，酸度计将所测电动势读数直接用 pH 表示出来。

由于玻璃电极易破损，近年来常采用复合电极，即把 pH 玻璃电极和参比电极组合在一起形成复合电极，如图 2－7 所示。这种电极大多是由玻璃电极和 Ag/AgCl 参比电极合并制成的，相对于两个电极而言，复合电极最大的好处就是使用方便。pH 复合电极主要由电极球泡、电极支持杆、内参比电极、内参比溶液、外壳、外参比电极、外参比溶液、液接面、电极帽、电极导线、插口等组成。

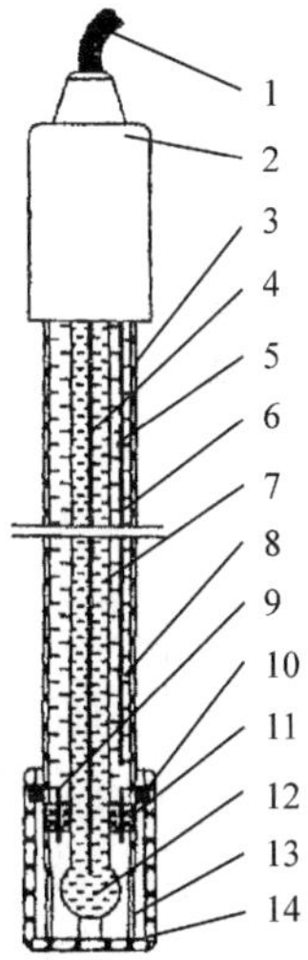

图 2－7　复合电极

1-电极导线；2-电极帽；3-外壳；4-内参比电极；5-外参比电极；6-电极支持杆；7-内参比溶液；8-外参比溶液；9-液接面；10-密封圈；11-硅胶圈；12-电极球泡；13-球泡护罩；14-护套

温度对 pH 测定值的影响可根据能斯特(Nernst)方程予以校正。酸度计中大多已配有温度补偿器补偿(校正)。

2.2.2 使用操作方法

下面以 pHS-3C 型数字酸度计为例，简单介绍其操作方法。其他类型的酸度计可参考其使用说明书。

1. 仪器介绍

pHS-3C 型数字酸度计前、后面板的示意图分别如图 2-8 和图 2-9 所示。

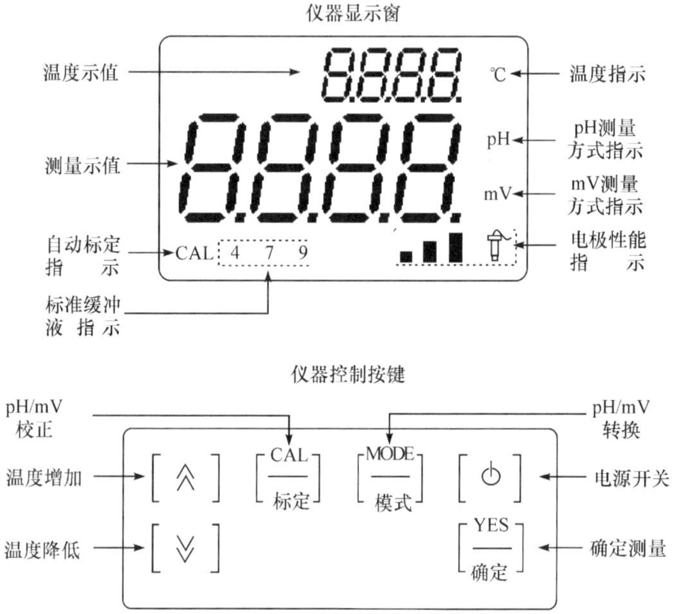

图 2-8　pHS-3C 型数字酸度计前面板

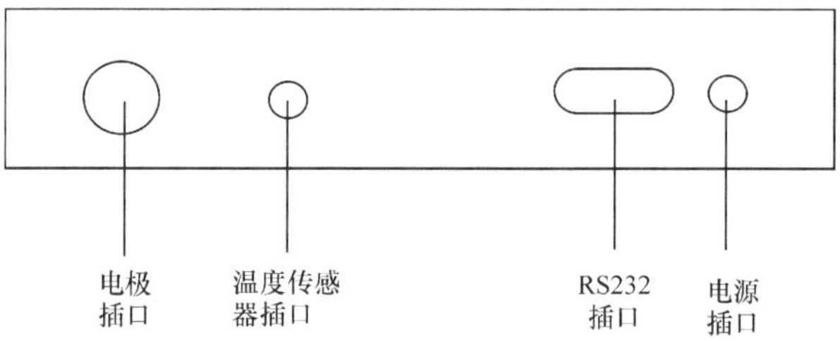

图 2-9　pHS-3C 型数字酸度计后面板

2. 操作步骤

1）准备

将复合电极接到仪器上，固定在电极夹中，插上电源，打开电源开关，预热

5 min左右。

2）仪器标定(两点标定)

(1) 按动“MODE(模式)”键,使仪器处于 pH 测量方式,(此时显示屏上“pH”灯亮),按“∧”或“∨”键将温度显示调节到标准缓冲液的温度值。

(2) 用蒸馏水冲洗电极并用滤纸吸干,然后浸入 pH 为 6.86 的标准缓冲液中,摇动烧杯使电极前端球泡与标准缓冲液均匀接触。

(3) 按动“CAL(标定)”键,显示屏上“CAL”、“AUTO”灯均闪烁,仪器此时正自动识别标准缓冲液的 pH;到达测量终点时,屏幕显示出相应标准缓冲液的标准 pH,对应的标准缓冲液“4”、“7”、“9”之一指示灯亮;“CAL” 灯熄灭而“AUTO”灯停止闪烁。

(4) 用蒸馏水冲洗电极,再将电极放入 pH 为 4.00 或 9.18 的标准缓冲液中(如果待测溶液呈酸性,选用 pH=4.00 标准缓冲液;如果待测溶液呈碱性,则选用 pH=9.18 标准缓冲液)。同样按(3)操作,完成仪器的标定。

3）pH 测定

经过标定的仪器即可测量被测溶液的 pH。对于精密测量法,被测溶液的温度最好保持与标定溶液的温度一致。

(1) 将清洗后的电极浸入被测溶液,将温度调节至被测溶液的温度值。

(2) 摇动烧杯,待示值稳定后即可读取被测溶液的 pH。若要确认测试的值(重复测试),可按动“YES(确认)” 键,此时“pH”指示灯闪烁,当“pH”指示灯停止闪烁时,即可读取被测溶液的 pH。

2.3　分光光度计

分光光度计的基本原理是利用溶液中的物质对不同波长光的选择吸收现象进行物质的定性和定量分析,通过对吸收光谱的分析,判断物质的结构及化学组成。实验室常用的国产分光光度计有 72 型、721 型、722 型、724 型、751 型等。

2.3.1　仪器工作原理

分光光度计的基本工作原理是溶液中的有色物质对光的吸收具有选择性。如图 2-10 所示,当某单色光通过溶液时,其能量会被吸收而减弱光的能量,减弱程度与溶液中物质的浓度 c 有一定的比例关系,服从于朗伯-比尔(Lambert-Beer)定律:

$$A=KcL=\frac{I_0}{I} \qquad (2-3)$$

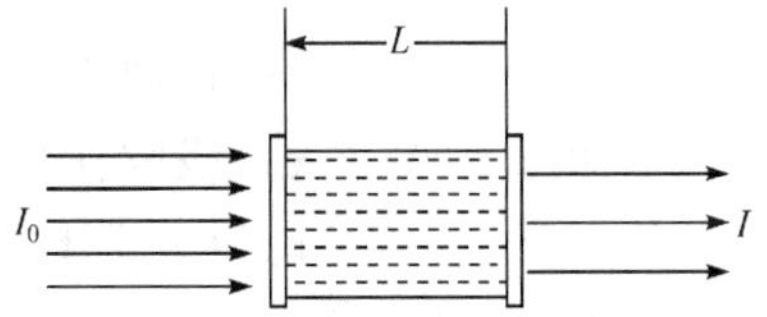

图 2-10　光吸收示意图

式中，A 为吸光度，表示光通过溶液时被吸收的强度；c 为有色溶液的浓度；I_0 为入射光强度；I 为透射光强度；L 为液层厚度；K 为吸光系数，它与入射光的波长以及溶液的性质、温度等有关。

当入射光强度 I_0、吸光系数 K 和液层厚度 L 不变时，透射光强度 I 只随溶液中物质的量浓度 c 而变化。因此，如果把透过溶液的光线通过测光仪器中的光电转换器接收，并转换成电能，在微电计上就可读出相应的透光率，从而推算出溶液浓度(图 2－11)。

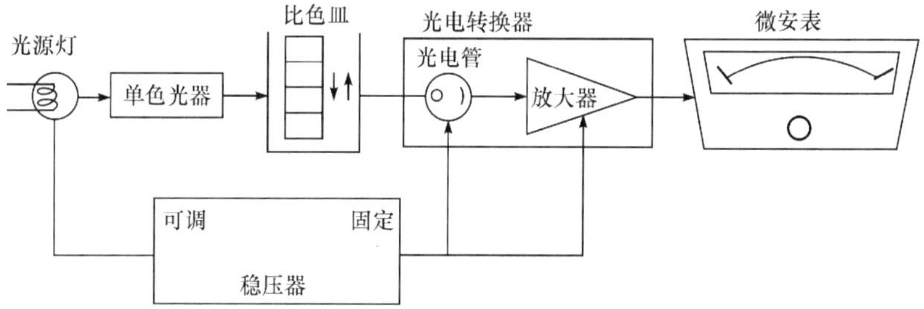

图 2－11　分光光度计工作原理图

2.3.2　722 型光栅分光光度计

1. 仪器的外形构造

722 型光栅分光光度计是以碘钨灯为光源、衍射光栅为色散元件、端窗式光电管为光电转换器的单光束、数显式可见光区分光光度计。可用的波长范围为 200～800 nm，波长精度±2 nm，光谱带宽 6 nm，吸光度的显示范围为 0～1.999，吸光度的精度为±0.004(在 0.5 处)。试样架可置放 4 个吸收池。附件盒配有 4 个1 cm吸收池及 1 块镨钕滤光片。

仪器的外形如图 2－12 所示。

2. 仪器的使用方法

(1) 将灵敏度旋钮置于“1”挡(放大倍率最小)，选择开关置于“T”挡。

(2) 开启电源，指示灯亮并将波长调节至测试所需波长，使仪器预热约 20 min，此时打开样品室盖(光门自动关闭)。

(3) 调节“0%”旋钮，使数字显示为“0.00”。

(4) 将盛参比溶液的吸收池置于试样架第一格内，盛试样的吸收池置于第二格内，盖上样品室盖(此时光门打开，光电管受光)。将参比溶液推入光路，调节“100%”旋钮，使数字显示为“100.00”。如果显示不到“100.00”，则增大灵敏度挡到 2 或 3，再调节“100%”旋钮，直到显示为“100.00”。

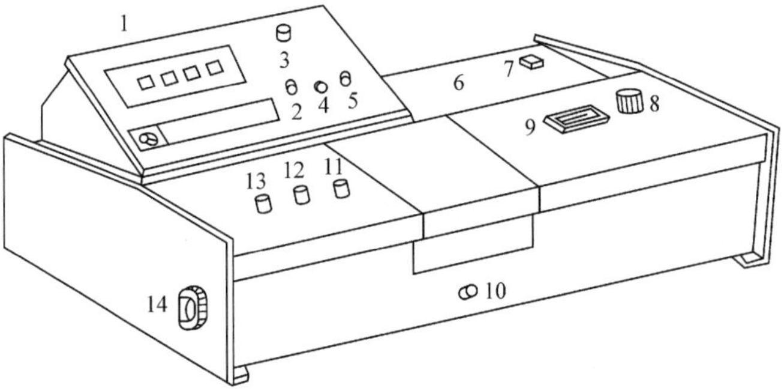

图 2-12 722型光栅分光光度计外形图

1-数显器；2-吸光度调零旋钮；3-选择开关；4-调斜率电位器；5-浓度旋钮；6-光源室；7-电源开关；8-波长手轮；9-波长刻度窗；10-试样架拉手；11-100%*T*旋钮；12-0%*T*旋钮；13-灵敏度调节；14-干燥室

(5) 重复操作步骤(3)和步骤(4)，直到仪器显示稳定。

(6) 将选择开关置于“A”挡，此时吸光度显示应为“0.00”，若不是，则调节吸光度调节旋钮使之显示为“0.00”。然后将试样推入光路，此时显示值即为试样的吸光度。

(7) 实验过程中，可随时将参比溶液推入光路以检查其吸光度零点是否有变化。如果不是“0.00”，则可调节吸光度调零旋钮。如果大幅度改变测试波长，应稍等片刻(因光能量急剧变化，光电管受光后响应缓慢，需一段光响应平衡)，待稳定后重新调整“0%”和“100%”后才可工作。

(8) 浓度的测量。选择开关由“A”旋至“C”，将已标定浓度的样品放入光路，调节浓度旋钮，使数字显示为标定值。然后将被测样品推入光路，即可读出被测样品的浓度值。

(9) 仪器使用完毕，应关闭电源，取出吸收池，洗净后放回原处。

注意：不测试时，应及时打开样品室盖，断开光路，避免光电管老化。

3. 测量条件的选择

为了保证吸光度测定的准确度和灵敏度，在测量吸光度时还需注意选择适当的测量条件，如入射光波长、参比溶液和读数范围。

1) 入射光波长的选择

由于溶液对不同波长的光吸收程度不同，一般应选择最大吸收时的波长为入射光波长，这时摩尔吸收系数最大，测量的灵敏度较高。有干扰时可考虑使用其他波长为入射光波长。

2）参比溶液的选择

入射光照射装有待测溶液的吸收池时，将发生反射、吸收和透射等情况，而反射以及试剂、共存组分等对光的吸收也会造成透射光强度的减弱。为使光强度减弱仅与溶液中待测物质的浓度有关，必须通过参比溶液对上述影响进行校正。选择参比溶液的原则是：若共存组分、试剂在所选入射光波长处均不吸收入射光，则选用蒸馏水或纯溶剂作参比溶液；若试剂在所选入射光波长处吸收入射光，则以试剂空白作参比溶液；若共存组分吸收入射光，而试剂不吸收入射光，则以原试液作参比溶液；若共存组分和试剂都吸收入射光，则取原试液掩蔽被测组分，再加入试剂后作为参比溶液。

3）吸光度读数范围的选择

在光度测量时，当透射率读数范围为10%～70%或吸光度读数范围为0.10～1.0，读数误差较小。可通过调整称样量、比色皿厚度和稀释倍数等方法使样品溶液的吸光度读数在此范围内。

2.4 电导率仪

电导率仪是实验室测量电解质溶液电导率的仪器。目前国内广泛使用的是DDS-11型和DDS-11A型等，其特点是直读式的，测量范围广，操作方便，若配上记录仪，可自动记录电导率值的变化情况。

2.4.1 仪器工作原理

在电解质溶液中，带电离子在电场作用下产生移动而传递电流，其导电能力以电导 G 表示，其值为电阻 R 的倒数，即

$$G=\frac{1}{R} \tag{2-4}$$

电导的单位为西门子(S)，电阻的单位为欧姆(Ω)。

如果电导池两极间距离为 L，电极有效面积为 A，则该溶液的电导为

$$G=\kappa\frac{A}{L} \tag{2-5}$$

式中，κ 为电导率，表示在相距1 cm、电极面积为1 cm^2 的两极之间溶液的电导，单位为 $S\cdot cm^{-1}$。

在电导池中，电极间距离和电极面积是一定的，因此对于某支电极，其 $\frac{L}{A}$ 是一常数，称为电导池常数(电极常数)，用 J 表示。

电导率仪是实验室测量溶液电导率的仪器，由电导电极和电导仪组成。用两

个电极插入溶液中，测定两极间的电阻即可得其电导，若电极常数已知，溶液的电阻已测得，则根据 $\kappa=GJ$ 可求得电导率。对于一个给定的电极，电导池常数可以用已知电导率的 KCl 溶液测定。

2.4.2　使用操作方法

下面以 DDS-307 型数字电导率仪为例，简单介绍其操作方法。其他类型的电导率仪可参考其使用说明书。

1. 仪器介绍

DDS-307 型数字电导率仪前、后面板的示意图分别如图 2－13、图 2－14 所示。

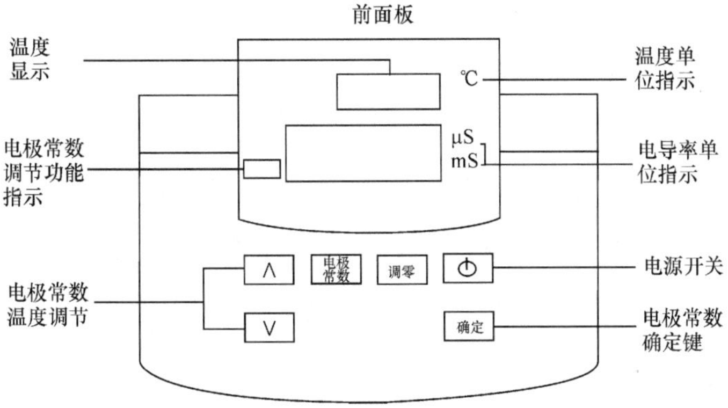

图 2－13　DDS-307 型数字电导率仪前面板

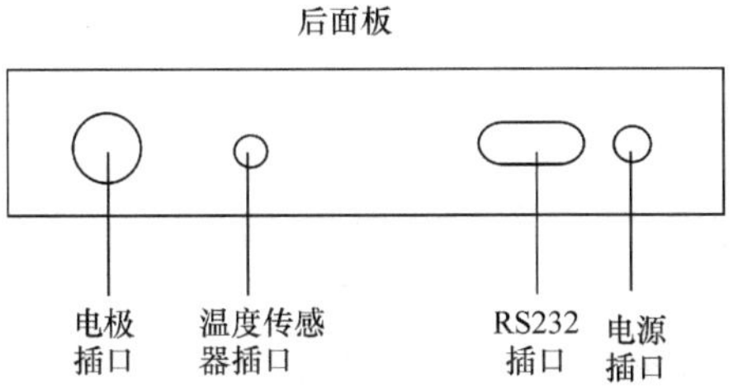

图 2－14　DDS-307 型数字电导率仪后面板

“∧”或“∨”键——在“电极常数调节功能”状态下，用于调节电极常数；在测试状态下未插接温度传感器时，用于调节温度值。

“电极常数”键——用于启动“电极常数调节功能”或查看电极常数，需按“确定”键确认和退出。

“确定”键——调节电极常数后，用于确定本次操作有效，并退出本次操作进入测试状态。

“调零”键——当电极置于空气中时用于仪器零点调整。

电极规格及适用范围：电导电极的电极常数包括 0.01、0.1、1.0、10 四种不同类型，使用时以电极上实际标注的常数为准。选用何种规格的电导电极，应根据被测溶液的电导率范围，参照表 2-1 选择相应电极常数的电极。

表 2-1　电极选择参照表

电极常数	0.01	0.1	1.0	10
适宜测试范围/($\mu S \cdot cm^{-1}$)	0～3	0.1～30	1～3×10^3	1×10^3 以上

注：若被测溶液电导率大于 100 $\mu S \cdot cm^{-1}$，建议使用铂黑电极以增大吸附面，减小电极极化影响。

2. 操作步骤

1）准备

根据所测溶液选用适当的电极，将电极插头插入插座，插上电源，打开电源开关，预热 10 min 左右。

2）常数校正

（1）按动“电极常数”键，使面板上“电极常数”指示灯亮。如果此时仪器显示数与使用电极的规格常数不相符，多次按动“电极常数”键，在 0.010、0.100、1.000 和 10.00 四种规格常数间切换和选择，直到选择与使用电极相适应的规格常数。

（2）按动“∧”或“∨”按键，使仪器显示电极的实际常数值。

（3）按“确定”键。

3）零点调节

当电极未放入测试样品时（置于空气中），如果仪器显示不是“0”，则按动“调零”键。

4）测量电导率值

（1）按动“∧”或“∨”键使温度显示为 25 ℃。

（2）将清洗干净的电极插入被测液中，示值稳定后，仪器显示值即为被测液在当时温度下的电导率。

使用完毕后，清洗电极，关闭电源，拔下电源适配器。

2.5　电位差计

电位差计是测量电位差的仪器。它的精度高，是测量电动势的最基本的仪器。电位差计的种类、型号很多，下面以化学实验室常用的 UJ-25 型电位差计为例予以介绍。

2.5.1　仪器工作原理

UJ-25 型电位差计由标准电池、电位差计及灵敏检流计等组成，其工作原理是根据补偿法，被测电动势与标准电动势相比较，如图 2－15 所示。

测量 E_X 时，先将 K 合在 1 的位置，然后调节变阻器 r，使检流计 G 指示到零，这时有式(2－6)成立：

$$E_N = IR_N \tag{2-6}$$

工作电流调好后，将转换开关 K 合在 2 的位置上，同时移动滑动触头 A，再次使检流计 G 指零。此时 A 在调节电阻 R 上的数值设为 R_K，因此可得

$$E_X = IR_K \tag{2-7}$$

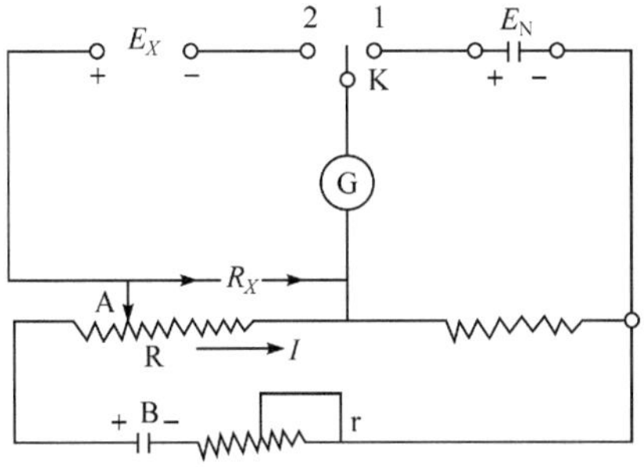

图 2－15　电位差计工作原理示意图

E_N-标准电池电动势；E_X-被测电池电动势；G-检流计；R_N-标准电池补偿电阻；R-被测电动势补偿电阻；B-工作电池；r-调节工作电流的变阻器；K-转换开关

由式(2－6)和式(2－7)可得

$$\frac{E_X}{R_K} = \frac{E_N}{R_N} \tag{2-8}$$

$$E_X = \frac{R_K}{R_N} E_N \tag{2-9}$$

由式(2－9)可以看出，应用补偿法测量电位差不需要测量线路内所流过的电流 I，只要测得 R_K 与 R_N 之比即可。

2.5.2　使用操作方法

UJ-25 型电位差计面板示意图如图 2－16 所示。测量 1.911 110 V 以下的电压时，具体操作如下。

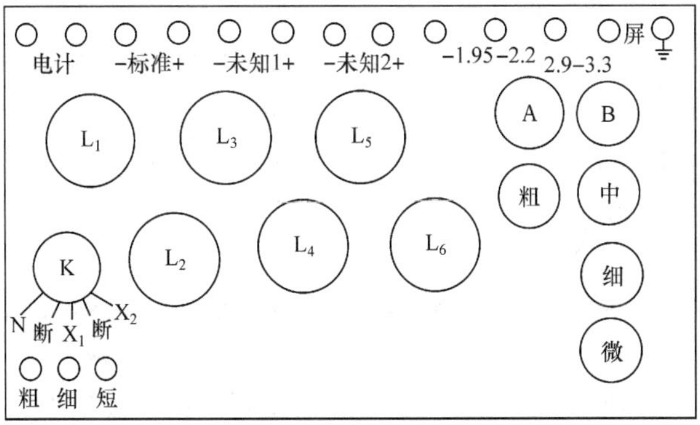

图 2－16　UJ-25 型电位差计面板示意图

1. 测量前准备

先将“标准”、“未知”、“断”转换开关 K 放在“断”位置上；将左下方的三个电极按钮（粗、细、短）全部松开；然后将工作电源、被测电动势和标准电池接在相应的端钮上（接检流计时无极性要求）。

2. 电位差计的校准

标准电池的电动势 E_N 受温度的影响，在某一温度 T 时的电动势可按式(2-10)计算：

$$E_N = E_{20} - [39.94(T-20) + 0.929(T-20)^2 - 0.009(T-20)^3 + 0.000\,06(T-20)^4] \times 10^{-6}(\mathrm{V}) \tag{2-10}$$

式中，E_N 为 T(℃)时标准电池的电动势；E_{20} 为 20 ℃时标准电池的电动势；T 为测量时的室温。

按式(2-10)计算的数值，调整标准电池温度补偿旋钮 A 和 B 至该温度下电池电势处，调后不再动。

将转换开关 K 置于“标准”位置上，按下左下方“粗”按钮，转动调整工作电流旋钮（粗、中、细、微）使检流计指“零”，然后按下左下方“细”按钮，重复以上操作，使检流计再指“零”。松开全部按钮（当调节过程中发现检流计受到冲击时，应迅速按下左下方“短路”按钮），此时电位差计校准完毕。

3. 电动势的测量

电位差计校准好以后，将转换开关 K 置于“未知”位置上。调节测量十进盘的 6 个大旋钮（$L_1 \sim L_6$），先将“粗”按钮按下，使检流计指“零”；然后将“细”按钮按下，使检流计指“零”。此时 6 个大旋钮下方小窗孔内出现的示数总和即是被测电动势值。

在测量过程中经常注意校准工作电流的准确度，校准时将转换开关 K 置于“校准”位置。另外测量前预先估计一下被测电动势值，使大旋钮下方小窗孔中示出的数字与它接近。

若测量高于 1.911 110 V 的电压，需配用分压箱，同时采用漏电屏蔽和静电屏蔽，这里不作详细介绍。

2.6　阿贝折光仪

阿贝折光仪可用来测定液体的折光率，定量地分析溶液的组成，鉴定液体的纯度。同时，物质的摩尔折射率、摩尔质量、相对密度、极性分子的偶极矩等也都可与折光率相关联，因此它也是研究物质结构的重要工具。

2.6.1　仪器工作原理

光线从一种介质进入另一种介质时，若传播方向与两种介质的界面不垂直，就会在分界面上发生折射现象。物质使光线发生折射的性质可用折射率（折光率）n 表示。

根据折射定律，在一定的温度、压力下，波长一定的单色光从介质 A 进入介质 B 时，其入射角 α 和折射角 β 与两种介质的折射率 N（介质 A 的）和 n（介质 B 的）有下列关系：

$$\frac{\sin\alpha}{\sin\beta}=\frac{n}{N} \tag{2-11}$$

如果介质 A 为真空，规定其 $N=1$，则 $n=\dfrac{\sin\alpha}{\sin\beta}$，此时介质 B 的折射率 n 称为绝对折射率。因为空气的折射率近似等于 1，故通常测定的折射率都是以空气作为比较标准。

单色光从介质 A 进入介质 B，若 $n_A<n_B$，则折射角 β 必小于入射角 α。故当入射角 α 增大时，折射角 β 也相应增大；当 α 达到极大值 $\alpha_0=90°$ 时，所得的最大折射角 β_0 称为临界折射角（图 2－17）。β_0 与折射率 n 的关系为

$$n=N\frac{\sin 90°}{\sin\beta_0}=N\frac{1}{\sin\beta_0} \tag{2-12}$$

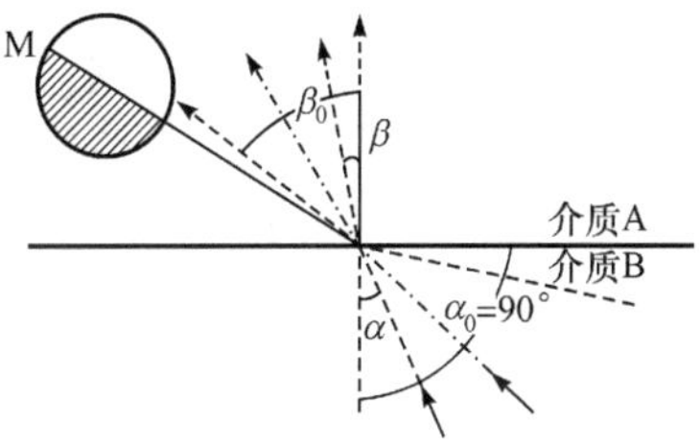

图 2－17　光的折射

因此通过测定临界折射角，可得到折射率。

根据临界折射角确定折射率的原理设计成测定折射率的仪器，最常用的是阿贝折光仪。为了测定临界折射角，让单色光从 0°～90°的所有角度从空气射入介质 B，所有的折射线都应落在临界折射角 β_0 之内。此时若在 M 处放置一目镜，则目镜内会出现半明半暗的图像，因而可确定临界折射角。

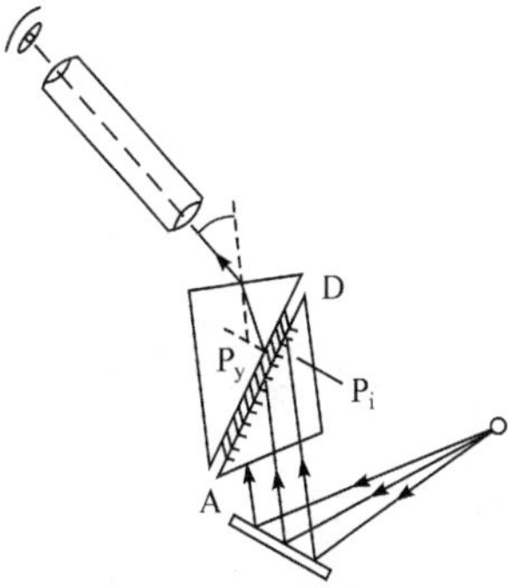

图 2－18　光的行程

仪器的主要部分为两个直角棱镜 P_i 和 P_y，如图 2－18 所示。两棱镜中间留有微小的缝隙，可以铺展一层待测的液体。光线从反射镜入棱镜 P_i 后，在 A、D 面上发生漫射（A、D 面为毛玻璃面）。漫射所产生的光线透过缝隙的液层后，从各个方向进入折射棱镜 P_y。根据前面的讨论，从各个方向进入棱镜 P_y 的光线均产生折射，其折射角都落

在临界折射角之内。具有临界折射角 β_0 的光射出棱镜 P_y，经阿贝密西棱镜消除色散，再经聚焦后射于目镜上，此时，转动棱镜组的手柄，调整棱镜组的角度，使临界线正好落在目镜视野的十字线的交叉点上。由于刻度与棱镜组的转轴是同轴的，因此与试样折射率相对应的临界角位置能通过刻度盘反映出来。

2.6.2　使用操作方法

下面以 WAY-2S 数字阿贝折射仪为例，简单介绍其操作方法。其他类型的阿贝折射仪可参考其使用说明书。

1. 仪器介绍

WAY-2S 数字阿贝折射仪如图 2-19 所示。

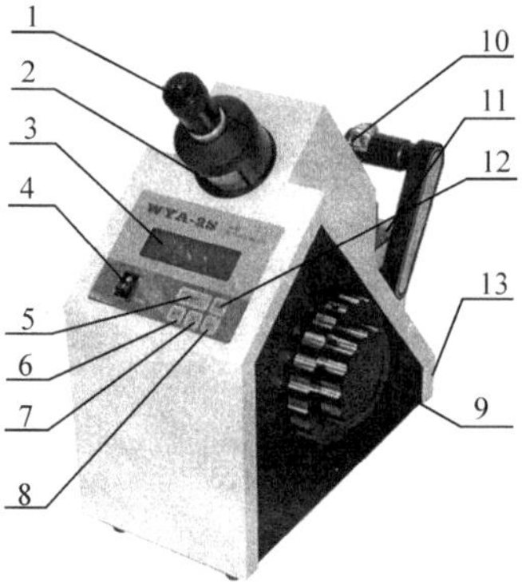

图 2-19　WAY-2S 数字阿贝折射仪外形图

1-目镜；2-散手轮；3-显示窗；4-"POWER"电源开关；5-"READ"读数显示键；6-"BX-TC"经温度修正锤度显示键；7-"n_D"折射率显示键；8-"BX"未经温度修正锤度显示键；9-调节手轮；10-聚光照明部件；11-折射棱镜部件；12-"TEMP"温度显示键；13-RS232 接口

2. 操作步骤

（1）按下"POWER"电源开关，聚光照明部件中照明灯亮。

（2）打开折射棱镜部件，将待测液体滴在洗净擦干的折射棱镜的毛玻璃面上，然后将上面的进光棱镜盖上锁紧。

（3）旋紧聚光照明部件的转臂和聚光镜筒，使上面的进光棱镜的进光表面得到均匀照明。

（4）通过目镜观察视场，同时旋转调节手轮，使明暗分界线落在十字线视场中。如果从目镜中看到的视场是暗的，可将调节手轮逆时针旋转，看到视场是明亮的，则将调节手轮顺时针旋转。在明亮视场情况下可旋转目镜，调节视度看清晰十字线。

（5）旋转目镜方缺口中的色散校正手轮，同时调节聚光镜的位置，使视场中明暗两部分具有良好的反差和明暗分界线具有最小的色散。

（6）旋转调节手轮，使明暗分界线准确对准十字线的交点，如图 2-20 所示。

图 2-20　目镜中的图像

（7）按“READ”读数显示键，显示被测样品的折射率。

（8）样品测量结束后，必须用乙醇或水小心进行清洁。

第3章 实验误差及数据处理

化学实验中经常使用仪器对一些物理量进行测量，从而对系统中的某些化学性质和物理性质做出定量描述，以发现事物的客观规律。实践证明，任何测量的结果都只能是相对准确，或者说是存在某种程度上的不可靠性，这种不可靠性称为实验误差。产生这种误差的原因是测量仪器、方法、实验条件以及实验者本人不可避免地存在一定局限性。

对于不可避免的实验误差，实验者了解其产生的原因、性质及有关规律，从而在实验中设法控制和减小误差，并对测量的结果进行适当的处理，以达到可以接受的程度。

3.1 误差及其表示方法

3.1.1 误差类别及减少误差的方法

根据误差产生的原因及性质，误差可分为系统误差(或称可测误差)和偶然误差(或称随机误差)。

1. 系统误差

系统误差是由某些固定的原因造成的，它对测定结果的影响比较恒定，使测量结果总是偏高或偏低，具有一定的规律性。产生系统误差的原因有：①仪器不准确，未经校正；②分析方法本身不完善；③化学试剂不纯；④操作者本身的习惯性操作误差。系统误差的特征是：①单向性，即误差的符号及大小恒定或按一定规律变化；②系统性，即在相同条件下重复测量时，误差会重复出现，因此一般系统误差可进行校正或设法予以消除。常见的系统误差简述如下。

1) 仪器误差

所有的测量仪器都可能产生系统误差。例如，移液管、滴定管、容量瓶等玻璃仪器的实际容积和标称容积不符；试剂不纯或天平失于校准(如不等臂性和灵敏度欠佳)；磨损或腐蚀的砝码等都会造成系统误差。在电学仪器中，如电池电压下降，接触不良造成电路电阻增加，温度对电阻和标准电池的影响等也是造成系统误差的原因。

2）方法误差

方法误差是由于测试方法不完善造成的。其中有化学和物理化学方面的原因，通常难以发现。因此，这是一种影响最为严重的系统误差。例如，在分析化学中，某些反应速率很慢或未定量地完成、干扰离子的影响、沉淀溶解、共沉淀和后沉淀、灼烧时沉淀的分解和称量形式的吸湿性等，都会系统地导致测定结果偏高或偏低。

3）个人误差

个人误差是一种由操作者本身的一些主观因素造成的误差。例如，在读取仪器刻度值时，有的偏高，有的偏低；在鉴定分析中辨别滴定终点颜色时有的偏深，有的偏浅；操作计时有的偏快，有的偏慢。在做出这类判断时，通常容易造成单向的系统误差。

对于系统误差可采取下列措施减免误差：

（1）对照实验。用公认的标准方法与采用的测定方法对同一试样进行测定，或用已知含量的标准试样和待测样，同时用同一方法进行分析测定，求出校正因子，消除方法误差。对照实验是消除系统误差的最有效方法。

（2）空白实验。在不加试样的情况下，按照试样的测定步骤和条件进行测定，所得结果称为空白值。从试样的测定结果中扣除空白值，就可消除由试剂差异、所用器皿引入杂质所造成的系统误差。

（3）仪器校正。实验前对所使用的砝码、容量器皿或其他仪器进行校正，求出校正值，提高测量准确度。

2. 偶然误差

偶然误差又称随机误差。偶然误差是由于测定过程中各种因素的不可控制的随机变动所引起的误差，产生的直接原因往往难以发现和控制，如观测时温度、压力的微小波动，在测量过程中环境条件的改变，压力、温度的变化，机械振动，磁场的干扰，以及个人辨别的差异等。随机误差有时正、有时负，数值有时大、有时小，因此又称不定误差。在各种测量中，随机误差总是不可避免地存在，并且不可能加以消除，它构成了测量的最终限制。偶然误差在操作中不可能完全避免。

偶然误差虽然由偶然因素引起，但其分布也有一定的规律。在系统误差已经排除的情况下，当测定次数无限多时，其出现规律可用高斯(Gauss)方程表示：

$$y=\frac{1}{\sigma\sqrt{2\pi}}\exp\left[-\frac{(x-\mu)^2}{2\sigma^2}\right] \qquad (3-1)$$

式中，y 为偶然误差的概率；x 为各个测定值；σ 为测定的标准偏差（关于 σ 的讨论见后)；μ 为正态分布的总体平均值，在消除了系统误差后，即为真值。

以横坐标表示偶然误差的值，纵坐标表示误差出现的概率大小，则得偶然误差的正态分布曲线，如图 3－1 所示。

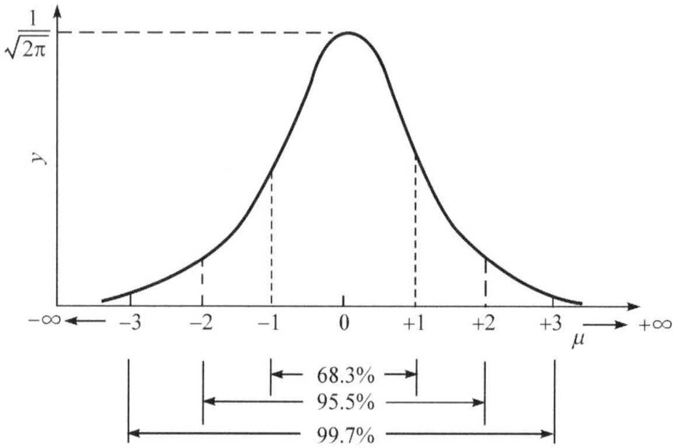

图 3－1　偶然误差的正态分布曲线

由图 3－1 可知偶然误差的规律如下：

(1) 绝对值相等的正误差、负误差出现的概率几乎相等。

(2) 小误差出现概率大，大误差出现概率小。

(3) 很大误差出现的概率近于零，出现真值的概率最大。

为了减少偶然误差，可适当增加测定次数，在消除系统误差的情况下，平行测定的次数越多，测得值的平均值越接近真值。

3. 过失误差

除了上述两类误差之外，还有过失误差。过失误差是由于操作者的疏忽大意，没有完全按照操作规程进行实验等原因造成的误差，如丢损试液、加错试剂、看错读数、记录出错、计算错误等，这种误差使测量结果与事实明显不合，有大的偏离且无规律可循。含有过失误差的测量值不能作为一次实验值引入平均值的计算。这种过失误差需要加强责任心，仔细工作来避免。判断是否发生过失误差必须慎重，应有充分的依据，最好重复这个实验来检查，如果经过细致实验后仍然出现这个数据，要根据已有的科学知识判断是否有新的问题，或者有新的发展，这在实践中是常有的事。

3.1.2　误差的表示方法

1. 准确度

准确度是指某一测定值与“真实值”接近的程度，一般以误差 E 表示：

$$E=\text{测定值}-\text{真实值} \tag{3-2}$$

当测定值大于真实值，E 为正值，说明测定结果偏高；反之，E 为负值，说明测定结果偏低。误差越大，准确度就越差。

实际上绝对准确的实验结果是无法得到的。化学研究中所谓真实值是指由有经验的研究人员用可靠的测定方法进行多次平行测定得到的平均值，以此作为真实值，或者以公认的手册上的数据作为真实值。误差可以用绝对误差和相对误差来表示。

绝对误差表示实验测定值与真实值之差，它具有与测定值相同的量纲，如克、毫升、百分数等。例如，对于质量为 0.1000 g 的某一物体，在分析天平上称得其质量为 0.1001 g，则称量的绝对误差 +0.0001 g。

只用绝对误差不能说明测量结果与真实值接近的程度。分析误差时，除要去除绝对误差的大小外，还必须顾及量值本身的大小，这就是相对误差。

相对误差是绝对误差与真实值的商，表示误差在真实值中所占的比例，常用百分数表示。由于相对误差是比值，因此是量纲 1 的量。

例如，某物的真实质量为 42.5132 g，测得值为 42.5133 g，则

$$\text{绝对误差}=42.5133\ \text{g}-42.5132\ \text{g}=0.0001\ \text{g}$$

$$\text{相对误差}=\frac{42.5133\ \text{g}-42.5132\ \text{g}}{42.5132\ \text{g}}\times 100\%=10^{-4}\%$$

而对于 0.1000 g 物体称量得 0.1001 g，其绝对误差也是 0.0001 g，但相对误差为

$$\text{相对误差}=\frac{0.1001\ \text{g}-0.1000\ \text{g}}{0.1000\ \text{g}}\times 100\%=0.1\%$$

可见上述两种物体称量的绝对误差虽然相同，但被称物体质量不同，相对误差即误差在被测物体质量中所占份额并不相同。显然，当绝对误差相同时，被测量的量越大，相对误差越小，测量的准确度越高。

2. 精密度

精密度是指在同一条件下，对同一样品平行测定而获得一组测量值相互之间彼此一致的程度。常用重复性表示同一实验人员在同一条件所得测量结果的精密度，用再现性表示不同实验人员之间或不同实验室在各自的条件下所得测量结果的精密度。

精密度可用各类偏差来量度。

1）绝对偏差和相对偏差

各测量值 x_i 与平均值 $\bar{x}$ 之差称为绝对偏差 d_i，它的量纲与测量值相同。绝对偏差与平均值之比称为相对偏差。可见绝对偏差和相对偏差都是用来衡量某个观测值与平均值的偏离程度的。

$$绝对偏差 = d_i = x_i - \bar{x} \tag{3-3}$$

$$相对偏差 = \frac{d_i}{\bar{x}} \times 100\% \tag{3-4}$$

2）平均偏差和相对平均偏差

为了说明分析结果的精密度，可用平均偏差 $\bar{d}$ 和相对平均偏差表示。

平均偏差是各个偏差的绝对值的平均值：

$$\bar{d} = \frac{|d_1| + |d_2| + \cdots + |d_n|}{n} = \frac{1}{n}\sum_{i=1}^{n} |x_i - \bar{x}| \tag{3-5}$$

$$相对平均偏差 = \frac{\bar{d}}{\bar{x}} \times 100\% \tag{3-6}$$

3）标准偏差和相对标准偏差

用数理统计方法处理数据时，常用标准偏差 S 和相对标准偏差 S_r 来衡量精密度。

$$S = \sqrt{\frac{\sum (x_i - \bar{x})^2}{n-1}} = \sqrt{\frac{\sum d_i^2}{n-1}} \tag{3-7}$$

实际使用时常采用其简便的等效式：

$$S = \sqrt{\frac{\sum x_i^2 - (\sum x_i)^2/n}{n-1}} = \sqrt{\frac{\sum x_i^2 - n(\bar{x})^2}{n-1}} \tag{3-8}$$

$$S_r = \frac{S}{\bar{x}} \times 100\% \tag{3-9}$$

例如，测定某矿石中铁的质量分数(%)得到下列结果：10.1，10.5，9.9，9.5，10.6，9.4，11.5，9.5，10.0，9.5，9.5。其测定平均值 $\bar{x}$、平均偏差 $\bar{d}$、相对平均偏差 $\frac{\bar{d}}{\bar{x}}$、标准偏差 S、相对标准偏差 S_r 分别为

$$平均值\ \bar{x} = \frac{\sum x_i}{n} = \frac{110.0}{11} = 10.0$$

$$平均偏差\ \bar{d} = \frac{\sum |x_i - \bar{x}|}{n} = \frac{5.4}{11} = 0.49$$

$$相对平均偏差 = \frac{\bar{d}}{\bar{x}} \times 100\% = \frac{0.49}{10.0} \times 100\% = 4.9\%$$

$$标准偏差\ S = \sqrt{\frac{\sum x_i^2 - (\sum x_i)^2/n}{n-1}}$$

$$= \sqrt{\frac{1104.24 - (110.0)^2/11}{11-1}} = 0.65$$

$$相对标准偏差\ S_r = \frac{S}{\bar{x}} \times 100\% = \frac{0.65}{10.0} \times 100\% = 6.5\%$$

3. 准确度和精密度的比较

从上面的介绍可以了解到准确度和精密度是两个完全不同的概念。它们既有区别，又有联系。图 3-2 表示准确度与精密度的关系。从图中可见，没有精密度的准确度让人难以相信(图 3-2 丁)，而精密度好并不意味着准确度高(图 3-2 乙)。一系列测量的算术平均值通常并不能代表所要测量的真实值，两者可能有相当大的差异。总之，准确度表示测量的正确性，而精密度则表示测量的重现性。可以认为，图 3-2 中甲的系统误差和随机误差都较小，是一组较好的测量数据；乙虽有较好的精密度，只能说明随机误差较小，但存在较大的系统误差；丙的精密度和准确度都很差，可见存在很大的随机误差和系统误差。

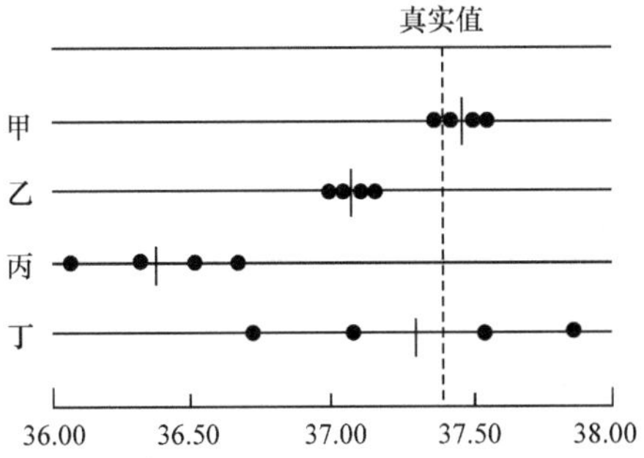

图 3-2　精密度与准确度

3.2　有效数字及其运算规则

科学实验要得到准确的结果，不仅要求正确地选用实验方法和实验仪器测定各种量的数值，而且要求正确地记录和运算。实验所获得的数值不仅表示某个量的大小，还应反映测量这个量的准确程度。一般来说，任何一种仪器标尺读数的最低一位应该用内插法估计到两刻度线之间距离的 1/10。因此，实验中各种量应采用几位数字，运算结果应保留几位数字都是很严格的，不能随意增减和书写。实验数值表示的正确与否直接关系到实验的最终结果以及它们是否合理。

3.2.1　有效数字

在不表示测量准确度的情况下，表示某一测量值所需要的最小位数的数字即称为有效数字。换句话说，有效数字就是实验中实际能够测出的数字，其中包括若干个准确的数字和一个(只能是最后一个)不准确的数字。

有效数字的位数取决于测量仪器的精确程度。例如，用最小刻度为 1 mL 的量筒测量溶液的体积为 10.5 mL，其中 10 是准确的，0.5 是估计的，有效数字是 3 位。如果用精度为 0.1 mL 的滴定管量度同一液体，读数可能是 10.52 mL，其有效数字为 4 位，小数点后第二位 0.02 才是估计值。

有效数字的位数还反映了测量的误差。例如，某铜片在分析天平上称量得 0.5000 g，表示该铜片的实际质量为(0.5000 ± 0.0001) g，测量的相对误差为 0.02%，若记为 0.500 g，则表示该铜片的实际质量为(0.500±0.001)g，测量的相对误差为 0.2%，准确度比前者低了一个数量级。

有效数字的位数是整数部分和小数部分位数的组合，可以通过下面几个数字来说明。

数　字	0.0250	0.0032	81.32	4.025	5.000	6.00%	7.35×10^{25}	5000
有效数字位数	3 位	2 位	4 位	4 位	4 位	3 位	3 位	不确定

从上面几个数中以看到，"0"在数字中可以是有效数字，也可以不是。当"0"在数字中间或有小数的数字之后时都是有效的数字，如果"0"在数字的前面，则只起定位作用，不是有效数字。但像 5 000 这样的数字，有效数字位数不好确定，应根据实际测定的精确程度来表示，可写成 5×10^3、5.0×10^3、5.00×10^3 等。

对于 pH、lg$K$ 等对数值的有效数字位数仅由小数点后的位数确定，整数部分只说明这个数的方次，只起定位作用，不是有效数字。例如，pH＝3.48，有效数字是 2 位而不是 3 位。

3.2.2 有效数字的运算规则

在计算一些有效数字位数不相同的数时，按有效数字运算规则计算，可节省时间，减少错误，保证数据的准确度。

1. 加减运算

加减运算结果的有效数字的位数应以运算数字中小数点后有效数字位数最小者决定。计算时可先不管有效数字直接进行加减运算，运算结果再按数字中小数点后有数字位数最小的作四舍五入处理。例如，0.7643、25.42、2.356 三个数相加，则有

$$0.7643+25.42+2.356=28.5403\approx28.54$$

也可以先按"四舍六入五成双"的原则，以小数点后面有效数字位数最少的为标准处理各数据，使小数点后有效数字位数相同，然后再计算，如上例为

$$0.76+25.42+2.36=28.54$$

因为在 25.42 中精确度只到小数点后第二位，即为 25.42±0.01，其余的数再精确到第三位、第四位就无意义了。

2. 乘除运算

几个数相乘或相除时所得结果的有效数值位数应与各数中有效数字位数最少者相同，与小数点的位置或小数点后的位数无关。例如，0.98 与 1.644 相乘，有

$$
\begin{array}{r}
1.64\underline{4} \\
\times \quad 0.9\underline{8} \\
\hline
\underline{1}\underline{3}\underline{1}\underline{5}\underline{2} \\
14796 \\
\hline
1.\underline{6}\underline{1}\underline{1}\underline{1}\underline{2}
\end{array}
$$

下划“_”的数字是不准确的，故得数应为 1.6。计算时可以先四舍六入五成双后计算，但在几个数连乘或除的运算中，在取舍时应保留比最小位数多一位数字的数来运算。例如，0.98、1.644、46.4 三个数字连乘，有

$$0.98\times1.64\times46.4=74.57\approx75$$

先算后取舍为 $0.98\times1.644\times46.4=74.76\approx75$，两者结果一致，若只取最小位数的数相乘，则有

$$0.98\times1.6\times46=72.13\approx72$$

这样计算结果误差扩大了。当然，如果在连乘、除的数中被取或舍的数离“5”较远，或有的数入，有的数舍，也可取最小位数的有效数字简化后再运算。例如

$$0.121\times23.64\times1.0578=3.025\,773\,4\approx3.03$$

若简化后再运算，则有

$$0.121\times23.6\times1.06=2.86\times1.06\approx3.03$$

3.3　实验数据的处理与结果表达

3.3.1　实验数据的处理

在保证测定数据与测定精度一致后，一般应校正系统误差和剔除错误的测定结果，首先要把数据加以整理，剔除由于明显的原因而与其他测定结果相差甚远的数据，对于一些精密度似乎不甚高的可疑数据，可按照 Q 检验法(或根据实验要求的其他方法)决定取舍，然后计算数据的平均值、绝对偏差、平均偏差与标准偏差，最后按要求的置信度求出平均值的置信区间。

1. 置信度与平均值的置信区间

绝对偏差 d 和标准偏差 s 都是讨论测定值与平均值之间的偏差问题，为了

表示出测定结果与真实值间的误差情况，还应进一步了解平均值与真值之间的误差。

正态分布曲线(图 3-1)中，如把曲线与横坐标从 $-\infty \sim +\infty$ 所包围的面积(代表所有偶然误差出现的概率的总和)定为 100%，由计算可知，在 $\mu-\sigma$ 到 $\mu+\sigma$ 区间，曲线所包围的面积为 68.3%，即真值落在 $\mu\pm\sigma$ 区间的概率为 68.3%，还可算出真实值落在 $\mu\pm2\sigma$ 和 $\mu\pm3\sigma$ 区间的概率分别为 95.5% 和 99.7%。该概率就称为置信度或置信水平，上述 68.3%、95.5% 和 99.7% 即为置信度，其意义为某一定范围的测定值(或误差值)出现的概率。$\mu\pm\sigma$、$\mu\pm2\sigma$ 和 $\mu\pm3\sigma$ 等称为置信区间，其意义为真实值在指定概率下分布在某一个区间。置信度选得高，置信区间就宽。

在分析测试中，测定次数是有限的，一般平行测定 3～5 次，而有限次测定的偶然误差并不完全服从正态分布，而是服从类似于正态分布的 t 分布。t 分布曲线如图 3-3 所示。由图可见，t 分布曲线与正态分布曲线相似，t 分布曲线随自由度 $f(f=n-1)$ 而变，当 $f>20$ 时，二者很相似，当 $f\to\infty$ 时，二者就一致了。

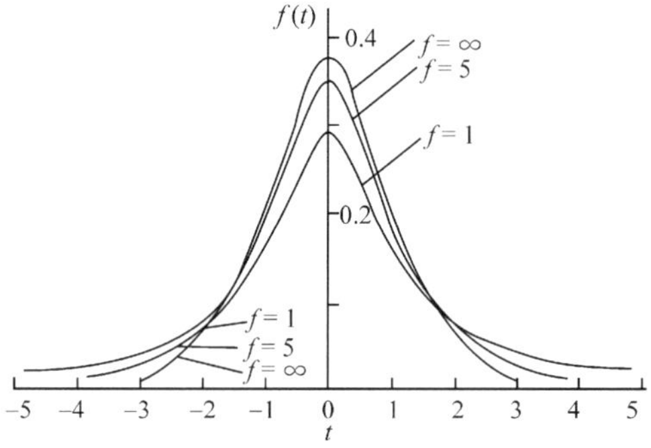

图 3-3　t 分布曲线

对于有限次数的测定，只计算平均值是不够的，还应该指出真值 μ 与平均值 $\bar{x}$ 之间的关系：

$$\mu=\bar{x}\pm\frac{ts}{\sqrt{n}} \tag{3-10}$$

式中，s 为标准偏差；n 为测定次数；t 为在选定的某一置信度下的概率系数，可根据测定次数从表 3-1 查得。

利用式(3-10)可以计算，在选定的置信度下，总体平均值(真值)在以测定平均值 $\bar{x}$ 为中心的多大范围内出现，这个范围称为平均值的置信区间。

从表 3-1 还可看出，在一定测定次数范围内，适当增加测定次数，可使 t 值减小，因而求得的置信区间的范围越窄，即测定平均值与总体平均值 μ 越接近。

表 3-1　*t* 值表

测定次数 n	置信度				
	50%	90%	95%	99%	99.5%
2	1.000	6.314	12.706	63.657	127.32
3	0.816	2.292	4.303	9.925	14.089
4	0.765	2.353	3.182	5.841	7.453
5	0.741	2.132	2.276	4.604	5.598
6	0.727	2.015	2.571	4.032	4.7873
7	0.718	1.943	2.447	3.707	4.317
8	0.711	1.895	2.365	3.500	4.029
9	0.706	1.860	2.306	3.355	3.832
10	0.703	1.833	2.262	3.250	3.690
11	0.700	1.812	2.228	3.169	3.581
21	0.687	1.725	2.086	2.845	3.153
∞	0.674	1.645	1.960	2.576	2.807

【例 3.1】 测定试样中 SiO_2 的质量分数(w)，得到下列数据：0.2865，0.2862，0.2854，0.2851，0.2855，0.2866。求平均值、标准偏差及置信度分别为 90%和 95%时平均值的置信区间。

解　$$\bar{x}=\frac{0.2865+0.2862+0.2854+0.2851+0.2855+0.2866}{6}=0.2859$$

$$s=\sqrt{\frac{0.0006^2+0.0003^2+0.0005^2+0.0008^2+0.0004^2+0.0007^2}{6-1}}=0.0006$$

查表 3-1，置信度为 90%，$n=6$ 时，$t=2.015$，则有

$$\mu=0.2859\pm\frac{2.015\times0.0006}{\sqrt{6}}=0.2859\pm0.0005$$

同理，置信度为 95%，$n=6$ 时，$t=2.571$，则有

$$\mu=0.2859\pm\frac{2.571\times0.0006}{\sqrt{6}}=0.2859\pm0.0007$$

计算结果说明，置信度为 90%时，$\mu=0.2859\pm0.0005$，即说明 SiO_2 含量的平均值为 0.2859，而且有 90%的把握认为 SiO_2 的真值 μ 为 0.2854～0.2864。将两种置信度下的平均值置信区间相比较可知，如果真值出现的概率为 95%，则平均值的置信区间将扩大为 0.2852～0.2866。

2. 可疑数据的取舍

在实际工作中，常会遇到一组数据中有个别数据离群太远的情况，在计算前必

须对这种可疑值进行合理的取舍，不能随意地舍去以提高精密度，而是需进行统计处理，即判断离群值是否仍在偶然误差范围内。常用的统计检验方法有格鲁布斯(Grubbs)检验法和 Q 检验法。现介绍 Q 检验法。

当测定次数在 10 次以内时，使用 Q 检验法比较简便。步骤如下：

(1) 将测定值由小到大排列：$x_1, x_2, \cdots, x_n$，假设 x_i 为可疑值。

(2) 用下列公式计算 Q 值：

$$Q=\frac{x_i-x_{i-1}}{x_n-x_1} \tag{3-11}$$

或

$$Q=\frac{x_{i+1}-x_i}{x_n-x_1} \tag{3-12}$$

式中，x_n-x_1 称为极差。

(3) 根据测定次数 n 和要求的置信度(如 90%)，查表 3-2 得出 $Q_{0.90}$。

(4) 将 Q 与 $Q_{0.90}$ 相比，若 $Q>Q_{0.90}$，则弃去可疑值，否则应予保留。

表 3-2　Q 值表

测定次数 n	$Q_{0.90}$	$Q_{0.95}$	$Q_{0.99}$
3	0.94	0.98	0.99
4	0.76	0.85	0.93
5	0.64	0.73	0.82
6	0.56	0.64	0.74
7	0.51	0.59	0.68
8	0.47	0.54	0.63
9	0.44	0.51	0.60
10	0.41	0.48	0.57

【例 3.2】 测定某试样中 Fe 的质量分数(w)，结果如下：35.40%、37.20%、37.30%、37.40%、37.50%，用 Q 检验法判断，在 90%置信水平下，35.40%这个数据是否应该保留。

解　分析测定数据，35.40%是可疑值，有

$$Q=\frac{37.20-35.40}{37.50-35.40}=0.86$$

由表 3-2 查得，当 $n=5$ 时，$Q_{0.90}=0.64$，因 $Q>Q_{0.90}$，故 35.40%应弃去。

3.3.2　实验结果的表达

用简明的方法表达实验结果，通常有列表法、作图法和方程式法。

1. 列表法

列表法是表达实验数据最常用的方法之一。将各种实验数据列入设计得体、形式紧凑的表格内，可起到化繁为简的作用，有利于对获得的实验结果进行相互比较，有利于分析和阐明某些实验结果的规律性。

设计数据表总的原则是简单明了。作表时要注意以下几个问题：

（1）正确地确定自变量和因变量。一般先列自变量，再列因变量，将数据一一对应地列出。不要将毫不相干的数据列在一张表内。

（2）表格应有序号和简明完备的名称，使人一目了然。如果实在无法表达，也可在表名下用不同字体作简要说明，或在表格下方用附注加以说明。

（3）习惯上表格的横排称为"行"，竖行称为"列"，即"横行竖列"，自上而下为第 1、2、…行，自左向右为第 1、2、…列。变量可根据其内涵安排在列首（表格顶端）或行首（表格左侧），称为"表头"，应包括变量名称及量的单位。凡有国际通用代号或为大多数读者熟知的，应尽量采用代号，以使表头简洁醒目。但勿将量的名称和单位的代号相混淆。

（4）表中同一列数据的小数点对齐，数据按自变量递增或递减的次序排列，以便显示出变化规律。如果表列值是特大或特小的数，可用科学表示法表示。如果各数据的数量级相同，为简便起见，可将 10 的指数写在表头中量的名称旁边或单位旁边。

2. 作图法

作图是将实验原始数据通过正确的作图方法画出合适的曲线（或直线），从而形象直观而且准确地表现出实验数据的特点、相互关系和变化规律，如极大、极小和转折点等，并能够进一步求解，获得斜率、截距、外推值、内插值等。因此，作图法是一种十分有用的实验数据处理方法。

作图法也存在作图误差，若要获得良好的图解效果，首先是要获得高质量的图形。因此，作图技术的好坏直接影响实验结果的准确性。下面就作图法处理数据的一般步骤和作图技术作简要介绍。

1）正确选择坐标轴和比例尺

作图必须在坐标纸上完成。坐标轴的选择和坐标分度比例的选择对获得一幅良好的图形十分重要，一般应注意以下几点：

（1）以自变量为横轴，因变量为纵轴，横、纵坐标原点不一定从零开始，而视具体情况确定。坐标轴应注明所代表的变量的名称和单位。

（2）坐标的比例和分度应与实验测量的精度一致，并全部用有效数字表示，不能过分夸大或缩小坐标的作图精确度。

(3) 坐标纸每小格所对应的数值应能迅速、方便地读出和计算。一般多采用1、2、5或10的倍数,而不采用3、6、7或9的倍数。

(4) 实验数据各点应尽量分散、匀称地分布在全图,不要使数据点过分集中于某一区域。当图形为直线时,应尽可能使直线的斜率接近于1,使直线与横坐标夹角接近45°,角度过大或过小都会造成较大的误差(图3-4)。

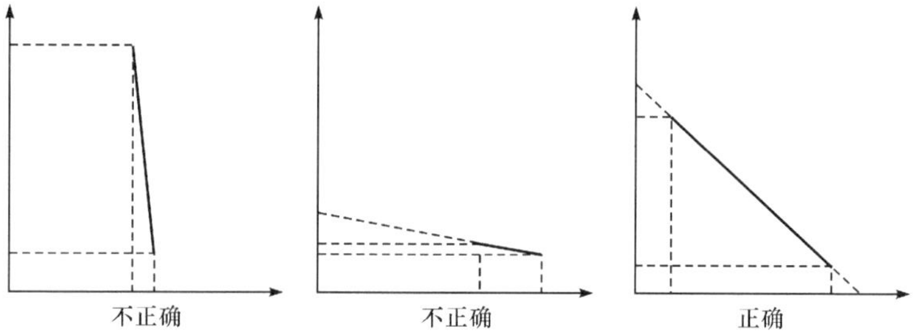

图3-4　绘制直线图形

(5) 图形的长、宽比例要适当,最高不要超过3/2,以力求表现出极大值、极小值、转折点等曲线的特殊性质。

2) 图形的绘制

在坐标纸上明显地标出各实验数据点后,应用曲线尺(或直尺)绘出平滑的曲线(或直线)。绘出的曲线或直线应尽可能接近或贯穿所有的点,并使两边点的数目和点离线的距离大致相等。这样描出的线才能较好地反映出实验测量的总体情况。若有个别点偏离太远,绘制曲线时可不予考虑。一般情况下,不许绘成折线。描线方法如图3-5所示。

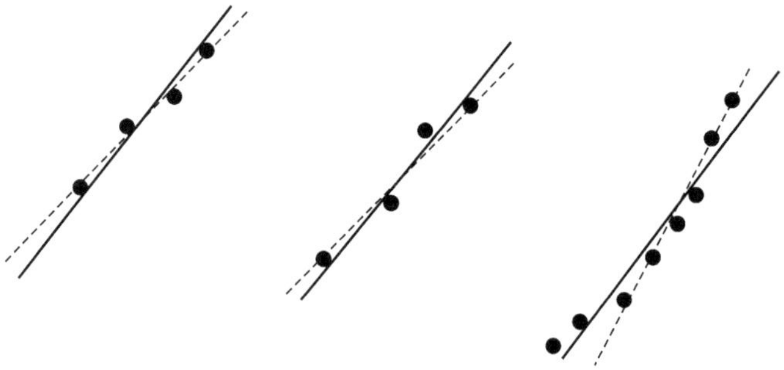

图3-5　线的描绘

——正确; -----不正确

3. 方程式法

作图法可以形象地表现出某一被测物理量随其影响因素而变化的趋势或规律，有时为了表达因变量与自变量之间的数量关系，则要用数学方程式，一般是根据所得的图形，凭借已有的知识和经验，试探选择某一函数关系式，并确定其中各参数值，最后对所得的函数关系式进行验证。

在各种实验曲线中，以直线最为简单，有时通过坐标变换可将其他函数关系式直线化。确定直线方程常数的方法有 3 种，即图解法、平均值法和最小二乘法。

1）图解法

直线方程式的斜率和截距可从图的直线上直接求得，也可用方程式 $y=kx+b$ 来表示。由直线上两点(x_1,y_1)、(x_2,y_2)的坐标求出斜率，再求出截距：

$$k=\frac{y_2-y_1}{x_2-x_1} \tag{3-13}$$

为使求得的 k 值更准确，所选的两点距离不要太近，还要注意代入 k 表达式的数据是两点的坐标值，k 是两点纵、横坐标差之比，而不是纵、横坐标线段长度之比。

图解法所得常数的精度通常不能满足要求，因此常用平均值法或最小二乘法进行计算，求得较精确的数学方程。

2）平均值法

$$y=mx+b \tag{3-14}$$

只要有两对变量(x_1,y_1)、(x_2,y_2)，便可确定 m、b，但实际上通常用更多的数据。根据平均值法，正确的 m、b 值应使“残差”之和为零。

残差定义为

$$u_i=mx_i+b-y_i$$

式中，i 表示第 i 次测量。可得两个方程式：

$$\sum_{i=1}^{k}u_i = m\sum_{i=1}^{k}x_i + kb - \sum_{i=1}^{k}y_i = 0$$

$$\sum_{i=k+1}^{n}u_i = m\sum_{i=k+1}^{n}x_i + kb - \sum_{i=k+1}^{n}y_i = 0$$

联立求解可得 m、b 值。

3）最小二乘法

最佳结果能使残差的平方和为最小。设残差的平方和为 s，则

$$s = \sum_{i=1}^{n} u_i^2 = \sum_{i=1}^{n} (mx_i + b - y_i)^2$$

$$= m^2 \sum_{i=1}^{n} x_i^2 + 2bm \sum_{i=1}^{n} x_i - 2m \sum_{i=1}^{n} x_i y_i + nb^2 - 2b \sum_{i=1}^{n} y_i + \sum_{i=1}^{n} y_i^2$$

使 s 为极小值的必要条件为

$$\frac{\partial s}{\partial m} = 0 = 2m \sum_{i=1}^{n} x_i^2 + 2b \sum_{i=1}^{n} x_i - 2 \sum_{i=1}^{n} x_i y_i$$

$$\frac{\partial s}{\partial m} = 0 = 2m \sum_{i=1}^{n} x_i + 2bn - 2 \sum_{i=1}^{n} y_i$$

由上式解出 m 和 b 分别为

$$m = \frac{n \sum_{i=1}^{n} x_i y_i - \sum_{i=1}^{n} x_i \sum_{i=1}^{n} y_i}{n \sum_{i=1}^{n} x_i^2 - (\sum_{i=1}^{n} x_i)^2}$$

$$b = \frac{\sum_{i=1}^{n} x_i^2 \sum_{i=1}^{n} y_i - \sum_{i=1}^{n} x_i \sum_{i=1}^{n} x_i y_i}{n \sum_{i=1}^{n} x_i^2 - (\sum_{i=1}^{n} x_i)^2}$$

以上计算用计算机处理。

3.4　实验报告示例

实验完毕后，学生必须在进行实验的基础上，把实验的目的、原理、步骤、结果等用简洁的语言写成书面报告，在指定的时间内交给指导教师。化学实验报告主要包括实验目的、实验原理、仪器与试剂、实验现象与实验数据记录和处理、结果与讨论。

实验数据处理应在明确原理、方法步骤、计算公式和有效数字的基础上，按法定标准单位进行运算、作图、列表等得出结果，然后对结果进行误差分析。

实验报告要记载清楚、结论明确、文字简练、书写整洁。由于化学反应条件对反应至关重要，特别是测量实验，温度、压强对实验影响很大，故各种化学实验报告均必须包括下列内容：

实验课程：　　　　　　指导教师：　　　　　　成绩：

所在班级：　　　　　　学生姓名：　　　　　　学号：

实验条件：温度____℃　压强________kPa　湿度________%

实验时间：________年________月________日

各种实验报告的书写大致相同，但因实验类型的不同有所差异，现举例如下。

3.4.1 测量实验——乙酸电离度和经验电离平衡常数的测定

一、实验目的

（1）了解用酸度计法测弱电解质的电离平衡常数和电离度的原理与方法。

（2）学习酸度计的使用方法。

（3）理解弱电解质电离度、电离平衡常数与浓度的关系。

（4）学习移液管、吸量管的使用方法。

二、实验原理

乙酸在水中存在如下解离平衡：

	$HAc(aq)$	$\rightleftharpoons$	$H^+(aq)$	+	$Ac^-(aq)$
起始浓度/($mol \cdot L^{-1}$)	c		0		0
平衡浓度/($mol \cdot L^{-1}$)	$c-c\alpha$		$c\alpha$		$c\alpha$

电离常数为

$$K(HAc)=\frac{c(H^+)c(Ac^-)}{c(HAc)}=\frac{(c\alpha)^2}{c-c\alpha}$$

式中，α 为乙酸的电离度。

在一定温度下，可以使用酸度计测量一系列已知浓度的乙酸的 pH，然后由 $pH=-\lg c(H^+)$ 可以求得 $c(H^+)$，再由 $c(H^+)=c\alpha$ 求出对应的电离度 α 和电离平衡常数 K。

三、实验步骤

（1）配制不同浓度的 HAc 溶液。

实验室提供的 HAc 溶液浓度________ $mol \cdot L^{-1}$。

HAc 溶液编号	1	2	3	4
HAc 溶液体积/mL	50.00	25.00	15.00	5.00
H_2O 体积/mL	0.00	25.00	35.00	45.00
HAc 溶液浓度/($mol \cdot L^{-1}$)				

（2）按照溶液浓度由低到高依次测定 HAc 溶液的 pH。

（3）数据记录和结果处理。

HAc 溶液编号	HAc 溶液浓度/(mol·L^{-1})	pH	$c(H^+)$/(mol·L^{-1})	α/%	K(HAc)	K 的平均值
1						
2						
3						
4						

四、思考题及讨论

（略）

3.4.2 性质实验——电离平衡

一、实验目的

（1）加强对电离平衡、同离子效应等理论的理解。

（2）掌握缓冲溶液的原理及其配制方法。

（3）了解盐类水解反应及其平衡的移动。

（4）掌握指示剂及 pH 试纸的使用方法。

二、实验原理

弱酸或弱碱在水中部分电离：$AB \rightleftharpoons A^+ + B^-$。当增大 A^+ 或 B^- 浓度时，平衡向生成 AB 的方向移动，这种影响称为同离子效应。利用同离子效应将弱酸（或弱碱）及其盐组成混合溶液，这种混合溶液可以抵抗外来少量酸碱或稀释的影响，其 pH 保持基本不变，称为缓冲溶液。缓冲溶液的缓冲能力是有限的，大量外来酸碱或稀释会破坏其缓冲能力。

弱酸强碱盐溶液发生水解呈碱性，强酸弱碱盐溶液呈酸性，弱碱弱酸盐溶液的酸碱性则取决于相应生成的弱酸、弱碱的 K_a、K_b 的相对大小。水解反应是吸热反应，所以温度升高可以使平衡向水解方向移动；同时可以在系统中加入酸，使 $c(H^+)$大，从而使平衡左移，抑制水解。当强碱弱酸盐和强酸弱碱盐相遇，由于水解后各显碱性和酸性，可以互相加剧水解。例如，$Al_2(SO_4)_3$溶液与 Na_2CO_3 溶液混合，发生下列反应：

$$2Al^{3+} + 3CO_3^{2-} + 6H_2O = 2Al(OH)_3 \downarrow + 3CO_2 + 3H_2O$$

反应十分彻底。

三、实验步骤

实验步骤	实验现象	解释和结论(包括反应式)
1. 同离子效应 ① 10 滴 0.1 mol·L^{-1} $NH_3·H_2O$+1 滴酚酞 10 滴 0.1 mol·L^{-1} $NH_3·H_2O$+1 滴酚酞+少量 NH_4Ac 固体 ② 10 滴 0.1 mol·L^{-1}HAc+1 滴甲基橙 10 滴 0.1 mol·L^{-1}HAc+1 滴甲基橙+少量 NH_4Ac 固体		
2. 缓冲溶液的配制和性质 ① 10 mL 2 mol·L^{-1}HAc+10 mL 2 mol·L^{-1}NaAc 组成缓冲溶液 A,用 pH 试纸测其 pH ② 10 mL 0.1 mol·L^{-1}HAc+10 mL 0.1 mol·L^{-1}NaAc 组成缓冲溶液 B,用 pH 试纸测其 pH ③ 2 mL A+0.5 mL H_2O,用 pH 试纸测其 pH 2 mL A+0.5 mL 0.1 mol·L^{-1}HCl,用 pH 试纸测其 pH 2 mL A+0.5 mL 0.1 mol·L^{-1}NaOH,用 pH 试纸测其 pH 2 mL A+0.5 mL 6 mol·L^{-1}HCl,用 pH 试纸测其 pH 2 mL A+0.5 mL 6 mol·L^{-1}NaOH,用 pH 试纸测其 pH ④ 2 mL B+0.5 mL H_2O,用 pH 试纸测其 pH 2 mL B+0.5 mL 0.1 mol·L^{-1}HCl,用 pH 试纸测其 pH 2 mL B+0.5 mL 0.1 mol·L^{-1}NaOH,用 pH 试纸测其 pH 2 mL B+0.5 mL 6 mol·L^{-1}HCl,用 pH 试纸测其 pH 2 mL B+0.5 mL 6 mol·L^{-1}NaOH,用 pH 试纸测其 pH ⑤ 2 mL H_2O,用 pH 试纸测其 pH 2 mL H_2O+0.5 mL 0.1 mol·L^{-1}HCl,用 pH 试纸测其 pH 2 mL H_2O+0.5 mL0.1 mol·L^{-1}NaOH,用 pH 试纸测其 pH 2 mL H_2O+0.5 mL 6 mol·L^{-1}HCl,用 pH 试纸测其 pH 2 mL H_2O+0.5 mL 6 mol·L^{-1}NaOH,用 pH 试纸测其 pH		
3. 盐类水解 ① 3 mL 2 mol·L^{-1}NaAc+1 滴酚酞 将试管缓慢加热至沸 冷却试管 ② 2 mL H_2O+5 滴 $BiCl_3$+2 mol·L^{-1}HCl ③ 1 mL 0.1 mol·L^{-1} $Al_2(SO_4)_3$(A),用 pH 试纸测定其 pH 1 mL 0.5 mol·L^{-1} $NaHCO_3$(B),用 pH 试纸测定其 pH A 溶液+B 溶液		

四、思考题及讨论

(略)

3.4.3　制备实验——硫酸亚铁铵的制备

一、实验目的

（1）了解复盐的一般特征和制备方法。

（2）练习水浴加热、常压过滤和减压过滤、蒸发、结晶等基本操作。

（3）学习用目测比色检验产品质量。

二、实验原理

将过量铁与稀硫酸作用生成硫酸亚铁：

$$Fe + H_2SO_4 = FeSO_4 + H_2\uparrow$$

往硫酸亚铁溶液中加入硫酸铵并使其全部溶解，加热浓缩制得的混合溶液再冷却即可得到溶解度较小的硫酸亚铁铵盐晶体：

$$FeSO_4 + (NH_4)_2SO_4 + 6H_2O = (NH_4)_2SO_4 \cdot FeSO_4 \cdot 6H_2O$$

由于 Fe^{3+} 能与 SCN^- 生成红色的物质 $[Fe(SCN)]^{2+}$，用目测比色法可估计产品中所含杂质 Fe^{3+} 的量。

三、实验步骤

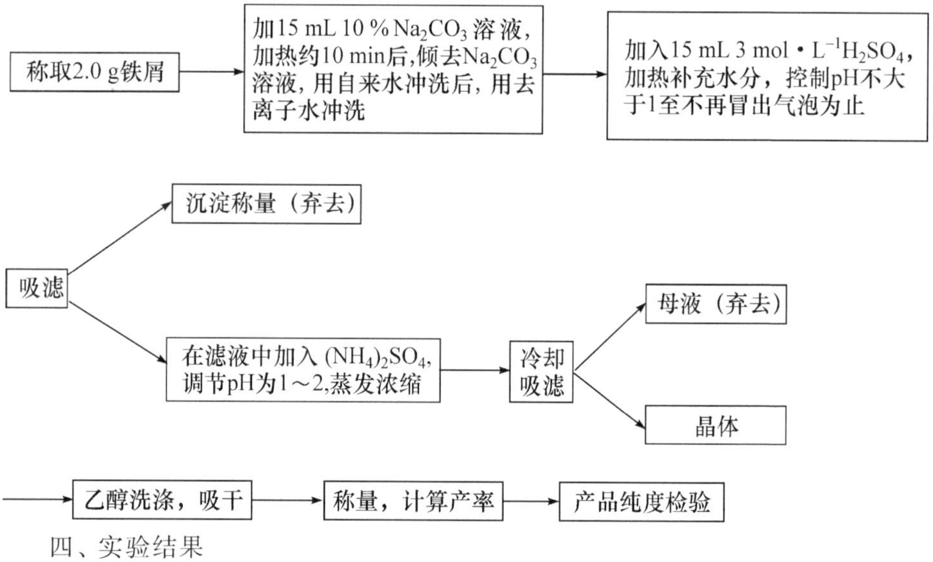

四、实验结果

（1）产量________g；　　　　产率________%。

（2）产品纯度检验表。

检验项目	NH_4^+	Fe^{2+}	SO_4^{2-}
检验方法			
产品			

(3) Fe^{3+} 含量＿＿＿＿＿,符合＿＿＿＿＿级品标准。

五、思考题及讨论

(略)

3.4.4　分析实验——溶液配制和滴定操作练习

一、实验目的

(1) 掌握溶液配制方法,学习吸量管(移液管)、容量瓶的使用方法。

(2) 学习和掌握酸碱滴定的基本操作方法。

二、实验原理

强酸滴定强碱时,通常选用甲基橙为指示剂;强碱滴定强酸时,通常选用酚酞为指示剂进行酸碱滴定。

三、实验步骤

1) 溶液配制

称取0.4 gNaOH → 加100 mL H_2O → 0.1 mol · L^{-1} NaOH

量取4.2 mL HCl → 加500 mL H_2O → 0.1 mol · L^{-1} HCl

准确称取2.1~2.2 g Na_2CO_3 → 溶解、稀释至100 mL → 0.2000 mol · L^{-1} Na_2CO_3

准确量取10.00 mL 2.000 mol · L^{-1} HAc → 稀释至100 mL → 0.2000 mol · L^{-1}HAc

2) 酸碱滴定

准确量取25.00 mL 0.1 mol · L^{-1} NaOH → 加入1~2滴甲基橙

→ 用0.1000 mol · L^{-1} HCl滴至由黄色变橙色

准确量取25.00 mL 0.1 mol · L^{-1} HCl → 加1~2滴酚酞

→ 用0.1000 mol · L^{-1} NaOH滴至由无色变浅红色

四、实验记录和结果处理

NaOH 溶液浓度的标定

数据记录与计算 \ 测定序号		1	2	3
HCl 标准溶液的浓度/($mol \cdot L^{-1}$)				
NaOH 溶液的净用量/mL		25.00	25.00	25.00
HCl 操作液的用量	终读数/mL			
	初读数/mL			
	净用量/mL			
NaOH 溶液的浓度/($mol \cdot L^{-1}$)				
平均值/($mol \cdot L^{-1}$)				
相对平均偏差				

HCl 溶液浓度的测定

数据记录与计算 \ 测定序号		1	2	3
NaOH 溶液的浓度/($mol \cdot L^{-1}$)				
NaOH 溶液的用量	终读数/mL			
	初读数/mL			
	净用量/mL			
HCl 溶液的净用量/mL		25.00	25.00	25.00
HCl 溶液浓度/($mol \cdot L^{-1}$)				
平均值/($mol \cdot L^{-1}$)				
相对平均偏差				

五、思考题及讨论

(略)

第4章 实　验

4.1 基础实验

实验一　分析天平称量练习

一、实验目的

（1）了解电光天平的构造，并熟悉电光天平的使用规则。

（2）掌握正确的称量方法。

二、实验原理

准确测定物体的质量是化学实验的基本操作之一。在不同的实验中由于对物体质量的准确度要求不同，因此需使用不同精确度的天平进行称量。对定量分析实验，要求物体质量的称量准确到 0.1 mg，这就需要选用精确度高的分析天平。

分析天平的种类很多，如半机械加码电光分析天平、全机械加码电光分析天平、机械减码单盘电光天平、单盘精密天平及微量天平等。

本实验采用机械减码单盘电光天平或全机械加码电光分析天平，对物体质量可以精确称量到 0.1 mg。根据称量物品的性质不同，可采用直接称量法和减量称量法。

1. 直接称量法

在空气中稳定，不易吸潮的试样或试剂（如金属）可用直接称量法在表面皿（或 50 mL 小烧杯、经特殊处理的硫酸纸）上直接称取。其方法是：先准确称量出表面皿的质量，然后用药匙取试样于表面皿上，再准确称量，两次质量之差即为试样的质量。也可根据所需试样的质量，先放好砝码，然后用药匙将试样放在表面皿中央，待天平接近平衡时，用食指轻敲匙柄将试样慢慢抖入。称量完毕，将试样全部转移到准备好的容器中。

2. 减量称量法

减量称量法用于称取易吸水、易氧化或易与 CO_2 反应的试样。其称量方法如下：将洗净并烘干的称量瓶粗称一下，记下它的质量。用药匙将试样放在称量瓶中，其量较需要量多一些，再移至分析天平上准确称量，记下质量 m_1，然后将称量瓶置于准备好的盛放试样的烧杯(或锥形瓶)上方,用右手将瓶盖轻轻打开,慢慢将称量瓶口向下倾斜,用瓶盖轻敲瓶口,使试样落入烧杯中,绝对不能将试样撒落在杯外。当倒出的试样接近所需量时,仍在烧杯上方一边用瓶盖轻敲称量瓶,一边将称量瓶慢慢竖起,使粘在瓶口和内壁的试样落入称量瓶或烧杯中,然后盖好盖子,再准确称量,记下质量 m_2。两次称量之差(m_1-m_2)即为试样的质量。如此继续进行,可称取多份试样。

$$第一份试样质量=(m_1-m_2)\mathrm{g}$$
$$第二份试样质量=(m_2-m_3)\mathrm{g}$$
$$\cdots\cdots$$

三、仪器和试剂

仪器:台秤,电光天平,称量瓶,表面皿,烧杯(50 mL),药匙。

试剂:$CaCO_3$(或细砂),橡皮塞(或铜片)。

四、实验内容

1. 称量前仪器检查和零点调整

称量前要先检查天平是否处于水平状态,秤盘是否清洁,机械减码器或机械加码器是否在零位。

零点是空载天平处于平衡状态时指针的位置。接通电源,启动天平,此时指示灯亮,光幕上可以看到标尺的投影在移动。当投影稳定后,标尺的投影和光幕上的刻线相重合的数值即为零点。使用全机械加码电光分析天平时为方便读数,一般要进行天平零点的调节,使零点与"0"刻度相吻合。具体方法如下:将天平左方的环码和圆码指数盘调至零位(环码和圆码全部被挂起)后,开启天平,待停稳后观察标尺的零刻度线是否与投影屏中的标线相吻合,若不吻合,调整天平底座下的杠杆使之吻合。若调不到,必须调整天平梁上的平衡调节螺丝,此时需报告教师帮助指导调整,学生不要擅自调节。调好后,在称量过程中不得再移动投影屏。

2. 直接称量法称量铜片

(1) 将一个表面皿先在台秤上称其质量,然后在电光天平台上精确称量。称量后将读数记在实验记录本上,并记录称得表面皿的质量 m_1。

(2) 取一个橡皮塞(或一块铜片)在台秤上粗称其质量后,放在表面皿上,在电光天平上精确称量其总质量 m_2,则橡皮塞(或铜片)的质量为(m_2-m_1)。

3. 减量称量法称量物体

将装有 $CaCO_3$ 或细砂(约半瓶)的称量瓶擦净外表,在台秤上粗称后,在电光天平上精确称量其质量为 m_1。一手用小纸条夹住称量瓶中部并将瓶略倾斜，另一手拿住瓶盖并轻轻敲打称量瓶上边缘，使 $CaCO_3$ 或细砂慢慢落入小烧杯中。待适当量后，一边竖起称量瓶，一边继续轻敲瓶口，然后盖上瓶盖，再放回电光天平上称量其质量为 m_2，则 (m_1-m_2) 即为倾斜倒出的小烧杯中的 $CaCO_3$ 或细砂的质量，并按要求记录数据。

五、思考题

(1) 什么是天平的零点和停点？

(2) 电光分析天平的使用规则有哪些？

(3) 加减砝码和放取样品时要注意什么？怎样操作才能保护好刀口？

实验二　溶液配制和滴定操作练习

一、实验目的

(1) 掌握溶液配制方法，学习吸量管(移液管)、容量瓶的使用方法。

(2) 学习和掌握酸碱滴定的基本操作方法。

二、实验原理

酸碱滴定法是一种重要的滴定分析方法。在化学分析中，酸度通常是影响分析工作的关键因素之一。

强酸(碱)滴定强碱(酸)时，如果以强酸(碱)的加入量为横坐标、pH 的变化为纵坐标绘制关系曲线，就得到酸碱滴定曲线(图 4-1 和图 4-2)。

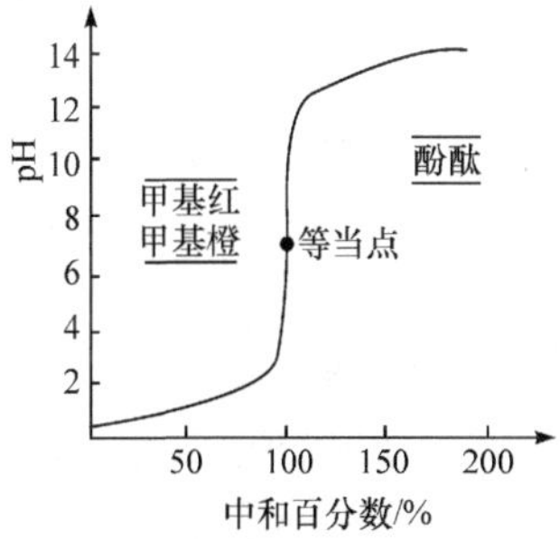

图 4-1　0.1000 mol·L^{-1} NaOH 滴定 0.1000 mol·L^{-1} HCl 的滴定曲线

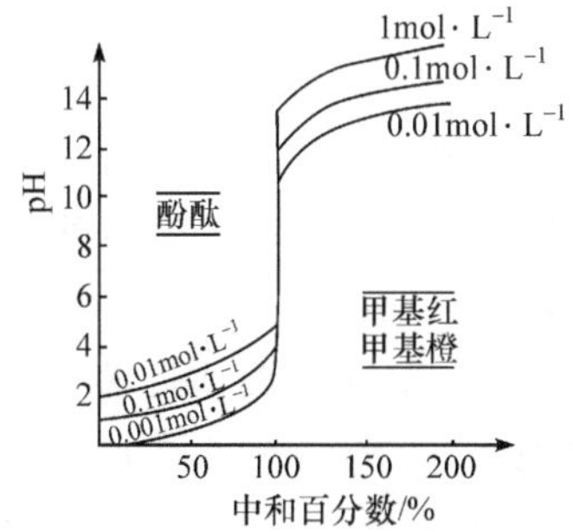

图 4-2　不同浓度强碱滴定不同浓度强酸的滴定曲线

当溶液中 $c(H^+)=c(OH^-)$ 时，溶液呈中性(滴定等当点)，即为滴定终点。最理想的指示剂应恰好在等当点时变色，以指示反应终点。本实验选择酚酞和甲基橙为指示剂。

三、仪器和试剂

仪器：烧杯，容量瓶，吸量管，移液管，酸式滴定管，碱式滴定管，量筒，试剂瓶，台秤，分析天平。

试剂：HCl(浓)，HAc(2 mol · L^{-1})，NaOH(s)，无水 Na_2CO_3，酚酞(0.2%乙醇溶液)，甲基橙(0.2%水溶液)。

四、实验内容

1. 溶液配制

1) 一般溶液的配制

(1) 由固体试剂配制溶液：配制 100 mL 0.1 mol · L^{-1} NaOH 溶液。计算配制 100 mL 0.1 mol · L^{-1} NaOH 溶液需用 NaOH 的量。在台秤上称取后，置于有刻度的烧杯中，加入少量去离子水，用玻璃棒搅拌，溶解后稀释至 100 mL，转入试剂瓶，用橡皮塞塞好瓶口，摇匀，贴上标签。

(2) 由液体试剂配制溶液：配制 500 mL 0.1 mol · L^{-1} HCl 溶液。首先计算配制该体积该浓度需用浓 HCl(12 mol · L^{-1}，相对密度 1.19)多少毫升。用量筒取并倒入 500 mL 试剂瓶中，加入约 300 mL 去离子水，摇匀，然后用去离子水稀释至 500 mL，盖上玻璃塞，摇匀，贴上标签。

2) 标准浓度溶液的配制

(1) 由固体试剂(基准物质)配制准确浓度溶液：配制 100 mL 0.2000 mol · L^{-1} Na_2CO_3 溶液。在分析天平上准确称量所需的无水 Na_2CO_3，放在干净烧杯中，加适量的去离子水使其完全溶解，以玻璃棒引流转移到 100 mL 容量瓶中，用少量去离子水洗涤烧杯、玻璃棒，洗涤液也移入容量瓶中，如此反复两三次，然后加去离子水稀释至容量瓶刻度线处，盖上瓶塞、摇匀，最后将溶液移入试剂瓶中，贴上标签备用。

(2) 由较浓的准确浓度溶液配制较稀的准确浓度溶液：用 2.000 mol · L^{-1} HAc 溶液配制 100 mL 0.2000 mol · L^{-1} HAc 溶液。计算所需浓溶液的用量，用吸量管(或移液管)吸取所需体积的浓溶液放入 100 mL 容量瓶中，再加去离子水稀释至容量瓶刻度线，摇匀，倒入试剂瓶，贴上标签。

2. 酸碱滴定

(1) 配制准确浓度的 0.1 mol · L^{-1} NaOH 和 0.1 mol · L^{-1} HCl 溶液。

(2) 酸碱溶液的相互滴定。

a. 称取 1.5 g 固体 NaOH，置于 250 mL 烧杯中，用蒸馏水迅速洗涤两三次，每次用 10～20 mL 水作洗涤溶液，这样可除去 NaOH 表面少量的 Na_2CO_3。留下的固体 NaOH 用水溶解后，转入试剂瓶中，加水稀释至 250 mL，用橡皮塞塞好瓶口，充分摇匀。

b. 用洁净量杯（或量筒）量取约 9 mL 浓 HCl，倒入试剂瓶中，用水稀释至 100 mL，盖上玻璃塞，摇匀。

c. 用 0.1 $mol \cdot L^{-1}$ NaOH 溶液润洗碱式滴定管两三次，每次 5～10 mL，然后将溶液倒入碱式滴定管中，调好零点。

d. 用 0.1 $mol \cdot L^{-1}$ HCl 溶液润洗酸式滴定管两三次，每次 5～10 mL，然后将溶液倒入酸式滴定管中，调好零点。

e. 由碱式滴定管中放出 20～25 mL NaOH 溶液，注入 250 mL 锥形瓶中，加入 1～2 滴甲基橙指示剂，用 0.1 $mol \cdot L^{-1}$ HCl 溶液滴定至溶液由黄色变成橙色。然后滴入少量 NaOH，溶液由橙色又变成黄色。再由酸式滴定管滴定少量 HCl 溶液，使溶液由黄色再变成橙色即为终点。如此反复练习操作和观察终点。读准最后所用 HCl 和 NaOH 溶液的体积数，并求出滴定时两溶液的体积比 $V(HCl)/V(NaOH)$。平行滴定三份，计算平均结果和平均相对偏差（要求平均相对偏差不大于 0.2%）。

f. 用移液管吸取 25 mL 0.1 $mol \cdot L^{-1}$ HCl 溶液于 250 mL 锥形瓶中，加 1～2 滴酚酞指示剂，用 NaOH 溶液滴定至微红色 30 s 不褪色即为终点。读取所用 NaOH 溶液的体积数，准确至 0.01 mL。平行滴定三份，要求所用 NaOH 溶液的体积数的差值不超过±0.02 mL。

五、思考题

(1) 能否在分析天平上准确称取固体 NaOH 直接配制标准溶液？为什么？

(2) 在滴定分析中，滴定管、移液管为什么需用操作溶液润洗几次？滴定中使用锥形瓶或烧瓶是否也要用操作溶液润洗？

(3) 滴定中指示剂的选择原则是什么？如何操作和判断滴定终点？

实验三 物质结构与性质的关系

一、实验目的

(1) 了解原子光谱和原子结构的关系。

(2) 了解物质结构与物质的磁性、电性、溶解性的关系。

(3) 了解离子极化作用对物质键型和溶解性的影响。

二、实验原理

不同元素的原子具有不同的电子层结构，因此受到激发时，不同元素原子的电子从激发态跃迁回基态时发射出的线状光谱波长不同，即每种元素的原子都具有自己的特征谱线。原子光谱分析法就是利用原子光谱特征谱线分析物质的元素组成，利用谱线的强弱分析元素在物质中的含量。

物质的磁性主要是由轨道中未成对电子的自旋引起的。因此，轨道中具有未成对电子的物质在外磁场中表现出顺磁性；而各轨道中的电子都成对时，电子自旋产生的磁矩相互抵消，所以物质在外磁场中表现为逆磁性。

例如，Fe^{2+} 的外电子层有 4 个未成对电子，而 $[Fe(CN)_6]^{4-}$ 无未成对电子，所以在外磁场中，Fe^{2+} 为顺磁性，而$[Fe(CN)_6]^{4-}$不被磁场所吸引，为逆磁性。

极性分子由于正、负电荷重心不重合，在外电场作用下，与外电场发生异极相吸的现象，如 H_2O；而非极性分子由于正、负电荷重心重合，在外电场中不发生作用，如 CCl_4。

虽然影响物质溶解性的因素很多，但其中物质的结构和极性是一个重要的因素。一般有“相似相溶”的规律，即极性溶质相对地易溶于极性溶剂中，而难溶于非极性溶剂中，如 $K_2Cr_2O_7$ 易溶于 H_2O 而难溶于 CCl_4；非极性溶质相对地易溶于非极性溶剂中，而难溶于极性溶剂中，如 I_2 易溶于 CCl_4 而难溶于 H_2O。

在离子晶体中，离子间的极化作用强弱与正负离子的电荷数、半径和电子构型有关。离子极化作用越强，化学键中离子键成分减少，共价键成分增多，因而对物质的溶解度有较大的影响。例如，Ca^{2+} 和 Pb^{2+} 的离子电荷数相同、半径相近，Ca^{2+} 是 8 电子构型而 Pb^{2+} 是 18＋2 电子构型，与相同阴离子的极化作用是 $Ca^{2+}<Pb^{2+}$，在水中溶解度 $CaCrO_4>PbCrO_4$。

三、仪器和试剂

仪器：分光镜，H、Na、Hg、Ne 光源，台秤，永磁合金，静电起电器，酸式滴定管，烧杯，试管，表面皿。

试剂：KCl(0.01 $mol \cdot L^{-1}$)，$AgNO_3$(0.1 $mol \cdot L^{-1}$)，K_2CrO_4(0.1 $mol \cdot L^{-1}$)，$CaCl_2$(0.1 $mol \cdot L^{-1}$)，$Pb(NO_3)_2$(0.1 $mol \cdot L^{-1}$)，KI(s)，萘，CCl_4，无水乙醇，$FeSO_4 \cdot 7H_2O$(s)，$K_4[Fe(CN)_6] \cdot 3H_2O$(s)。

四、实验内容

1. 原子特征光谱

用分光镜观察 H、Na、Hg、Ne 等元素的原子特征光谱，并作记录。

2. 物质的磁性

在台秤左边托盘上放一个 100 mL 烧杯，在烧杯上放一个表面皿，右边托盘加砝码，使两边平衡，用永磁合金从上到下靠近表面皿，台秤指针不偏转。在表面皿中加入 $FeSO_4 \cdot 7H_2O$ 晶体，加砝码使台秤平衡，再用永磁合金从上到下靠近晶体（但不要接触），仔细观察台秤指针的变化。移开永磁合金后，再次观察指针的变化。

用 $K_4[Fe(CN)_6] \cdot 3H_2O$ 晶体代替 $FeSO_4 \cdot 7H_2O$，重复上面的实验，比较两者的磁性。

3. 物质的电性

在酸式滴定管中加入去离子水，将管口置于静电起电器两极之间（图 4－3）。在滴定管下面放一个 100 mL 烧杯。打开滴定管活塞，使管中液体以细线状态流出，然后打开静电起电器电源，观察液流方向是否偏移。

用 CCl_4 代替去离子水，重复上面的实验。

实验中液体可循环使用。

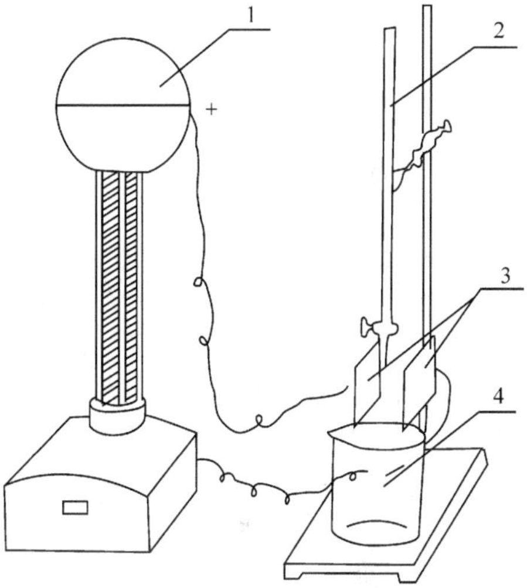

图 4－3　分子极性测定装置

1-静电起电器；2-滴定管；3-电极；4-烧杯

4. 物质的溶解性与溶质和溶剂本性之间的关系

1) 溶质、溶剂的极性

在三支试管中分别加入约 0.4 g 萘，然后在第一支试管中加入 6 mL CCl_4，第二支试管中加入 6 mL 乙醇，第三支试管中加入 6 mL 去离子水，每支试管都振荡 1 min，观察萘在不同试管中的溶解情况，以难溶、微溶、易溶记录。

用 KI 代替萘，重复上面的实验，说明物质的溶解性与溶质、溶剂极性的关系。

2) 离子极化对物质溶解性的影响

在两支试管中分别加入 0.5 mL 0.1 $mol \cdot L^{-1}$ K_2CrO_4 溶液，然后在一支试管中加入几滴 0.1 $mol \cdot L^{-1}$ $CaCl_2$ 溶液，另一支试管中加入几滴 0.1 $mol \cdot L^{-1}$ $Pb(NO_3)_2$ 溶液，观察现象。

在两支试管中分别加入 0.5 mL 0.1 $mol \cdot L^{-1}$ $AgNO_3$ 溶液，然后往其中一支试管中加入几滴 0.01 $mol \cdot L^{-1}$ KCl 溶液，观察现象。

根据实验结果，说明离子极化作用对物质溶解性的影响。

五、思考题

(1) 物质的磁性、电性与物质结构的哪方面有关?

(2) 影响物质溶解性的主要因素有哪些?

实验四 物质性质与周期律

一、实验目的

(1) 验证周期表中元素及其化合物某些性质的递变规律。

(2) 体会原子核外电子排布对元素性质的影响。

二、实验原理

元素的性质随原子序数的增加呈现出周期性变化,其本质原因是核外电子层结构的周期性变化。在周期表中,同一周期从左到右,各元素原子电子内层排布相同,最外层电子数依次递增;同一族中从上到下,各元素原子电子最外层相同,但电子层数依次递增。这种电子层结构的周期性变化决定了元素性质的周期性变化,如相对密度、熔点、沸点、金属性、电负性、电离能、极化作用强弱等。而在组成化合物的元素中,各元素性质的相互作用决定了化合物的性质,所以化合物性质也随之呈周期性变化,如氧化物及其水合物的酸碱性、卤化物的熔点、含氧酸盐的分解等。

随着核外电子数的减少以及电子层数的增加,元素原子易失去电子,还原性增强,显出较强金属性;反之,随着核外电子数的增加以及电子层数的减少,元素原子易得到电子,氧化性增强,显出较强非金属性。当典型的金属和非金属相遇时,所形成的化合物以离子键结合,熔点、沸点及导电性有所降低。

元素 R 氧化物的水合物可用 ROH 表示,可发生 RO…H 电离及 R…OH 电离而表现出一定的酸碱性;当 R 的金属性强,与 O 之间的键离子成分多,容易电离,则其水合物显碱性;当 R 的非金属性强,与 O 之间的键共价成分多,不容易电离,则 H 电离,其水合物显酸性。

在副族元素中,元素性质的周期性递变与主族不同。除ⅡB 族外,副族元素同周期中随原子序数增加活泼性减弱,同族中随原子序数增加活泼性也减弱。

三、仪器和试剂

仪器:镊子,小刀,滤纸,小烧杯,砂纸,酒精灯。

试剂:锂、钠、钾金属,镁条,NaOH($2\ mol \cdot L^{-1}$、$6\ mol \cdot L^{-1}$),HCl($2\ mol \cdot L^{-1}$、$6\ mol \cdot L^{-1}$),H_2SO_4($1\ mol \cdot L^{-1}$),HNO_3(稀、浓),H_3PO_4($1\ mol \cdot L^{-1}$、$8\ mol \cdot L^{-1}$),$MgSO_4$($0.1\ mol \cdot L^{-1}$),$Al_2(SO_4)_3$($0.1\ mol \cdot L^{-1}$),KBr

(0.1 mol·L^{-1})，KI (0.1 mol·L^{-1})，CCl_4，Na_2SiO_3 (20%)，Bi_2O_3，Sb_2O_3，As_2O_3，白磷，氯水，溴水，Ti、Fe、Cu 片，Cu、Ag、Au 碎屑。

四、实验内容

1. 金属性强弱的比较

(1) 用镊子拿出存放在煤油中的钠，用刀切下绿豆大小的一块，用滤纸擦干表面的煤油，投入装有半杯水的小烧杯中，观察现象。反应完后，于小烧杯中滴入 2 滴酚酞，观察现象。

在一支试管中加入 5 mL 去离子水，取一小段用砂纸擦净的镁条，用刀刻划，比较与钠的硬度差异。然后把镁条投入试管，静置 2 min，观察现象。再加热试管，再观察。最后再滴入 2 滴酚酞。与钠对比反应现象，比较金属性强弱。

(2) 用镊子分别取米粒大小的锂、钠、钾金属(不可取多，否则可能爆炸)，用滤纸擦去锂表面的蜡，钠、钾表面的煤油，分别投入三个装有半杯水的小烧杯中，观察与水反应的剧烈程度。反应完后，于每个小烧杯中滴入 2 滴酚酞，观察现象。

由本实验总结周期表中从左到右、从上到下各元素金属性的递变规律。

2. 氧化物及其水合物酸碱性比较

(1) 在两支试管中各加入 1 mL $MgSO_4$ 溶液，再加入 2 mol·L^{-1} NaOH 溶液直到产生 $Mg(OH)_2$ 白色沉淀。然后在一支试管中加 2 mL 2 mol·L^{-1} HCl 溶液，另一支加入 2 mol·L^{-1} NaOH 溶液，观察溶解情况的不同。用 $Al_2(SO_4)_3$ 溶液再做同样实验，实验结果与 $MgSO_4$ 比较。

(2) 在一支试管中加入 10 滴 20% Na_2SiO_3 溶液，再逐滴加入 8 mol·L^{-1} H_3PO_4 溶液，观察现象，比较硅酸与磷酸的酸碱性。

(3) 在两支试管中各加入 2 mL 1 mol·L^{-1} H_3PO_4 溶液与 1 mol·L^{-1} H_2SO_4 溶液，再各加入一小段镁条，由反应快慢比较 H_3PO_4 与 H_2SO_4 的酸碱性。

(4) 在三支试管中各加入 0.1 g As_2O_3 固体(注意：As_2O_3 剧毒!)，分别加入 2 mL去离子水、6 mol·L^{-1} NaOH 溶液、6 mol·L^{-1} HCl 溶液，充分振荡，比较溶解性的不同。再以 Bi_2O_3、Sb_2O_3 做同样的实验，比较它们的氧化物及其水合物的酸碱性。

由本实验总结周期表中从左到右、从上到下各元素氧化物及其水合物酸碱性的递变规律。

3. 氧化还原性比较

(1) 在一支试管中滴入 2 滴 0.1 mol·L^{-1} KI 溶液和 5 滴 CCl_4，然后逐滴滴

入氯水并振荡，观察 CCl_4 层的颜色变化。

在一支试管中滴入 2 滴 0.1 mol · L^{-1} KBr 溶液和 5 滴 CCl_4，然后逐滴滴入氯水并振荡，观察 CCl_4 层的颜色变化。

在一支试管中滴入 2 滴 0.1 mol · L^{-1} KI 溶液和 5 滴 CCl_4，然后逐滴滴入溴水并振荡，观察 CCl_4 层的颜色变化。

(2) 自行设计实验，比较 S 与 Cl 的氧化还原性强弱。

由本实验总结周期表中元素氧化还原性递变的规律。

4. 副族元素活泼性比较

(1) 将 Ti、Fe、Cu 片分别投入稀 HCl，观察反应的激烈程度，从而判断活泼性。

(2) 将 Cu、Ag、Au 碎屑分别投入稀 HNO_3 和浓热 HNO_3，比较活泼性。

由本实验总结周期表中副族元素活泼性的递变规律。

五、思考题

(1) 回顾元素性质变化的周期性。

(2) 体会元素性质变化的周期性与元素原子中电子排布的关系。

实验五　分子结构和晶体结构模型

一、实验目的

通过 CAI 课件的阅读理解，组装分子结构和晶体结构模型，以加深对分子结构和晶体结构理论的理解及其空间构型的认识。

(1) 熟悉部分无机化合物(无机离子)的杂化方式及空间构型。

(2) 了解部分晶体的空间构型。

(3) 了解金属晶体的密堆积构型。

二、实验原理

部分无机化合物(无机离子)的中心原子以某种特定的杂化方式与其他原子成键，得到一固定的空间构型。

晶体依其晶格结构上不同类型的粒子，可分为离子晶体、分子晶体、原子晶体、金属晶体四种基本类型。

离子晶体的空间构型主要由其正、负离子的半径比(r_+/r_-)确定。

金属晶体中常见有三种紧密堆积方式。

三、实验设备与材料

计算机及分子结构和晶体结构的 CAI 课件，彩色塑料棒，彩色塑料圆球及椭圆球，彩色橡皮泥。

四、实验内容

1. 阅读理解 CAI 课件并填表

阅读理解 CAI 课件并填表 4－1～表 4－3。

表 4－1 分子或离子的空间构型

物 质	杂化方式	杂化轨道数	杂化轨道间夹角	空间构型
$BeCl_2$				
BF_3				
CH_4				
CH_3Cl				
NH_3				
H_2O				
$[Ni(NH_3)_4]^{2+}$				
$[Ni(CN)_4]^{2-}$				
$[FeF_6]^{3-}$				
$[Fe(CN)_6]^{3-}$				

表 4－2 晶体的空间构型

物 质	晶体类型	晶格结点上粒子	粒子间作用力	空间构型
CsCl				
NaCl				
立方ZnS				
石墨				
干冰				
金刚石				

表 4－3 金属晶体的密堆积

名 称	配位数	空间利用率	实 例
面心立方堆积			
体心立方堆积			
密集六方堆积			

2. 组装分子结构和晶体结构模型

(1) 用塑料球代表原子，塑料棒代表化学键，椭圆球代表孤对电子，组装表 4－1

中的分子和离子的空间结构模型。

(2) 用塑料球代表原子，塑料棒代表化学键，组装表 4-2 中的各类晶体的空间结构模型。

(3) 将橡皮泥搓成球形，代表金属晶体中的粒子，组装表 4-3 中的金属晶体的空间结构模型。

五、思考题

(1) BF_3 分子与 NH_3 分子的空间构型是否相同？试用杂化理论解释。

(2) 影响离子晶体的晶格焓的因素有哪些？

(3) 简述简单 AB 型离子晶体的空间结构特征。

实验六 配位化合物的生成和性质

一、实验目的

(1) 了解配位化合物的生成、组成和解离。

(2) 加深对配位化合物解离平衡及其平衡移动的理解。

(3) 了解螯合物的形成和特性。

(4) 比较配离子和简单离子的性质。

二、实验原理

1. 配位化合物

由中心离子(或原子)与一定数目的离子(或中性分子)以配位键结合成的复杂的化学质点称为配位离子(或分子)，含有配位离子或分子的化合物称为配位化合物(配合物)，如 $[Cu(NH_3)_4]SO_4$ 硫酸四氨合铜(Ⅱ)、$K_3[Fe(CN)_6]$ 六氰合铁(Ⅲ)酸钾等。周期表中的副族元素容易形成配合物。配合物的形成使原物质的某些性质(如颜色、溶解度、pH 等)发生改变。

许多配合物是一种强电解质，在水中能完全解离成配位离子和外配位离子。例如

$$[Cu(NH_3)_4]SO_4 \rightleftharpoons [Cu(NH_3)_4]^{2+} + SO_4^{2-}$$

配位离子是一种类弱电解质，配位离子在溶液中同时存在配合过程和解离过程，即存在配合平衡。例如

$$[Cu(NH_3)_4]^{2+} \rightleftharpoons Cu^{2+} + 4NH_3$$

$$K_{稳} = \frac{c\{[Cu(NH_3)_4]^{2+}\}/c^{\ominus}}{[c(Cu^{2+})/c^{\ominus}]\{[c(NH_3)]^4/c^{\ominus}\}}$$

$K_{稳}$ 称为稳定常数，表示配离子的稳定程度，数值越大表示解离程度越小。

配离子的解离平衡可因外界条件(如介质的酸度,加入氧化剂、还原剂或配位剂等)的变化而向生成更难解离或更难溶物质的方向发生移动。例如

$$[FeF_6]^{3-} + 3OH^- = Fe(OH)_3 \downarrow + 6F^-$$

2. 螯合物

螯合物是由中心离子和多齿配体组成的环状配合物,难溶于水而易溶于有机溶剂,常具有特征颜色,可用于检验离子。

三、仪器和试剂

仪器:试管,试管夹,玻璃棒,酒精灯,洗瓶,烧杯。

试剂:H_2SO_4(1 mol·L^{-1}、2 mol·L^{-1}),HCl(浓),氨水(2 mol·L^{-1}、6 mol·L^{-1}),NaOH(2 mol·L^{-1}),$(NH_4)_2C_2O_4$(饱和),Na_2S(0.1 mol·L^{-1}),KBr(0.1 mol·L^{-1}),$FeCl_3$(0.1 mol·L^{-1}),$CuSO_4$(0.1 mol·L^{-1}),$CuCl_2$(1 mol·L^{-1}),$MgCl_2$(0.1 mol·L^{-1}),$BaCl_2$(1 mol·L^{-1}),NaF(0.1 mol·L^{-1}),NaCl(0.1 mol·L^{-1}),$AgNO_3$(0.1 mol·L^{-1}),KI(0.1 mol·L^{-1}),$Na_2S_2O_3$(1 mol·L^{-1}),KSCN(0.1 mol·L^{-1}),EDTA(0.1 mol·L^{-1}),镁试剂Ⅰ。

四、实验内容

1. 配合物的生成与组成

(1) 往一支试管中加入 5 滴 1 mol·L^{-1} $CuCl_2$ 溶液,然后逐滴加入浓 HCl,观察溶液的颜色变化,写出离子反应方程式,并解释变化原因。

(2) 在一个小烧杯中加入约 10 mL 0.1 mol·L^{-1} $CuSO_4$ 溶液,然后逐滴加入 6 mol·L^{-1} 氨水,至产生的沉淀溶解并生成深蓝色溶液。再多加几滴氨水,溶液保留做后面实验。

取两支试管,各加入几滴 0.1 mol·L^{-1} $CuSO_4$ 溶液,再分别加入 2 滴 1 mol·L^{-1} $BaCl_2$ 溶液和 2 mol·L^{-1} NaOH 溶液,观察现象(两者是检验 SO_4^{2-} 和 Cu^{2+} 的方法)。

取两支试管,各加入几滴前面制备的深蓝色溶液,然后分别加入 2 滴 1 mol·L^{-1} $BaCl_2$ 溶液和 2 mol·L^{-1} NaOH 溶液,观察现象。

比较上面实验现象的差别,写出深蓝色生成物的内界与外界的组成。

(3) 往一支试管中加入 5 滴 0.1 mol·L^{-1} $AgNO_3$ 溶液和 7 滴 1 mol·L^{-1} $Na_2S_2O_3$ 溶液,充分振荡后加入 2 滴 0.1 mol·L^{-1} NaCl 溶液,观察发生的现象。写出 $AgNO_3$ 与 $Na_2S_2O_3$ 反应生成物的内界和外界。

2. 配离子的解离平衡及其移动、配离子的稳定性

（1）取前面制备的深蓝色溶液于两支试管中，往一支试管中加入 1～2 滴 0.1 mol · L^{-1} Na_2S 溶液，另一支试管中加入 5 滴 2 mol · L^{-1} H_2SO_4 溶液，观察现象，写出离子方程式，并简单解释原因。

（2）往一支试管中加入 5 滴 0.1 mol · L^{-1} $FeCl_3$ 溶液，然后加入饱和 $(NH_4)_2C_2O_4$ 溶液至溶液成淡黄绿色，再加 3 滴 KSCN 溶液，观察溶液颜色有无变化。最后逐滴加入 H_2SO_4 溶液，观察现象，写出离子反应方程式。

（3）往两支试管中各加入 4 滴 0.1 mol · L^{-1} $FeCl_3$ 溶液，加水稀释，一支加入 1 滴 0.1 mol · L^{-1} KSCN 溶液，另一支滴加 0.1 mol · L^{-1} EDTA 溶液，观察溶液颜色有无变化。再分别逐滴加入 0.1 mol · L^{-1} NaF 溶液，观察溶液颜色有无变化。比较配合物的稳定性。

（4）往两支试管中各加入 5 滴 0.1 mol · L^{-1} $AgNO_3$ 溶液，然后分别加入 1 mol · L^{-1} $Na_2S_2O_3$ 溶液和 2 mol · L^{-1} 氨水，至两种配合物生成。再各加 2 滴 0.1 mol · L^{-1} KBr 溶液，观察沉淀是否变化，比较两种配离子的稳定性，并与稳定常数相对照，得出结论。

（5）自行设计实验，一步步完成以下转变，写出每步的条件和现象。

$AgNO_3 \rightarrow AgCl \rightarrow [Ag(NH_3)_2]^+ \rightarrow AgBr \rightarrow [Ag(S_2O_3)_2]^{3-} \rightarrow AgI \rightarrow Ag_2S$

注意：加溶液要逐滴进行，并边滴边摇，以恰好溶解为宜。

3. 螯合物及其应用

（1）螯合物的稳定性：取前面制备的深蓝色溶液，逐滴加入 0.1 mol · L^{-1} EDTA溶液，观察溶液颜色有无变化，比较$[Cu(NH_3)_4]SO_4$ 和 CuY^{2-} 的稳定性。

（2）鉴定 Mg^{2+}：往试管中加入 2 滴 0.1 mol · L^{-1} $MgCl_2$ 溶液，略加稀释后加入 2 滴氨水（使溶液成碱性），再滴入 3 滴镁试剂 Ⅰ，观察生成的蓝色螯合物，证明 Mg^{2+} 的存在。

五、思考题

（1）配位化合物是怎样形成的？与复盐有何区别？配离子与简单离子有何区别？如何证明？

（2）有哪些因素可使配位化合物的解离平衡发生移动？举例说明。

（3）什么是螯合物？有什么特征？

实验七 电离平衡

一、实验目的

(1) 深化对电离平衡的理解。

(2) 掌握缓冲溶液的原理与配制方法。

(3) 掌握同离子效应、盐类水解现象并会用平衡移动的原理解释现象。

(4) 进一步了解指示剂及 pH 试纸的使用方法。

二、实验原理

1. 弱电解质的电离平衡

弱酸或弱碱在水中部分电离：$AB \rightleftharpoons A^+ + B^-$。温度、弱电解质浓度 $c(AB)$ 及水溶液中的 A^+、B^- 浓度等因素可以影响其电离平衡的移动。电离反应是吸热反应，升高温度可以使平衡向解离方向移动；而增大 A^+、B^- 浓度则使平衡向生成 AB 的方向移动，这种影响称为同离子效应。利用同离子效应可以使弱电解质的电离度减小，也能使难溶电解质的溶解度减小。

2. 缓冲溶液

弱酸、弱碱及其盐可以组成缓冲溶液，缓冲溶液的特点是能抵御少量外来酸碱而保持 pH 基本不变。其对应的计算公式为

$$\mathrm{pH} = \mathrm{p}K_a + \lg(c_{盐}/c_{酸}) \qquad \mathrm{pOH} = \mathrm{p}K_b + \lg(c_{盐}/c_{碱})$$

当 $c_{盐}/c_{酸}$ 或者 $c_{盐}/c_{碱}$ 的值为 0.1～10 时，缓冲溶液才具有较大的缓冲作用，所以配制缓冲溶液选择的弱电解质的 K 和缓冲溶液的 pH 的关系为

$$\mathrm{pH} = \mathrm{p}K_a \pm 1 \qquad \mathrm{pOH} = \mathrm{p}K_b \pm 1$$

缓冲溶液的缓冲能力是有限的，大量的、超出范围的酸碱会使缓冲能力失效。

3. 盐类水解

盐类会因为水解而显出酸碱性，强碱弱酸盐呈碱性，强酸弱碱盐呈酸性，弱酸弱碱盐的酸碱性则由其正、负离子各自所对应的共轭酸碱的 K_b、K_a 的相对大小决定。例如，NH_4Ac 呈中性（$K_a \approx K_b$），而$(NH_4)_2S$ 则呈碱性（$K_a < K_b$）。盐类水解相应生成的弱酸弱碱越弱，则水解越强烈。弱酸弱碱盐的正、负离子可以发生“双水解”，使水解平衡强烈正向移动。

水解反应是吸热反应，所以温度升高可以使平衡向水解方向移动。在水解平

衡中增加或减少反应物或生成物的量也能使平衡移动。例如

$$BiCl_3 + H_2O = BiOCl\downarrow(白色) + 2HCl$$

为了防止水解，可以在系统中加入酸，使 $c(H^+)$增大，从而抑制平衡右移。

当强酸弱碱盐和强碱弱酸盐相遇，可以相互促进水解。例如

$$2Al^{3+} + 3CO_3^{2-} + 6H_2O = 2Al(OH)_3\downarrow + 3CO_2 + 3H_2O$$

反应进行得十分彻底。

三、仪器和试剂

仪器：试管，试管夹，量筒(10 mL)，烧杯，酒精灯，点滴板，药匙，玻璃棒。

试剂：氨水($0.1\ mol\cdot L^{-1}$)，NaOH($0.1\ mol\cdot L^{-1}$、$6\ mol\cdot L^{-1}$)，HCl($0.1\ mol\cdot L^{-1}$、$2\ mol\cdot L^{-1}$、$6\ mol\cdot L^{-1}$)，HAc($0.1\ mol\cdot L^{-1}$、$2\ mol\cdot L^{-1}$)，NaAc($0.1\ mol\cdot L^{-1}$、$2\ mol\cdot L^{-1}$)，$Al_2(SO_4)_3$($0.1\ mol\cdot L^{-1}$)，$NaHCO_3$($0.5\ mol\cdot L^{-1}$)，$BiCl_3$ 溶液，$NH_4Ac(s)$，酚酞，甲基橙。

四、实验内容

1. 弱电解质的电离平衡

(1) 在试管中加入 10 滴 $0.1\ mol\cdot L^{-1}$氨水，滴入 1 滴酚酞，观察颜色变化，再加入少量 NH_4Ac 固体，振荡试管，再观察颜色变化。解释原因。

(2) 在试管中加入 10 滴 $0.1\ mol\cdot L^{-1}$ HAc 溶液，滴入 1 滴甲基橙，观察颜色变化，再加入少量 NH_4Ac 固体，振荡试管，再观察颜色变化。解释原因。

2. 缓冲溶液

(1) 按表 4-4 中数据在烧杯 1 和烧杯 2 中配两组缓冲溶液，搅拌均匀后，用 pH 试纸分别测定两组液体 pH 并与计算值相比较。

表 4-4　缓冲溶液的 pH

实验编号	酸(10 mL)	盐(10 mL)	计算 pH	实测 pH
1	$2\ mol\cdot L^{-1}$ HAc	$2\ mol\cdot L^{-1}$ NaAc		
2	$0.1\ mol\cdot L^{-1}$ HAc	$0.1\ mol\cdot L^{-1}$ NaAc		

(2) 把上述两组液体等分为 5 份，各取组一、组二及等量蒸馏水，按照表 4-5 中的操作加入不同液体并测其 pH，填入表 4-5 中。

表 4－5　待测溶液及其 pH 测定值

实验内容	pH 测定值		
	组一	组二	蒸馏水
加入 0.5 mL 去离子水			
加入 0.5 mL 0.1 $mol \cdot L^{-1}$ HCl			
加入 0.5 mL 0.1 $mol \cdot L^{-1}$ NaOH			
加入 0.5 mL 6 $mol \cdot L^{-1}$ HCl			
加入 0.5 mL 6 $mol \cdot L^{-1}$ NaOH			

比较表 4－5 的数据并与表 4－4 中的 pH 比较，体会缓冲溶液浓度和缓冲能力的关系，体会“缓冲能力是有限的”。

（3）自行设计实验，配制 pH＝9 的缓冲溶液，并证明其 pH 和缓冲能力。

3. 盐类水解

（1）在试管中加入 2 mL 2 $mol \cdot L^{-1}$ NaAc 溶液，滴入 1 滴酚酞，观察溶液颜色。再将试管缓慢加热至沸，观察溶液颜色变化，冷却试管，再观察溶液颜色变化。解释实验现象。

（2）在试管中加入 1 mL 去离子水，滴入 5 滴 $BiCl_3$ 溶液并观察现象，再滴加 2 $mol \cdot L^{-1}$ HCl溶液，又出现什么现象？解释原因并由此说明如何防止盐类水解。

（3）取两支试管，分别加入 0.5 mL 0.1 $mol \cdot L^{-1}$ $Al_2(SO_4)_3$ 溶液和 0.5 mL 0.5 $mol \cdot L^{-1}$ $NaHCO_3$ 溶液，用 pH 试纸测定其 pH，然后把两种溶液混合，观察并解释实验现象。

五、思考题

（1）什么是同离子效应？哪些情况会产生同离子效应？在 $CaCO_3$ 饱和溶液中加入 Na_2CO_3 是否产生同离子效应？有何现象？

（2）什么是缓冲溶液？NaH_2PO_4 与 Na_2HPO_4 的混合溶液是否是缓冲溶液？

（3）盐类水解是怎样产生的？可以采取哪些措施防止盐类发生水解？

（4）欲配制 $BiCl_3$ 溶液，能否将 $BiCl_3$ 固体直接溶于水？

实验八　溶 解 平 衡

一、实验目的

（1）理解难溶电解质的溶解平衡，熟练掌握溶度积规则。

（2）了解难溶电解质的转化规律。

(3) 掌握离心机的操作方法。

二、实验原理

在难溶电解质的饱和溶液中,如果还有未溶解的难溶电解质固体,则溶解后的离子与未溶解的固体之间存在沉淀溶解平衡。例如,在含有 AgCl 固体的 AgCl 饱和溶液中存在如下平衡:

$$AgCl(s) \rightleftharpoons Ag^{+}(aq) + Cl^{-}(aq)$$

其标准平衡常数表达式为

$$K_{sp}^{\ominus} = [c^{eq}(Ag^{+})/c^{\ominus}][c^{eq}(Cl^{-})/c^{\ominus}] \quad (饱和溶液)$$

式中,$K_{sp}^{\ominus}$简称为标准溶度积。

当溶液处于非饱和态(未饱和或过饱和)时,则用 Q_c 表示离子积,其表达式为

$$Q_c = [c(Ag^{+})/c^{\ominus}][c(Cl^{-})/c^{\ominus}] \quad (非饱和溶液)$$

可比较离子积与溶度积的大小判断沉淀的生成和溶解,这一判断称为溶度积规则,即

$Q_c > K_{sp}^{\ominus}$　　有沉淀生成

$Q_c = K_{sp}^{\ominus}$　　饱和溶液

$Q_c < K_{sp}^{\ominus}$　　溶液不饱和或沉淀溶解

从溶度积规则可知:若要生成某一难溶电解质的沉淀,就需设法增大它的某种离子的浓度,使其离子浓度(以其系数为指数)的乘积 Q_c(离子积)大于它的 $K_{sp}^{\ominus}$;反之,要使沉淀溶解,就要设法降低它的某种离子浓度,使其离子积 Q_c 小于 $K_{sp}^{\ominus}$。

若溶液中的几种离子都能与加入的某种试剂(沉淀剂)反应生成沉淀,当逐滴加入沉淀剂时出现各离子依先后次序沉淀的现象,称为分步沉淀。分步沉淀的次序为:需要沉淀剂浓度较小的难溶电解质先析出沉淀,需要沉淀剂浓度较大的后析出沉淀。

在含有一种难溶电解质沉淀的溶液中加入某种试剂,使其转化为另一种难溶电解质沉淀的过程称为沉淀的转化。沉淀转化的方向为溶解度较大的难溶电解质沉淀转化为溶解度较小的难溶电解质沉淀。

三、仪器和试剂

仪器:试管,离心试管,离心机,试管夹,酒精灯。

试剂:HCl(2 mol·L^{-1}),H_2S(饱和),氨水(2 mol·L^{-1}),NaOH(2 mol·L^{-1}),$AgNO_3$(0.1 mol·L^{-1}),K_2CrO_4(0.1 mol·L^{-1}),NaCl(0.1 mol·L^{-1}),$CaCl_2$(0.01 mol·L^{-1}),Na_2S(0.1 mol·L^{-1}),Na_2CO_3(0.01 mol·L^{-1}),$MgCl_2$(0.1 mol·L^{-1}),NH_4Cl(2 mol·L^{-1}),$MnSO_4$(0.1 mol·L^{-1}),$FeCl_3$(0.1 mol·L^{-1}),$NiCl_2$(0.1 mol·L^{-1}),KBr(0.1 mol·L^{-1}),$Na_2S_2O_3$(2 mol·L^{-1}),广泛

pH 试纸。

四、实验内容

1. 沉淀的生成和溶解

(1) 取两支试管各加入 5 mL 去离子水，然后分别滴入 1 滴 0.01 mol · L^{-1} $CaCl_2$ 溶液和 1 滴 0.01 mol · L^{-1} Na_2CO_3 溶液，并摇匀。将两试管中的溶液混合，观察有无沉淀生成。

往离心试管中加入 1 mL 0.1 mol · L^{-1} $CaCl_2$ 溶液和 1 mL 0.1 mol · L^{-1} Na_2CO_3 溶液，振荡试管，观察沉淀的生成。用离心机离心分离后，将上层清液注入另一试管中，在遗留的沉淀中加入 2 mol · L^{-1} HCl 溶液，观察沉淀的溶解。向清液中滴加数滴 0.01 mol · L^{-1} $CaCl_2$ 溶液，观察沉淀的生成。解释上述现象，写出有关反应方程式。

(2) 取两支试管各加入 5 滴 0.1 mol · L^{-1} $MnSO_4$ 溶液，然后分别滴加 H_2S 饱和溶液或 0.1 mol · L^{-1} Na_2S 溶液，观察哪支试管有沉淀生成。在有沉淀的试管中加入 2～3 滴 2 mol · L^{-1} HCl 溶液，观察现象，用溶度积规则解释原因。

(3) 取两支试管各加入 1 mL 0.1 mol · L^{-1} $MgCl_2$ 溶液，然后分别滴入数滴 2 mol · L^{-1} 氨水，至产生沉淀为止；再往其中一支试管中滴加 2 mol · L^{-1} NH_4Cl 溶液，至沉淀消失为止；向其中另一支试管中滴加 2 mol · L^{-1} HCl 溶液，至沉淀消失为止。用平衡移动的观点解释现象。

2. 分步沉淀

(1) 在离心试管中加入 3 mL 去离子水，然后滴入 1 滴 0.1 mol · L^{-1} NaCl 溶液和 1 滴 0.1 mol · L^{-1} K_2CrO_4 溶液，摇匀后，边振荡边滴入 3 滴 0.1 mol · L^{-1} $AgNO_3$ 溶液，观察白色沉淀的生成；离心分离，再往清液中滴加 $AgNO_3$ 溶液，至生成砖红色沉淀为止。解释上述实验现象，写出反应方程式。

(2) 在试管中加入 3 mL 0.1 mol · L^{-1} $FeCl_3$ 溶液和 3 mL 0.1 mol · L^{-1} $NiCl_2$ 溶液，摇匀。利用生成氢氧化物沉淀的方法分离 Fe^{3+} 和 Ni^{2+}，先算出应控制的 pH 范围，然后写出控制酸度的方法、分离和验证分离效果的实验步骤，再进行实验并记录观察到的现象，写出反应方程式。

3. 沉淀的转化

在离心试管中加入 5 滴 0.1 mol · L^{-1} $AgNO_3$ 溶液和 5 滴 0.1 mol · L^{-1} K_2CrO_4 溶液，振荡试管，观察沉淀颜色。离心分离，弃去清液，往沉淀上滴加 0.1 mol · L^{-1} NaCl 溶液，边加边振荡直到砖红色沉淀消失，白色沉淀生成为止。

解释现象，写出有关的反应方程式。

4. 沉淀配位平衡

在试管中加入 10 滴 0.1 mol · L^{-1} $AgNO_3$ 溶液，滴入 1 滴 0.1 mol · L^{-1} NaCl 溶液，观察白色沉淀的生成，然后滴入数滴 2 mol · L^{-1} 氨水至白色沉淀溶解；再向试管中滴加 0.1 mol · L^{-1} KBr 溶液，至沉淀生成，然后滴入数滴 2 mol · L^{-1} $Na_2S_2O_3$ 溶液至沉淀溶解。解释上述实验现象，写出反应方程式。

五、思考题

(1) 离心分离操作中应注意什么问题?

(2) 在分步沉淀中溶度积小的难溶电解质一定先沉淀析出吗? 试举例说明。

(3) 分析溶解度与溶度积定义的异同点，推导出溶解度与溶度积的换算公式。

实验九　氧化还原反应及电极电势的测定

一、实验目的

(1) 掌握测定电极电势的原理和用电位差计(或酸度计)测定原电池电动势的方法。

(2) 应用电极电势判断氧化剂、还原剂的相对强弱及氧化还原反应的方向。

(3) 了解浓度、酸度对电极电势及氧化还原反应方向、速率的影响。

二、实验原理

电极电势是讨论氧化还原反应时常用的一组数据。目前，每个氧化还原电对的电极电势绝对值还无法测得，只能用其相对值代替。测定电极电势时，常把电极电势稳定、使用方便的甘汞电极作为参比电极，与待测电极组成原电池，用电位差计(或酸度计)测定该原电池的电动势 E，然后计算出待测电极的电极电势。

例如，当测定锌电极的电极电势时，将锌电极与饱和甘汞电极组成原电池，测定其电动势 E。在 25 ℃时，$\varphi_{甘汞}=0.2415\ V$。根据 $E=\varphi_+-\varphi_-$ 可得

$$E=\varphi_{甘汞}-\varphi(Zn^{2+}/Zn)$$

则

$$\varphi(Zn^{2+}/Zn)=0.2415\ V-E$$

氧化还原电对的标准电极电势可用来比较氧化剂和还原剂的相对强弱，电极电势较大的氧化态物质的氧化性较强，电极电势较小的还原态物质的还原性较强。氧化还原电对的标准电极电势也可用来判断氧化还原反应的方向，电极电势大的氧化态物质与电极电势小的还原态物质可自发进行氧化还原反应，生成相应的还

原态物质和氧化态物质。

例如，根据下列氧化还原电对的标准电极电势：

$$SO_4^{2-}+4H^++2e^-=H_2SO_3+H_2O \qquad \varphi^{\ominus}=0.170\ V$$

$$H_2SO_3+4H^++4e^-=S+3H_2O \qquad \varphi^{\ominus}=0.45\ V$$

$$Br_2+2e^-=2Br^- \qquad \varphi^{\ominus}=1.087\ V$$

$$I_2+2e^-=2I^- \qquad \varphi^{\ominus}=0.535\ V$$

$$Fe^{3+}+e^-=Fe^{2+} \qquad \varphi^{\ominus}=0.771\ V$$

$$2IO_3^-+12H^++10e^-=I_2+6H_2O \qquad \varphi^{\ominus}=1.195\ V$$

$$Cl_2+2e^-=2Cl^- \qquad \varphi^{\ominus}=1.358\ V$$

可知 Cl_2 与 I^- 可自发进行氧化还原反应，生成的单质碘溶于 CCl_4 中，使 CCl_4 层呈紫红色；Cl_2 与 I_2 也可自发进行氧化还原反应，单质碘被氧化成 IO_3^-；I_2 也可作为氧化剂与 H_2SO_3 自发进行氧化还原反应。

当氧化剂电对与还原剂电对的标准电极电势相差较小时，还应考虑离子浓度对电极电势的影响；对于有 H^+ 或 OH^- 参加的氧化还原反应，还应考虑酸度的影响。

浓度、酸度与电极电势的关系可用能斯特方程表示，25 ℃时

$$d\mathrm{D}(\text{氧化态})+ne^- \rightleftharpoons g\mathrm{G}(\text{还原态})$$

$$\varphi=\varphi^{\ominus}-\frac{0.0592\ \mathrm{V}}{n}\lg\frac{[c(\mathrm{G})(\text{还原态})/c^{\ominus}]^g}{[c(\mathrm{D})(\text{氧化态})/c^{\ominus}]^d}$$

三、仪器和试剂

仪器：电位差计（或酸度计），甘汞电极，锌电极，2 只半电池管，电极导线，试管，试管夹，烧杯（100 mL），玻璃棒，酒精灯。

试剂：H_2SO_4（2 mol · L^{-1}），HAc（2 mol · L^{-1}），NaOH（6 mol · L^{-1}），$ZnSO_4$（0.01 mol · L^{-1}），$ZnSO_4$（1 mol · L^{-1}，准确配制，锌电极用），KCl（饱和），$MnSO_4$（0.1 mol · L^{-1}），$KMnO_4$（0.01 mol · L^{-1}），KI（0.1 mol · L^{-1}），KBr（0.1 mol · L^{-1}），$FeCl_3$（0.1 mol · L^{-1}），H_2O_2（3%），氯水（饱和），溴水，碘水，CCl_4，$NaBiO_3$(s)，Na_2SO_3(s)，NH_4F(s)。

四、实验内容

1. 锌电极电势的测定

先将 1 mol · L^{-1} $ZnSO_4$ 溶液注入如图 4－4 所示的半电池管中，注意 $ZnSO_4$ 溶液的液面应超过弯管顶部，弯管内不得有气泡，然后插入锌片，再塞紧橡皮塞，使其不得漏气。按图 4－4 将此锌电极与饱和甘汞电极一同插入 KCl 饱和溶液中组

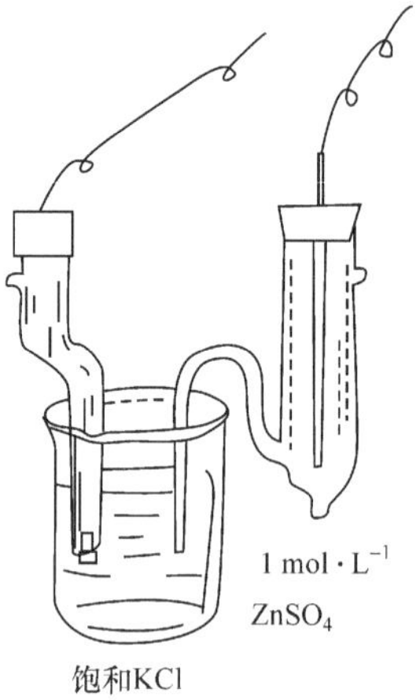

图 4-4 锌-甘汞原电池图

成原电池。将饱和甘汞电极接到电位差计(或酸度计)的正极,锌电极接电位差计(或酸度计)的负极,测此原电池的电动势 E。记录数据,根据公式计算 Zn^{2+}(1 mol · L^{-1})/Zn 的电极电势。

2. 电极电势与氧化还原反应的关系

(1) 在试管中加入 1 mL 0.1 mol · L^{-1} KI 溶液,然后滴入 2 滴 0.1 mol · L^{-1} $FeCl_3$ 溶液并混匀,再加入 1 mL CCl_4,充分振荡试管;观察 CCl_4 层的颜色有何变化。解释现象,写出反应方程式。

(2) 用 0.1 mol · L^{-1}KBr 溶液代替 KI 溶液,重复上述实验,观察并解释现象。

(3) 在试管中加入 1 mL 0.1 mol · L^{-1}KBr 溶液,然后滴入 5 滴氯水并混匀,再加入 1 mL CCl_4,振荡试管。观察并解释现象,写出反应方程式。

根据上述实验现象定性地比较 Fe^{3+}/Fe^{2+}、Cl_2/Cl^-、Br_2/Br^-、I_2/I^- 氧化还原电对的电极电势大小,并指出哪种物质是最强氧化剂、哪种物质是最强还原剂。

(4) 在两支试管中各加入 1 滴 0.1 mol · L^{-1} KI 溶液、10 滴 CCl_4,边振荡试管边逐滴加入氯水,至 CCl_4 层呈紫红色为止。然后往其中一支试管继续逐滴加入氯水,至 CCl_4 层褪色为止。再往另一支试管中加入少量 Na_2SO_3 亚硫酸钠固体,振荡试管,观察 CCl_4 层的颜色变化。解释现象,写出反应方程式。

3. 浓度对电极电势、氧化还原反应的影响

(1) 将 $ZnSO_4$ 溶液的浓度换为 0.01 mol · L^{-1},重复锌电极电势的测定实验,测定 Zn^{2+}(0.01 mol · L^{-1})/Zn 的电极电势并与 Zn^{2+}(1 mol · L^{-1})/Zn 的电极电势相比较,利用能斯特方程讨论浓度对电极电势的影响。

(2) 在两支试管中各加入 1 mL 0.1 mol · L^{-1} $FeCl_3$ 溶液、1 mL 0.1 mol · L^{-1} KI 溶液、1 mL CCl_4,振荡试管,观察 CCl_4 层的颜色。再往其中一支试管中加入少量 NH_4F 固体,振荡试管,观察 CCl_4 层的颜色,并与另一支试管进行比较,解释现象。

4. 酸度对氧化还原反应速率的影响

在两支试管中各加入 1 mL 0.1 mol · L^{-1} KBr 溶液,然后分别滴入 10 滴 2 mol · L^{-1} H_2SO_4 溶液、10 滴 2 mol · L^{-1} HAc 溶液,再各滴入 2 滴 $KMnO_4$ 溶液,振荡试管。观察并比较两支试管中紫红色变化的快慢,解释现象。

5. 介质对氧化还原反应产物的影响

根据实验室准备的药品设计实验，说明在酸性、中性、碱性介质中 $KMnO_4$ 与适当还原剂反应的还原产物是不同的。

6. 数据记录与计算

$ZnSO_4$ 浓度/($mol \cdot L^{-1}$)	锌-甘汞原电池的电动势 E	锌电极电势 $\varphi(Zn^{2+}/Zn)$
1		
0.01		

五、思考题

(1) 如何测定电极电势？减小 Zn^{2+} 浓度对 $\varphi(Zn^{2+}/Zn)$ 有何影响？

(2) 比较 Fe^{3+}/Fe^{2+}、Cl_2/Cl^-、Br_2/Br^-、I_2/I^- 氧化还原电对的标准电极电势相对大小，并说明电极电势与氧化还原反应的关系。

(3) 电动势越大反应是否进行得越快？

(4) 电极电势有哪些作用？

实验十　胶体的性质

一、实验目的

(1) 制备 $Fe(OH)_3$ 溶胶并将其纯化。

(2) 测量 $Fe(OH)_3$ 溶胶的聚沉值和 ξ 电势。

(3) 分析影响聚沉值及 ξ 电势的主要因素。

二、实验原理

胶体溶液是粒子直径为 1～100 nm 的高分散多相体系。胶体粒子由胶核、吸附离子和周围的扩散层构成，吸附层和扩散层分别带有电量相等电性不同的电荷，在没有电场时，整个胶体体系是电中性的。当受到电场作用时，扩散层与紧密层的交界区存在电势差，称为 ξ 电势。此电势只有在电场中才能显示出来。在电场作用下，胶粒与扩散层分别向两极移动，胶粒对分散介质的相对移动称为电泳。ξ 电势越大，胶体体系越稳定，因此 ξ 电势大小是衡量溶胶稳定性的重要参数。ξ 电势的大小与胶粒的大小、胶粒浓度，介质的性质、成分、pH 及温度等因素有关。

从能量观点来看，胶体体系是热力学不稳定体系，因为高分散度体系界面能特别高，胶核有自发聚集而聚沉的倾向。但由于胶粒带同种电荷，因此在一定条件下又能相对稳定地存在。在实际中有时需要胶体稳定存在，有时需要破坏胶体使之发生聚沉。使胶体聚沉的最有效方法是加入适量的电解质中和胶粒所带电荷，降低 ξ 电势。一定量某种溶胶在一定时间内发生明显聚沉所需电解质的最低浓度称为该电解质的聚沉值。

聚沉值、ξ 电势和胶粒粒径的测量常用比较纯净的溶胶，这就要求对溶胶进行纯化。本实验采用渗析法，即通过半透膜除去溶胶中多余的电解质达到纯化目的。

三、仪器和试剂

仪器：稳流稳压电泳仪（0～300 V），电泳管，烧杯（250 mL、800 mL），量筒（10 mL、100 mL），移液管（1 mL 2 支、5 mL 1 支、10 mL 4 支），棕色试剂瓶（150 mL），大口锥瓶（150 mL），试管（25 mL 6 支），试管架，电导率仪，空心玻璃管（直径为 2 cm、长约 4 cm），棉线，细铜线，直尺，电炉（800 W）。

试剂：$FeCl_3$（10%），NaCl（2.000 mol · L^{-1}），Na_2SO_4（0.010 mol · L^{-1}），$Na_3PO_4 \cdot 12H_2O$（0.0050 mol · L^{-1}）；市售 6%火棉胶溶液，KCl 或 KNO_3 的稀溶液。

四、实验内容

1. 水解法制备 $Fe(OH)_3$ 溶胶

在 250 mL 烧杯中加入 120 mL 蒸馏水，加热煮沸。在沸腾条件下约 1 min 滴加完 3 mL 10% $FeCl_3$ 溶液，并不断搅拌，加完后继续煮沸 3 min。水解得到约 100 mL深红色的 $Fe(OH)_3$ 溶胶。

2. 制备火棉胶半透膜

内壁光滑的 150 mL 大口锥瓶在转动下从瓶口加入 6～8 mL 6%火棉胶溶液，使火棉胶在锥瓶内壁上形成均匀液膜，在转动下倒出多余的火棉胶溶液于回收瓶中，将锥瓶倒置在铁圈上，使多余的火棉胶溶液流尽，让乙醚与乙醇蒸发，直至闻不出乙醚气味为止，此时用手轻摸不粘手时注满蒸馏水（若发白说明乙醚未干，膜不牢固），以溶去剩余的乙醇。用小刀在瓶口轻轻剥开一部分膜，在膜与瓶壁间注水，使膜脱离瓶壁，悬浮在水中，倒出水的同时轻轻取出膜袋。检查是否有洞（用手托住膜袋底部，慢慢注满水），若有洞应重做。

3. 纯化 $Fe(OH)_3$ 溶胶

将水解法制得的 $Fe(OH)_3$ 溶胶取出，装入制好的半透膜袋内，用粗玻璃管及细线栓住袋口悬挂在铁架台上。在 500 mL 加有 60～70 ℃热蒸馏水的烧杯中渗析，每隔 30 min 换一次水，直至其电导率小于 50 $\mu S \cdot cm^{-1}$。将纯化好的溶胶置于150 mL洁净的磨口棕色瓶中。

4. 聚沉值的测定

(1) 取 6 支干净试管分别以 0～5 号编号。1 号试管加入 10 mL 2.000 $mol \cdot L^{-1}$ NaCl 溶液，0 号及 2～5 号试管各加入 9 mL 蒸馏水。然后从 1 号试管中取出 1 mL 溶液加入 2 号试管中，摇匀，又从 2 号试管中取出 1 mL 溶液加入 3 号试管中，以下各试管操作相同，但 5 号试管中取出的 1 mL 溶液弃去，使各试管具有 9 mL溶液，且依次浓度相差 10 倍。0 号作为对照。在 0～5 号试管内分别加入 1 mL已纯化的 $Fe(OH)_3$ 溶胶(用 1 mL 移液管)，并充分摇均匀后，放置 2 min 左右，确定哪些试管发生聚沉。最后以聚沉和不聚沉的 2 支顺号试管内的 NaCl 溶液浓度的平均值作为聚沉值的近似值。

(2) 电解质分别换以 0.010 $mol \cdot L^{-1}$ Na_2SO_4 溶液、0.0050 $mol \cdot L^{-1}$ $Na_3PO_4 \cdot 12H_2O$ 溶液，重复(1)进行实验，并比较其聚沉值大小。

(3) 按照(1)和(2)相同步骤测定各电解质对未纯化的胶体的聚沉值。

因为聚沉和不聚沉的 2 支顺号试管内的电解质浓度相差 10 倍，所以上述测量比较粗略。为了取得更精密的结果，可以在这相差 10 倍的浓度范围内再自行确定浓度进行细分，并进行精密聚沉值的测量实验。注意：pH、温度对测定聚沉值影响很大！

5. ξ 电势的测定

(1) 如图 4-5 所示，打开 U 形电泳管中部支管中的活塞 A，先从中部支管加入适量已纯化的 $Fe(OH)_3$ 溶胶。注意：将电泳管稍倾斜使加入的胶体刚好至活塞口，关闭活塞(使活塞中无气泡)，然后将电泳管固定在铁架台上。继续加胶体共 8～10 mL。

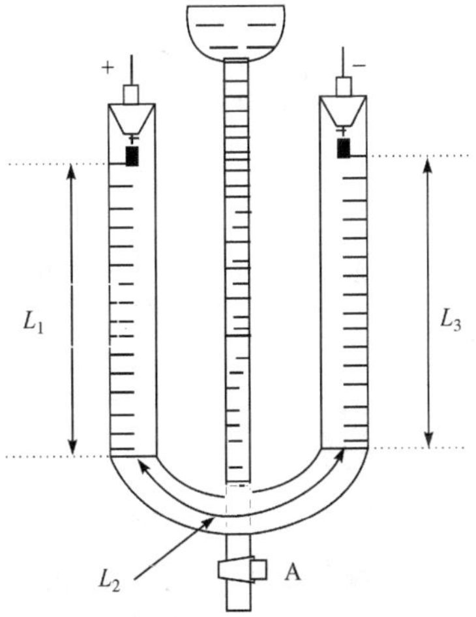

图 4-5 电泳管示意图

(2) 往 U 形管中加入辅助电解质 6～8 mL KNO_3(或 KCl)溶液，其电导率应尽量与胶体的电导率接近。在 U 形管两边扦上铂丝电极，然后十分小心地慢慢打开(不能全部打开)活塞，使 $Fe(OH)_3$ 溶胶缓缓推辅助液上升至浸没电极约 0.5 cm 时关闭活塞。分别记下两边胶体界面的刻度及电极两端点的刻度。

(3) 用细铜丝量出 U 形管弯曲处两箭头所指的距离 L_2，同时读取 L_1、L_3。

(4) 将电极的香蕉扦头接入稳压电源，然后接通电源。所加电压视 L 值及温度而定。若 L 为 0.3 m 左右，温度约为 20 ℃，调至 30～80 V。同时开动秒表，每隔 3 min 记录胶体两边界面刻度，通电 30～20 min。按步骤(1)～(4)重做一次。

五、数据处理

(1) 将实验现象及结果用表格形式表示。

(2) ξ 电势的计算：

$$\xi=\frac{\eta u}{\varepsilon E}$$

式中，u 为电泳速度($m \cdot s^{-1}$)，$u=h/t$，h 为 t 时间段内负极胶体界面均匀上升的距离；E 为电场强度($V \cdot m^{-1}$)，$E=V/L$，V 为所加电压，L 为两电极端点的距离，$L=L_1+L_2+L_3$；η 为水的黏度($Pa \cdot s$)；ε 为水的绝对介电常数，$\varepsilon=\varepsilon_0 \cdot \varepsilon_r$，$\varepsilon_0$ 为真空中的介电常数，$\varepsilon_0=8.854\times10^{-12}\ F \cdot m^{-1}$，$\varepsilon_r$ 为相对介电常数；η、ε 均与温度有关。水的黏度与温度的关系可查相关手册。介电常数与温度的关系可用下列近似公式表示：

$$\varepsilon_r(t)=80.1-0.4(t-20)$$

式中，80.1 为水在 20 ℃时的介电常数。

六、思考题

(1) 三种电解质对已纯化和未纯化的 $Fe(OH)_3$ 溶胶的聚沉值的影响规律是否相同？为什么？

(2) 聚沉值、ξ 电势与哪些因素有关？

(3) 注意观察 U 形管中两极及胶体界面上发生的变化，试解释为什么会有这些变化。

(4) 通过实验说明胶体浓度与 ξ 电势之间的关系。

实验十一　卤素及其化合物

一、实验目的

(1) 学习卤素氢化物的制法并试验其性质。

(2) 掌握卤素离子还原性大小的变化规律，掌握卤素离子的鉴定方法。

(3) 试验卤酸盐的氧化性。

(4) 了解 Cl^-、Br^-、I^- 的分离和检出。

二、实验原理

卤素单质均有氧化性，从 F 到 I 氧化性递减。卤素在化合物中常呈－1 价氧化态。卤化物及卤离子(F^-、Cl^-、Br^-、I^-)具有还原性。依 HCl、HBr、HI 顺序，还原性递增。例如，浓 H_2SO_4 不能氧化 HCl，但能氧化 HBr 和 HI：

$$2HBr + H_2SO_4(浓) = Br_2 + SO_2\uparrow + 2H_2O$$

$$8HI + H_2SO_4(浓) = 4I_2 + H_2S\uparrow + 4H_2O$$

卤素的含氧酸盐均有氧化性。卤(Ⅴ)含氧酸盐在酸性介质中有较强的氧化性。例如

$$ClO_3^- + 6I^- + 6H^+ = Cl^- + 3I_2 + 3H_2O$$

$$BrO_3^- + 5Br^- + 6H^+ = 3Br_2 + 3H_2O$$

次氯酸盐具有强氧化性和漂白性。例如

$$ClO^- + Cl^- + 2H^+ = Cl_2\uparrow + H_2O$$

$$ClO^- + Mn^{2+} + 2OH^- = Cl^- + MnO_2\downarrow + H_2O$$

AgCl(白色)、AgBr(淡黄色)、AgI(黄色)均难溶于水及稀 HNO_3。AgCl 能溶于氨水、$(NH_4)_2CO_3$ 等溶液中。例如

$$AgCl + 2NH_3 = [Ag(NH_3)_2]^+ + Cl^-$$

利用这一性质可将 AgCl 与 AgBr 及 AgI 分离。在含$[Ag(NH_3)_2]^+$的溶液中，加入 HNO_3 酸化，AgCl 又沉淀出来。

Br^- 和 I^- 可被氯水氧化为单质 Br_2 和 I_2。Br_2 在 CCl_4 层中呈黄色，I_2 在 CCl_4 层中呈紫色，借此可鉴定分离 Br^- 和 I^-。反应方程式如下：

$$I_2 + 5Cl_2 + 6H_2O = 2HIO_3 + 10HCl$$

$$2AgBr + Zn = Zn^{2+} + 2Br^- + 2Ag\downarrow$$

$$2AgI + Zn = Zn^{2+} + 2I^- + 2Ag\downarrow$$

三、仪器和试剂

仪器：试管，酒精灯，玻璃片，小刀。

试剂：石蜡，CaF_2 粉，NaCl(s)，KBr(s)，KI(s)，硫磺粉，$KClO_3$(s)，红磷，锌粉，H_2SO_4(浓、2 mol·L^{-1})，H_3PO_4(浓)，HNO_3(2 mol·L^{-1}、6 mol·L^{-1})，氨水(浓、2 mol·L^{-1}、6 mol·L^{-1})，KI(0.1 mol·L^{-1})，KBr(0.1 mol·L^{-1})，$FeCl_3$(0.1 mol·L^{-1})，$KBrO_3$(饱和)，KIO_3(0.1 mol·L^{-1})，NaCl(0.1 mol·L^{-1})，$NaHSO_3$(0.1 mol·L^{-1})，$AgNO_3$(0.1 mol·L^{-1})，$MnSO_4$(0.1 mol·L^{-1})，$Na_2S_2O_3$(0.1 mol·L^{-1})，Cl^-、Br^-、I^-混合溶液，石蕊试液，KI-淀粉试纸，淀粉溶液，CCl_4，NaClO 溶液(向饱和氯水中滴加 2 mol·L^{-1} NaOH 溶液至呈弱碱性即得)。

四、实验内容

1. 卤化氢的制备和性质

*(1) 氟化氢的生成和它对玻璃的腐蚀作用：在玻璃上涂一薄层石蜡，用小刀在石蜡上刻出字迹(字迹必须穿透石蜡层，使玻璃暴露出来)。在刻有字迹的地方涂上一厚层糊状 CaF_2(用 CaF_2 粉末调成，不宜太稀或太稠)，然后把玻璃片放在通风橱内，再在其上加几滴浓 H_2SO_4。1～2 h后，取出玻璃片，用水把剩余 CaF_2 和 H_2SO_4 洗去，并用小刀把石蜡刮掉。观察玻璃片上有何变化，写出反应方程式。

*(2) 卤化氢的制备和性质：学生自拟实验。

(3) 溴化氢的生成和性质：取少量固体 KBr 放在试管中，加入数滴浓 H_3PO_4 加热，用石蕊试纸检验蒸气的酸碱性，写出反应方程式。

2. 卤化氢的还原性

(1) 往盛有少量 NaCl 固体的试管中加入数滴浓 H_2SO_4，用玻璃棒蘸少量 $NH_3 \cdot H_2O$ 移近试管以检验气体产物。写出反应方程式。

(2) 往盛有少量 KBr 固体的试管中加入数滴浓 H_2SO_4，观察反应产物的颜色和状态，并用玻璃棒蘸少量于 KI-淀粉试纸上以检验产物。写出反应方程式，此反应与实验(1)有何不同？为什么？

(3) 往盛有少量 KI 固体的试管中加入数滴浓 H_2SO_4，观察反应产物的颜色和状态。把湿的乙酸铅试纸[滤纸滴上 $Pb(Ac)_2$]移近试管口，以检验产物。写出反应方程式，此反应与实验(1)有何不同？为什么？

综合以上三个实验，比较 HCl、HBr 及 HI 的还原性，并说明其变化规律。

3. 卤酸盐的氧化性

1) 钾的氧化性

取氯酸钾晶体，分别进行下列实验：

(1) 与浓 HCl 反应，并检验气体(用 KI-淀粉试纸)。

(2) 与 KI 溶液分别在酸性和中性介质中反应，可微热，并加几滴 CCl_4 检验 I_2 的析出。

(3) 把一小粒硫磺粉和一小粒干燥的 $KClO_3$ 固体放在研钵(公用)中，用力研磨，发生什么反应？

---

* 表示选做实验，全书下同。

*(4) 另取少量红磷和少量干燥的 $KClO_3$ 固体，混合均匀后，用纸把它们包好，放在室外用铁锤击打，发生什么反应(在混合或用纸包红磷和 $KClO_3$ 的混合物时切勿用手指碾压，以免引起燃爆。此实验只宜由教师演示)?

2) 溴酸钾的氧化性

往盛有 1 mL 饱和 $KBrO_3$ 溶液和 0.5 mL 2 mol · L^{-1} H_2SO_4 溶液的试管中加入几滴 0.1 mol · L^{-1}KBr 溶液，振荡试管，观察反应产物的颜色和状态。如果反应不明显，可稍微加热把湿的 KI-淀粉试纸移近管口，以检验气体产物。写出反应方程式。

再用 0.1 mol · L^{-1}KI 溶液代替 KBr 溶液进行实验，观察反应产物的颜色和状态，应该用什么方法检验产物？写出反应方程式。

*3) 碘酸钾的氧化性

取 2 mL 0.1 mol · $L^{-1}$$KIO_3$ 溶液，加 2 mL 稀硫酸和 2 滴淀粉溶液，再滴加 0.1 mol · $L^{-1}$$NaHSO_3$ 溶液，边加边搅拌，观察溶液颜色的变化。

4. 次氯酸钠的氧化性

往四支试管中各注入 5 滴次氯酸钠溶液，分别进行以下实验：

(1) 加 2 滴浓盐酸。

(2) 加 2 滴 0.1 mol · L^{-1} $MnSO_4$ 溶液。

(3) 加 2 滴 0.5 mol · L^{-1} KI 溶液。

(4) 加 2 滴靛蓝溶液并用 2～3 滴 2 mol · L^{-1} H_2SO_4 酸化。

观察各试管中发生的现象，写出上述次氯酸钠氧化性的实验(1)、(2)、(3)的反应方程式并加以解释。

5. 卤化银的性质

在三支离心管中各加 10 滴蒸馏水及 1 滴 0.1 mol · L^{-1}NaCl 溶液，再滴加 1 滴 0.1 mol · $L^{-1}$$AgNO_3$ 溶液离心分离，弃去清液，分别试验 AgCl 沉淀是否溶于 2 mol · $L^{-1}$$HNO_3$、2 mol · L^{-1} $NH_3 \cdot H_2O$、0.1 mol · $L^{-1}$$Na_2S_2O_3$ 溶液中，写出反应方程式。

用 0.1 mol · L^{-1}KBr 溶液和 0.1 mol · L^{-1}KI 溶液代替 NaCl 溶液进行同样的实验，分别记录实验结果。

*计算并试验 AgBr 在浓 $NH_3 \cdot H_2O$ 中、AgI 在 2 mol · L^{-1} $Na_2S_2O_3$ 溶液中能否溶解。

6. 卤素离子的鉴定

1）Cl^-的鉴定

取5滴0.1 mol·L^{-1}NaOH溶液及5滴2 mol·L^{-1} HNO_3溶液，滴入2滴$AgNO_3$溶液，有白色沉淀者，表示有Cl^-存在。

往沉淀中注入6 mol·L^{-1} $NH_3·H_2O$，沉淀溶解，再加HNO_3，则白色沉淀又重新生成，证明有Cl^-存在。写出有关反应方程式。

2）Br^-、I^-的鉴定

取两支试管，分别注入5滴含Br^-的试液和含I^-的试液，并用6 mol·L^{-1} HNO_3酸化，再各加$AgNO_3$溶液，有浅黄色沉淀者表示有Br^-存在，有黄色沉淀者表示有I^-存在。

另取两支试管，分别注入上述试液并用稀H_2SO_4酸化，注入少量的CCl_4，然后滴入氯水，每滴1滴都要振荡试管。观察在CCl_4层中的颜色变化，若CCl_4层中为黄色或橙色，表示原溶液中有Br^-存在；若CCl_4层中为紫色，表示原溶液中有I^-存在。

*7. Cl^-、Br^-、I^-的分离和鉴定

（设计实验）

五、思考题

（1）为什么卤化物与浓硫酸反应能制得HF、HCl和HBr，而得不到HI？

（2）氢氟酸是弱酸，能够腐蚀玻璃，盐酸是强酸为什么反而不能？

实验十二　过氧化氢及硫的化合物

一、实验目的

（1）试验过氧化氢的氧化还原性。

（2）了解氢硫酸的还原性及亚硫酸的性质、硫化物的溶解性。

（3）了解硫代硫酸盐的性质及过二硫酸盐的氧化性。

（4）了解S^{2-}、SO_3^{2-}、$S_2O_3^{2-}$的鉴定法。

二、实验原理

H_2O_2是极弱的酸，不太稳定，室温下分解缓慢，见光受热或有催化剂（MnO_2等）存在时，分解加速。H_2O_2既有氧化性又有还原性。无论在酸性、中性或碱性介质中，其氧化性都比较强。当遇强氧化剂（如$KMnO_4$）时，H_2O_2表现出还原性。

例如

$$PbS(黑色)+4H_2O_2 = PbSO_4(白色)+4H_2O$$

$$2MnO_4^- + 5H_2O_2 + 6H^+ = 2Mn^{2+} + 5O_2\uparrow + 8H_2O$$

H_2S 是强还原剂，可将 Fe^{3+} 还原为 Fe^{2+}。H_2S 可与多种金属离子生成不同颜色的金属硫化物沉淀。FeS 不溶于水易溶于稀盐酸，CdS(黄色)不溶于水及稀盐酸，溶于浓盐酸。CuS 不溶于盐酸，须用硝酸溶解。

可溶性硫化物和硫作用可以形成多硫化物。例如

$$Na_2S + (x-1)S = Na_2S_x \quad (x=2\sim8)$$

多硫化物在酸性溶液中生成不稳定的多硫化氢，最终分解为 H_2S 和 S。多硫化物既有氧化性又有还原性，且易于分解。

亚硫酸盐既有氧化性又有还原性。亚硫酸盐与硫作用，生成硫代硫酸盐。硫代硫酸盐遇酸容易分解，能将 I_2 还原为 I^-：

$$S_2O_3^{2-} + 2H^+ = SO_2 + S + H_2O$$

$$2S_2O_3^{2-} + I_2 = S_4O_6^{2-} + 2I^-$$

后一反应在分析化学中用于碘量法容量分析。

$S_2O_3^{2-}$ 可有以下反应加以鉴定：

$$S_2O_3^{2-} + 2Ag^+ = Ag_2S_2O_3\downarrow(白色)$$

$$Ag_2S_2O_3\downarrow + H_2O = Ag_2S\downarrow + H_2SO_4$$

反应生成的 $Ag_2S_2O_3$ 白色沉淀在溶液中迅速分解，沉淀颜色由白色经黄色、棕色，最后变为黑色的 Ag_2S。

过二硫酸盐是强氧化剂，能在酸性介质中将 Mn^{2+} 氧化成 MnO_4^-(需 Ag^+ 作催化剂)：

$$5S_2O_8^{2-} + 2Mn^{2+} + 8H_2O = 10SO_4^{2-} + 2MnO_4^- + 16H^+$$

三、仪器和试剂

仪器：试管，离心试管，离心机。

试剂：MnO_2(s)，Na_2O_2(s)，$(NH_4)_2S_2O_8$(s)，无水 Na_2CO_3，硫磺粉，HCl(2 mol·L^{-1}、6 mol·L^{-1})，HNO_3(浓)，H_2SO_4(1 mol·L^{-1}、2 mol·L^{-1})，H_2S 水溶液(饱和)，$ZnSO_4$(饱和)，氨水(2 mol·L^{-1})，$SnCl_2$(0.5 mol·L^{-1})，$Pb(NO_3)_2$(0.1 mol·L^{-1})，$FeCl_3$(0.1 mol·L^{-1})，$KMnO_4$(0.01 mol·L^{-1})，NaCl(0.1 mol·L^{-1})，$CdSO_4$(0.1 mol·L^{-1})，$CuSO_4$(0.1 mol·L^{-1})，$FeSO_4$(0.1 mol·L^{-1})，$Pb(Ac)_2$(0.1 mol·L^{-1})，Na_2SO_3(0.1 mol·L^{-1})，Na_2S(0.1 mol·L^{-1})，$K_2Cr_2O_7$(0.1 mol·L^{-1})，$Na_2S_2O_3$(0.1 mol·L^{-1})，$AgNO_3$(0.1 mol·L^{-1})，$MnSO_4$(0.001 mol·L^{-1}，公用)，NaOH(40%)，亚硝酰铁氰化钠(1%)，H_2O_2

(3%),乙醇,pH 试纸。

四、实验内容

1. 过氧化氢的性质

1) 过氧化氢的氧化性

往试管中加入 5 滴 0.1 $mol \cdot L^{-1}$ $Pb(NO_3)_2$ 溶液和 5 滴 0.1 $mol \cdot L^{-1}$ Na_2S 溶液,观察反应产物的颜色状态。再往沉淀中加入 3% H_2O_2 溶液,观察反应情况和沉淀颜色变化。解释实验现象并写出反应方程式。

2) 过氧化氢的还原性

在试管中加入 1 mL 3% H_2O_2 溶液和 5 滴 1 $mol \cdot L^{-1}$ H_2SO_4 溶液,然后滴加 0.01 $mol \cdot L^{-1}$ $KMnO_4$ 溶液,可以看到 $KMnO_4$ 溶液的紫色褪去,并有气泡产生。写出反应方程式。

3) 过氧化氢的鉴定反应

在试管中加入 1 mL 3% H_2O_2 溶液和 0.5 mL 1 $mol \cdot L^{-1}$ H_2SO_4 溶液,再加入 0.5 mL 0.1 $mol \cdot L^{-1}$ $K_2Cr_2O_7$ 溶液,观察溶液的颜色有何变化。

4) 过氧化氢的催化分解

把盛有 3% H_2O_2 溶液的试管微热,有什么现象?用带余烬的火柴放在管口,有什么变化?向试管内加入少量 MnO_2 固体,又有什么变化?再用带余烬的火柴试验,有什么变化?比较以上两种情况,说明 MnO_2 对 H_2O_2 的分解反应有何影响,并写出反应方程式。

5) 过氧化氢的生成和酸性

(1) 过氧化氢的生成:在试管中加少量过氧化钠固体和 1 mL 蒸馏水,放在水中冷却,并加以搅拌。用 pH 试纸试验溶液的酸碱性。再往试管中滴加已用冰水冷却的 2 $mol \cdot L^{-1}$ H_2SO_4 溶液,至溶液呈酸性为止。写出反应方程式。

(2) 过氧化氢的酸性,即过氧化钠的生成:往试管中加入 0.5 mL 40% NaOH 溶液和 1 mL 3% H_2O_2 溶液,再加入 1 mL 乙醇,以降低生成物的溶解度。振荡试管,观察反应情况与产物的颜色和状态。写出反应方程式,并加以解释。

2. 氢硫酸的还原性

(1) 在 5 滴 0.01 $mol \cdot L^{-1}$ $KMnO_4$ 溶液中加 10 滴 1 $mol \cdot L^{-1}$ H_2SO_4 溶液酸化,再加入数滴 H_2S 水溶液,观察现象,写出反应方程式,说明 H_2S 的性质。

(2) 在 1 mL 0.1 $mol \cdot L^{-1}$ $FeCl_3$ 中逐滴加入 H_2S 水溶液,有何现象?写出反应方程式,说明 H_2S 的性质。

3. 硫化物的溶解性

在四支试管中分别加入 0.1 mol·L^{-1} NaCl、0.1 mol·L^{-1} $FeSO_4$、0.1 mol·L^{-1} $CdSO_4$、0.1 mol·L^{-1} $CuSO_4$ 各 10 滴，然后加入 5 滴 H_2S 溶液。观察是否都有沉淀析出，记录各种沉淀的颜色。静置，吸去上面的清液，在沉淀中分别加入数滴 2 mol·L^{-1} HCl 处理沉淀，观察沉淀是否溶解。

将不溶解的沉淀静置，吸去清液，用数滴 6 mol·L^{-1} HCl 处理沉淀，观察沉淀是否溶解。

将还不溶解的沉淀再静置，吸去清液，用少量蒸馏水洗涤沉淀，用几滴浓 HNO_3 处理沉淀，再观察沉淀是否溶解。

试从实验结果对金属硫化物的溶解性做出比较。

4. 多硫化钠的制备和性质

1）多硫化钠的制备

将 1 g 无水碳酸钠固体和 1 g 研细的硫磺混合物均匀后，放在坩埚内加热 15 min。冷却后，加 2 mL 热水，微热，把溶液倾入试管中。观察产物的颜色和状态，并写出反应方程式。溶液供以下实验使用。

2）多硫化钠和酸反应

取 1 mL 多硫化钠溶液，用 6 mol·L^{-1} HCl 酸化，有何现象？生成了什么气体？如何检验？

3）多硫化钠的氧化性

在离心试管中加入 5 滴 0.5 mol·L^{-1} $SnCl_2$ 溶液和 10 滴 H_2S 水溶液，观察产物的颜色和状态。离心分离，往沉淀中加入多硫化钠溶液，加热，观察有何变化。

5. 亚硫酸盐的性质

(1) 向两支试管中各加入 10 滴 0.1 mol·L^{-1} Na_2SO_3 溶液，用 5 滴 2 mol·L^{-1} H_2SO_4 溶液酸化，观察有无气体产生，用湿润的 pH 试纸移近试管，有何变化？然后往一支试管中滴加 0.1 mol·L^{-1} $K_2Cr_2O_7$ 溶液，往另一支试管中滴加饱和 H_2S 水溶液，记录现象，说明亚硫酸钠具有什么性质，并写出有关反应方程式。

(2) SO_3^{2-} 的鉴定。在试管中加入 10 滴饱和 $ZnSO_4$ 溶液和 5 滴新配的 1% $Na_2[Fe(CN)_5NO]$溶液，再滴入 5 滴含 SO_3^{2-} 的溶液，搅动，出现红色沉淀，表示有 SO_3^{2-} 的存在。注意：酸能使红色沉淀消失，若溶液是酸性，应加 2 mol·L^{-1} $NH_3 \cdot H_2O$ 中和成中性，再行鉴定。

6. 硫代硫酸盐的性质

(1) 往 0.1 mol·L^{-1} $Na_2S_2O_3$ 溶液中滴加碘水，碘水的颜色有什么变化？写出反应方程式。

(2) 往 0.1 $mol \cdot L^{-1}$ $Na_2S_2O_3$ 溶液中滴加 2 $mol \cdot L^{-1}$ HCl,加热,观察有什么变化,写出反应方程式。$S_2O_3^{2-}$ 遇酸分解,此反应常用于检验 $S_2O_3^{2-}$。

(3) 在试管中加 5 滴 0.1 $mol \cdot L^{-1}$ $AgNO_3$ 溶液,再加 3 滴 0.1 $mol \cdot L^{-1}$ $Na_2S_2O_3$ 溶液,先产生白色沉淀,后由白色经黄色、棕色最后变成黑色沉淀。

7. 过二硫酸的氧化性

将 1 mL 1 $mol \cdot L^{-1}$ H_2SO_4、1 mL 蒸馏水和 1 滴 0.001 $mol \cdot L^{-1}$ $MnSO_4$ 溶液混合均匀后,再加入 1 滴浓 HNO_3,将这一溶液分成两份。

往一份溶液中加入 5 滴 0.1 $mol \cdot L^{-1}$ $AgNO_3$ 溶液和少量$(NH_4)_2S_2O_8$ 固体,微热,溶液的颜色有什么变化?

另一份溶液中只加少量$(NH_4)_2S_2O_8$ 固体,微热,溶液的颜色有什么变化?

比较上面两个实验结果有什么不同?为什么?

五、思考题

(1) 长久放置的 H_2S、Na_2S、Na_2SO_3 溶液会发生什么变化?

(2) 实验中,制备 H_2S 时能否不用 HCl 而用 HNO_3? Mn^{2+} 由 $S_2O_8^{2-}$ 氧化成 MnO_4^- 时,能否不用 $MnSO_4$ 而用 $MnCl_2$? 为什么?

(3) 在水溶液中 $Na_2S_2O_3$ 和 $AgNO_3$ 反应,为什么有时生成 Ag_2S 沉淀,而有时却生成$[Ag(S_2O_3)_2]^{3-}$?

实验十三　碳、硅、硼、氮、磷

一、实验目的

(1) 试验碳酸盐和硅酸盐的性质。

(2) 试验硼酸和硼砂的性质。

(3) 试验并掌握氮及铵盐、亚硝酸、硝酸及硝酸盐的主要性质。

(4) 试验并了解白磷的易燃性以及磷的某些重要化合物的主要性质。

二、实验原理

碳、硅、硼元素是ⅣA 和ⅢA 族中的非金属,硼与硅在周期表中处在对角线位置,硅和碳为同一族元素,所以它们的性质相似。氮和磷是周期表中ⅤA 族元素,具有多种氧化态。

碳酸盐的正盐总比其相应的酸式盐稳定。

硅酸钠溶液因水解而呈碱性。用盐酸、NH_4Cl 或 CO_2 中和水解出来的

NaOH,可得硅酸凝胶：

$$Na_2SiO_3 + 2HCl = H_2SiO_3 + 2NaCl$$

$$Na_2SiO_3 + 2NH_4Cl = H_2SiO_3 + 2NaCl + 2NH_3$$

以上反应可用于制造硅胶,硅胶有吸水性。

硼酸可由硼砂与强酸反应制得。硼酸是一元弱酸,与甘油等多羟基有机化合物反应生成配位酸,后者酸性显著增加。

硼砂灼烧可得 B_2O_3。B_2O_3 与过渡元素氧化物共热时,会生成带有特征颜色的偏硅酸盐,此类实验称为硼砂珠实验,可用来鉴定一些金属离子。例如

$$3B_2O_3 + Cr_2O_3 = 2Cr(BO_2)_3\text{（黄绿色）}$$

$$B_2O_3 + CoO = Co(BO_2)_2\text{（青色）}$$

铵盐的热稳定性较差,受热易分解。例如

$$NH_4Cl(s) \underset{冷}{\overset{热}{\rightleftharpoons}} NH_3(g) + HCl(g)$$

鉴定 NH_4^+ 常用以下两种方法：

(1) NH_4^+ 与 NaOH 反应生成 NH_3(可用试纸检验)。

(2) NH_4^+ 与奈斯勒(Nessler)试剂反应生成红棕色沉淀：

$$NH_4^+ + 2[HgI_4]^{2-} + 4OH^- = [Hg_2ONH_2]I\downarrow + 7I^- + 3H_2O$$

硝酸是强氧化剂,可将许多非金属(如 C、S、I_2 等)氧化成相应的酸或氧化物,本身被还原为 NO。例如

$$2HNO_3\text{(浓)} + S \xlongequal{煮沸} H_2SO_4 + 2NO\uparrow$$

硝酸与金属反应时被还原的产物取决于硝酸浓度和金属的活泼性,浓硝酸一般被还原为 NO_2,稀硝酸与活泼金属反应主要被还原为很稀的 N_2O,很稀的硝酸与活泼金属(如 Zn)反应,主要被还原为 NH_4^+。例如

$$4Zn + 10HNO_3\text{(稀)} = 4Zn(NO_3)_2 + NH_4NO_3 + 3H_2O$$

亚硝酸是中强酸,可通过亚硝酸盐和稀酸作用制备,极不稳定,仅存在于冷的稀溶液中,加热或浓缩即分解,先分解成 N_2O_3 使溶液呈浅蓝蓝色,后者又分解成 NO 和红棕色 NO_2 气体。亚硝酸极毒并致癌,亚硝酸及其盐既有氧化性又有还原性。例如

$$2NO_2^- + 2I^- + 4H^+ = 2NO\uparrow + I_2 + 2H_2O$$

$$5NO_2^- + 2MnO_4^- + 6H^+ = 5NO_3^- + 2Mn^{2+} + 3H_2O$$

鉴定 NO_2^- 的方法是:将含少量 NO_2^- 的溶液加 HAc 酸化,然后加对氨基苯磺酸和 α-萘胺,溶液显粉红色,证明有 NO_2^-。

鉴定 NO_3^-(不存在 NO_2^-)可用棕色环法:加 $FeSO_4$ 和 H_2SO_4,NO_3^- 能形成棕色环(NO_3^- 能发生棕色反应)：

$$3Fe^{2+}+NO_3^-+4H^+ \xlongequal{} 3Fe^{3+}+2H_2O+NO\uparrow$$

$$NO+FeSO_4 \xlongequal{} [Fe(NO)SO_4]（棕色）$$

当有 NO_2^- 存在时，将干扰 NO_3^- 的鉴定，应予以消除。

磷酸盐和磷酸一氢盐中，只有铵盐和碱金属（锂也除外）的盐类易溶于水，其他磷酸盐都难溶。大多数磷酸二氢盐易溶于水。在磷酸的银盐中正盐的溶解度最小。所以 $AgNO_3$ 与 Na_3PO_4、Na_2HPO_4、NaH_2PO_4 反应均生成黄色的 Ag_3PO_4 沉淀。

PO_4^{3-} 可用钼酸铵法鉴定，其反应方程式如下：

$$PO_4^{3-}+3NH_4^++12MoO_4^{2-}+24H^+ \xlongequal{} (NH_4)_3PO_4 \cdot 12MoO_3 \cdot 6H_2O\downarrow+6H_2O$$

PCl_5 水解生成 H_3PO_4 和 HCl：

$$PCl_5+4H_2O \xlongequal{} H_3PO_4+5HCl$$

三、仪器和试剂

仪器：铁架，铁夹，蒸发皿，镍铬丝，试管，酒精灯，研钵，水浴。

试剂：活性炭，$NaHCO_3$(s)，Na_2CO_3(s)，$Co(NO_3)_2$(s)，Cr_2O_3(s)，H_2SO_4（浓、1 mol·L^{-1}、2 mol·L^{-1}、6 mol·L^{-1}），HCl（浓、2 mol·L^{-1}、6 mol·L^{-1}），氨水（2 mol·L^{-1}），石灰水，KNO_3（0.1 mol·L^{-1}），Na_2SiO_3（20%），靛蓝（0.001 mol·L^{-1}，公用），$Pb(NO_3)_2$（0.001 mol·L^{-1}，公用），甘油，乙醇（公用），H_3BO_3（饱和），硼砂(s)，NH_4Cl(s)，碳粉，硫磺粉，锌粒，KNO_3(s)，$AgNO_3$(s)，PCl_5(s)，$FeSO_4\cdot7H_2O$(s)，HNO_3（浓、2 mol·L^{-1}、6 mol·L^{-1}），HAc（2 mol·L^{-1}），H_3PO_4（0.1 mol·L^{-1}），NaOH（6 mol·L^{-1}），$NaNO_3$（0.1 mol·L^{-1}），$NaNO_2$（饱和、0.1 mol·L^{-1}），NH_4Cl（饱和、0.1 mol·L^{-1}、1 mol·L^{-1}），$KMnO_4$（0.01 mol·L^{-1}），NaAc（2 mol·L^{-1}），$AgNO_3$（0.1 mol·L^{-1}），$CaCl_2$（0.1 mol·L^{-1}），KI（0.1 mol·L^{-1}），$(NH_4)_2MoO_4$（0.1 mol·L^{-1}），NaH_2PO_4（0.1 mol·L^{-1}），Na_2HPO_4（0.1 mol·L^{-1}），Na_3PO_4（0.1 mol·L^{-1}），α-萘胺，对氨基苯磺酸，石蕊试纸，奈斯勒试剂，pH 试纸，冰。

四、实验内容

1. 碳酸盐的热稳定性

自行设计实验，证明 $NaHCO_3$ 受热易分解，检查放出的是二氧化碳气体。

以 Na_2CO_3 代替 $NaHCO_3$，重复以上实验，碳酸钠是否分解？

2. 硅酸钠的性质及硅酸水凝胶的生成

(1) 硅酸钠的水解作用：用 pH 试纸测试 20%Na_2SiO_3 溶液的酸碱性。

（2）硅酸钠与二氧化碳的作用：往盛有 1 mL 20%Na_2SiO_3 溶液的试管中通入 CO_2 气体，并不断搅拌，观察反应产物的颜色和状态。写出反应方程式。

（3）硅酸钠与盐酸的作用：往数滴 20%Na_2SiO_3 溶液中滴加纯净的 6 mol·L^{-1} HCl 溶液，观察反应产物的颜色和状态。写出反应方程式。

（4）硅酸钠与氯化铵作用：用饱和 NH_4Cl 溶液代替 HCl 溶液，进行同样的实验和观察。

根据以上实验，比较 H_2SiO_3、HCl、NH_4Cl 的酸性强弱。

3. 硼酸的生成、性质和鉴定

（1）向小试管中滴加 5 滴饱和硼砂溶液和 3 滴浓 H_2SiO_4，置试管于冰水（或冷水）中冷却。观察生成物的颜色和状态。写出反应方程式。

（2）取数滴饱和 H_3BO_3 溶液，用 pH 试纸测其 pH。向溶液中加 1 滴甘油，再测其 pH，酸度是否变化？原因是什么？

（3）在蒸发皿内加入少量硼砂固体、1 mL 乙醇和数滴浓 H_2SO_4，混合均匀后，点燃；观察火焰的颜色有什么特征，写出反应方程式。这一反应可用来鉴定 H_3BO_3、$Na_2B_4O_7·10H_2O$ 等含硼化合物。

4. 铵盐的热分解

在小试管中放入绿豆大小的氯化铵固体。加热试管底部，用潮湿的石蕊试纸在管口检验逸出的气体，观察试纸颜色的变化，继续加热，石蕊试纸又有何变化？同时观察试管壁上部温度较低部位上的类似白霜的结晶。设法证明它仍然是 NH_4Cl。

5. 亚硝酸的生成和性质

（1）亚硝酸的生成：把已在冰水中冷却 5 min 的 10 滴饱和 $NaNO_2$ 溶液和 10 滴 1 mol·L^{-1} H_2SO_4 溶液混合均匀，观察反应情况和产物的颜色，写出反应方程式。将溶液放置一段时间，有什么变化？

（2）亚硝酸的氧化性：在盛有 5 滴 0.1 mol·L^{-1} KI 溶液的试管中加入几滴 1 mol·L^{-1} H_2SO_4 溶液和几滴 0.1 mol·L^{-1} $NaNO_2$ 溶液，观察产物的颜色和状态，有什么变化？写出反应方程式并解释上述现象。

（3）亚硝酸的还原性：往 5 滴 0.01 mol·L^{-1} $KMnO_4$ 溶液中加入几滴 1 mol·L^{-1} H_2SO_4 溶液和几滴 0.1 mol·L^{-1} $NaNO_2$ 溶液，观察溶液颜色的变化，写出反应方程式。

6. 硝酸盐的热分解及氧化性

（1）取一小勺固体 KNO_3，放入干燥的试管中，加热使其熔为液体，将刚熄灭的火柴棒投入熔化的 KNO_3 中，火柴棒又燃烧起来，然后加入少量硫磺粉，硫在试管中燃烧起来，火焰是紫色，解释反应的现象。

（2）黑火药的配制和燃烧：将一勺研细的 KNO_3 与半勺硫磺粉和碳粉倒在一张纸上混合均匀，并将混合物用纸包好，放在砖上，以燃着的长木条点燃，可见到黑火药剧烈燃烧。

*（3）先将一张滤纸放在蒸发皿上，在干试管中加入少量 $AgNO_3$ 固体，并加热使其熔化，然后倒在蒸发皿的滤纸上，滤纸立即燃烧，写出 $AgNO_3$ 分解产物并说明滤纸燃烧的原因。

7. NH_4^+、NO_2^-、NO_3^- 的鉴定

1）NH_4^+ 的鉴定

（1）在试管中加 1 mL 1 mol · L^{-1} NH_4Cl 溶液和数滴 6 mol · L^{-1} NaOH 溶液，在试管口覆盖湿润 pH 试纸以检验反应产生的 NH_3。

（2）在试管中加 5 滴 0.1 mol · L^{-1} NH_4Cl 溶液，再加 2 滴奈斯勒试剂，即生成红棕色沉淀，反应极为灵敏。

2）NO_2^- 的鉴定

在试管中加 5 滴 0.01 mol · L^{-1} $NaNO_2$ 溶液，然后加 10 滴 2 mol · L^{-1} HAc 酸化，再加 5 滴对氨基苯磺酸和 5 滴 α-萘胺，溶液显粉红色，证明有 NO_2^-。这个实验用来检查少量的 NO_2^-，当 NO_2^- 浓度大时，粉红色很快褪去，并生成黄色溶液或褐色沉淀。

3）NO_3^- 的鉴定

（1）当 NO_2^- 不存在时的检出方法：在试管中加 1 mL 0.1 mol · L^{-1} KNO_3 和 1～2 小粒 $FeSO_4 \cdot 7H_2O$ 晶体，振荡使其溶解后，将试管斜持，然后沿试管壁慢慢地滴加 4～5 滴浓 H_2SO_4。观察在两种溶液的界面处是否出现棕色环。

*（2）当有少量 NO_2^- 存在时的检出方法：在试管中加 5 滴 0.1 mol · L^{-1} $NaNO_3$ 溶液、1 滴 0.1 mol · L^{-1} $NaNO_2$ 溶液、10 滴蒸馏水和 3 滴饱和尿素溶液、一边搅拌，一边逐滴加入 1 mol · L^{-1} H_2SO_4 至溶液显酸性为止，然后加上 2 滴 H_2SO_4 继续搅拌 2 min，等反应平息后，加热 5 min，取 1 滴溶液加在点滴板穴内，加几滴 2 mol · L^{-1} NaAc 溶液和对氨基苯磺酸、α-萘胺以检查 NO_2^- 是否已经除净。如果仍有红色，则再加尿素除去 NO_2^-。证明 NO_2^- 已除尽后，就可以用(1)的方法检出 NO_3^-(除去 NO_2^- 的过程中常会有一些 NO_2^- 变成 NO_3^-，所以大量 NO_2^- 存在时检出少量 NO_3^- 是很困难的)。

8. PO_3^-、PO_4^{3-} 与 $P_2O_7^{4-}$ 的区别和鉴定

（1）PO_4^{3-} 的鉴定：如果只需知道有无 PO_4^{3-} 而不必区别是 PO_3^-、PO_4^{3-} 还是

$P_2O_7^{4-}$ 时，可用以下方法鉴定。

往试管中加 4 滴 0.1 mol · L^{-1} H_3PO_4 溶液、2 滴 6 mol · L^{-1} HNO_3 溶液和 15 滴$(NH_4)_2MoO_4$ 溶液，加热至 60～70 ℃，用玻璃棒摩擦管壁，有黄色沉淀产生，证明 PO_4^{3-} 存在。

* 如果试样中含有 SO_3^{2-}、$S_2O_3^{2-}$ 和 S^{2-} 等还原性离子或大量的 Cl^-，则应先在试液中加数滴浓 HNO_3 煮沸，以消除干扰，然后按上述方法检出 PO_4^{3-}。

* (2) PO_3^-、PO_4^{3-}、$P_2O_7^{4-}$ 的区别和鉴定：在 HPO_3、H_3PO_4(用 Na_2CO_3 溶液调至微酸性)和 $Na_2P_2O_7$ 溶液中，各加入 $AgNO_3$ 溶液，观察现象。

在上述 PO_3^-、PO_4^{3-}、$P_2O_7^{4-}$ 溶液中，各加入 2 mol · L^{-1} HAc 溶液和鸡蛋白水溶液，观察现象。根据实验结果，说明如何区别和鉴定 PO_3^-、PO_4^{3-}、$P_2O_7^{4-}$。

9. 磷酸盐的性质

(1) 酸碱性：用 pH 试纸分别确定 0.1 mol · L^{-1} NaH_2PO_4、Na_2HPO_4、Na_3PO_4 溶液的酸碱性有何不同。为什么？

正磷酸能形成三个系列盐，如 Na_3PO_4、Na_2HPO_4、NaH_2PO_4，它们的溶液分别显碱性、弱碱性和弱酸性。

分别往三支试管中滴加 5 滴 0.1 mol · L^{-1} NaH_2PO_4、Na_2HPO_4 和 Na_3PO_4 溶液，再各滴加 2 滴 0.1 mol · L^{-1} $AgNO_3$ 溶液，是否有沉淀产生？实验溶液的酸碱性有无变化？为什么？写出反应方程式。

在三种钠盐溶液中加入 $AgNO_3$，都生成黄色沉淀 Ag_3PO_4，沉淀后溶液的酸性增强，碱性降低。

$$PO_4^{3-} + 3Ag^+ \rightleftharpoons Ag_3PO_4\downarrow$$

$$HPO_4^{2-} + 3Ag^+ \rightleftharpoons Ag_3PO_4\downarrow + H^+$$

$$H_2PO_4^- + 3Ag^+ \rightleftharpoons Ag_3PO_4\downarrow + 2H^+$$

(2) 溶解性：分别往三支试管中加 5 滴 0.1 mol · L^{-1} NaH_2PO_4、Na_2HPO_4 和 Na_3PO_4 溶液，再滴加 5 滴 0.2 mol · L^{-1} $CaCl_2$ 溶液，有何现象？滴加几滴 2 mol · L^{-1} 氨水，有何变化？再注入 2 mol · L^{-1} HCl，又有何现象发生？磷酸的钙盐的溶解度是不同的，$Ca_3(PO_4)_2$、$CaHPO_4$ 难溶于水，$Ca(H_2PO_4)_2$ 易溶于水。在 $Ca(H_2PO_4)_2$溶液中加氨水，生成白色沉淀。

10. 五氯化磷的水解反应

将少量 PCl_5 固体加入盛有 1 mL 蒸馏水的小试管中，加热至沸，观察现象，设法检验水解产物，写出反应方程式。

五、思考题

(1) 为什么不能用磨口玻璃器皿储存碱液？在空气中久置的 $Ba(OH)_2$ 溶液为什么会变浑？

(2) 在硼酸溶液中加入甘油后，为什么硼酸溶液的酸度会变大？

(3) 试用最简单的方法鉴别下列气体：

① H_2、CO、CO_2； ② CO_2、SO_2、N_2。

(4) PCl_5 固体水解后，溶液中存在 Cl^- 和 PO_4^{3-}。但是当往其中加入 $AgNO_3$ 溶液时，为什么只有 AgCl 沉淀析出？在什么条件下可使 Ag_3PO_4 沉淀析出？

(5) 如何区别 Na_2CO_3、Na_2SiO_3 和 $Na_2B_4O_7$？

实验十四 锡、铅、锑、铋

一、实验目的

(1) 了解锡(Ⅱ)、铅(Ⅱ)氢氧化物的酸碱性。

(2) 了解锡(Ⅱ)的强还原性和铅(Ⅳ)的强氧化性以及铅难溶盐的生成和性质。

(3) 了解锑、铋的氧化物和氢氧化物的酸碱性及其盐的氧化还原性和水解性。

(4) 了解锑、铋硫化物的生成和性质。

二、实验原理

锡、铅、锑、铋这 4 个元素都是周期表中 p 区金属元素，锡和铅是ⅣA 族元素，其价电子层结构分别为 $5s^2 5p^2$ 和 $6s^2 6p^2$，都能形成 +2 和 +4 氧化数的化合物。锑和铋是ⅤA 族元素，其价电子层分别为 $5s^2 5p^3$ 和 $6s^2 6p^3$，都能形成 +3 和 +5 氧化数的化合物。从锡到铅和从锑到铋，由于“惰性电子对效应”的影响，其高氧化态化合物的稳定性减小，低氧化态化合物的稳定性增加。锡和铅均具两性。锡与热浓 HNO_3 反应生成 β-锡酸。它不溶于浓盐酸或氢氧化钠溶液。由锡盐和碱生成的 α-锡酸，能溶于酸或碱。有关反应方程式如下：

$$Sn + 4HNO_3(浓) = H_2SnO_3 + 4NO_2 + H_2O$$

$$SnCl_4 + 4NaOH = H_2SnO_3 + 4NaCl + H_2O$$

$$H_2SnO_3 + 2NaOH = Na_2SnO_3 + 2H_2O$$

$$H_2SnO_3 + 4HCl = SnCl_4 + 3H_2O$$

$Sn(OH)_2$ 和 $Pb(OH)_2$ 均为两性氢氧化物。前者溶于碱的反应为

$$Sn(OH)_2 + 2OH^- = [Sn(OH)_4]^{2-}$$

Sn(Ⅱ)比 Pb(Ⅱ)还原性强，无论在酸性还是碱性介质中，Sn(Ⅱ)均具有还原

性。例如

$$2HgCl_2 + SnCl_2 \xlongequal{} Hg_2Cl_2 \downarrow + SnCl_4$$

$$Hg_2Cl_2 + SnCl_2 \xlongequal{} 2Hg \downarrow + SnCl_4$$

$$3[Sn(OH)_4]^{2-} + 6OH^- + 2Bi^{3+} \xlongequal{} 3[Sn(OH)_6]^{2-} + 2Bi \downarrow$$

后一反应可用于鉴定 Bi^{3+}。

Pb(Ⅳ)的氧化物 PbO_2 是常用的氧化剂。例如

$$5PbO_2 + 2Mn^{2+} + 4H^+ \xlongequal{} 5Pb^{2+} + 2MnO_4^- + 2H_2O$$

$$PbO_2 + 4HCl(浓) \xlongequal{} PbCl_2 + Cl_2 \uparrow + 2H_2O$$

铅盐多数难溶。$PbCl_2$ 微溶于冷水，可溶于热水。$PbSO_4$ 难溶于水，但溶于 NH_4Ac 生成难解离的 $Pb(Ac)_2$ 分子：

$$PbSO_4 + 2Ac^- \xlongequal{} Pb(Ac)_2 + SO_4^{2-}$$

利用 Pb^{2+} 与 CrO_4^{2-} 反应生成黄色的 $PbCrO_4$ 沉淀以鉴定 Pb^{2+} 或(CrO_4^{2-})：

$$Pb^{2+} + CrO_4^{2-} \xlongequal{} PbCrO_4 \downarrow$$

SnS 和 PbS 都不溶于水、稀酸和 $(NH_4)_2S$。SnS 与多硫化铵作用，由于 SnS 被氧化成 SnS_2（它的酸性较强）而溶解，结果生成硫代锡酸盐 $(NH_4)_2SnS_3$。

Sb、Bi 氧化物和氢氧化物常具有两性。$Sb(OH)_3$ 具有明显两性。$Bi(OH)_3$ 只具有碱性，溶于酸，不溶于碱。有关反应方程式如下：

$$Sb(OH)_3 + 3HCl \xlongequal{} SbCl_3 + 3H_2O$$

$$Sb(OH)_3 + 3NaOH \xlongequal{} Na_3[Sb(OH)_6]$$

$$Bi(OH)_3 + 3HCl \xlongequal{} BiCl_3 + 3H_2O$$

Sb(Ⅲ)、Bi(Ⅲ)盐极易水解：

$$SbCl_3 + H_2O \xlongequal{} SbOCl \downarrow + 2HCl$$

$$Bi(NO_3)_3 + H_2O \xlongequal{} BiONO_3 \downarrow + 2HNO_3$$

Sb_2S_3 及 Sb_2S_5 均为橙色，Bi_2S_3 为黑色。在酸碱性方面，这些硫化物与相应的氧化物相似。Sb_2S_3 是两性的，Bi_2S_3 是碱性的。

$$Sb_2S_3 + 6NaOH \xlongequal{} Na_3SbO_3 + NaSbS_3 + 3H_2O$$

$$Bi_2S_3 + 6HCl \xlongequal{} 2BiCl_3 + 3H_2S \uparrow$$

酸性硫化物与碱性硫化物（如 Na_2S）相互作用生成硫代酸盐。例如

$$Sb_2S_3 + 3Na_2S \xlongequal{} 2Na_3SbS_3$$

所有硫代酸盐只存在于碱性或中性介质中，遇强酸就生成不稳定的硫代酸，并迅速分解为相应的硫化物。例如

$$2Na_3SbS_3 + 6HCl \xlongequal{} Sb_2S_3 \downarrow + 3H_2S \uparrow + 6NaCl$$

Bi(Ⅴ)盐具有强氧化性，Sb(Ⅲ)盐具有还原性：

$$5NaBiO_3 + 2Mn^{2+} + 14H^+ \xlongequal{} 5Bi^{3+} + 2MnO_4^- + 5Na^+ + 7H_2O$$

$$[Sb(OH)_4]^- + 2[Ag(NH_3)_2]^+ + 2OH^- \xlongequal{} [Sb(OH)_6]^- + 4NH_3 + 2Ag \downarrow$$

$$2Sb^{3+} + 3Sn \xlongequal{} 2Sb\downarrow + 3Sn^{2+}$$

三、仪器和试剂

仪器：离心机，水浴锅，离心试管，试管，酒精灯。

试剂：锡片(或锡粒)，$SnCl_2 \cdot 2H_2O(s)$，$PbO_2(s)$，HCl(浓、2 mol·L^{-1}、6 mol·L^{-1})，HAc(2 mol·L^{-1})，NaOH(40%、2 mol·L^{-1}、6 mol·L^{-1})，$NaNO_3$(0.5 mol·L^{-1})，$HgCl_2$(0.1 mol·L^{-1})，HNO_3(浓、2 mol·L^{-1}、6 mol·L^{-1})，Na_2CO_3(饱和)，NH_4Ac(饱和、3 mol·L^{-1})，$SnCl_2$(0.1 mol·L^{-1})，$Pb(NO_3)_2$(0.1 mol·L^{-1})，$SnCl_4$(0.1 mol·L^{-1})，$Bi(NO_3)_3$(0.1 mol·L^{-1})，$MnSO_4$(0.001 mol·L^{-1}、0.1 mol·L^{-1})，K_2CrO_4(0.1 mol·L^{-1})，K_2SO_4(0.1 mol·L^{-1})，多硫化铵(0.1 mol·L^{-1})，Na_2S(0.1 mol·L^{-1}、0.5 mol·L^{-1})，滤纸，砂纸，棉花，$Bi(NO_3)_3(s)$，$NaBiO_3(s)$，H_2SO_4(2 mol·L^{-1}、6 mol·L^{-1})，H_2S(饱和)，$NH_3 \cdot H_2O$(2 mol·L^{-1})，$SbCl_3$(0.1 mol·L^{-1})，KI(0.1 mol·L^{-1})，$AgNO_3$(0.1 mol·L^{-1})，碘水，pH 试纸，$PbAc_2$ 试纸。

四、实验内容

1. 锡、铅氢氧化物的酸碱性

在三支试管中分别加入 5 滴 0.1 mol·L^{-1} $SnCl_2$ 溶液，再各加 2 mol·L^{-1} NaOH 溶液至生成白色沉淀，观察 $Sn(OH)_2$ 沉淀的生成。分别试验 $Sn(OH)_2$ 与 2 mol·L^{-1} NaOH、6 mol·L^{-1} NaOH 及 2 mol·L^{-1} HNO_3 溶液的作用，沉淀是否溶解？

用 0.1 mol·L^{-1} $Pb(NO_3)_2$ 溶液代替 0.1 mol·L^{-1} $SnCl_2$ 溶液进行同样的实验，分别记录实验结果，并比较它们的酸碱性。

2. α-锡酸与 β-锡酸的生成和性质

1) α-锡酸的生成和性质

往两支试管中加入 5 滴 0.1 mol·L^{-1} $SnCl_2$ 溶液和 5 滴 2 mol·L^{-1} NaOH 溶液，即制成 α-锡酸，观察产物的颜色和状态，分别试验它们与 6 mol·L^{-1} NaOH 溶液和 2 mol·L^{-1} HCl 溶液的作用。解释现象，写出反应方程式。

2) β-锡酸的生成和性质

取少量金属锡放入蒸发皿中，加入浓 HNO_3，微热(NO_2 有毒，应在通风橱中进行)。观察产生的颜色和状态，写出反应方程式，将沉淀分为四份，分别试验它们与 2 mol·L^{-1}、6 mol·L^{-1} NaOH 溶液和 2 mol·L^{-1}、6 mol·L^{-1} HCl 溶液的作用。

3. 锡(Ⅱ)的还原性和铅(Ⅳ)的氧化性

1）氯化亚锡的水解

将少量 $SnCl_2 \cdot 2H_2O$ 晶体溶于蒸馏水中放置，观察现象，加入 6 $mol \cdot L^{-1}$ HCl 溶液，又有何变化？写出反应方程式，并加以解释。

2）氯化亚锡的还原性

往 5 滴 0.1 $mol \cdot L^{-1}$ $HgCl_2$ 溶液中逐滴加入0.1 $mol \cdot L^{-1}$ $SnCl_2$ 溶液即生成白色的 Hg_2Cl_2 沉淀。继续加过量的 0.1 $mol \cdot L^{-1}$ $SnCl_2$ 溶液，然后放置 2～3 min。Hg_2Cl_2 进一步被还原为 Hg。这一反应常用于 Sn^{2+} 和 Hg^{2+} 的鉴定。

3）亚锡酸钠的还原性

往 5 滴 0.1 $mol \cdot L^{-1}$ $SnCl_2$ 溶液中逐滴加 6 $mol \cdot L^{-1}$ NaOH 溶液，至最初生成的沉淀溶解为止，再多加 2 滴 NaOH 溶液，然后加 2 滴2 $mol \cdot L^{-1}$ $Bi(NO_3)_3$ 溶液，立即析出黑色的金属铋。参考 φ 值比较 Sn^{2+} 和$Sn(OH)_4^{2-}$ 还原性的强弱。

4）二氧化铅的氧化性

(1) 取少量 PbO_2 固体与浓盐酸作用，观察现象，写出反应方程式。

(2) 在试管中加 1 滴 0.1 $mol \cdot L^{-1}$ $MnSO_4$ 溶液和 1 mL 6 $mol \cdot L^{-1}$ HNO_3 溶液，再加少量 PbO_2 固体，搅拌，把试管放在水浴上加热，发生什么变化？写出反应方程式。

4. 铅(Ⅱ)、锡(Ⅱ)的难溶化合物

(1) 往 2 滴 0.1 $mol \cdot L^{-1}$ $Pb(NO_3)_2$ 溶液中加入 1 mL 2 $mol \cdot L^{-1}$ HCl 溶液，观察产物的颜色和状态，用蒸馏水稀释到 3 mL 成浑浊后，加热试管，沉淀是否溶解？再把它放置冷却，又有什么变化？说明 $PbCl_2$ 溶解度与温度的关系。

(2) 往 1 mL 0.1 $mol \cdot L^{-1}$ $Pb(NO_3)_2$ 溶液中加入 0.5 mL 2 $mol \cdot L^{-1}$ HAc 溶液，滴加 0.1 $mol \cdot L^{-1}$ K_2SO_4 溶液，观察产物的颜色和状态。分别试验沉淀与 6 $mol \cdot L^{-1}$ HNO_3 溶液和 6 $mol \cdot L^{-1}$ NaOH 溶液的反应。

(3) 往 5 滴 0.1 $mol \cdot L^{-1}$ $Pb(NO_3)_2$ 溶液中加入 5 滴 0.1 $mol \cdot L^{-1}$ K_2SO_4 溶液，观察产物的颜色和状态，试验沉淀是否溶于饱和 NH_4Ac 溶液中，写出反应方程式。

(4) 往两支离心管中各加入 5 滴 0.1 $mol \cdot L^{-1}$ $Pb(NO_3)_2$ 溶液再各加入数滴 0.1 $mol \cdot L^{-1}$ Na_2S 溶液。观察产物的颜色和状态，离心分离，弃去清液，分别试验它们与 6 $mol \cdot L^{-1}$ HNO_3 溶液和多硫化铵溶液的作用，写出反应方程式。

(5) 用 0.1 $mol \cdot L^{-1}$ $SnCl_2$ 溶液代替 $Pb(NO_3)_2$ 溶液，重复实验(4)。观察现象，写出反应方程式。

5. 锑(Ⅲ)、铋(Ⅲ)氧化物和氢氧化物的酸碱性

(1) 锑(Ⅲ)氢氧化物的生成和性质(自行设计实验)。

(2) 铋(Ⅲ)氢氧化物的生成和性质(自行设计实验)。

综合上面两个实验结果,比较锑(Ⅲ)、铋(Ⅲ)氧化物和氢氧化物的酸碱性,并说明它们的变化规律。

6. 锑(Ⅲ)、铋(Ⅲ)盐的水解作用

(1) 三氯化锑的水解:把少量 $SbCl_3$ 固体加入盛有 2 mL 蒸馏水的试管中,有何现象?用 pH 试纸检验溶液的酸碱性。往试管中加入 6 $mol \cdot L^{-1}$ HCl 溶液,沉淀是否溶解?最后把所得溶液稀释,又有什么变化?解释上述现象,并写出反应方程式。

(2) 验证铋(Ⅲ)盐的水解(自行设计实验)。

7. 锑(Ⅲ)盐的还原性

(1) 往盛有 5 滴 0.1 $mol \cdot L^{-1}$ $SbCl_3$ 溶液的试管中加入过量的 6 $mol \cdot L^{-1}$ NaOH 溶液,直到生成的沉淀溶解为止。往另一支盛着 5 滴 0.1 $mol \cdot L^{-1}$ $AgNO_3$ 溶液的试管中加入过量的 2 $mol \cdot L^{-1}$ $NH_3 \cdot H_2O$ 直到生成沉淀为止。

将这两种溶液混合均匀,加热后观察现象。

(2) 向锡片上滴加 1 滴 0.1 $mol \cdot L^{-1}$ $SbCl_3$ 溶液,稍置片刻观察现象。

8. 铋(Ⅴ)盐的氧化性

往盛有 1 滴 0.1 $mol \cdot L^{-1}$ $MnSO_4$ 溶液和 10 滴 6 $mol \cdot L^{-1}$ H_2SO_4 溶液的试管中加入少量 $NaBiO_3$ 固体,振荡,并微热试管,有什么变化?写出反应方程式。

9. 锑、铋的硫化物和硫代酸盐

(1) 三硫化二锑、硫代亚锑酸盐的生成和性质(自行设计实验)。

(2) 三硫化二铋的生成和性质(自行设计实验)。

五、思考题

(1) 实验室中配制 $SnCl_2$ 溶液时,为什么既要加 HCl 又要加锡粒?

(2) 如何鉴别下列物质?

① $BaSO_4$ 与 $PbSO_4$; ② $BaCrO_4$ 与 $PbCrO_4$。

(3) 实验 $Pb(OH)_2$ 的酸碱性应使用什么酸?为什么?

(4) 怎样配制 $SbCl_3$、$Bi(NO_3)_3$ 溶液?

(5) 拟订分离 Pb^{2+}、Bi^{3+}、Sb^{3+} 的实验方案。

(6) 沉淀氢氧化物是否一定要在碱性条件下进行？是否是加入碱的量越多，氢氧化物的沉淀就越完全？

实验十五 铬、锰

一、实验目的

(1) 了解 Cr(Ⅲ)、Mn(Ⅱ)的氢氧化物的生成及性质。

(2) 了解铬化合物的氧化还原性。

(3) 了解微溶酸盐的生成和溶解。

(4) 了解锰的各种价态化合物的性质以及它们之间相互转化的条件。

二、实验原理

铬(Ⅲ)氢氧化物具有明显的两性，饱和溶液中有如下综合平衡：

$$\underset{(蓝紫色或灰绿色)}{Cr^{3+}} + 3OH^- \rightleftharpoons \underset{(灰绿色)}{Cr(OH)_3} \rightleftharpoons H^+ + \underset{(亮绿色)}{CrO_2^-} + H_2O$$

铬(Ⅲ)在碱性介质中还原性较强，易被 H_2O_2、NaClO 等氧化为黄色的 CrO_4^{2-}：

$$2CrO^{2-} + 3H_2O_2 + 2OH^- = 2CrO_4^{2-} + 4H_2O$$

铬(Ⅵ)含氧酸盐在酸性介质中具有强氧化性，可氧化 Fe^{2+}、H_2SO_3 等多种还原剂，本身被还原为 Cr^{3+}。例如

$$Cr_2O_7^{2-} + 6Fe^{2+} + 14H^+ = 2Cr^{3+} + 6Fe^{3+} + 7H_2O$$

CrO_4^{2-} 和 $Cr_2O_7^{2-}$ 在水溶液中存在如下缩合水解平衡：

$$2CrO_4^{2-}(黄色) + 2H^+ = Cr_2O_7^{2-}(橙色) + H_2O$$

又因为钡、铅、银的铬酸盐远比相应的重铬酸盐难溶于水，所以向 Cr(Ⅵ)含氧酸盐中加入钡、铅、银盐溶液，都沉淀出铬酸盐：

$$\left.\begin{matrix} Ba^{2+} \\ Pb^{2+} \\ Ag^{2+} \end{matrix}\right\} \xlongequal{+CrO_4^{2-} 或 Cr_2O_7^{2-}} \left\{\begin{matrix} BaCrO_4 \downarrow (柠檬黄) \\ PbCrO_4 \downarrow (铬黄) \\ Ag_2CrO_4 \downarrow (砖红色) \end{matrix}\right.$$

在酸性溶液中，$Cr_2O_7^{2-}$ 与 H_2O_2 作用生成蓝色过氧化铬 $CrO(O_2)_2$（或 CrO_5）：

$$Cr_2O_7^{2-} + 4H_2O_2 + 2H^+ = 2CrO_5 + 5H_2O$$

这个反应常用于鉴定 $Cr_2O_7^{2-}$ 或 Cr^{3+}，CrO_5 在乙醚中较稳定。

$KMnO_4$ 是最常用的强氧化剂之一，加热时它常分解放出氧气。它在酸性、中性、碱性介质中都有强氧化性，只是还原产物有所不同。例如

$$2MnO_4^- + 5SO_3^{2-} + 6H^+ = 2Mn^{2+} + 5SO_4^{2-} + 3H_2O$$

$$2MnO_4^- + 3SO_3^{2-} + H_2O = 2MnO_2 \downarrow + 3SO_4^{2-} + 2OH^-$$

$$2MnO_4^- + SO_3^{2-} + 2OH^- = 2MnO_4^{2-} + SO_4^{2-} + H_2O$$

MnO_4^- 与 Mn^{2+} 发生反应生成 MnO_2：

$$2MnO_4^- + 3Mn^{2+} + 2H_2O = 5MnO_2\downarrow + 4H^+$$

在酸性介质中，MnO_2 是较强的氧化剂，它可以氧化 H_2SO_3 及其盐，甚至可与浓 HCl 作用放出 Cl_2。

Mn(Ⅱ)在酸性介质中稳定。向 Mn(Ⅱ)盐溶液中加碱，生成白色 $Mn(OH)_2$，后者迅速被空气氧化成棕黑色的水合 MnO_2[习惯上写成 $MnO(OH)_2$]：

$$Mn^{2+} + 2OH^- = Mn(OH)_2\downarrow$$

$$2Mn(OH)_2 + O_2 = 2MnO(OH)_2\downarrow$$

在强酸性介质 HNO_3 中，Mn^{2+} 可被 $NaBiO_3$、PbO_2 等强氧化剂氧化为 MnO_4^-：

$$5NaBiO_3 + 2Mn^{2+} + 14H^+ = 2MnO_4^- + 5Bi^{3+} + 5Na^+ + 7H_2O$$

借此可以鉴定 Mn^{2+}。

三、仪器和试剂

仪器：离心机，离心管，小试管，酒精灯，多用滴管，试管。

试剂：Na_2SO_3(s)，MnO_2(s)，$KMnO_4$(s)，$NaBiO_3$(s)，HCl(浓、2 mol·L^{-1})，H_2SO_4(浓、2 mol·L^{-1})，HNO_3(2 mol·L^{-1}、6 mol·L^{-1})，NaOH(2 mol·L^{-1}、6 mol·L^{-1})，$NH_3\cdot H_2O$(2 mol·L^{-1})，铬钾矾[$KCr(SO_4)_2$](0.1 mol·L^{-1})，Na_2S(0.5 mol·L^{-1})，$K_2Cr_2O_7$(0.1 mol·L^{-1})，$AgNO_3$(0.1 mol·L^{-1})，$BaCl_2$(0.1 mol·L^{-1})，$Pb(NO_3)_2$(0.1 mol·L^{-1})，Na_2SO_3(0.1 mol·L^{-1})，$MnSO_4$(0.1 mol·L^{-1})，NH_4Cl(2 mol·L^{-1})，$KMnO_4$(0.1 mol·L^{-1})，$FeSO_4$(0.01 mol·L^{-1})，H_2O_2(3%)，乙醚(公用)，KI-淀粉试纸，$Pb(Ac)_2$ 试纸。

四、实验内容

1. Cr(Ⅲ)化合物的性质

1) 氢氧化铬(Ⅲ)的酸碱性

往分别盛有 5 滴 0.1 mol·L^{-1} 铬钾矾溶液的两支试管中加入 10 滴 2 mol·L^{-1} $NH_3\cdot H_2O$，观察沉淀的颜色。

往一份沉淀中加入几滴 2 mol·L^{-1} HCl 溶液，有何变化？往另一份沉淀中加入几滴 2 mol·L^{-1} NaOH 溶液，沉淀是否溶解？写出反应方程式，解释现象。

2) 三价铬盐的水解作用

往盛有 5 滴 0.1 mol·L^{-1} 铬钾矾溶液的试管中滴加 0.5 mol·L^{-1} Na_2S 溶

液，观察产物的颜色和状态[产物是 $Cr(OH)_3$ 而不是 Cr_2S_3]。

3）三价铬盐的还原性

往 10 滴 0.1 mol · L^{-1} 铬钾矾溶液中加入 6 mol · L^{-1} NaOH 溶液，使沉淀溶解为止，然后加入数滴 3% H_2O_2 溶液，观察溶液的颜色有什么变化，写出反应方程式。

*4）铬钾钒的制备

取 1 g 粉末状的 $K_2Cr_2O_7$ 放入小烧杯中，加 10 mL 水溶解，然后注入 1.5 mL 浓 H_2SO_4。待溶液冷却后，在不断搅动下，注入 1 mL 乙醇，观察溶液的颜色，将溶液稍加浓缩(注意：不要煮成黏稠状！)，放置，结晶。如当时无晶体析出，放置一周后，可得到紫色的铬钾钒晶体。

5）Cr^{3+} 的鉴定

取 5 滴含有 Cr^{3+} 的溶液，加入 10 滴 6 mol · L^{-1} NaOH 溶液，使 Cr^{3+} 转化为 CrO_2^- 后，再过量 2 滴，然后加入 15 滴 3% H_2O_2 溶液，慢慢滴入 6 mol · L^{-1} HNO_3 溶液酸化，观察蓝色出现(如果现象不明显，可加入乙醚，乙醚层呈现深蓝色)，表示有 Cr^{3+} 存在。写出反应方程式。

2. Cr(Ⅵ)化合物的性质

1）重铬酸钾的氧化性

往两支试管内各加入 5 滴 0.1 mol · L^{-1} $K_2Cr_2O_7$ 溶液及 5 滴 2 mol · L^{-1} H_2SO_4 溶液，再往一溶液中加入数滴 0.1 mol · L^{-1} $FeSO_4$ 溶液，往另一溶液中加入少量的 Na_2SO_3 固体，溶液的颜色发生什么变化？写出反应方程式。

2）CrO_4^{2-} 与 $Cr_2O_7^{2-}$ 在溶液中的平衡和相互转化

往 6 滴 0.1 mol · L^{-1} $K_2Cr_2O_7$ 溶液中滴加 2 滴 2 mol · L^{-1} NaOH 溶液，溶液的颜色有什么变化？再滴加 2 mol · L^{-1} H_2SO_4 溶液，溶液颜色又有什么变化？写出反应方程式。

往 6 滴 0.1 mol · L^{-1} K_2CrO_4 溶液中滴加 2 滴 2 mol · L^{-1} H_2SO_4 溶液，溶液颜色有什么变化？再滴加 2 mol · L^{-1} NaOH 溶液，溶液颜色又有什么变化？写出反应方程式。

3）难溶性铬酸盐的生成和溶解

在三支试管中各加入 1 mL 0.1 mol · L^{-1} K_2CrO_4 溶液，再分别滴加 0.1 mol · L^{-1} $AgNO_3$ 溶液、$BaCl_2$ 溶液、$Pb(NO_3)_2$ 溶液。观察产物的颜色和状态，写出反应方程式。并试验这些铬酸盐沉淀能溶于什么酸中。

如果用 0.5 mL 0.1 mol · L^{-1} $K_2Cr_2O_7$ 溶液与 1 mL 0.1 mol · L^{-1} $AgNO_3$ 溶液反应，有什么现象？试用 $Cr_2O_7^{2-}$ 与 CrO_4^{2-} 间的平衡关系说明这一实验结果，写出反应方程式。

3. 高锰酸钾的性质

1）高锰酸钾的热分解

在小试管中加热固体 $KMnO_4$，有何现象？检验产生的气体，写出反应方程式。

2）高锰酸钾的氧化性

在三支试管中各盛 5 滴 0.1 $mol \cdot L^{-1}$ Na_2SO_3 溶液，分别注入 5 滴 2 $mol \cdot L^{-1}$ H_2SO_4 溶液、6 $mol \cdot L^{-1}$ NaOH 溶液和蒸馏水，再各滴入 2 滴 0.1 $mol \cdot L^{-1}$ $KMnO_4$ 溶液，有何现象？比较 $KMnO_4$ 在不同介质中的还原产物，写出反应方程式。

4. 二氧化锰的生成和性质

(1) 往盛有 5 滴 0.1 $mol \cdot L^{-1}$ $KMnO_4$ 溶液的试管中滴入 5 滴 0.1 $mol \cdot L^{-1}$ $MnSO_4$ 溶液，有无沉淀产生？写出反应方程式。

(2) 往上述沉淀中滴入 1 mL 2 $mol \cdot L^{-1}$ H_2SO_4 溶液，再逐滴滴入 0.1 $mol \cdot L^{-1}$ Na_2SO_3 溶液，沉淀是否消失？写出反应方程式。

*(3) 在盛有少量 MnO_2 固体的试管中注入 2 mL 浓 HCl 溶液，观察反应前后的颜色和状态、有何气体产生，并检验。反应说明 $MnCl_4$ 的不稳定性。

$$MnO_2 + 4HCl = MnCl_4 + 2H_2O$$

$$MnCl_4 = MnCl_2 + Cl_2 \uparrow$$

5. Mn(Ⅱ)化合物的性质

1）$Mn(OH)_2$ 的性质

往四支试管中各加 5 滴 0.1 $mol \cdot L^{-1}$ $MnSO_4$ 溶液，再各滴入 5～6 滴 2 $mol \cdot L^{-1}$ NaOH 溶液，即有白色沉淀生成，写出反应方程式。向三支试管中分别注入数滴 2 $mol \cdot L^{-1}$ HCl 溶液、2 $mol \cdot L^{-1}$ NaOH 溶液和 2 $mol \cdot L^{-1}$ NH_4Cl 溶液，观察 $Mn(OH)_2$ 是否溶解。观察第四支试管中沉淀颜色的变化，写出有关反应方程式。

2）Mn^{2+} 的鉴定

往盛有 0.5 mL 0.1 $mol \cdot L^{-1}$ $MnSO_4$ 溶液的试管中注入 1 mL 2 $mol \cdot L^{-1}$ HNO_3 溶液，再加入少量固体 $NaBiO_3$，观察溶液颜色的变化，写出反应方程式。

五、思考题

(1) $K_2Cr_2O_7$ 与 $Ba(NO_3)_2$ 作用，为什么得到的是 $BaCrO_4$ 而不是 $BaCr_2O_7$？怎样才能使这个反应进行得完全？

(2) 写出三种可以将 Mn^{2+} 氧化为 MnO_4^- 的强氧化剂，并用反应方程式表示所进行的反应。

(3) 为什么在水溶液中无法制得硫化铬？它只与阳离子 Cr^{3+} 的水解有关吗？

(4) 怎样用生成过氧化铬的方法鉴定 Cr^{3+} 的存在？

实验十六 铁、钴、镍

一、实验目的

(1) 了解铁、钴、镍氢氧化物的生成和性质。

(2) 了解铁盐的氧化还原性。

(3) 了解铁、钴、镍配合物的生成和性质。

(4) 了解 Fe^{2+}、Fe^{3+}、Co^{2+}、Ni^{2+} 的鉴定反应。

二、实验原理

铁、钴、镍的二价氢氧化物均呈碱性，它们的颜色分别为 $Fe(OH)_2$ 白色、$Co(OH)_2$ 粉红色、$Ni(OH)_2$ 苹果绿色。在空气中，$Fe(OH)_2$ 很快被氧化成棕色的 $Fe(OH)_3$，$Co(OH)_2$ 缓慢地被氧化成褐色的 $Co(OH)_3$，$Ni(OH)_2$ 与空气中的氧则不起作用。

铁、钴、镍都能生成不溶于水的三价氢氧化物。$Fe(OH)_3$ 与酸生成三价的铁盐，而 $Co(OH)_3$、$Ni(OH)_3$ 与盐酸作用时不能生成相应的三价盐。例如

$$2CoO(OH)+6HCl \longrightarrow 2CoCl_2+Cl_2\uparrow+4H_2O$$

$$2NiO(OH)+6HCl \longrightarrow 2NiCl_2+Cl_2\uparrow+4H_2O$$

铁盐在溶液中易起水解作用。铁(Ⅱ)具有还原性，而铁(Ⅲ)具有弱氧化性。铁(Ⅱ)、钴(Ⅱ)、镍(Ⅱ)的盐大部分是有颜色的，在溶液中，Co^{2+} 呈粉红色，Ni^{2+} 呈亮绿色。

铁能生成很多配合物，常见的有 $K_4[FeF_6]$、$K_3[FeF_6]$、$K_4[Fe(CN)_6]$ 和 $K_3[Fe(CN)_6]$ 等。钴和镍也能生成多种配合物，如 $[Co(NH_3)_6]Cl_3$、$[Ni(NH_3)_6]SO_4$ 等。

钴(Ⅱ)配合物不稳定，易被氧化为钴(Ⅲ)配合物，而镍(Ⅱ)配合物则较为稳定，镍(Ⅱ)的螯合物溶解度很小，并有特征颜色，常用于鉴定 Ni^{2+}。Co^{2+} 能与 NCS^- 形成蓝色的 $[Co(NCS)_4]^{2-}$：

$$Co^{2+}+4NCS^- \longrightarrow [Co(NCS)_4]^{2-}$$

$[Co(NCS)_4]^{2-}$ 在丙酮中较稳定，借此可以鉴定 Co^{2+}。

三、仪器和试剂

仪器：试管，酒精灯，离心管，离心机，白色点滴板。

试剂：硫酸亚铁铵(s)，NH_4Cl(s)，NH_4F(s)，H_2SO_4(0.1 mol·L^{-1}、2 mol·

L^{-1}、6 mol · L^{-1})，HCl(浓、2 mol · L^{-1})，H_2S(饱和)，NaOH(2 mol · L^{-1}、6 mol · L^{-1})，$NH_3 \cdot H_2O$(浓)，$CoCl_2$(0.1 mol · L^{-1})，$NiSO_4$(0.1 mol · L^{-1})，$FeCl_3$(0.1 mol · L^{-1})，$FeSO_4$(0.1 mol · L^{-1})，$K_4[Fe(CN)_6]$(0.1 mol · L^{-1})，NH_4NCS(饱和)，$KMnO_4$(0.01 mol · L^{-1})，$K_3[Fe(CN)_6]$(0.1 mol · L^{-1})，NH_4Ac(3 mol · L^{-1})，氯水，邻菲咯啉溶液，丙酮，丁二酮肟(1%乙醇溶液)，KI-淀粉试纸。

四、实验内容

1. 二价氢氧化物的生成和性质

1) 氢氧化铁(Ⅱ)的生成和性质

在一小试管中放入 1 mL 蒸馏水和几滴稀 H_2SO_4 溶液，煮沸以赶尽溶于其中的氧气，然后溶入少量硫酸亚铁铵晶体。在另一试管中加入 1 mL 6 mol · L^{-1} NaOH 溶液，煮沸以赶尽氧气，冷却后，用一长滴管吸取 0.5 mL，插入硫酸亚铁铵溶液(直至试管底部)内，慢慢放出 NaOH 溶液，观察产物的颜色和状态。摇荡试管，放置一段时间，观察现象，最后加入 2 mol · L^{-1} HCl 溶液，沉淀是否溶解？写出有关反应方程式。

2) 氢氧化钴(Ⅱ)的生成和性质

往两支分别盛有 5 滴 0.1 mol · L^{-1} $CoCl_2$ 溶液的试管中滴加 2 mol · L^{-1} NaOH 溶液，制得两份沉淀，观察产物的颜色和状态。一份静置一段时间，产物的颜色有何变化？往另一份沉淀中加入 2 mol · L^{-1} HCl 溶液，沉淀是否溶解？

3) 氢氧化镍(Ⅱ)的生成和性质

往两支分别盛有 5 滴 0.1 mol · L^{-1} $NiSO_4$ 溶液的试管中滴加 2 mol · L^{-1} NaOH 溶液，观察产物的颜色和状态。然后往一支试管中滴加 2 mol · L^{-1} HCl 溶液，观察沉淀是否溶解，将另一支放置一段时间，观察沉淀有何变化。

综合上述实验，说明氢氧化铁(Ⅱ)、氢氧化钴(Ⅱ)、氢氧化镍(Ⅱ)的稳定性。

2. 三价氢氧化物的生成和性质

1) 氢氧化铁(Ⅲ)的生成和性质

往盛有 5 滴 0.1 mol · L^{-1} $FeCl_3$ 溶液的试管中滴加 5 滴 2 mol · L^{-1} NaOH 溶液，观察产物的颜色和状态。然后加几滴 2 mol · L^{-1} HCl 溶液，沉淀是否溶解？

2) 氢氧化钴(Ⅲ)的生成和性质

往盛有 0.5 mL 0.1 mol · L^{-1} $CoCl_2$ 溶液的离心试管中加数滴氯水，再滴加 2 mol · L^{-1} NaOH 溶液，观察产物的颜色和状态。离心分离，沉淀用蒸馏水洗两次，然后往沉淀中加入 0.5 mL 浓 HCl 溶液，微热，有何变化？是否有氯气生成？

解释现象，写出反应方程式。

3）氢氧化镍(Ⅲ)的生成和性质

往盛有 0.5 mL 0.1 mol · L^{-1} $NiSO_4$ 溶液的离心试管中加入数滴氯水，再滴入 2 mol · L^{-1} NaOH 溶液，观察产物的颜色和状态。离心分离，沉淀用蒸馏水洗两次，然后往沉淀中加入 0.5 mL 浓 HCl 溶液，有何变化？检验气体产物，写出反应方程式。

综合上述实验，说明铁、钴、镍三价氢氧化物的颜色与二价氢氧化物有何不同；氢氧化铁(Ⅲ)、氢氧化钴(Ⅲ)、氢氧化镍(Ⅲ)的生成条件有何不同；在酸溶液中三价铁、三价钴与三价镍的氧化性有何不同。

3. 配合物的生成和性质

1）铁配合物的性质(Fe^{2+}、Fe^{3+} 的鉴定反应)

(1) 滕氏蓝的生成：往盛有 10 滴 0.1 mol · L^{-1} $FeSO_4$ 溶液的试管中加入 3 滴 0.1 mol · L^{-1} $K_3[Fe(CN)_6]$溶液。观察产物的颜色和状态，写出反应方程式。

(2) 普鲁士蓝的生成：往盛有 10 滴 0.1 mol · L^{-1} $FeCl_3$ 溶液的试管中加入 3 滴 0.1 mol · L^{-1} $K_4[Fe(CN)_6]$溶液。观察产物的颜色和状态，写出反应方程式。

(3) 往盛有 10 滴 0.1 mol · L^{-1} $FeSO_4$ 溶液的试管中加入几滴邻菲咯啉溶液，即生成橘红色配合物。

2）钴、镍配合物的生成和性质

(1) 往盛有 10 滴 0.1 mol · L^{-1} $CoCl_2$ 溶液的试管中加入少量 NH_4Cl 固体，然后逐滴加入 6 mol · L^{-1} $NH_3 \cdot H_2O$，振荡试管，观察产物的颜色。最后将溶液放置一段时间，观察溶液的颜色有何变化。试用 $K_{稳}$ 解释原因，并与不同价态的简单离子比较稳定性，得出结论。

$$CoCl_2 + NH_3 + H_2O = Co(OH)Cl \downarrow + NH_4Cl$$

$$Co(OH)Cl + 7NH_3 \cdot H_2O = [Co(NH_3)_6](OH)_2 + NH_4Cl + 6H_2O$$

$$2[Co(NH_3)_6](OH)_2 + 1/2O_2 + H_2O = 2[Co(NH_3)_6](OH)_3$$

(2) 往盛有 10 滴 0.1 mol · L^{-1} $NiSO_4$ 溶液的试管中逐滴加入 6 mol · L^{-1} $NH_3 \cdot H_2O$，并振荡试管，观察沉淀的颜色。再加入过量的 6 mol · L^{-1} $NH_3 \cdot H_2O$，观察产物的颜色。然后将溶液分成四份，往两份溶液中分别加入 2 mol · L^{-1} NaOH 溶液和2 mol · L^{-1} H_2SO_4 溶液，观察有何变化。将另一份溶液用水稀释，是否有沉淀产生？将最后一份溶液煮沸，观察有何变化。综合实验结果，说明镍氨配合物的稳定性。

$$2NiSO_4 + 2NH_3 + 2H_2O = Ni_2(OH)_2SO_4 \downarrow + (NH_4)_2SO_4$$

$$Ni_2(OH)_2SO_4 + (NH_4)_2SO_4 + 10NH_3 = 2[Ni(NH_3)_6]SO_4 + 2H_2O$$

$$[Ni(NH_3)_6]SO_4 + 3H_2SO_4 = NiSO_4 + 3(NH_4)_2SO_4$$

$$[Ni(NH_3)_6]SO_4 + 2NaOH = Ni(OH)_2\downarrow + Na_2SO_4 + 6NH_3\uparrow$$

$$2[Ni(NH_3)_6]SO_4 + 2H_2O = Ni_2(OH)_2SO_4\downarrow + 10NH_3\uparrow + (NH_4)_2SO_4$$

$$2[Ni(NH_3)_6]SO_4 + 2H_2O \xlongequal{\triangle} Ni_2(OH)_2SO_4\downarrow + 10NH_3\uparrow + (NH_4)_2SO_4$$

3）Co^{2+}、Ni^{2+}鉴定反应

（1）往盛有 10 滴 0.1 mol · L^{-1} $CoCl_2$ 溶液的试管中滴加饱和 NH_4NCS 溶液，即生成蓝色的$[Co(NCS)_4]^{2-}$。

若有 Fe^{3+}存在，蓝色会被血红色$[Fe(NCS)_6]^{3-}$干扰，这时可加入 NH_4F 固体，使 Fe^{3+}生成无色的 FeF_6^{3-}，以消除其干扰。

（2）在试管中加 10 滴 0.1 mol · L^{-1} $NiSO_4$ 溶液和 10 滴 3 mol · L^{-1} NH_4Ac 溶液，混匀后，再加入 10 滴丁二酮肟（又名二乙酰二肟）的乙醇溶液，即生成桃红色沉淀物二丁二肟合镍（Ⅱ）。

4）浓度对钴配合物生成的影响

（1）在小试管中加 4 滴 0.1 mol · L^{-1} $CoCl_2$ 溶液，逐滴加入浓 HCl，直到溶液颜色变蓝为止。用少量蒸馏水稀释直到溶液变红为止。再加浓 HCl 溶液又变蓝，再稀释，又变红。解释现象，写出配位平衡方程式。

*（2）加热上述红色溶液，溶液变蓝，稍冷片刻，再用水冷却，溶液颜色如何变化？可反复操作，观察现象。

4. 铁盐的氧化还原性

1）铁（Ⅱ）盐的还原性

往盛有 0.1 mol · L^{-1} $FeSO_4$ 溶液和 6 mol · L^{-1} H_2SO_4 溶液各 5 滴的试管中加几滴 0.01 mol · L^{-1} $KMnO_4$ 溶液，观察 $KMnO_4$ 溶液的颜色有何变化。解释现象，写出反应方程式。

2）铁（Ⅲ）盐的还原性

往盛有 5 滴 0.1 mol · L^{-1} $FeCl_3$ 溶液的试管中滴加 H_2S 水溶液，观察产物的颜色和状态。静置一段时间，往溶液中加几滴0.1 mol · L^{-1} $K_3[Fe(CN)_6]$溶液以检验反应产物中的 Fe^{2+}。解释现象，写出反应方程式。

五、思考题

（1）在碱性介质中氯水能将二价钴氧化成三价钴，而在酸性介质中三价钴又能将氯离子氧化成氯气，二者是否矛盾？为什么？

（2）为什么在碱性介质中二价铁极易被空气中的氧氧化成三价铁？

（3）解释下列现象：

① Fe^{3+}能将 I^-氧化成 I_2，而$[Fe(CN)_6]^{3-}$则不能；

② $[Fe(CN)_6]^{4-}$ 能将 I_2 还原成 I^-，而 Fe^{2+} 则不能。

(4) 混合液中含有 Fe^{3+}、Cr^{3+} 和 Ni^{2+}，试设计分离方案。

实验十七　铜、银、锌、镉、汞

一、实验目的

(1) 了解 Cu^{2+}、Ag^+、Zn^{2+}、Cd^{2+}、Hg^{2+}、Hg_2^{2+} 与 NaOH 和 $NH_3 \cdot H_2O$ 的反应。

(2) 了解上述离子的重要配合物及其性质。

(3) 了解 Cu(Ⅰ)和 Cu(Ⅱ)、Hg(Ⅰ)和 Hg(Ⅱ)的相互转化条件。

(4) 了解 Cu^{2+}、Ag^+、Zn^{2+}、Hg^{2+} 的鉴定反应。

二、实验原理

1. 硝酸汞与氨水的反应

硝酸汞与氨水反应，生成 $HgO \cdot NH_2HgNO_3$ 白色沉淀。

2. Cu(Ⅰ)与 Cu(Ⅱ)的相互转化

铜的电势图如下：

$$\varphi_A^{\ominus}/V \quad Cu^{2+} \xrightarrow{0.153} Cu^+ \xrightarrow{0.521} Cu$$

(1) Cu^+ 可歧化生成 Cu^{2+} 和 Cu，在溶液中不能存在。Cu(Ⅰ)只能存在于难溶的化合物(如 Cu_2O、Cu_2S、CuCl 等)或难解离的配合物{如 $[Cu(CN)_2]^-$ 等}中。

(2) 若使 Cu(Ⅱ)转变成 Cu(Ⅰ)，除加还原剂外，还应使 Cu(Ⅰ)生成难溶物或配合物。例如，在热的浓 HCl 或 NaCl-HCl 体系中，用 Cu 粉还原 $CuCl_2$，可得到 $[CuCl_2]^-$，用水稀释就得到难溶性的 CuCl：

$$Cu^{2+}(\text{蓝色}) + Cu + 4Cl^- \xlongequal{\triangle} 2[CuCl_2]^-(\text{无色})$$

$$2[CuCl_2]^- \xlongequal{\text{稀释}} 2CuCl\downarrow(\text{白色}) + 2Cl^-$$

总反应为

$$Cu^{2+} + Cu + 2Cl^- \xlongequal{} 2CuCl\downarrow$$

反应之所以能够进行，是因为在 $[CuCl_2]^-$ 或 CuCl 中，Cu^+ 浓度降低，使得 $\varphi^{\ominus}(Cu^{2+}/Cu^+)$ 升高，$\varphi^{\ominus}(Cu^+/Cu)$ 下降，最终使二者大小的顺序颠倒，反歧化反应得以进行。例如

$$\varphi_A^{\ominus}/V \quad Cu^{2+} \xrightarrow{0.51} CuCl \xrightarrow{0.17} Cu$$

3. Hg(Ⅰ)和 Hg(Ⅱ)的相互转化

汞的电势图如下：

$$\varphi_A^\ominus/V \quad Hg^{2+} \xrightarrow{0.920} Hg_2^{2+} \xrightarrow{0.7973} Hg$$

(1) Hg_2^{2+} 不会自动歧化，在溶液中能稳定存在，并且可用金属汞直接还原 Hg(Ⅱ)化合物来制备 Hg(Ⅰ)化合物。

(2) 使 Hg(Ⅰ)转变成 Hg(Ⅱ)，除可用氧化方法外，还可利用 Hg_2^{2+} 的歧化。当 Hg^{2+} 形成难溶物或难解离的配合物时，Hg^{2+} 的浓度降低，造成 φ 数值下降，当低于 0.7973 V 时，Hg_2^{2+} 歧化反应就能发生。例如

$$Hg_2Cl_2 + 2NH_3 \cdot H_2O \xlongequal{} Hg(NH_2)Cl\downarrow + Hg\downarrow + NH_4Cl + 2H_2O$$

$$2Hg_2(NO_3)_2 + 4NH_3 \cdot H_2O \xlongequal{} HgO \cdot NH_2HgNO_3\downarrow + 2Hg\downarrow + 3NH_4NO_3 + 3H_2O$$

$$Hg_2^{2+} + S^{2-} \xlongequal{} HgS\downarrow + Hg\downarrow$$

$$Hg_2^{2+} + 2OH^- \xlongequal{} HgO\downarrow + Hg\downarrow + H_2O$$

$$Hg_2I_2 + 2I^- \xlongequal{} [HgI_4]^{2-} + Hg$$

4. Cu^{2+}、Ag^+、Zn^{2+}、Hg^{2+} 的鉴定反应

Cu^{2+} 加黄血盐，生成红棕色沉淀：

$$2Cu^{2+} + [Fe(CN)_6]^{4-} \xlongequal{} Cu_2[Fe(CN)_6]\downarrow$$

Ag^+ 的鉴定见实验十一。

Zn^{2+} 强碱性介质中，加二苯硫腙，水层呈粉红色。

Cd^{2+} 滴加 H_2S 饱和溶液生成黄色沉淀：

$$Cd^{2+} + H_2S \xlongequal{} CdS\downarrow + 2H^+$$

Hg^{2+} 的鉴定见实验十四。

三、仪器和试剂

仪器：试管，离心试管，烧杯，煤气灯，点滴板，离心机等。

试剂：$CuSO_4$(0.1 mol·L^{-1})，$CuCl_2$(1 mol·L^{-1})，$ZnSO_4$(0.1 mol·L^{-1})，$AgNO_3$(0.1 mol·L^{-1})，$CdSO_4$(0.1 mol·L^{-1})，$Hg(NO_3)_2$(0.1 mol·L^{-1})，$Hg_2(NO_3)_2$ (0.1 mol·L^{-1})，$Na_2S_2O_3$(0.1 mol·L^{-1})，NH_4Cl(0.1 mol·L^{-1})，NaCl(0.1 mol·L^{-1}、饱和)，KBr(0.1 mol·L^{-1})，KI(0.1 mol·L^{-1})，H_2S (0.1 mol·L^{-1})，Na_2S (0.2 mol·L^{-1})，$Pb(NO_3)_2$(0.1 mol·L^{-1})，HCl(浓、2 mol·L^{-1}、6 mol·L^{-1})，$NH_3 \cdot H_2O$(2 mol·L^{-1}、6 mol·L^{-1})，NaOH(40%、2 mol·L^{-1}、6 mol·L^{-1})，$K_4[Fe(CN)_6]$，二苯硫腙，淀粉溶液，葡萄糖(10%)。

浓度均为 0.1 mol·L^{-1} Zn^{2+}、Cd^{2+}、Cu^{2+} 混合液；浓度均为 0.1 mol·L^{-1}

$AgNO_3$、$ZnSO_4$、$CdSO_4$、$Hg(NO_3)_2$、$Hg_2(NO_3)_2$ 溶液，分别贴标签为1～5。

四、实验内容

1. 氢氧化物的生成和性质

(1) 制备少量的 $Cu(OH)_2$ 沉淀，观察沉淀的颜色。将沉淀分盛于三支试管中，在一支试管中加 2 $mol \cdot L^{-1}$ HCl 溶液，一支试管中加 6 $mol \cdot L^{-1}$ NaOH 溶液，将另一支试管加热，观察现象，写出离子反应方程式，将加碱的试管保留作 Cu(Ⅰ)化合物的生成中 Cu_2O 的生成实验用。

(2) 制备 $Zn(OH)_2$ 沉淀，通过实验证明它是两性氢氧化物，观察现象，并写出离子反应方程式。

(3) 在四支试管中分别加入少量 $AgNO_3$、$CdSO_4$、$Hg(NO_3)_2$、$Hg_2(NO_3)_2$ 溶液，再分别滴加 2 $mol \cdot L^{-1}$ NaOH 溶液，观察每个沉淀的颜色。继续滴加过量 6 $mol \cdot L^{-1}$ NaOH 溶液，观察沉淀是否溶解，写出离子反应方程式。

根据实验结果对 Cu(Ⅱ)、Ag(Ⅰ)和 Hg(Ⅱ)氢氧化物的热稳定性做出结论。

2. 配合物的生成和性质

1) 氨合物的生成和性质

(1) 在三支试管中分别加入5滴 $CuSO_4$、$ZnSO_4$、$CdSO_4$ 溶液，再分别滴加10滴 2 $mol \cdot L^{-1}$ $NH_3 \cdot H_2O$（不要过量），观察沉淀的颜色。再继续加入过量的 6 $mol \cdot L^{-1}$ $NH_3 \cdot H_2O$，观察现象。写出离子反应方程式。保留 $[Cu(NH_3)_4]^{2+}$ 做下面实验用。

(2) 在两支试管中分别加入少量 $Hg(NO_3)_2$、$Hg_2(NO_3)_2$ 溶液，分别滴加 2 $mol \cdot L^{-1}$ $NH_3 \cdot H_2O$ 直至过量，观察现象，写出离子反应方程式。

(3) 取所制的 $[Cu(NH_3)_4]^{2+}$ 溶液分盛于三支试管，在一支试管中加入2滴 2 $mol \cdot L^{-1}$ NaOH 溶液，另一支试管中加入2滴 0.2 $mol \cdot L^{-1}$ Na_2S 溶液，第三支试管中逐滴加入 2 $mol \cdot L^{-1}$ HCl 溶液，观察现象，写出离子反应方程式。

2) 银的配合物

(1) 取少量 AgCl 沉淀，分盛于两支试管。在一支试管中加入 2 $mol \cdot L^{-1}$ $NH_3 \cdot H_2O$，另一支试管中加入 0.1 $mol \cdot L^{-1}$ $Na_2S_2O_3$ 溶液，观察 AgCl 沉淀的溶解情况，写出相应的离子反应方程式。

(2) 制取少量 AgBr 和 AgI 沉淀，按照上述实验方法，试验它们在 $NH_3 \cdot H_2O$ 和 $Na_2S_2O_3$ 溶液中的溶解情况，写出相应的离子反应方程式。

根据实验结果，对 AgX 的溶解情况做出结论。

3）汞的配合物

（1）取 2 滴（切勿多取）0.1 mol·L^{-1} $Hg(NO_3)_2$ 溶液，滴加几滴 0.1 mol·L^{-1} KI 溶液，观察沉淀的颜色，继续加入过量的 KI 溶液，观察现象，写出离子反应方程式。

（2）在上述所得到的溶液中加入数滴 40％NaOH 溶液，即制得奈斯勒试剂。

在点滴板上加 1 滴 NH_4Cl 溶液，再加 1～2 滴自制的奈斯勒试剂，观察现象，写出离子反应方程式。

（3）用 0.1 mol·L^{-1} $Hg_2(NO_3)_2$ 溶液做与（1）同样的实验，观察现象并写出离子反应方程式。比较实验（1）、（3），与 KI 反应时，$Hg(NO_3)_2$ 和 $Hg_2(NO_3)_2$ 有何不同？

3. Cu(Ⅰ)化合物的生成

1）CuCl 的生成和性质

（1）取少量 Cu 粉，加入 10 滴 1 mol·L^{-1} $CuCl_2$ 溶液、8 滴饱和 NaCl 溶液和 2 滴浓 HCl 溶液，小火加热至溶液近似无色，停止加热，将溶液全部倒入盛有约 50 mL水的小烧杯中（注意剩余的铜粉不要倒入烧杯），观察白色沉淀的生成。

（2）在两支试管中分别加入 2 mol·L^{-1} $NH_3·H_2O$ 和浓 HCl 溶液，用滴管排出空气后插入小烧杯底部吸取少量 CuCl 沉淀，再插入 $NH_3·H_2O$ 或浓 HCl 溶液底部后放出 CuCl，观察 CuCl 与 $NH_3·H_2O$ 或浓 HCl 溶液的反应，写出相应的离子反应方程式。

2）CuI 的生成

取 0.5 mL 0.1 mol·L^{-1} $CuSO_4$ 溶液，滴加 0.1 mol·L^{-1} KI 溶液，离心分离。取出 1 滴清液，用蒸馏水稀释后，加淀粉溶液检验溶液中是否有 I_2 生成。洗涤沉淀，观察沉淀的颜色，写出离子反应方程式。

3）Cu_2O 的生成

取 1 mL 制得的 $Na_2[Cu(OH)_4]$溶液，加入约 1 mL 10％葡萄糖溶液，振荡、微热，观察沉淀的颜色。医学上用此反应定性检查糖尿病。反应方程式如下：

$$2[Cu(OH)_4]^{2-} + C_6H_{12}O_6 = Cu_2O\downarrow + C_6H_{12}O_7 + 4OH^- + 2H_2O$$

五、思考题

（1）Cu(Ⅰ)和 Cu(Ⅱ)各自稳定存在和相互转化的条件是什么？

（2）CuCl 溶于 $NH_3·H_2O$（或浓 HCl）后生成的产物常呈蓝色（或黄色），为什么？

（3）为什么在 $CuSO_4$ 溶液中加入 KI 溶液能产生 CuI 沉淀，而加入 KCl 溶液却不能产生 CuCl 沉淀？

(4) 应该怎样配制和保存 $Hg_2(NO_3)_2$ 溶液?

实验十八 烃、醇、醛的性质及反应

一、实验目的

(1) 了解烃、醇和醛的氧化反应。

(2) 了解烃、醇和醛的加成反应。

(3) 了解烃的取代反应。

(4) 了解醇与醇、醇与盐酸的消去反应。

二、实验原理

1. 氧化反应

环己烷为饱和烃,环己烯为不饱和烃,前者为碳-碳单键,不能使 $KMnO_4$ 溶液褪色;后者因分子内含有碳-碳双键,性质活泼,在碱性介质中能将 MnO_4^- 还原成 MnO_4^{2-} 而使 $KMnO_4$ 溶液褪色。

芳香烃远不如不饱和烃(如烯烃、炔烃)活泼。例如,苯不能被 $KMnO_4$ 氧化而使 $KMnO_4$ 溶液褪色。但苯的同系物比苯活泼。例如,甲苯能被 $KMnO_4$ 氧化成苯甲酸:

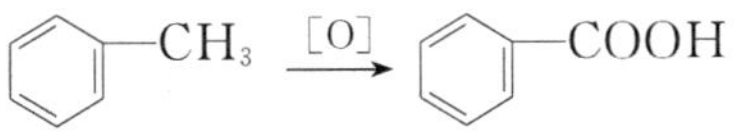

伯醇被氧化生成醛(醛若继续氧化可生成羧酸),仲醇被氧化则生成酮,叔醇在一般条件下不被氧化。

$$C_4H_9OH \xrightarrow{[O]} C_3H_7CHO \xrightarrow{[O]} C_3H_7COOH$$

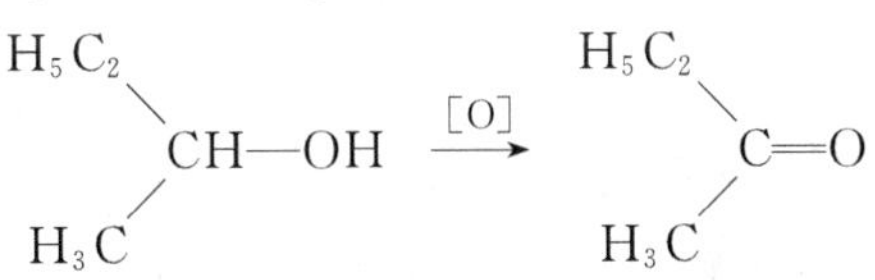

弱氧化剂只能使醛氧化而不能使酮氧化。常用弱氧化剂如土伦(Tollens)试剂(硝酸银的氨水溶液)和费林(Fehling)试剂(硫酸铜溶液与酒石酸钾钠的碱性溶液混合而成)作为醛的鉴定反应。前者与醛反应生成银镜(俗称"银镜反应"):

$$RCHO + 2AgNO_3 + 2NH_3 + H_2O \longrightarrow 2Ag\downarrow + RCOOH + 2NH_4NO_3$$

后者与醛反应生成红色氧化亚铜沉淀:

$$RCHO + 2Cu(OH)_2 \longrightarrow RCOOH + Cu_2O\downarrow + 2H_2O$$

2. 加成反应

饱和烃常温下不与溴反应,不饱和烃易与溴发生加成反应,使溴水褪色。

所有的醛或脂肪族甲基酮(CH_3COR)都可以与亚硫酸氢钠饱和溶液发生加成反应：

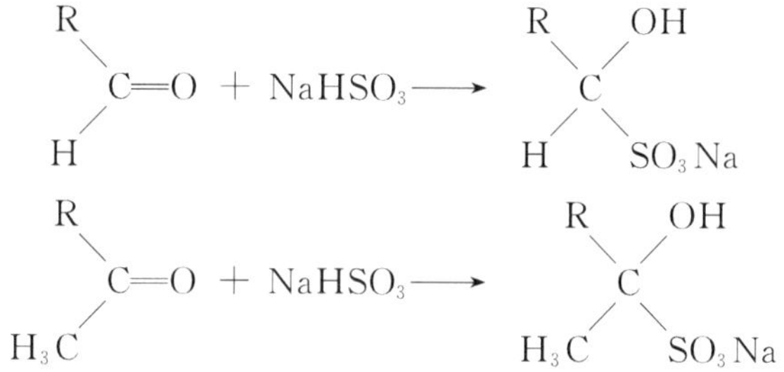

3. 取代反应

在无催化剂时，苯不能与溴发生取代反应。甲苯比苯活泼，当无催化剂存在时，在光或热的作用下可发生取代反应，生成苯溴甲烷：

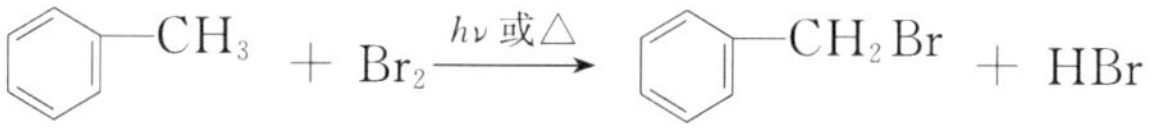

煤油的主要成分为脂肪烃，加热条件下也能与溴发生取代反应，生成的 HBr 可用玻璃棒沾浓氨水检验。

4. 消去反应

醇与醇在一定温度范围和浓硫酸的催化作用下，能脱水生成醚(发生消去反应)。

醇与盐酸在氯化锌的催化下能发生消去反应而生成氯代烃。由于氯代烃微溶于水，因而产生白色浑浊物。醇的活泼顺序是叔醇>仲醇>伯醇。

三、仪器和试剂

仪器：试管，试管夹，酒精灯，石棉铁丝网，量筒，滴管，烧杯，表面皿，移液管。

试剂：环己烷，环己烯，苯，甲苯，$KMnO_4$(0.01 mol·L^{-1})，NaOH(6 mol·L^{-1})，$NH_3 \cdot H_2O$(2 mol·L^{-1})，HCl(浓)，H_2SO_4(浓)，$AgNO_3$(2%)，$NaHSO_3$(饱和)，甲醛(5%)，乙醛(5%)，丙酮(5%、纯)，苯甲醛，煤油，伯丁醇(C_4H_9OH)，仲丁醇(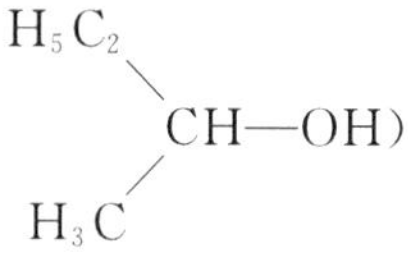)，叔丁醇(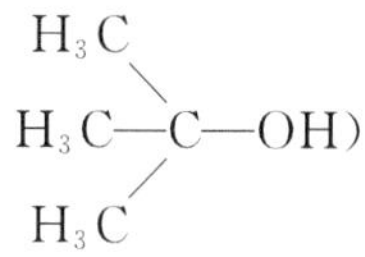)，乙醇，$CuSO_4 \cdot 5H_2O$，酒石酸钾钠($KNaC_4H_4O_6 \cdot 4H_2O$)，无水氯化锌，溴的 CCl_4 溶液。

四、实验内容

1. 氧化反应

1）不同烃类的氧化反应

取四支试管并编号，分别往试管中加入10滴环己烷(或环己烯、苯、甲苯)。另取一支试管，加入2 mL 0.01 mol·L^{-1} $KMnO_4$ 溶液和2 mL 6 mol·L^{-1} NaOH溶液，配成4 mL 0.005 mol·L^{-1}碱性 $KMnO_4$ 溶液。往上述盛有不同烃的四支试管中各加入1 mL此碱性 $KMnO_4$ 溶液。振荡试管，使两相充分接触，观察水溶液层的颜色变化。

2）不同丁醇(伯、仲、叔)的氧化反应

取三支试管，各加入2 mL 0.01 mol·L^{-1} $KMnO_4$ 溶液和1 mL去离子水，再分别加入2 mL伯丁醇(或仲丁醇、叔丁醇)。振荡试管，观察 $KMnO_4$ 溶液的颜色变化。

3）醛、酮的氧化反应

(1) 与土伦试剂作用：往洁净的试管中加入4 mL 2% $AgNO_3$ 溶液，然后加入1滴2 mol·L^{-1} NaOH溶液，边振荡试管边滴加2 moL·L^{-1} $NH_3 \cdot H_2O$，直到析出的氧化银沉淀恰好溶解为止。将这份银氨溶液分装到三支洁净的小试管中，再分别加入2～3滴5%甲醛、5%乙醛、5%丙酮的水溶液。摇荡后，将这三支试管放入50～60 ℃的水浴中温热几分钟，再观察有无银镜生成。

(2) 与费林试剂作用：往大试管中加入6 mL费林试剂，然后将其平均分装到三支小试管中，再分别加入5%甲醛、5%乙醛、5%丙酮的水溶液。振荡后，将三支试管放入沸水浴中加热3～5 min，注意观察颜色变化及有无红色沉淀生成。

2. 加成反应

1）不同烃类的加成反应

取两支试管，分别加入10滴环己烷或环己烯，再逐滴加入0.1 mol·L^{-1} Br_2 的 CCl_4 溶液，同时振荡试管，注意观察颜色的变化。

2）醛和酮的加成反应

取两支试管，各加入1 mL饱和 $NaHSO_3$ 溶液，再分别加入15滴纯丙酮或15滴苯甲醛的乙醇溶液并用力振荡，最后将试管放在冷水中冷却，观察加成产物为晶体析出。

3. 取代反应

取三支干燥试管，分别加入10滴煤油(或苯、甲苯)，然后各加入10滴含 Br_2

的 CCl_4 溶液，并将一端蘸有浓 $NH_3 \cdot H_2O$ 的玻璃棒伸入试管口，观察有何现象产生并观察溴的颜色是否消褪。

4. 消去反应

（1）醇与醇的消去反应：往试管中加入 1 mL 乙醇和 1 mL 浓 H_2SO_4，混合物用小火慢慢加热至沸，移开火焰，用手轻拂试管口，嗅闻有无乙醚的气味。然后加入 5～10 滴乙醇，再嗅闻有无乙醚的气味。

（2）取三支干燥试管，分别加入 1 mL 伯丁醇、仲丁醇、叔丁醇，然后各加入 10 mL卢卡斯（Lucas）试剂（配制方法：将 34 g 熔融的无水氯化锌溶于 23 mL 浓 HCl 溶液中，配制时需搅拌，并将容器浸入冰水浴中冷却，以防氯化氢逸出）。小心地振荡试管，静置相当时间，观察并比较是否有难溶氯代烃析出。

五、思考题

（1）为什么环己烯能被 $KMnO_4$ 氧化，而苯却不能？

（2）比较伯、仲、叔丁醇的结构式，它们在化学性质上有何不同？

（3）醛和酮在结构上有何不同？如何用化学方法鉴别？

实验十九　酚的性质

一、实验目的

（1）了解酚的酸性并比较其酸性强弱。

（2）了解酚的亲核取代反应和显色反应。

（3）了解酚醛树脂的制备和性质。

二、实验原理

由于酚的羟基直接与芳环相连，故酚的反应可以发生在羟基上，也可以发生在芳环上。酚羟基具有酸性，它的酸性比水强但比碳酸弱。苯环上连有基团后，大大地活化了苯环。它与溴水反应生成的白色沉淀 2,4,6-三溴苯酚可被过量的溴水氧化为黄色的 2,4,4,6-四溴环己二烯酮，后者与氢碘酸作用被还原为三溴苯酚，反应中释出的碘溶于苯中而呈紫色。

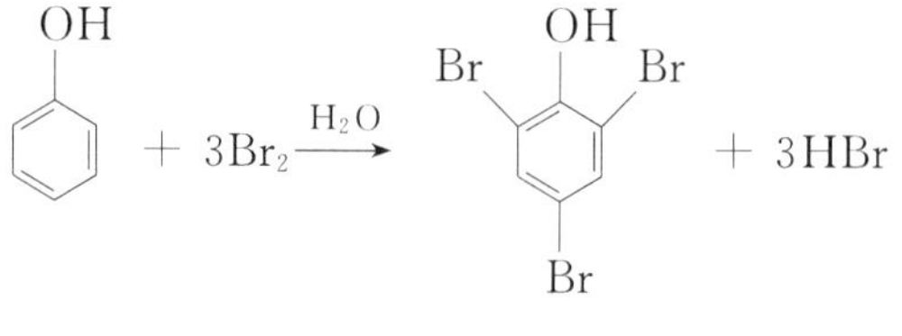

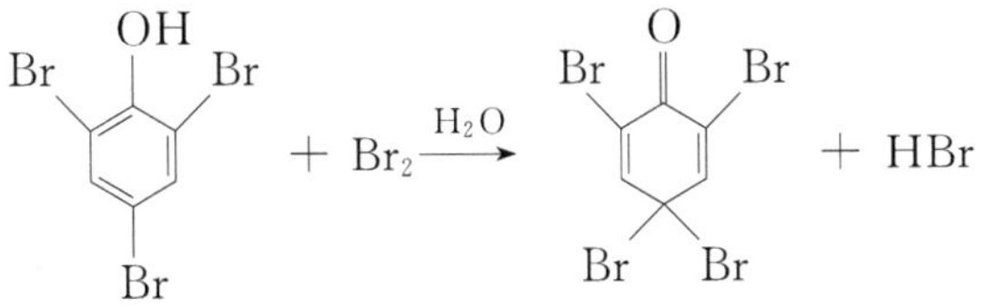

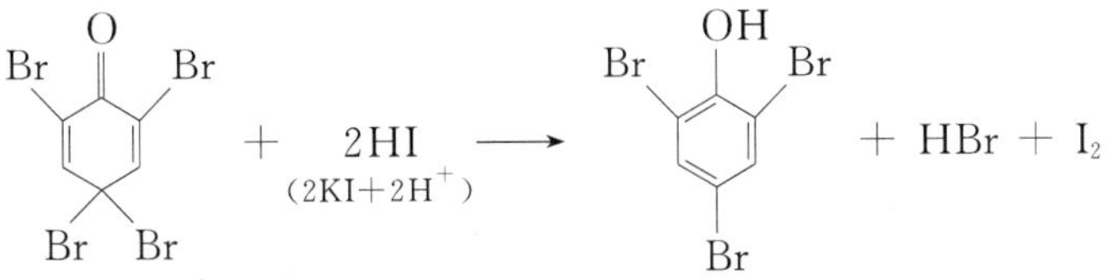

由于酚中有烯醇结构，它与 Fe^{3+} 发生显色反应。酚还可以与甲醛反应生成酚醛树脂。

三、仪器和试剂

仪器：试管，试管夹，酒精灯，石棉铁丝网，量筒，滴管，烧杯，表面皿，油浴锅。

试剂：苯酚、苯酚饱和水溶液、液体苯酚（94%），NaOH（5%），$NaHCO_3$（5%），苦味酸，溴水，KI（1%），苯，对苯二酚饱和水溶液，$FeCl_3$（1%），甲醛（36%），HCl（浓），乙醇，六次甲基四胺。

四、实验内容

1. 酚的酸性

（1）用玻璃棒分别蘸取苯酚和苦味酸的饱和水溶液，在蓝色石蕊试纸和刚果红试纸上检验它们的酸性。

（2）在三支小试管中各加入 0.1 g 苯酚，再分别加入 1 mL H_2O、5%NaOH 溶液、5%$NaHCO_3$ 溶液，振荡并观察比较。

（3）取少量苦味酸晶体，加入 1 mL 5%$NaHCO_3$ 溶液中，观察现象。

2. 酚与溴水的作用

（1）在试管中加入 2～3 滴苯酚的饱和水溶液和 1 mL H_2O，再滴加饱和溴水，并不断振荡，直到析出的白色沉淀变为淡黄色为止。将混合物煮沸 1～2 min，以除去过量的溴。放置冷却后，沉淀又析出。向冷的混合液中滴加 1% KI 溶液，再加 1 mL 苯，用力振荡，观察现象。

（2）在试管加入 1 mL 对苯二酚的饱和水溶液，再加入 1 mL 饱和溴水，观察发生的变化。放置 10 min 后，再观察有什么变化。

3. 酚与三氯化铁的作用

（1）取 0.5 mL 苯酚的饱和水溶液，加入 1 mL H_2O，再滴加 3～4 滴 1%$FeCl_3$

溶液，观察现象。

(2) 在试管中加入 0.5 mL 对苯二酚的饱和水溶液，再加几滴 1% $FeCl_3$ 溶液，观察溶液颜色的变化。放置片刻后再观察。

继续往试管中滴加 $FeCl_3$ 溶液，同时充分摇荡，一直加到墨绿色的沉淀消失为止。如果再加入 0.5 mL 对苯酚的饱和水溶液，则立刻又生成大量墨绿色沉淀。

4. 苯酚-甲醛树脂的生成

在大试管中加入 3 mL 94% 液体苯酚和 2 mL 36% 甲醛水溶液，混合均匀后，再加 4 滴浓 HCl。取一个合适的单孔软木塞，插一根长约 30 cm 的玻璃管，把软木塞塞入试管口。把试管放在沸水浴中加热 20 min，同时间歇地加以振荡。然后用水冷却试管，这时下层树脂凝成黏稠的物质。倾去上层的水，再用冷水将试管内的树脂洗涤几次，用玻璃棒取出少量树脂，观察其外貌，并且试验它在热乙醇中是否溶解。

称取 0.3 g 六次甲基四胺，加到试管中湿的树脂上。重新装上带玻璃管的软木塞，放在 120 ℃左右的油浴中加热 20 min，在开始一段时间内稍加振荡。试管中的树脂逐渐硬化成黄色的硬块，冷却后用玻璃棒或铁丝将其从试管中钩出来。用镊子夹取一小块硬化了的树脂，放在灯焰上加热，观察它的变化。将少量树脂研碎，试验它在热乙醇中是否溶解。

五、思考题

(1) 哪些事实说明苦味酸的酸性比苯酚强？苦味酸与氢氧化钠是否发生反应？

(2) 能否再举出三种与三氯化铁有颜色反应的化合物？

实验二十　羧酸及羧酸衍生物的性质

一、实验目的

(1) 了解羧酸衍生物的水解反应。

(2) 了解羧酸的酯化反应及其衍生物的醇解反应。

(3) 了解羧酸衍生物与盐酸羟胺生成异羟肟酸的反应。

二、实验原理

羧酸可与醇反应生成酯。羧酸衍生物与 H_2O、醇等发生水解、醇解等反应，生成羧酸及相应产物。它们的反应活性次序为酰卤＞酸酐＞酯＞酰胺，故水解和醇解的反应条件均有较大差异。通过本实验可考察羧酸成酯反应情况和羧酸衍生物水解、醇解的产物及其反应活性。

$$CH_3\overset{\overset{O}{\|}}{C}OH + CH_3CH_2OH \rightleftharpoons CH_3\overset{\overset{O}{\|}}{C}OCH_2CH_3 + H_2O$$

$$CH_3\overset{\overset{O}{\|}}{C}Cl + H_2O \rightleftharpoons CH_3\overset{\overset{O}{\|}}{C}OH + HCl$$

$$CH_3\overset{\overset{O}{\|}}{C}O\overset{\overset{O}{\|}}{C}CH_3 + H_2O \rightleftharpoons 2CH_3\overset{\overset{O}{\|}}{C}OH$$

$$CH_3\overset{\overset{O}{\|}}{C}NH_2 + H_2O \rightleftharpoons CH_3\overset{\overset{O}{\|}}{C}OH + NH_3$$

$$CH_3\overset{\overset{O}{\|}}{C}Cl + CH_3CH_2OH \rightleftharpoons CH_3\overset{\overset{O}{\|}}{C}OCH_2CH_3 + HCl$$

$$CH_3\overset{\overset{O}{\|}}{C}O\overset{\overset{O}{\|}}{C}CH_3 + CH_3CH_2OH \rightleftharpoons CH_3\overset{\overset{O}{\|}}{C}OCH_2CH_3 + CH_3\overset{\overset{O}{\|}}{C}OH$$

三、仪器和试剂

仪器：试管，试管夹，酒精灯，石棉铁丝网，量筒，滴管，烧杯，表面皿。

试剂：乙酰氯（CH_3COCl），$AgNO_3$（2%），乙酐（$CH_3COOCOCH_3$），H_2SO_4（6 mol·L^{-1}），NaOH（6 mol·L^{-1}），乙酰胺（CH_3CONH_2），C_2H_5OH，Na_2CO_3（饱和），盐酸羟胺乙醇溶液（0.5 mol·L^{-1}），HCl（5%），$FeCl_3$（1%），蒸馏水，冰醋酸。

四、实验内容

1. 羧酸衍生物与水的反应

1）乙酰氯与水的作用

在试管中加入 1 mL 蒸馏水，加 3 滴乙酰氯，轻轻摇动，观察现象。让试管冷却，加入 1～2 滴 2%$AgNO_3$ 溶液，观察现象。

2）乙酐与水的作用

在试管中加入 1 mL 蒸馏水，加 3 滴乙酐。乙酐不溶于水，呈珠粒状沉于管底。把试管略微加热，乙酐与水作用，观察现象。

3）乙酸乙酯的水解

在三支试管中各加 1 mL 乙酸乙酯和 1 mL 水。然后在一支试管中加 1 mL 6 mol·L^{-1} H_2SO_4 溶液，在另一支试管中加 1 mL 6 mol·L^{-1} NaOH 溶液。把三支试管同时放入 70～80 ℃的水浴中，一边摇动，一边观察，比较三支试管中酯层消失的速度。

4）酰胺的水解

（1）碱性水解：在试管中加入 0.5 g 乙酰胺和 3 mL 6 mol · L^{-1} NaOH 溶液，煮沸，嗅闻有何气味。

（2）酸性水解：在试管中加入 0.5 g 乙酰胺和 3 mL 6 mol · L^{-1} H_2SO_4 溶液，煮沸，嗅闻有何气味。

2. 羧酸及其衍生物与醇的作用

1）乙酰氯与醇的作用

在试管中加 1 mL C_2H_5OH，一边摇动一边慢慢地滴加 1 mL 乙酰氯，让试管冷却，慢慢地加入 2 mL 饱和 Na_2CO_3 溶液，同时轻微地振荡。静置后，观察现象。

2）乙酐与醇的作用

在试管中加入 2 mL C_2H_5OH 和 1 mL 乙酐，混合后加 1 滴浓 H_2SO_4，振荡。这时反应混合物逐渐发热，直至沸腾，然后冷却，慢慢地加入2 mL饱和 Na_2CO_3 溶液，同时轻微地振荡，静置后，观察现象。

3）乙酸与乙醇的作用(酯化反应)

在两支干燥的试管中各加入 2 mL C_2H_5OH 和 2 mL 冰醋酸。混合均匀后，在一支试管中加 5 滴浓 H_2SO_4 溶液。把两支试管同时放入 70～80 ℃的水浴中加热，并时常摇动。10 min 后，取出试管，用冷水浴冷却，再滴加 2 mL 饱和 Na_2CO_3 溶液。静置，观察两支试管有什么差别。

3. 异羧肟酸实验

在三支试管中各加入 1 mL 0.5 mol · L^{-1}盐酸羧胺乙醇溶液，分别加入 1 滴乙酸乙酯、1 滴乙酰氯和 1 滴乙酐样品，再各加入几滴 6 mol · L^{-1}NaOH 溶液使它呈碱性，煮沸。冷却后用 5％HCl 酸化，再加 1 滴 1％$FeCl_3$ 溶液，观察三支试管是否有红色或紫红色出现。

五、思考题

（1）为什么乙醇与乙酰氯作用要一边摇动一边慢慢地滴加乙酰氯？

（2）羧酸能否直接与盐酸羧胺反应生成异羟肟酸？

实验二十一　糖　　类

一、实验目的

（1）了解糖类的类别和结构特征。

(2) 了解单糖(葡萄糖和果糖)、二糖(麦芽糖和蔗糖)的主要化学性质。

(3) 了解淀粉和纤维素的性质。

二、实验原理

糖类也称为碳水化合物,是指多羟基醛或多羟基酮以及它们的缩合物,通常分为单糖(如葡萄糖、果糖)、二糖(如麦芽糖、蔗糖)和多糖(如淀粉、纤维素)。

单糖分子中具有半缩醛(酮)结构,能还原费林试剂、银氨溶液等,称为还原糖。二糖则由于两个单糖的结合方式不同而分为两种。麦芽糖、乳糖等二糖分子中有一个半缩醛,属于还原糖;而蔗糖分子中没有半缩醛结构,属于非还原糖。还原糖和过量的苯肼反应生成脎。葡萄糖和果糖的结构不同,却能生成同一个脎;但是,由于反应速率不同,析出糖脎的时间也不同,可以据此来加以区别和进行鉴定。淀粉和纤维素均无还原性,它们在酸的作用下水解,生成葡萄糖。

淀粉遇碘显蓝色,这是鉴定淀粉的一个很灵敏的方法。

纤维素分子中含有多个羟基,能与酸或酸酐作用,制备工业上有广泛用途的纤维素硝酸酯和乙酸酯。

三、仪器和试剂

仪器:试管,试管夹,酒精灯,石棉铁丝网,量筒,滴管,烧杯,表面皿,油浴锅。

试剂:淀粉(1%),葡萄糖(5%),果糖(5%),麦芽糖(5%),蔗糖(5%),$AgNO_3$(2%),NaOH(5%),氯水(2%),碘溶液,H_2SO_4(浓、70%、6 $mol \cdot L^{-1}$),Na_2CO_3(5%),淀粉浆,银氨溶液,脱脂棉,HCl(稀),HNO_3(浓),乙醇,乙醚。

费林试剂Ⅰ:将 34.6 g $CuSO_4 \cdot 5H_2O$ 溶于 500 mL 蒸馏水中,加 0.5 mL 浓 H_2SO_4,混合均匀。

费林试剂Ⅱ:将 173 g 酒石酸钾钠晶体($KNaC_4H_4O_6 \cdot 4H_2O$)和 70 g NaOH 溶于 500 mL 蒸馏水中。

苯肼试剂:5 mL 苯肼溶于 50 mL 10%乙酸溶液中,再加入 0.5 g 活性炭,搅拌后过滤。滤液保存于棕色试剂瓶中。苯肼试剂放置过久会失效。苯肼有毒,取用时切勿与皮肤接触。

四、实验内容

1. 糖的还原性

1) 与费林试剂作用

在大试管中将费林试剂Ⅰ和费林试剂Ⅱ各 5 mL 混合均匀,将混合液平均分装到五支试管中。在五支试管中分别加入 10 滴 1%淀粉、5%葡萄糖、5%果糖、

5%麦芽糖和5%蔗糖溶液，振荡均匀后，将试管放入沸水浴中加热3～5 min。观察各试管的现象。

2）与银氨溶液作用(银镜反应)

在大试管中放入5 mL 2% $AgNO_3$ 溶液，加1滴5%NaOH溶液，然后一边振荡试管，一边滴加2%氨水，直到起初生成的氧化银沉淀恰好溶解为止。将此溶液分装到四支洁净的小试管中，再分别加入5滴5%葡萄糖、5%果糖、5%麦芽糖和5%蔗糖溶液。振荡均匀后，将试管放入50～60 ℃的水浴中加热。观察各试管的现象。

3）与碘溶液作用

在两支小试管中分别放入3 mL 5%葡萄糖和5%果糖溶液。每支试管中各滴加10滴碘溶液，然后各滴加5%NaOH溶液至颜色褪去为止。放置7～8 min后，各滴加10滴6 $mol \cdot L^{-1}$ H_2SO_4 溶液。观察两试管的现象。

2. 脎的生成

在四支试管中分别放入2 mL 5%葡萄糖、5%果糖、5%麦芽糖和5%蔗糖溶液，再各加入1 mL苯肼试剂，混合均匀。将试管放入沸水浴中加热。记录各试管中黄色沉淀出现的时间。0.5 h后，取出试管放置冷却，注意观察尚未出现沉淀的试管。

3. 二糖的水解

在两支试管中各放入4 mL 5%蔗糖溶液，向其中一支加入2滴6 $mol \cdot L^{-1}$ H_2SO_4 溶液，混合均匀。将两支试管放入沸水浴中加热10～15 min。取出冷却后，将加酸的一支用5% Na_2CO_3 溶液中和到无气泡放出为止。用每支试管中的溶液与费林试剂或银氨溶液进行反应，观察现象。

4. 多糖

1）淀粉与碘的反应

取2～3 mL 1%淀粉溶液，加入1滴碘溶液，观察现象。将其加热，有什么变化？再放冷，又有什么变化？

2）淀粉的水解

在小锥形瓶中放入40～50 mL淀粉溶液，加入1 mL 6 $mol \cdot L^{-1}$ H_2SO_4 溶液，煮沸1～10 min，直到反应液对碘溶液无颜色反应为止。再煮几分钟放冷。加入5% Na_2CO_3 溶液，中和到无气泡放出为止。用此溶液，按步骤1)实验，观察现象。

5. 用酸溶解和水解纤维素

在大试管中放 7～8 mL 70% H_2SO_4 溶液，加入一块滤纸或脱脂棉，搅拌 1～2 min，观察现象。将所得溶液的一半倒入 5 倍体积的水中，观察现象。

6. 硝酸纤维素的制备及其性质

取 2 mL 浓 HNO_3 溶液放入大试管中，在不断搅拌下加入 4 mL 浓 H_2SO_4。放冷后将一块脱脂棉加入混酸中，然后在 60～70 ℃水浴中加热搅拌 5 min。取出硝化棉，用水充分洗涤以除去酸，然后尽量挤去水分，放在表面皿中，在沸水浴上烘干。

将制得的硝化棉分成两份：一份用镊子夹住放入灯焰中，观察其燃烧情况与未硝化的棉花有什么不同；另一份放入 1～2 mL 体积比为 1∶3 的乙醇和乙醚混合液中，观察现象。

五、思考题

(1) 单糖与多糖的结构和性质有哪些主要差异？
(2) 纤维素与 HNO_3 反应可生成哪几种类型的酯？

实验二十二　糖的重要性质与鉴定

一、实验目的

(1) 了解糖的重要性质。
(2) 学习几种常用的鉴定糖类还原性的方法及其原理。

二、实验原理

糖是一大类多羟基醛(酮)及其缩合物的简称，通常称为糖类化合物，习惯上称为碳水化合物。它可分为单糖、低聚糖(双糖、叁糖等)和多糖。多糖属于高分子范畴，与单糖、低聚糖在性质上差异较大。

由于糖类分子中含有自由的或潜在的醛基或酮基，故在碱性溶液中能将铜、铋、汞、铁、银等金属离子还原，同时糖类本身被氧化成糖酸及其他产物。糖类这种性质通常被用于检测糖的还原性及还原糖的定量测定。

本实验进行糖类的还原作用，所用的费林试剂和本尼迪克特(Benedict)试剂都是含有 Cu^{2+} 的碱性溶液，能使还原糖氧化而本身被还原成红色或黄色的 Cu_2O 沉淀。生成 Cu_2O 沉淀的颜色之所以不同是由于在不同条件下产生的沉淀颗粒大小不同，颗粒越小呈黄色，越大则呈红色。当有保护性胶体存在时，常生成黄色沉淀。

三、仪器和试剂

仪器：容量瓶(50 mL、100 mL)，烧杯(200 mL)，试管，试管夹，酒精灯，铁架，水浴。

试剂：葡萄糖溶液(3.1%)，果糖溶液(4.1%)，蔗糖溶液(5.1%)，麦芽糖溶液(6.1%)，淀粉溶液(7.1%)，α-萘酚乙醇溶液，硫酸(浓)，苯肼盐酸盐溶液，乙酸钠溶液，间苯二酚-盐酸试剂。

土伦试剂：在 50 mL 容量瓶中放入 10 mL 去离子水，加入 0.175 g $AgNO_3$ 使之溶解。慢慢加入 2.5 mL 氢氧化钠溶液，即产生大量沉淀。逐滴加入氨水直至沉淀完全溶解，溶液完全透明。用去离子水稀释至 50 mL。

费林试剂：

甲液(硫酸铜溶液)：称取 6.9 g 硫酸铜($CuSO_4.5H_2O$)于 100 mL 容量瓶，用蒸馏水定容。

乙液(碱性酒石酸盐溶液)：称取 25 g 氢氧化钠和 27.5 g 酒石酸钾钠于 100 mL容量瓶，用蒸馏水定容(为了避免变质，甲、乙二液分开保存。用前，将甲、乙二液等量混合即可)。

本尼迪克特试剂：称取 17.3 g 柠檬酸钠及 10 g 碳酸钠($Na_2CO_3 \cdot H_2O$)加入 60 mL 蒸馏水中，加热使其溶解，冷却。另称取 1.73 g 硫酸铜溶于 15 mL 热蒸馏水中，冷却。最后，将硫酸铜溶液慢慢加入柠檬酸钠-碳酸钠溶液中，边加边搅拌，混匀，转移于 100 mL 容量瓶，用蒸馏水定容(如有沉淀，过滤后储于试剂瓶中可长期使用)。

四、实验内容

1. 莫力许实验

分别取 0.5 mL 葡萄糖、果糖、蔗糖、麦芽糖、淀粉水溶液装入试管，加入 2 滴 α-萘酚乙醇溶液，将试管倾斜，沿管壁缓缓倒入浓硫酸，不要摇动。浓硫酸与糖溶液明显分为两层。观察界面有何现象。有紫色环出现为糖类的正性反应。若数分钟内无颜色变化，可用水浴温热再进行观察。

2. 土伦实验

在五支试管中各加 1 mL 土伦试剂，再分别加入葡萄糖、果糖、蔗糖、麦芽糖、淀粉水溶液，在 50～60 ℃水浴中温热，观察现象。有银镜生成为正性反应，说明该糖是还原糖。

3. 费林实验

分别在五支试管中加入费林试剂甲液、乙液各 0.5 mL,混合并在水浴中温热后,分别加入 5 滴葡萄糖、果糖、蔗糖、麦芽糖、淀粉水溶液,振荡,继续加热,观察现象。有砖红色氧化亚铜沉淀甚至铜镜生成为正性反应,说明该糖是还原糖。

4. 本尼迪克特实验

用本尼迪克特试剂代替费林试剂做上述实验。观察现象。正性结果与费林试剂相同。

5. 糖脎实验

在五支试管中各加入 1 mL 葡萄糖、果糖、蔗糖、麦芽糖、淀粉水溶液,再分别加入苯肼盐酸盐溶液与乙酸钠溶液各 0.5 mL,沸水浴中加热并不断振荡,观察现象。生成糖脎结晶是正性反应,说明该糖是还原糖。葡萄糖成脎反应速率快,果糖成脎反应速率慢,因此可由反应速率予以鉴别。若加热 20 min 后仍无晶体析出,取出试管,冷却观察,可用显微镜观察各种糖脎晶形。

6. 西里瓦诺夫实验

在五支试管中各加入间苯二酚-盐酸试剂各 1 mL,再分别滴入 2 滴葡萄糖、果糖、蔗糖、麦芽糖、淀粉水溶液,混匀后在沸水浴中加热 1 min,观察现象。生成鲜红色为正性反应,是酮糖的特殊反应。

将实验结果记录如下:

实验＼现象＼溶液	葡萄糖溶液	果糖溶液	蔗糖溶液	麦芽糖溶液	淀粉溶液
莫力许实验					
土伦实验					
费林实验					
本尼迪克特实验					
糖脎实验					
西里瓦诺夫实验					

五、思考题

(1) 费林实验和本尼迪克特实验检验糖的原理是什么?

(2) 试比较费林实验和本尼迪克特实验的特点。

4.2 物理化学量的测量

实验二十三 纯液体饱和蒸气压的测定

一、实验目的

(1) 用平衡管测定不同温度下液体的饱和蒸气压。

(2) 了解纯液体的饱和蒸气压与温度的关系。克劳修斯-克拉贝龙(Clausius-Clapeyron)方程的意义,并学会由图解法求其平均摩尔气化热和正常沸点。

二、实验原理

在通常温度下(距离临界温度较远时),纯液体与其蒸气达平衡时的蒸气压称为该温度下液体的饱和蒸气压,简称蒸气压。蒸发 1 mol 液体所吸收的热量称为该温度下液体的摩尔气化热。

液体的蒸气压随温度而变化,温度升高时,蒸气压增大;温度降低时,蒸气压降低。这主要与分子的动能有关。当蒸气压等于外界压力时,液体沸腾,此时的温度称为沸点,外压不同时,液体沸点将相应改变,当外压为 $p^\ominus$(101.325 kPa)时,液体的沸点称为该液体的正常沸点。

液体的饱和蒸气压与温度的关系用克劳修斯-克拉贝龙方程表示:

$$\frac{\mathrm{d}\ln p}{\mathrm{d}T}=\frac{\Delta_{\text{vap}}H_{\text{m}}}{RT^2} \tag{1}$$

式中,R 为摩尔气体常量;T 为热力学温度;$\Delta_{\text{vap}}H_{\text{m}}$ 为在温度 T 时纯液体的摩尔气化热。

假定 $\Delta_{\text{vap}}H_{\text{m}}$ 与温度无关,或因温度范围较小,$\Delta_{\text{vap}}H_{\text{m}}$ 可以近似作为常数,积分式(1),得

$$\ln p=-\frac{\Delta_{\text{vap}}H_{\text{m}}}{R}\ \frac{1}{T}+C \tag{2}$$

式中,C 为积分常数。由式(2)可以看出,以 $\ln p$ 对 $\frac{1}{T}$ 作图,应为一直线,直线的斜率为 $-\frac{\Delta_{\text{vap}}H_{\text{m}}}{R}$,由斜率可求算液体的 $\Delta_{\text{vap}}H_{\text{m}}$。

测定液体饱和蒸气压的方法很多。本实验采用静态法,是在某一温度下直接

测量饱和蒸气压,此法一般适用于蒸气压较大的液体。实验所用仪器是纯液体饱和蒸气压测定装置,如图 4－6 所示。

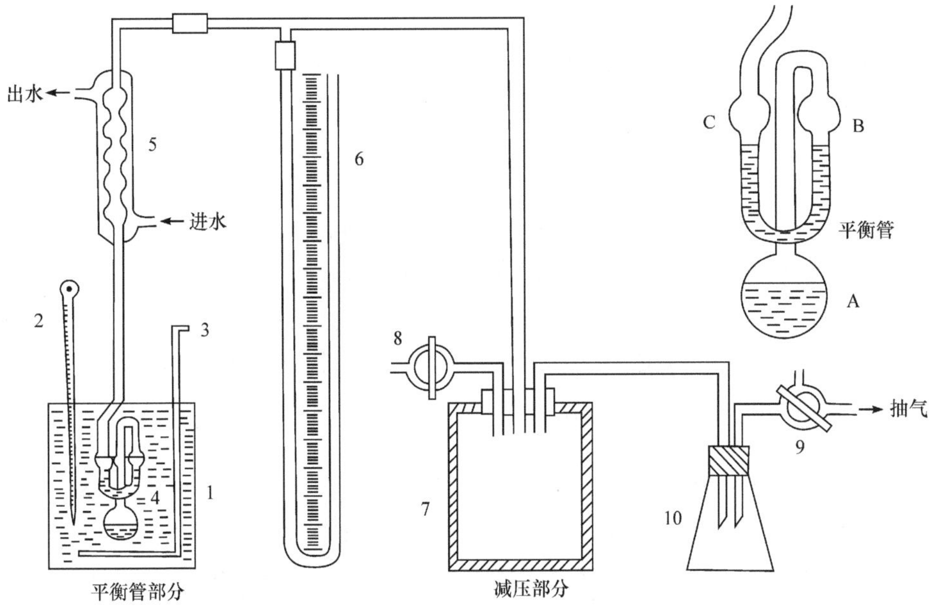

图 4－6　纯液体饱和蒸气压测定装置

1-恒温水浴;2-温度计;3-搅拌;4-平衡管;5-冷凝管;6-水银压力计;7-缓冲瓶;8-进气活塞;9-三通活塞;10-安全瓶

平衡管由 A 球和 U 形管 B、C 组成。平衡管上接一冷凝管,以橡皮管与压力计相连。A 内装待测液体,当 A 球的液面上纯粹是待测液体的蒸气,而 B 管与 C 管的液面处于同一水平时,则表示 B 管液面上的蒸气压力(A 球液面上的蒸气压)与加在 C 管液面上的外压相等。此时,系统气、液两相平衡的温度称为液体在此外压下的沸点。用当时的大气压减去压力计两水银面的高度差即为该温度下液体的饱和蒸气压。

用静态法测量不同温度下纯液体饱和蒸气压的实验方法有升温法和降温法两种。

三、仪器和试剂

仪器:纯液体饱和蒸气压测定装置,放大镜(×5),直尺。

试剂:蒸馏水,乙醇或乙酸乙酯。

四、实验内容

1. 安装仪器装置

按图 4-6 连接装置。将待测液体装入平衡管中，A 球约 2/3 体积，B 和 C 管各 1/2 体积，然后按图安装各部分。

2. 系统气密性检查

关闭进气活塞，旋转三通活塞使系统与真空泵连通，开动真空泵，抽气减压至水银压力计两臂水银面压差为 53 kPa(40 mmHg①)时，关闭三通活塞，使系统与真空泵、大气均不通。观察 U 形水银压力计的一臂水银面高度，如水银面高度能在数分钟内维持不变，则表明系统不漏气。否则应逐段检查，消除漏气原因。

3. 排除 AB 弯管空间内的空气

AB 弯管空间内的压力包括两部分：一部分是待测液的蒸气压；另一部分是空气的压力。测定时，必须将其中的空气排除后，才能保证 B 管液面上的压力为液体的蒸气压，排除方法如下：先将恒温槽温度调至第一个温度值(一般比室温高 2 ℃左右)接通冷凝水，抽气降压至液体轻微沸腾，此时 AB 弯管内的空气不断随蒸气经 C 管逸出，如此沸腾数分钟，可认为空气被排除干净。

4. 饱和蒸气压的测定

当空气被排除干净，且系统温度恒定后，打开进气活塞缓缓放入空气(切不可太快，以免空气倒灌入 AB 弯管中，如果发生空气倒灌，则须重新排除空气)，直至 B 管、C 管中液面平齐，关闭进气活塞，立即记录温度与水银压力计两臂水银面的压差(如果放入空气过多，C 管中液面低于 B 管的液面，需抽气，再调平齐)。

然后将恒温槽温度升高 3～5 ℃，因温度升高后，液体的饱和蒸气压增大，液体会不断沸腾。为了避免 B、C 管中液体大量蒸发，应随时打开进气活塞缓缓放入少量空气，保持 C 管中液面平静，无气泡冒出。当体系温度恒定后，再次放入空气使 B、C 管液面平齐，记录温度和压差。然后依次每升高 3～5 ℃测定一次压差，总共测七八个值。

五、数据处理

(1) 数据记录表。

---

① mmHg 为非法定单位，1 mmHg=1.333 22×10^2 Pa。

大气压 $p=$________ kPa　室温________℃

U 形水银压力计		$t_{测}$/℃
$h_{左}$/kPa	$h_{右}$/kPa	

(2) 若用乙醇，绘出乙醇的蒸气压温度曲线，并求出指定温度下的温度系数 $\frac{dp}{dT}$。

(3) 以 $\ln p$ 对 $\frac{1}{T}$ 作图，求出直线的斜率，并由斜率算出此温度间隔内乙醇的平均摩尔气化热 $\Delta_{vap}H_m$，通过图求算乙醇的正常沸点。

六、思考题

(1) 为什么 AB 弯管中的空气要排除干净？怎样操作？怎样防止空气倒灌？

(2) 何时读取 U 形水银压力计两臂的压差数值？所读数值是否为纯水的饱和蒸气压？

(3) 引起本实验误差的因素有哪些？

实验二十四　摩尔气体常量的测定

一、实验目的

(1) 了解分析天平的基本构造，掌握正确的称量方法。

(2) 学习摩尔气体常量测定的一种方法，掌握理想气体状态方程和分压定律的应用。

(3) 掌握有效数字的基本知识。

二、实验原理

在理想气体状态方程 $pV=nRT$ 中，若能通过实验测定 p、V、n、T，则可计算出摩尔气体常量 R。

本实验通过金属铝置换盐酸中的氢气产生量测定 R 值，其反应方程式为

$$2Al+6HCl \xlongequal{} 2AlCl_3+3H_2\uparrow$$

称取一定量的铝与过量盐酸反应，在一定的温度和压力下，测量被置换出来的氢气的物质的量。实验时的温度与压力可分别由温度计和压力计测得。由于氢气是在水面上收集的，所以在氢气中混有饱和水蒸气。查出该温度下水的饱和蒸气

压，根据分压定律，有

$$p = p(H_2) + p(H_2O)$$

$$p(H_2) = p - p(H_2O)$$

将各项数据代入气体状态方程，即可求出 R 值：

$$R = \frac{p(H_2)V(H_2)}{n(H_2)T}$$

利用此法也可以测定在一定温度和标准状态下气体的摩尔体积和金属的摩尔质量等。

三、仪器和试剂

仪器：托盘天平，分析天平，摩尔气体常量的测定装置，搅拌棒，滴管，洗瓶，烧杯，量筒，表面皿。

试剂：铝箔，HCl(8 mol · L^{-1})。

四、实验内容

1. 样品称量

(1) 粗称一个表面皿的质量，然后在分析天平上准确称量。称量后将砝码质量、环码质量及光幕上标尺的读数及时记录在实验记录本上，称量误差不得超过 0.2 mg。

(2) 取 25～30 mg 的一块铝箔放在已知质量的表面皿中，准确称取铝箔和表面皿的总质量，两次所称质量之差即是铝箔的质量，记录在实验记录本上。铝箔留作测定摩尔气体常量用。

2. 摩尔气体常量的测定

(1) 按图 4－7(a)装好仪器。取下仪器上的反应管(离心试管)，然后移动水准瓶使量气管中的水面略低于零刻度的位置，固定水准瓶。

(2) 在反应管中用滴管加入 3 mL 8 mol · L^{-1} 盐酸(注意不要使酸沾在管壁上)，将称好的铝箔沾少量水紧贴在反应堆管壁上(切勿与盐酸接触)，如图 4－7(b)所示，固定反应管，塞紧橡皮塞。

(3) 检查仪器是否漏气(为什么要检查?)。方法如下：塞紧装置中所有橡皮塞后，将水准瓶向下移动一段距离，使水准瓶内液面与量气管内液面维持一定的液面差，固定水准瓶。如果量气管内的液面基本保持不移动，说明仪器不漏气，可以进行实验。

(4) 调整水准瓶液面与量气液面在同一水平面上(为什么?)。准确读出量气管内液面的刻度 V_1，然后倾斜反应管，使铝箔落入盐酸溶液中，再将反应管放回原

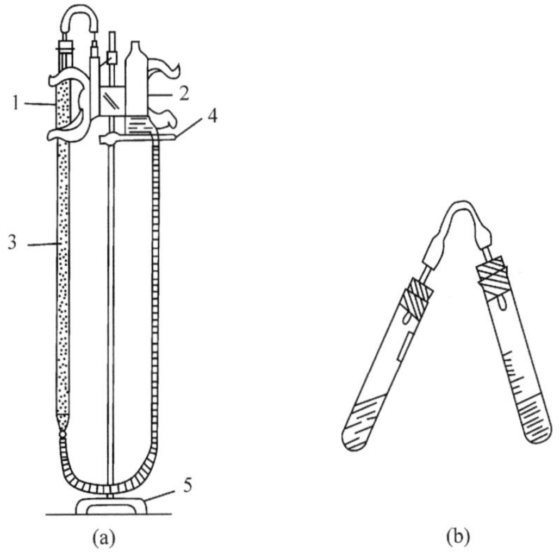

图 4-7 摩尔气体常量的测定装置

1-滴定管夹；2-水准瓶；3-量气管；4-铁圈；5-铁架台

处，反应随即发生，量气管内液面开始下降。为了不使量气管内压力增加而造成漏气，在水面下降的同时，待反应管冷却至室温后，调整水准瓶内液面，使之与量气瓶内液面在同一水平面上，准确读取反应后量气管内液面的刻度 V_2。

（5）记录实验时的温度和大气压。

五、数据处理

（1）用托盘天平粗称表面皿________ g。

（2）分析天平称量数据记录如下：

质 量	表面皿	表面皿＋铝箔
砝码质量/g		
环码质量/mg		
光屏读数/mg		
总计/g		
铝箔质量/g		

（3）摩尔气体常量测定数据记录：

铝箔质量________ g

室温________℃，T＝________ K

大气压 p＝________ Pa

反应前量气管中液面读数 $V_1=$ ________ mL

反应后量气管中液面读数 $V_2=$ ________ mL

氢气体积 $V=V_2-V_1=$ ________ mL

氢气的物质的量 $n=$ ________ mol

氢气压力 $p(H_2)=$ ________ Pa

T 时水的饱和蒸气压 $p(H_2O)=$ ________ Pa

$$R=\frac{p(H_2)V(H_2)}{n(H_2)T}$$

(4) 计算相对误差,分析误差产生的原因。

六、思考题

(1) 用分析天平称量过程中,加减砝码或环码及取放物品时,为什么一定要先关闭升降旋钮?

(2) 量气管内气压是否等于氢气的压力? 为什么?

(3) 盐酸的浓度和用量是否必须准确量取?

(4) 利用本实验的装置和操作还可以测定物质的哪些物理量? 写出简单原理和计算方法及需要测量的数据。

(5) 铝与盐酸作用完毕后,为什么要等试管冷却至室温后方可读数?

实验二十五　燃烧焓的测定

一、实验目的

(1) 掌握有关热化学实验的一般知识和技术。

(2) 掌握氧弹热量计的原理、构造及使用方法。

(3) 用氧弹式量热计测定萘的燃烧焓。

二、实验原理

燃烧热是指 1 mol 物质完全氧化时的热效应。完全氧化是指 C 变为 $CO_2(g)$,H 变为 $H_2O(l)$,S 变为 $SO_2(g)$,N 变为 $N_2(g)$,金属(如银等)都成为游离状态。燃烧热的测定是热化学的基本手段,对于一些不能直接测定的化学反应的热效应,通过赫斯(Hess)定律可以利用燃烧热数据间接算出。测定物质燃烧热的氧弹式热量计是重要的热化学仪器,在热化学、生物化学以及某些工业部门中应用广泛。

由热力学第一定律可知,若燃烧在恒容条件下进行,系统不对外做功,恒容燃烧热等于系统热力学能的改变:

$$\Delta U=Q_V \tag{1}$$

在绝热条件下，将一定量的样品放在充有足量氧气的氧弹中，使其完全燃烧，放出的热量使得系统（反应产物、氧弹及其周围的介质和热量计有关附件等）的温度升高（ΔT），再根据系统的热容（$C_{V,总}$），即可计算燃烧反应的热效应：

$$Q_V = -C_V \Delta T \tag{2}$$

式(2)中负号是指系统放出热量，放热时系统的热力学能降低，而 C_V 和 ΔT 均为正值，故加负号表示。

一般燃烧热是指恒压燃烧热 Q_p，Q_p 值可由 Q_V 算得：

$$Q_p = \Delta H = \Delta U + p\Delta V = Q_V + p\Delta V \tag{3}$$

若以摩为单位，对于理想气体：

$$Q_p = Q_V + \Delta nRT$$

这样，由反应前后气态物质物质的量的变化 Δn 就可算出恒压燃烧热 Q_p。

反应热效应的数值与温度有关，燃烧热也不例外，其关系为

$$\frac{\partial(\Delta H)}{\partial T} = \Delta C_p$$

式中，ΔC_p 为反应前后的恒压热容差，它是温度的函数。一般来说，热效应随温度的变化不是很大，在较小的温度范围内可认为是常数。

由于实验燃烧热测量的条件与标准条件的不同，为求出标准燃烧热，需将求得的实验燃烧热数据进行包括压力、温度等许多影响因素的校正。在精度要求不高的前提下，可以忽略这些因素的影响。

三、仪器和试剂

仪器：氧弹式热量计，氧气钢瓶，分析天平，压片机，容量瓶（1 L），锥形瓶，碱式滴定管（50 mL）。

试剂：苯甲酸（二级量热标准试剂，恒容燃烧热为 $-26\ 460\ \mathrm{J \cdot g^{-1}}$），引燃铁丝（恒容燃烧热为 $-6694\ \mathrm{J \cdot g^{-1}}$），棉线（恒容燃烧热为 $-16\ 736\ \mathrm{J \cdot g^{-1}}$），萘（A. R.），NaOH 溶液（$0.1\ \mathrm{mol \cdot L^{-1}}$），酚酞指示剂。

四、实验内容

1. 热量计水当量的测定

1）压片

用台秤称取大约 1 g 苯甲酸，在压片机上压成圆片（图 4－8）。将苯甲酸圆片在干净的玻璃板上轻击两三次，再用分析天平精确称量。

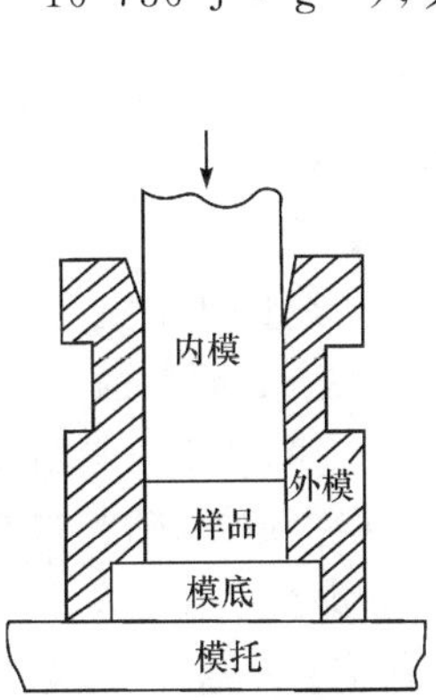

图 4－8　压片机

2）装样并充氧气

拧开氧弹盖，将盖放在专用架上，装好专用的石英小

皿或不锈钢小皿，将样品放入杯中。氧弹式热量计结构如图 4－9 和图 4－10 所示。

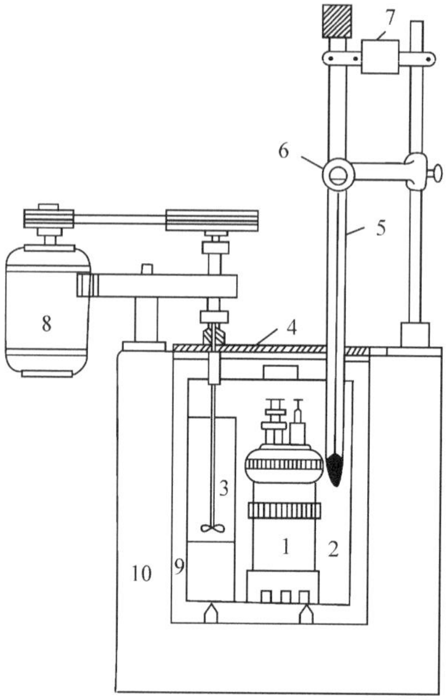

图 4－9　氧弹式热量计

1-氧弹；2-铜水桶；3-搅拌器；4-胶木盖；
5-贝克曼温度计；6-放大镜；7-振动器；
8-电动机；9-空气隔热层；10-水夹套

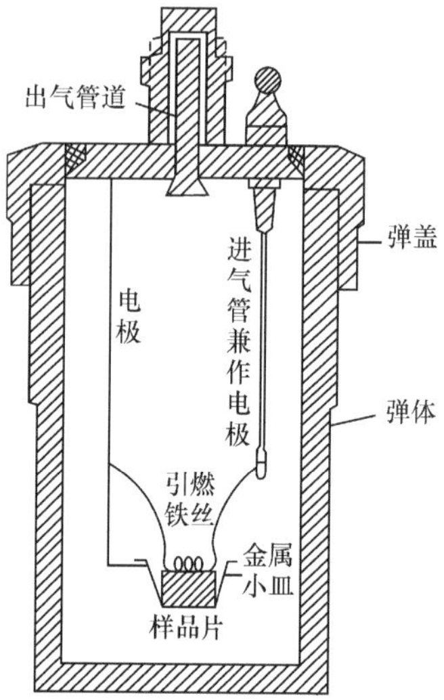

图 4－10　氧弹式热量计剖面图

剪取约 18 cm 长的引燃铁丝，用分析天平精确称量，在直径约 3 mm 的玻璃棒上，将中段绕成螺旋形 5～6 圈，将螺旋部分紧贴在样片的表面上，两端如图 4－10 所示，固定在电极上。用万用电表检查两电极间电阻值，一般应不大于 20 Ω。旋紧氧弹盖，卸下进气管口的螺栓，换接上导气管接头，导气管另一端与氧气钢瓶上的减压阀连接。关好钢瓶阀门及减压阀，拧下氧弹上导气管的螺钉，把原来的螺钉装上，用万用表检查氧弹上导电的两极是否通路，若不通，则需放出氧气，打开弹盖进行检查。

3）测量

在热量计水夹套中装入自来水，用容量瓶准确量取 2 L，低于室温1～2 ℃的水装入干净的铜水桶中，然后把氧弹放入铜水桶中央，装好搅拌马达，在两极上接上点火导线，装上已调好的贝克曼温度计，盖好盖子，开动搅拌器。开始每隔 1 min 读取一次温度，待温度变化基本稳定后，每隔 0.5 min 读一次，共 10 个点。读数完毕，立即按电钮点火，指示灯熄灭表示着火，继续每 0.5 min 读一次温度读数，至温度开始下降后，再读取最后阶段的 10 次读数，便可停止实验。

实验停止后，小心取下温度计，取出氧弹，打开氧弹出气口慢慢放出余气，避免水滴及溶解于其中的酸被带出，缓慢地放气需 4～6 min。旋开氧弹盖，检查样品燃烧是否完全。氧弹中应没有明显的燃烧残渣。若发现黑色残渣，则应重做实验。若已燃烧完全，可用少量蒸馏水（每次 10 mL）洗涤氧弹内壁三次，洗涤液倒在 150 mL锥形瓶中，煮沸片刻，以 0.1 mol · L^{-1} NaOH 溶液滴定。用分析天平测量燃烧后剩下的铁丝长度以计算铁丝实际燃烧质量，最后擦干氧弹和盛水桶。

2. 测量萘的燃烧热

称取约 0.6 g 萘，同上法进行测量。

五、数据处理

(1) 用雷诺（Reynold）图解法求出苯甲酸和萘燃烧前后的温度差 $\Delta T_{苯甲酸}$ 和 $\Delta T_{萘}$。

雷诺图解法如下：

作温度-时间曲线，如图 4－11 所示。图中 A 为开始燃烧点，B 为观察到最高的温度读数点。取 A、B 两点之间垂直于横坐标的距离的中点 O 作平行于横坐标的直线交曲线于 M 点，通过 M 点作垂线 ab，然后将 CA 线和 DB 线外延长交 ab 于 F 和 E 两点，F 点与 E 点的温差即为欲求的温度升高值 ΔT。

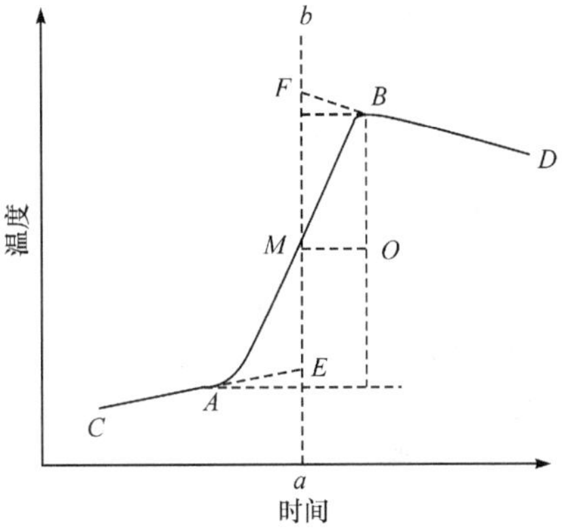

图 4－11　雷诺图

(2) 计算热量计的热容 C_V，已知苯甲酸的燃烧热为－26 460 J · g^{-1}。

系统除苯甲酸燃烧放出热量引起系统温度升高以外，其他因素（如引燃铁丝的燃烧、棉线的燃烧、在氧弹内 N_2 和 O_2 化合生成硝酸并溶入水中等）都会引起系统温度的变化。因此在计算水当量及放热量时，这些因素都必须进行校正。其校正值如下：

点火丝和棉线的校正：$\sum qm_b$。

酸形成的校正：1.0 mL 0.1 mol · L^{-1} NaOH 滴定液相当于－5.983 J。

因此仪器的热容为

$$C_V = -\frac{m_{苯甲酸}Q_e + \sum qm_b + 5.983V}{\Delta T}$$

式中，Q_e 为苯甲酸的恒容燃烧热（J · g^{-1}）；$m_{苯甲酸}$ 为苯甲酸的质量（g）；$\sum qm_b$ 为燃烧丝的校正值，其中 m_b 为丝的质量，q 为每克丝的恒容燃烧热；V 为滴定洗涤液所用0.1 mol·L^{-1} NaOH 滴定液的体积(mL);ΔT 为经作图对温度差校正后的真正温度差。

(3) 求出萘的燃烧热 Q_V 和 Q_p。

六、思考题

(1) 影响本实验结果的主要因素有哪些?

(2) 加入铜水桶中的水的水温为什么要比室温低?

(3) 在使用氧气钢瓶及氧气减压阀时,应注意哪些规则?

(4) 文献手册的数据是标准燃烧热,本实验条件偏离标准态。请估算由此引入的系统误差。

实验二十六　化学反应摩尔焓变的测定

一、实验目的

(1) 了解测定化学反应焓变的原理和简单的方法。

(2) 掌握分析天平、容量瓶和移液管等基本操作。

二、实验原理

化学反应中常伴随着能量的变化。在等压不做非体积功的条件下,化学反应的等压热效应等于反应系统的焓变。于是,测定化学反应的焓变实际上是测定化学反应在等压下的热效应。

本实验测定锌粉和硫酸铜溶液反应的摩尔焓变:

$$Zn + CuSO_4 \longrightarrow ZnSO_4 + Cu$$

测定反应热的方法很多。本实验在一个保温杯式量热计中进行[图 4-12(a)]。

由溶液的比热容和反应前后溶液温度的变化可求出上述反应的摩尔焓变:

$$\Delta_r H_m = -\Delta T \cdot C \cdot V \cdot \rho \cdot \frac{1}{cV/1000} \times \frac{1}{1000}$$

$$= -\Delta T \cdot C \cdot \rho \cdot \frac{1}{c}$$

式中,$\Delta_r H_m$ 为化学反应摩尔焓变(kJ·mol^{-1});ΔT 为反应前后溶液温度的改变(K);C 为反应溶液的比热容(J·g^{-1}·K^{-1});V 为反应溶液的体积(mL);ρ 为溶液的密度(g· mL^{-1});c 为 $CuSO_4$ 溶液的物质的量浓度(mol·L^{-1})。

由于本实验所用简易量热器并非严格的绝热系统,因此反应放出的热量不可避免会少量传给环境,实验测定的最高温度不能客观反映由反应热引起的真正温

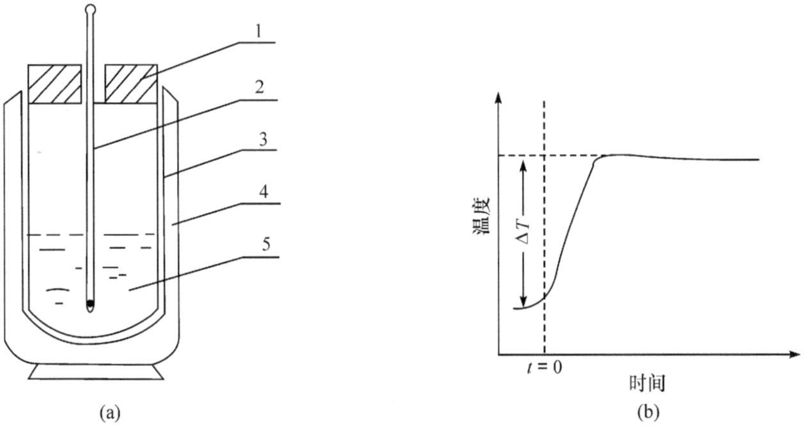

图 4－12　反应热测定装置示意图(a)和反应时间与温度的变化关系(b)

1-保温杯盖；2-温度计；3-真空隔热层；4-保温杯外壳；5-$CuSO_4$ 溶液

差，所以要通过图解法进行校正。其方法是，以测定的温度为纵坐标，时间为横坐标作图[图 4－12(b)]，按虚线外推到混合时间($t=0$)，得校正后的 ΔT。

三、仪器和试剂

仪器：分析天平，秒表，台秤，量热器，温度计，容量瓶(100 mL)，移液管(25 mL)，烧杯(100 mL)，搅拌棒，玻璃棒，洗耳球，滤纸。

试剂：硫酸铜($CuSO_4 \cdot 5H_2O$ 晶体，A. R.)，锌粉(C. P.)。

四、实验内容

(1) 用分析天平精确称取欲配制 100 mL 0.2 mol · L^{-1} $CuSO_4$ 溶液所需要的 $CuSO_4 \cdot 5H_2O$ 晶体的质量，用 100 mL 容量瓶定容配制成溶液。

(2) 用移液管准确移取 50 mL 所配制的 $CuSO_4$ 溶液于保温杯中，盖好盖子，插入温度计和搅拌棒。

(3) 用台秤称取 2.5～3 g 锌粉。

(4) 不断搅动溶液，每隔 30 s 记录一次温度，2 min 后，迅速倒入已称好的锌粉，并立即盖好盖子，不断摇动溶液，每隔 15 s 记录一次温度。待温度上到最高点后，再继续测定 2 min。

五、数据处理

(1) 作温度(T)-时间(t)图，用外推法求得反应前后温度的变化 ΔT。

(2) 取溶液的比热容 $C=4.18\ J \cdot g^{-1} \cdot K^{-1}$，溶液的密度 $\rho=1.08\ g \cdot mL^{-1}$(近似看成水)，根据公式计算 $\Delta_r H_m$。

(3) 计算相对误差:

$$\frac{\Delta_r H_{m测} - \Delta_r H_{m理论值}}{\Delta_r H_{m理论值}} \times 100\%$$

并对造成误差主要因素进行分析。

六、思考题

(1) 实验中所用锌粉为何不必用分析天平精确称量?
(2) 实验中为什么要不断搅拌溶液并注意温度的变化?
(3) 为什么要用外推法求 ΔT?
(4) 从理论上计算 $Zn + CuSO_4 \xlongequal{} ZnSO_4 + Cu$ 的 $\Delta_r H_m$。

实验二十七　乙酸电离度和电离平衡常数的测定

一、实验目的

(1) 了解用 pH 法测定乙酸电离度和电离平衡常数的原理与方法。
(2) 学习酸度计的使用方法。
(3) 理解弱电解质电离度、电离平衡常数与浓度的关系。
(4) 学习移液管、吸量管的使用方法。

二、实验原理

乙酸(CH_3COOH)是一种弱电解质,在水中存在如下平衡:

	$HAc(aq)$	$\rightleftharpoons$	$H^+(aq)$	+	$Ac^-(aq)$
起始浓度/($mol \cdot L^{-1}$)	c		0		0
平衡浓度/($mol \cdot L^{-1}$)	$c - c\alpha$		$c\alpha$		$c\alpha$

式中,α 为乙酸的电离度,$\alpha = \frac{c(H^+)}{c(HAc)} \times 100\%$。

电离常数为

$$K_a(HAc) = \frac{[c(H^+)/c^\ominus][c(Ac^-)/c^\ominus]}{c(HAc)/c^\ominus} = \frac{c\alpha^2/c^\ominus}{1-\alpha}$$

在一定温度下,可以使用酸度计测量一系列已知浓度的乙酸的 pH,然后由 $pH = -\lg[c(H^+)/c^\ominus]$ 可以求得 $c(H^+)$,再由 $c(H^+) = c\alpha$ 求出一系列对应的乙酸电离度 α 和电离常数 K_a。根据实验数据,分析在一定温度下,乙酸浓度的变化对 α 与 K_a 的影响。算出 K_a 的平均值,并与标准值 1.8×10^{-5} 比较,可计算相对误差。

三、仪器和试剂

仪器:酸度计及相应电极,移液管(50 mL),吸量管(25 mL),烧杯(100 mL)。

试剂：HAc 标准溶液（0.1000 mol·L^{-1}，实验室标定浓度），标准缓冲溶液。

四、实验内容

1. 配制溶液

取四个干燥的 100 mL 烧杯，编号，用移液管或吸量管按表 4－6 中四组数据分别准确取 0.1000 mol·L^{-1} HAc 与去离子水加入相应烧杯（取 HAc 与去离子水的移液管、吸量管要严格分开，一次取完所有的 HAc 后再取所有的去离子水），并混合均匀。计算各烧杯中 HAc 的精确浓度，填入表 4－6 中。

表 4－6　不同浓度的乙酸电离度和电离平衡常数

实验编号	V(HAc)/mL	$V(H_2O)$/mL	c(HAc)/(mol·L^{-1})	pH	$c(H^+)$/(mol·L^{-1})	α/%	K_a(HAc)	K_a 的平均值
一	50.00	0						
二	25.00	25.00						
三	15.00	35.00						
四	5.00	45.00						
实验室温 T=　　K								

2. 测定乙酸溶液的 pH

使用酸度计（方法见 2.2 节），按照浓度由低到高的顺序测定各组的 pH，并计算各组溶液的电离度 α 和电离平衡常数 K_a，填入表 4－6 中。

3. 结论

分析实验数据，可得到一定温度下浓度 c 与电离度 α 和电离平衡常数 K_a 的关系，把 K_a 的平均值与标准值比较，进行误差分析。

五、思考题

（1）复述本实验中测定 HAc 电离平衡常数的原理。

（2）若改变实验的浓度与温度，对电离度与电离平衡常数有怎样的影响？

（3）校准酸度计时，为什么一般都采用缓冲溶液？

（4）配制乙酸溶液时有哪些注意事项？为什么要使用干燥的烧杯？

（5）连续测定不同浓度 HAc 溶液的 pH 时，为什么要从低浓度到高浓度？

实验二十八　铁(Ⅲ)与磺基水杨酸配合物的组成和稳定常数的测定

一、实验目的

(1) 了解用分光光度法测定配合物的组成及配离子的稳定常数的原理和方法。

(2) 学习分光光度计的使用方法。

二、实验原理

铁(Ⅲ)与磺基水杨酸在 pH 2～3 时可生成稳定的有 1 个配体的紫红色配合物;在 pH 4～8 时,生成有 2 个配体的褐色螯合物。

本实验应用分光光度法中的浓比递变法,测定铁(Ⅲ)与磺基水杨酸在 pH 2～3 时生成的有 1 个配体的配合物的组成和稳定常数。

某无色的中心离子 M 和无色的配体 X 在给定条件下反应,只能生成一种有色配合物或配离子 MX_n(电荷符号略)。根据有色物质对光有选择性地吸收,当入射光的波长、温度及比色皿均一定时,吸光度 A 只与有色溶液的浓度 c 成正比的原理,得知此溶液的吸光度只与有色配合物的浓度成正比,即有色配离子或配合物的浓度越大,溶液颜色越深,其吸光度越大。用浓比递变法测定一系列该溶液的吸光度,即可求出该配合物的组成和稳定常数。

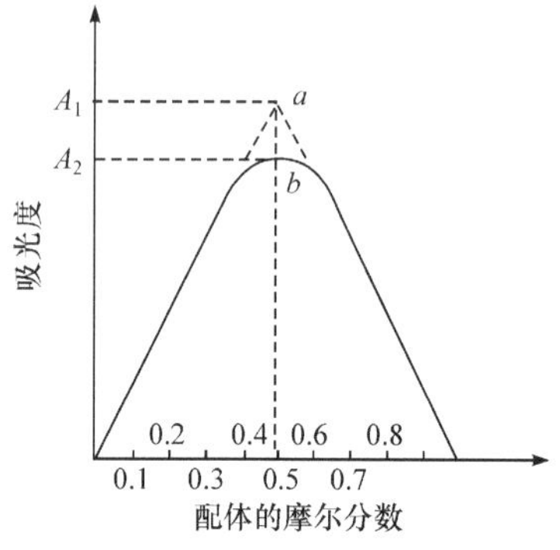

图 4－13　吸光度-配体的摩尔分数关系图

配制一系列中心离子 M 和配体 X 的总物质的量相等但各自的摩尔分数连续变化的溶液,如 X 的摩尔分数依次为 0、0.1、0.2、0.3、…、0.9、1.0,然后在一定波长的单色光中测定这系列溶液的吸光度。随配体 X 的摩尔分数增加,生成的配合物的浓度增大,吸光度也随之增大。当 M 和 X 恰好全部形成配离子或配化合物时,MX_n 的浓度最大,吸光度也最大。以吸光度为纵坐标,配体的摩尔分数为横坐标作图,如图 4－13 所示。最大吸光度处的物质组成即为配合物的组成。例如,从图 4－13 中可看出,延长曲线的直线部分相交于 A,A 点即为最大吸收处。此处配体、中心离子的摩尔分数均是 0.5,因此

$$\frac{\text{配体物质的量}}{\text{中心离子物质的量}}=\frac{\text{配体摩尔分数}}{\text{中心离子摩尔分数}}=\frac{0.5}{0.5}=1$$

即该配离子或配位化合物的组成为 MX 型。

配位化合物或配离子的稳定常数也可利用图 4－13 求得。图 4－13 中 a 处的吸光度 A_1 是 MX 配位化合物或配离子不考虑离解时的吸光度。但配合物总有少部分解离，因此其实际浓度要小一些，所以测得的最大吸光度应在 b 处，即为 A_2。此时 MX 的解离度为

$$\alpha=(A_1-A_2)/A_1$$

MX 的稳定常数可由下列平衡关系求得

	MX	$\rightleftharpoons$	M	+	X
起始浓度	c		0		0
平衡浓度	$c-c\alpha$		$c\alpha$		$c\alpha$

$$K^{\ominus}_{稳}=\frac{c(\mathrm{MX})/c^{\ominus}}{[c(\mathrm{M})/c^{\ominus}][c(\mathrm{X})/c^{\ominus}]}=\frac{1-\alpha}{c\alpha^2/c^{\ominus}}$$

式中，c 为对应于 a 点的中心离子 M 的总物质的量浓度；$c^{\ominus}=1\ \mathrm{mol\cdot L^{-1}}$。

本实验在 pH<2.5 条件下，以 500 nm 单色光进行测定。

三、仪器和试剂

仪器：容量瓶（100 mL），移液管（10 mL），洗耳球，烧杯（50 mL、400 mL），玻璃棒，分光光度计。

试剂：$HClO_4$（0.01 mol·L^{-1}），磺基水杨酸溶液（0.0100 mol·L^{-1}，将分析纯磺基水杨酸溶于 0.01 mol·L^{-1} $HClO_4$ 中），$NH_4Fe(SO_4)_2$（0.0100 mol·L^{-1}，将分析纯硫酸高铁铵溶于 0.01 mol·L^{-1} $HClO_4$ 中）。

四、实验内容

1. 配制待测溶液

（1）配制 0.001 00 mol·L^{-1} Fe^{3+} 溶液。先用 10 mL 移液管精确吸取 10.0 mL 0.0100 mol·L^{-1} 硫酸高铁铵溶液，注入 100 mL 容量瓶中，再用 0.01 mol·L^{-1} $HClO_4$ 溶液稀释至刻度，摇匀备用。

（2）配制 0.001 00 mol·L^{-1} 磺基水杨酸溶液。先用 10 mL 移液管精确吸取 10.0 mL 0.0100 mol·L^{-1} 磺基水杨酸溶液，注入 100 mL 容量瓶中，再用 0.01 mol·L^{-1} $HClO_4$ 溶液稀释至刻度，摇匀备用。

（3）配制系列浓度的待测液，用另 3 支 10 mL 移液管按表 4－7 分别吸取各溶液，一一注入已编号的 11 个干燥的 50 mL 小烧杯中，搅匀，待测。

2. 测定溶液吸光度

（1）调整分光光度计（用波长为 500 nm 的光源，1 cm 的比色皿）。

表 4－7　数据记录和计算

待测液编号	试剂用量/mL			磺基水杨酸的摩尔分数	吸光度
	$HClO_4$	Fe^{3+}	磺基水杨酸		
1	10.0	10.0	0.0		
2	10.0	9.0	1.0		
3	10.0	8.0	2.0		
4	10.0	7.0	3.0		
5	10.0	6.0	4.0		
6	10.0	5.0	5.0		
7	10.0	4.0	6.0		
8	10.0	3.0	7.0		
9	10.0	2.0	8.0		
10	10.0	1.0	9.0		
11	10.0	0.0	10.0		

(2) 取 4 个比色皿，其中 1 个中加入去离子水(用作参比溶液，放在比色皿框中第一格内)，其余 3 个分别加入以上配制的 1～3 号溶液至容积的 2/3。测量各溶液的吸光度，并记录数据[每次测定必须用去离子校正零点和最大透过率(100%)，记录稳定的数值]。

(3) 依上述操作连续测定其余编号溶液的吸光度。应保留第一格中比色皿内的去离子水，供校正零点用。其余 3 个比色皿应洗净并分别用少量待测溶液洗涤 2 次，再加入其余的待测液，逐一测定，并记录数据。

3. 数据记录和计算

(1) 将计算值与记录值填入表 4－7。

(2) 以吸光度为纵坐标、磺基水杨酸的摩尔分数为横坐标作图，从图中找出最大吸收峰，计算配合物的组成和稳定常数。

五、思考题

(1) 实验中待测液的 pH 是否应保持相同？为什么？

(2) 怎样正确使用比色皿？

(3) 简述分光光度计的操作步骤。

实验二十九 二组分金属相图

一、实验目的

(1) 学习热分析法测量绘制锡-铋二元合金相图的方法。

(2) 了解固-液相图的基本特点。

二、实验原理

热分析法是测绘相图的一种常用方法。将合金或金属熔化后，使其在一定环境中逐渐冷却，每隔一定时间测量一次系统的温度，最后根据实验数据作出温度-时间曲线，这种曲线称为渐冷曲线或步冷曲线，步冷曲线的转折点透露出系统相变信息。二元低共熔系统的步冷曲线有如图 4－14(a)所示的三种情况。

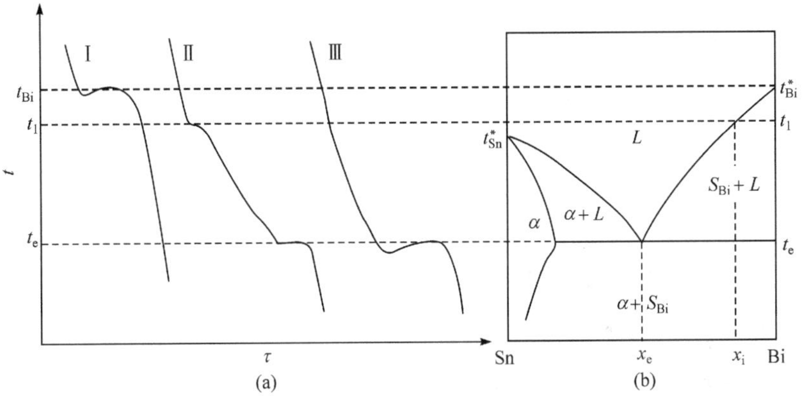

图 4－14 Sn-Bi 系统步冷曲线(a)和 Sn-Bi 系统固-液平衡相图(b)

曲线Ⅰ是纯金属的步冷曲线。上段曲线反映的是液态金属的冷却过程，根据相律 $f^*=K-\Phi+1=1-1+1=1$，因此系统温度随时间而逐渐下降；当温度冷却到金属凝固点温度 t_{Bi}时，液态金属开始凝固，此时金属液、固二相共存，根据相律 $f^*=K-\Phi+1=1-2+1=0$，温度不再随时间变化，曲线出现平台；当液相全部凝固后，$f^*=1$，系统温度随时间又均匀下降。

曲线Ⅱ是组成为 x 的合金的步冷曲线。上面第一段曲线反应的是熔融二元合金冷却过程，根据相律 $f^*=K-\Phi+1=2-1+1=2$，温度随时间逐渐下降；当冷却到 t_1 时，开始析出固态 Bi，出现液、固两相共存，根据相律 $f^*=K-\Phi+1=2-2+1=1$，温度仍然要变，但因析出固体放出的热抵消了一部分系统在环境中散失的热，所以冷却速度减慢，步冷曲线出现转折点；当冷却到 t_e 时，熔融体除析出固态 Bi 外，同时还析出固态 α(Bi 在 Sn 中的固溶体)，此时三相共存，$f^*=K-\Phi+1=$

2－3＋1＝0,系统温度保持不变,步冷曲线出现平台,直到系统液相消失全部凝固后,两固相共存,$f^{*}=K-\Phi+1=2-2+1=1$,温度才继续下降。

曲线Ⅲ是具有低共熔组成 x_e 的合金的步冷曲线。当熔融体温度下降到 t_e 时,同时析出固态 Bi 和固溶体 α,此时三相共存,$f^{*}=0$,出现平台;直至熔体全部凝固后,温度才继续下降。

将各组成不同的步冷曲线的转折温度、平台温度及对应的系统组成标在温度-组成坐标图上,绘制成 Sn-Bi 系统固-液平衡相图[图 4－14(b)]。

三、仪器和试剂

仪器:JXL-Ⅲ金属相图实验炉(图 4－15)。

试剂:纯锡,纯铋,石墨粉。

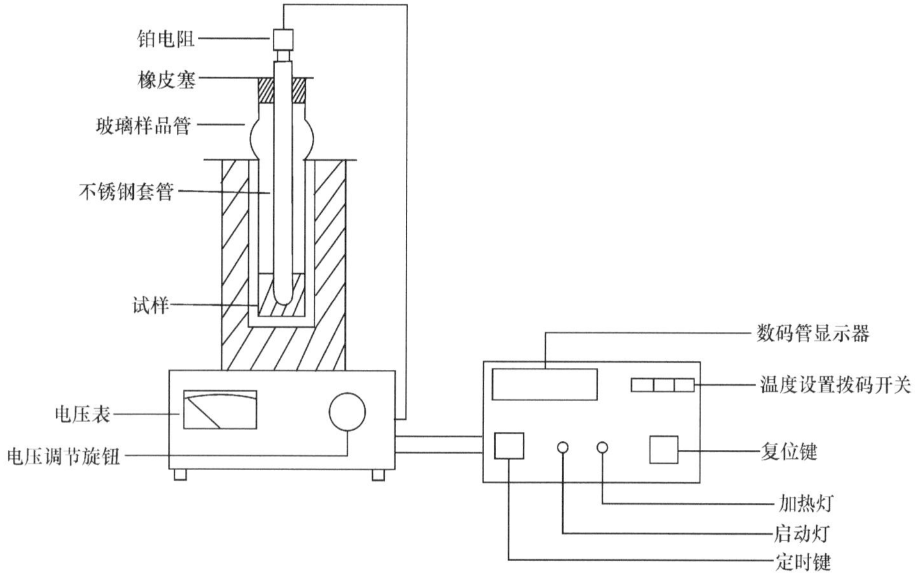

图 4－15　JXL-Ⅲ金属相图实验炉装置示意图

四、实验内容

1. 配制样品

分别配制含铋量为 30%(质量分数,下同)、58%、80%的锡铋混合物以及纯 Sn、纯 Bi,分别装入五个玻璃样品管中,在样品上方加一层石墨粉(防止金属氧化),并在样品管中插入不锈钢套管。

2. 测定步冷曲线

按图 4－15 所示安装金属相图实验炉。

将样品管放入炉体内，并将铂电阻插入不锈钢套管中；拨码开关数值设置为 200 ℃，按下复位键，加热灯亮，开始升温，转动炉体面板上的电压调节旋钮，使电压调到最大值，当数码管显示器显示温度超过设置温度时，加热灯灭，电压表指针指示为零，但由于存在热惯性，显示器上的温度值还会继续上升，等上升到一定数值(340 ℃左右)后，就会自动下降。当温度达到最高温度时，拨松橡皮塞，用不锈钢套管轻轻搅拌样品管里的样品(防止弄破样品管)，然后重新塞紧橡皮塞。待温度降到需要记录的温度值时，按四次定时键，数码管显示器显示为"60 秒"，即60 s 蜂鸣报时一次，记下温度值。当温度下降到"平台"(几次温度都不变)以下时，停止记录。测试结束后，拨码开关应置于"000"，铂电阻取出来放在炉体外冷却。

五、数据处理

(1) 步冷曲线。

以温度为纵坐标、时间为横坐标，作出各样品的步冷曲线。

(2) Sn-Bi 相图。

从各个样品的步冷曲线中找出转折点所对应的温度，根据样品组成和相变温度绘制相图，并从相图上找出低共熔点坐标。

六、思考题

(1) 总质量相同但组成不同的 Sn-Bi 混合物的步冷曲线，平台线段的长度是否相同？为什么？

(2) 混合物与纯物质的步冷曲线有何不同？请根据相律阐明它们之间的差别。

(3) 某 Sn-Bi 混合物，怎样确定其组成？

实验三十　双液系气-液平衡相图

一、实验目的

(1) 测定常压下环己烷-乙醇系统的沸点和组成，绘制其沸点-组成图，并确定恒沸组成和恒沸温度。

(2) 学习回流冷凝法测定溶液沸点的方法。

(3) 学习用折光率确定二元液体组成的方法。

二、实验原理

两种液体相互混合而组成的系统称为双液系，若两种液体能以任意比例相互溶解，则称为完全互溶双液系。

液体的沸点是指液体的蒸气压和外压相等时的温度。在一定外压下，纯液体的沸点有一确定的值，但对于双液系，其沸点还与双液系的组成有关，并且平衡时的气、液两相组成一般不同。在一定外压下，表示溶液的沸点与平衡时气、液两组成的关系曲线称为沸点-组成图（T-x 图）。完全互溶双液系的 T-x 图可分为以下三类：

（1）溶液沸点介于两纯液体的沸点之间［图 4－16(a)］，如苯-甲苯系统。

（2）溶液有最高沸点［图 4－16(b)］，如氯化氢-水系统等。

（3）溶液有最低沸点［图 4－16(c)］，如苯-乙醇系统等。

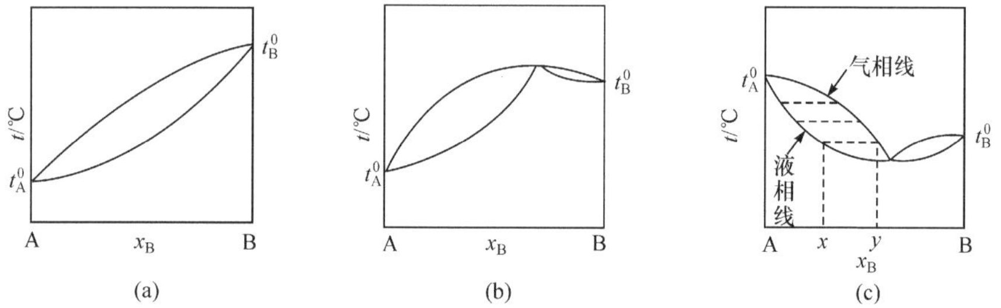

图 4－16　完全互溶双液系沸点-组成图

第(2)、(3)类溶液在最高点或最低点时气、液两相组成相同，加热蒸发的结果使气相总量增加，气、液两相组成及沸点均保持不变，这时的最高或最低温度称为恒沸温度，相应的组成称为恒沸组成。

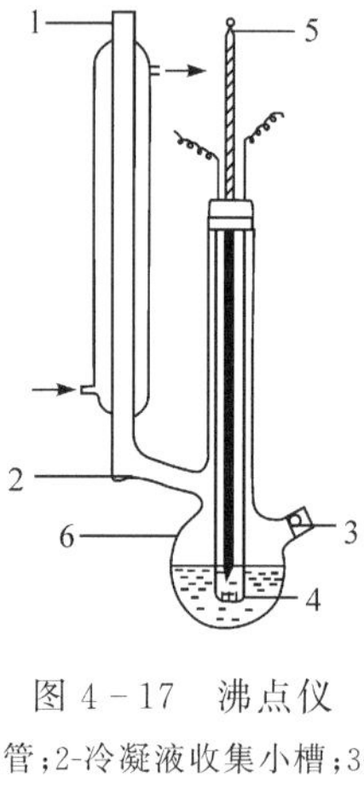

图 4－17　沸点仪

1-冷凝管；2-冷凝液收集小槽；3-支管；4-电热丝；5-温度计；6-烧瓶

本实验所测的环己烷-乙醇系统的 T-x 图属于图 4－16(c)类型。蒸馏总组成为 x 的溶液开始沸腾时，组成为 y 的气相生成，继续蒸馏，系统温度继续升高，同时气、液两相的组成沿气相线和液相线上的箭头指向变化，当两相质量一定时，系统温度就保持不变，测定此时的气、液组成，就得到绘制 T-x 相图的一对坐标点。改变系统的总组成，按上述方法就可得到若干对坐标点，将表示气相组成的点和液相组成的点分别连接成气相线和液相线，就得到 T-x 相图。

本实验所用的沸点仪如图 4－17 所示，其中回流冷凝管的作用就是在气、液两相平衡时保持两相相对质量不变而使温度恒定。冷凝液收集小槽收集气相冷凝液，用以测量气相组成。

溶液组成的测定采用折射率法。溶液的折射率与组成有关。在一定温度下，测得一系列已知浓度溶液的折射率后，作出折射率-组成的工作曲线。样品溶液的组成可由测得的折射率通过查找工作曲线而获得。

三、仪器和试剂

仪器：沸点仪，阿贝折射仪，温度计（50～100 ℃），长、短取样管，量筒（100 mL），移液管（5 mL）。

试剂：环己烷（A. R.），无水乙醇，环己烷-乙醇标准溶液（10％、20％、30％、40％、50％、60％、70％、80％、90％，摩尔分数）。

四、实验内容

（1）用阿贝折射仪测环己烷、乙醇及标准溶液的折射率，折射仪原理及使用方法见 2.6 节。

（2）在干燥的蒸馏烧瓶中加入 20 mL 环己烷，盖好瓶塞，使电热丝浸入液体中，温度计水银球与液面接触。接通冷凝水，打开电源开关进行加热，直到沸腾温度恒定后再维持 3～5 min，使系统达到平衡，记下沸点温度后停止加热。从支管加入 0.5 mL 乙醇于蒸馏瓶中，重新加热至沸腾温度恒定。记下沸点，用干燥的长取样管，自冷凝管口伸入冷凝液收集小槽，吸取气相冷凝液，测定其折射率；再用干燥的短取样管，从支管移取溶液数滴，测定液相的折射率。然后按表 4－8 所规定的数量从支管再加入乙醇，重复上述操作，测定各混合液的沸点及相应的气、液两相折射率。注意在取样及加入液体后要立即盖好塞子，以防蒸发损失。测定折射率时也应迅速，防止液体蒸发。测完折射率后，将棱镜打开晾干，以备下次测定时用，否则需用镜头纸擦干。

表 4－8　环己烷-乙醇溶液组成

混合溶液的体积组成	第一组							第二组			
每次加环己烷体积/mL	20	—	—	—	—	—	—	—	1	2	5
每次加乙醇体积/mL	—	0.5	1	2	5	5	10	20	—	—	—

（3）待第一组六次添加乙醇测量完毕后，将蒸馏瓶中溶液全部倒出，并用洗耳球吹干，重新加入 20 mL 乙醇，测定其沸点。然后按表 4－8 规定加入环己烷，用相同方法测定沸点和平衡气、液两相的折射率。

五、数据处理

(1) 作环己烷-乙醇标准溶液的折射率-组成的工作曲线。

(2) 根据各样品的折射率,从工作曲线查出平衡时气、液两相组成。

(3) 作环己烷-乙醇的沸点-组成图,确定其恒沸温度和恒沸组成。

六、思考题

(1) 如何判断气、液两相达到平衡?

(2) 每次加入蒸馏瓶中的环己烷或乙醇是否必须精确计量?

(3) 实验测得的沸点与正常沸点是否一致?

实验三十一　苯酚-水二元系统相图

一、实验目的

(1) 学习溶解度法制作相图的方法。

(2) 测定苯酚-水系统的相互溶解曲线,确定其临界溶解温度。

二、实验原理

部分相溶液体的相互溶解度随温度而改变。常见的一种情况是:温度升高,相互溶解度增加,继续升高温度,最后可以达到完全互溶。液体开始以任何比例完全相溶的温度称为临界溶解温度。

以苯酚-水的系统为例[图 4-18(a)],苯酚在水中的溶解度(AC 线)随温度升

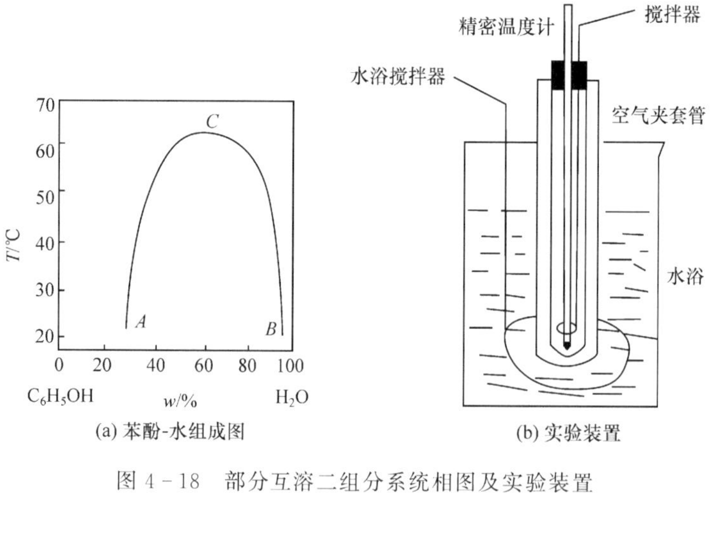

图 4-18　部分互溶二组分系统相图及实验装置

高而增大，水在苯酚中的溶解度（*BC* 线）也是这样。所以在达到一个相当高的温度时，两溶解度曲线交于一点 *C*，此时两液体开始完全互溶，*C* 点的温度即为苯酚-水的临界溶解温度。

三、仪器和试剂

仪器：吸量管（10 mL），大试管，台秤，电炉，空气夹套管，精密温度计（1～100 ℃），水浴及水浴搅拌器。

试剂：苯酚，纯水。

四、实验内容

（1）用台秤称取 5 g 苯酚（注意：苯酚有强腐蚀性！）放入试管中并用吸量管加入 4 mL 蒸馏水，盖好塞子，按照图 4-18(b)装好整套设备放入水浴中，试管中的液面必须低于水浴的水面（水浴用自来水，实验后不倒掉）。

（2）用电炉加热水浴，当试管内液体温度达 50 ℃时，开始不停地搅拌试管中的液体并不时搅拌水浴，当浑浊的溶液突然变为澄清时，记下温度 T_1，然后把整套设备提出水浴外，继续不停搅拌溶液，自然冷却，当混合液由澄清突然变为浑浊时，记下温度 T_2，T_1 与 T_2 很接近，如相差超过 0.1 ℃，必须重新测定。

（3）再向大试管中加入 1 mL 水，重复以上操作可得第二点数据，以后各点依次只加 1 mL 水进行测定，一直测到某点温度开始下降，可以改变加水量，加 2 mL 水测一次，4 mL 水测一次，6 mL 水测一次。

（4）结果处理。

a. 数据记录如下：

实验次数		1	2	3	4	5	6	7	8
加入水总体积/mL									
温度/ ℃	T_1								
	T_2								
	$(T_1-T_2)/2$								
水的质量分数/%									

b. 计算各次混合物中水的质量分数。

c. 以水的质量分数为横坐标、溶解温度为纵坐标，作苯酚-水的相互溶解曲线，找出临界溶解温度，注明临界点的组成。

五、思考题

（1）什么是相图？它有什么作用？

(2) 部分相溶二元系统的相互溶解度与哪些因素有关?

(3) 什么是临界溶解温度?

实验三十二 电解质溶液电导的测定

一、实验目的

(1) 学习电导仪的使用。

(2) 掌握利用电导法测定某些经验平衡常数的方法。

二、实验原理

电解质溶液可以导电。在外电场的作用下,正、负离子分别向相反电极移动,从而导电。电导是电阻的倒数,表示物质导电能力的大小。溶液的电导与温度、溶液浓度和粒子所带电荷数相关。常用摩尔电导描述电解质溶液的导电能力。

在电导池中,电导 G 的大小与两极板之间的距离 l 和电极的面积 A 有如下关系:

$$G=\kappa \frac{A}{l}$$

式中,κ 为电导率($S \cdot m^{-1}$)。对一固定电解池来说,A/l 为一个常数,称为电导池常数 K_{cell}。

常用已知 κ 的电解质溶液测量电导得到 K_{cell},由此再测量电导可以求出其他未知电解液的 κ 值。

在一定温度下,把含有 1 mol 电解质的溶液放在相距为 1 m 的两个平行电极板间,在此条件下测得的电导称为摩尔电导率,用 Λ_m 表示。

$$\Lambda_m=\kappa V=\frac{\kappa}{c}$$

式中,V 为含有 1 mol 电解质的溶液体积;c 为溶液的物质的量浓度($mol \cdot L^{-1}$)。

对于弱电解质来说,浓度减小电离度增大,摩尔电导率增加。在无限稀释时,可看成完全电离,此时的摩尔电导率称为极限摩尔电导 Λ_m^∞。

根据科尔劳乌施(Kohlrausch)实验公式:

$$\Lambda_m=\Lambda_m^\infty-A\sqrt{c}$$

式中,A 为一常数。测定不同浓度下的摩尔电导,以 Λ_m 对 c 作图,得一直线,其截距就是 Λ_m^∞ 值。

对于弱电解质,无法使用上述公式得到 Λ_m^∞,但根据离子独立运动定律,由相应的强电解质溶液无限稀释的 Λ_m 可以计算出 Λ_m^∞。例如

$$\Lambda_m^\infty(HAc)=\Lambda_m^\infty(HCl)+\Lambda_m^\infty(NaAc)-\Lambda_m^\infty(NaCl)$$
$$=\Lambda_{m,+}^\infty+\Lambda_{m,-}^\infty$$

对于 HAc,有

$$\alpha=\Lambda_m/\Lambda_m^\infty$$

故

$$K_c=\frac{c\alpha^2}{1-\alpha}=\frac{c\Lambda_m^2}{\Lambda_m^\infty(\Lambda_m^\infty-\Lambda_m)}$$

电导用电导仪测量。

三、仪器和试剂

仪器:DDS-11A 型电导仪,电导池,恒温槽,移液管(25 mL),容量瓶(100 mL)。

试剂:KCl 标准溶液(0.0100 mol·L^{-1}),乙酸标准溶液(0.1000 mol·L^{-1})。

四、实验内容

(1) 调节恒温槽在(25±1) ℃。

(2) 将 0.1000 mol·L^{-1} 乙酸标准溶液分别稀释到 0.0500 mol·L^{-1} 和 0.0250 mol·L^{-1},用 100 mL 容量瓶定容。

(3) 测量 KCl 标准溶液的电导。先用蒸馏水和 KCl 标准溶液各淌洗电导池和电极三次。再准确量取 100 mL KCl 标准溶液倒入电导池,液面应超过电极 2 cm左右,放入恒温槽,等待测液温度恒定后测量其电导。

(4) 测定系列乙酸溶液的电导。用与(3)相同的方式测量三组乙酸溶液的电导。

(5) 数据处理。

a. 求电导池常数 K_{cell}。已知 25 ℃时 0.0100 mol·L^{-1} KCl 标准溶液的 κ 值为 0.14 S·m^{-1}。

b. 计算乙酸的 K_c 值。实验结果处理如下:

c/(mol·L^{-1})	G/S	κ/(S·m^{-1})	Λ_m/(S·m^2·mol^{-1})	α	K_c

c. 计算平均 K_c 值,与文献值比较,计算相对误差。

五、思考题

(1) 什么是电导、电导率和摩尔电导率?

(2) 强、弱电解质的摩尔电导和浓度的关系有什么不同?

(3) 如果测量时电导池的电极不平衡或者面积不相等,对测量结果有无影响?

实验三十三　原电池电动势的测定

一、实验目的

(1) 测定 Cu-Zn 电池的电动势和 Cu、Zn 电极的电极电势。

(2) 学习电极的制备和处理方法。

(3) 掌握电位差计的测量原理和正确使用方法。

二、实验原理

在恒温、恒压、可逆条件下,电池反应有以下关系:

$$\Delta G=-nFE \tag{1}$$

式中,ΔG 为电池反应的吉布斯(Gibbs)热力学能变;n 为电池反应中得失电子的数目;F 为法拉第(Faraday)常量(其数值为 96 500 $C \cdot mol^{-1}$);E 为电池的电动势。

测出电池的电动势 E 后,便可求得 ΔG,进而又可求出其他热力学函数。但必须注意,首先要求电池反应本身是可逆的,即要求电极反应是可逆的,并且不存在任何不可逆的液接界。同时要求电池必须在可逆情况下工作,即放电和充电过程都必须在准平衡状态下进行,此时只允许有无限小的电流通过电池。因此,用电化学方法研究化学反应的热力学性质时,所设计的电池应尽量避免出现液接界。在精确度要求不高的测量中,出现液接界电势时,常用"盐桥"来消除或减小,如图 4-19 所示。但使用"盐桥"后,液接界电势一般仍在毫伏数量级,在精确测量中还是不能满足要求。

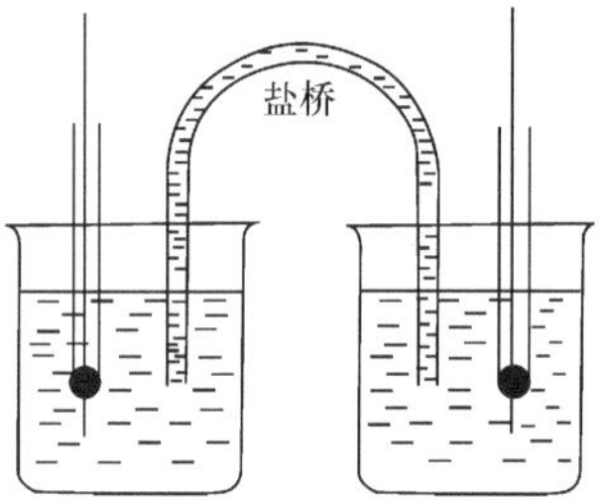

图 4-19　盐桥示意图

在进行电池电动势测量时,为了使电池反应在接近热力学可逆条件下进行,采用电位差计测量。原电池电动势主要是两个电极电势的代数和,如能测定出两个电极电势,就可计算得到由它们组成的电池的电动势。根据能斯特方程有

$$E=E^{\ominus}-\frac{RT}{nF}\ln\frac{a_{Zn^{2+}}}{a_{Cu^{2+}}} \tag{2}$$

对于任一电池,其电动势等于两电势之差值,其计算式为

$$E=\varphi_{+}(\text{右,还原电势})-\varphi_{-}(\text{左,还原电势}) \tag{3}$$

对铜-锌电池而言

$$\varphi_{+} = \varphi^{\ominus}_{Cu^{2+}/Cu} - \frac{RT}{2F}\ln\frac{1}{a_{Cu^{2+}}} \tag{4}$$

$$\varphi_{-} = \varphi^{\ominus}_{Zn^{2+}/Zn} - \frac{RT}{2F}\ln\frac{1}{a_{Zn^{2+}}} \tag{5}$$

式中，$\varphi^{\ominus}_{Cu^{2+}/Cu}$和 $\varphi^{\ominus}_{Zn^{2+}/Zn}$分别为当 $a_{Cu^{2+}} = a_{Zn^{2+}} = 1$ 时，铜电极和锌电极的标准电极电势。对于单个离子，其活度是无法测定的，但强电解质的活度与物质的平均质量摩尔浓度和平均活度系数之间有以下关系：

$$a_{Zn^{2+}} = \gamma_{\pm}\frac{m_{\pm}}{m^{\ominus}} \tag{6}$$

$$a_{Cu^{2+}} = \gamma_{\pm}\frac{m_{\pm}}{m^{\ominus}} \tag{7}$$

式中，$\gamma_{\pm}$ 为离子平均活度系数，其数值大小与物质浓度、离子种类、实验温度等因素有关。

在电化学中，电极电势的绝对值至今无法测定，在实际测量中是以某一电极的电极电势作为零标准，然后将其他的电极(被研究电极)与零标准电极组成电池，测量其间的电动势，则该电动势即为该被测电极的电极电势。被测电极在电池中的正、负极可由它与零标准电极两者的还原电势比较确定。通常将氢电极在氢气压力为101 325 Pa、溶液中氢离子活度为 1 时的电极电势规定为零，称为标准氢电极，然后与其他被测电极进行比较。

测定时通常采用第二级标准电极，甘汞电极是其中最常用的一种。这些电极与标准氢电极比较而得到的电势已精确测出。

以上所述讨论的电池是在电池总反应中发生了化学变化，因而称为化学电池。还有一类电池称为浓差电池，这种电池在净作用过程中，仅仅是一种物质从高浓度(或高压力)状态向低浓度(或低压力)状态转移，从而产生电动势，而这种电池的标准电动势 $E^{\ominus}$ 等于零。例如，电池(－)Cu｜$CuSO_4$(0.0100 mol · L^{-1}) ‖ $CuSO_4$(0.1000 mol · L^{-1})｜Cu(＋)就是浓差电池的一种。

电池电动势的测量用电位差计。电位差计的使用方法参阅 2.5 节。必须指出，电极电势的大小不仅与电极种类、溶液浓度有关，而且与温度有关。本实验是在实验温度下测得电极电势 φ_T，再由上述公式可计算 $\varphi^{\ominus}_T$。

三、仪器和试剂

仪器：UJ33D-1 型电位差计，饱和甘汞电极，盐桥，铜电极，锌电极，烧杯(50 mL)，细砂纸。

试剂：$ZnSO_4$(0.100 mol · L^{-1})，$CuSO_4$(0.01 mol · L^{-1}、0.100 mol · L^{-1})，KCl(饱和)。

四、实验内容

1. 电极制备

1）锌电极

用细砂纸擦去锌电极上的氧化层，用稀硫酸洗去，再用蒸馏水淋洗，插入装有 $ZnSO_4$ 溶液的小烧杯中即可。

2）铜电极

用细砂纸擦去铜电极上的氧化层，用水淋洗，再用蒸馏水洗净，插入装有配好的 $CuSO_4$ 溶液的小烧杯中即可。

3）电池组合

将上面制备的锌电极和铜电极分别置于盛有其盐溶液的小烧杯内，再将饱和 KCl 盐桥接入，即组成 Cu-Zn 电池：

(－)Zn | $ZnSO_4$(0.1000 mol · L^{-1}) ‖ $CuSO_4$(0.1000 mol · L^{-1}) | Cu(＋)

同法组成下列电池：

(－)Cu | $CuSO_4$(0.0100 mol · L^{-1}) ‖ $CuSO_4$(0.1000 mol · L^{-1}) | Cu(＋)

(－)Zn | $ZnSO_4$(0.1000 mol · L^{-1}) ‖ KCl(饱和) | Hg_2Cl_2 | Hg(＋)

(－)Hg | Hg_2Cl_2 | KCl(饱和) ‖ $CuSO_4$(0.1000 mol · L^{-1}) | Cu(＋)

2. 电动势测定

(1) 按照图 4－20，接好电动势测量线路。

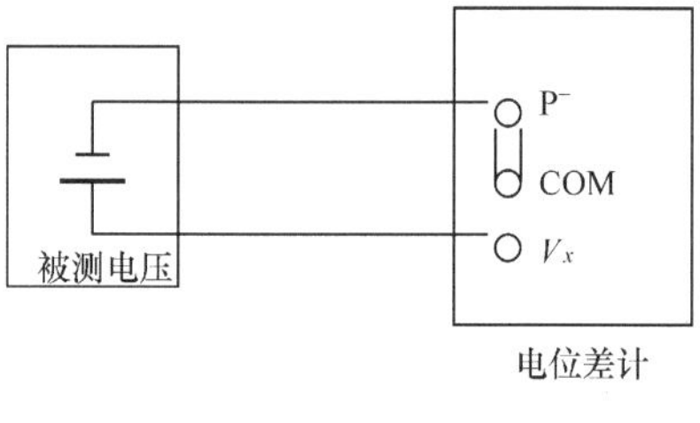

图 4－20　电动势测定装置

(2) 调零。按下电源开关至"1"或插上外接 9 V 直流电源，将功能选择开关旋至"调零"，根据量程需要选择 20 mV 或 50 mV 挡，调节调零电位器到读数为零。

(3) 测量。被测电源正极与 V_x 相连，负极与 P^- 相连，再将功能选择开关旋至"测量"，选择合适的量程，显示读数为被测电压值。

(4) 分别测定以上四个电池的电动势。

五、数据处理

(1) 根据饱和甘汞电极的电极电势温度校正公式,计算实验温度时饱和甘汞电极的电极电势:

$$\varphi_{饱和甘汞}=0.2415-7.61\times10^{-4}(T/\mathrm{K}-298)$$

(2) 根据测定的各电池的电动势及表 4-9,分别计算下列电池电动势的理论值,并将计算得的理论值与实验值进行比较:

$$(-)\mathrm{Zn}|\mathrm{ZnSO_4}(0.1000\ \mathrm{mol\cdot L^{-1}})\|\mathrm{CuSO_4}(0.1000\ \mathrm{mol\cdot L^{-1}})|\mathrm{Cu}(+)$$

$$(-)\mathrm{Cu}|\mathrm{CuSO_4}(0.0100\ \mathrm{mol\cdot L^{-1}})\|\mathrm{CuSO_4}(0.1000\ \mathrm{mol\cdot L^{-1}})|\mathrm{Cu}(+)$$

表 4-9 298.15 K 时离子平均活度系数 $\gamma_{\pm}$

电解质 \ 浓度	$0.100\ \mathrm{mol\cdot L^{-1}}$	$0.010\ \mathrm{mol\cdot L^{-1}}$
$CuSO_4$	0.160	0.400
$ZnSO_4$	0.150	0.387

$$\gamma_{\pm}(T)\approx\gamma_{\pm}(298.15)$$

$$\varphi^{\ominus}_{\mathrm{Cu^{2+}/Cu}}(298.15)=0.337\ \mathrm{V}\qquad \varphi^{\ominus}_{\mathrm{Zn^{2+}/Zn}}(298.15)=-0.763\ \mathrm{V}$$

(3) 根据下列电池的电动势的实验值 $E_{实}$,分别计算 Cu 电极和 Zn 电极的电极电势以及它们的标准电极电势,并与理论值 $\varphi^{\ominus}_{\mathrm{Cu^{2+}/Cu}}$ 和 $\varphi^{\ominus}_{\mathrm{Zn^{2+}/Zn}}$ 进行比较。

$$(-)\mathrm{Zn}|\mathrm{ZnSO_4}(0.1000\ \mathrm{mol\cdot L^{-1}})\|\mathrm{KCl}(饱和)|\mathrm{Hg_2Cl_2}|\mathrm{Hg}(+)$$

$$(-)\mathrm{Hg}|\mathrm{Hg_2Cl_2}|\mathrm{KCl}(饱和)\|\mathrm{CuSO_4}(0.1000\ \mathrm{mol\cdot L^{-1}})|\mathrm{Cu}(+)$$

六、思考题

(1) 在测量电动势的过程中,若检流计光点总是朝一个方向偏转,可能是什么原因?

(2) 写电池符号时,将锌电极与甘汞电极组成的电池中的甘汞电极符号写在右边,即

$$\mathrm{Zn}|\mathrm{ZnSO_4}(0.1000\ \mathrm{mol\cdot L^{-1}})\|\mathrm{KCl}(饱和)|\mathrm{Hg_2Cl_2}|\mathrm{Hg}$$

而将铜电极与甘汞电极组成的电池中的甘汞电极符号写在左边,即

$$\mathrm{Hg}|\mathrm{Hg_2Cl_2}|\mathrm{KCl}(饱和)\|\mathrm{CuSO_4}(0.1000\ \mathrm{mol\cdot L^{-1}})|\mathrm{Cu}$$

为什么要这样?不这样是否可以?

实验三十四 化学反应速率及活化能的测定

一、实验目的

(1) 了解浓度、温度、催化剂对化学反应速率的影响。

(2) 学习测定反应速率、反应速率常数、反应级数及活化能的方法。

(3) 掌握作图法处理实验数据。

(4) 学习吸量管的使用方法。

二、实验原理

本实验测定的过二硫酸铵[$(NH_4)_2S_2O_8$]与碘化钾(KI)的反应是一个慢反应,反应的离子方程式为

$$S_2O_8^{2-}+3I^-=\!=\!=2SO_4^{2-}+I_3^-(I_2\cdot I^-) \tag{1}$$

反应的平均速率为

$$v=-\Delta c(S_2O_8^{2-})/\Delta t$$

为了测定 Δt 时间内 $S_2O_8^{2-}$ 浓度的变化量,在混合$(NH_4)_2S_2O_8$ 和 KI 的同时加入一定量已知浓度并含有淀粉的 $Na_2S_2O_3$ 溶液,这样在反应(1)进行的同时也进行如下反应:

$$2S_2O_3^{2-}+I_3^-=\!=\!=S_4O_6^{2-}+3I^- \tag{2}$$

反应(2)是一个快反应,对反应(1)而言几乎在瞬间完成。由反应(1)产生的 I_3^- 会立即与 $Na_2S_2O_3$ 反应,所以一段时间以内,看不到 I_3^- 与淀粉作用产生的蓝色。一旦 $Na_2S_2O_3$ 耗尽,则微量的 I_3^- 就使溶液变色。

1. 反应速率 v、反应级数 m、n 和反应速率常数 k 的测定

由反应(1)和(2)可得

$$\Delta c(S_2O_8^{2-})=\Delta c(S_2O_3^{2-})/2$$

式中,Δt 为加入 $Na_2S_2O_3$-淀粉溶液到溶液变蓝的时间。故

$$v=\frac{-\Delta c(S_2O_8^{2-})}{\Delta t}=\frac{-\Delta c(S_2O_3^{2-})}{2\Delta t}=\frac{c(S_2O_3^{2-})_{始}}{2\Delta t} \tag{3}$$

另外,v 可表示为

$$v=k[c(S_2O_8^{2-})]^m[c(I^-)]^n \tag{4}$$

v 是一个瞬时速率。当满足 $c(S_2O_8^{2-})\gg c(S_2O_3^{2-})$时,可以使式(3)、式(4)相等,从而计算 m、n 与 k 的值。

分别选取 $c(I^-)$、$c(S_2O_8^{2-})$相同的两组数据,由不同 v 值可求出 m、n。当 $c(S_2O_8^{2-})$相同时,有

$$\frac{v_1}{v_2}=\frac{\Delta t_2}{\Delta t_1}=\frac{k[c(S_2O_8^{2-})]^m[c(I^-)_1]^n}{k[c(S_2O_8^{2-})]^m[c(I^-)_2]^n}=\frac{[c(I^-)_1]^n}{[c(I^-)_2]^n}=\left[\frac{c(I^-)_1}{c(I^-)_2}\right]^n$$

可求出 n,同理固定 $c(I^-)$可求出 m。当 m、n 确定后可求出 k。

2. 反应活化能的测定

由阿伦尼乌斯(Arrhenius)方程 $\ln k=\ln A-\frac{E_a}{R}\frac{1}{T}$可知 $\ln k$ 与 $1/T$ 呈线性关系，$\ln A$ 是截距，$-\frac{E_a}{R}$是斜率。可以测定几个不同温度的 k 值，以 $\ln k$ 对 $1/T$ 作图，在图上选取两个非实验点(x_1,y_1)和(x_2,y_2)，由斜率与截距求出活化能 E_a 及指前因子 A。

三、仪器和试剂

仪器：烧杯(50 mL、500 mL)，试管，玻璃棒，温度计，吸量管(5 mL、10 mL)，量筒，秒表，石棉网，电炉。

试剂：KI(0.1 mol·L^{-1})，KNO_3(0.1 mol·L^{-1})，$(NH_4)_2SO_4$(0.1 mol·L^{-1})，$Na_2S_2O_3$(0.001 mol·L^{-1})-8‰淀粉混合液，$(NH_4)_2S_2O_8$(0.1 mol·L^{-1})，$CuSO_4$(0.05 mol·L^{-1})。

四、实验内容

1. 浓度对反应速率的影响

(1) 取五个烧杯编号，用四支吸量管按表 4-10 的数据分别取样 0.1 mol·L^{-1} KI、0.1 mol·L^{-1} KNO_3、0.1 mol·L^{-1} $(NH_4)_2SO_4$、0.001 mol·L^{-1} $Na_2S_2O_3$-8‰淀粉混合液，用玻璃棒搅匀。注意每种液体使用对应吸量管。实验中加入 KNO_3、$(NH_4)_2SO_4$ 的目的是使每次实验的总体积及离子强度相等。

表 4-10　浓度改变对反应速率的影响　　室温________℃

实验编号		一	二	三	四	五
试剂用量/mL	0.1 mol·L^{-1} $(NH_4)_2S_2O_8$	5	5	10	10	15
	0.001 mol·L^{-1} $Na_2S_2O_3$-8‰淀粉混合液	5	5	5	5	5
	0.1 mol·L^{-1} KI	5	10	10	5	5
	0.1 mol·L^{-1} KNO_3	5	0	0	5	5
	0.1 mol·L^{-1} $(NH_4)_2SO_4$	10	10	5	5	0
反应浓度/(mol·L^{-1})	$c(I^-)$					
	$c(S_2O_8^{2-})$					
	$c(S_2O_3^{2-})$					
	反应时间 Δt/s					
	反应速率 v					
	反应速率常数 k					
	反应速率常数的平均值					

(2) 用另一支吸量管吸取每组对应的 0.1 mol · L^{-1} $(NH_4)_2S_2O_8$ 溶液，迅速放入对应烧杯，同时按动秒表计时，并不停搅拌。当溶液刚刚出现蓝色时停表，记下反应时间 Δt，填入表 4－10 中。

(3) 依照表 4－10 计算，从而得到浓度对反应速率的影响的结论。

2. 反应活化能的测定

(1) 用温度计、大烧杯、石棉网、电炉组成简易水浴装置。把小烧杯放入大烧杯中水浴。选取表 4－10 中的第一组，在 20～90 ℃选取四个温度，重复前面的实验内容(注意尽量在一次实验中保持温度不变)。记录时间 Δt，填入表 4－11，计算。

表 4－11　温度改变对反应速率的影响

实验编号	一	二	三	四
反应温度 t/℃				
反应时间 Δt/s				
$(1/T)/K^{-1}$				
速率常数 k				
$\ln k$				

从表 4－11 得到温度对反应速率的影响的结论，并以此验证反应温度每升高 10 ℃，反应速率是否加快 2～3 倍。

(2) 以 $\ln k$ 对 $1/T$ 作图，由图得到直线斜率并求出活化能 E_a，并与文献值 51.8 kJ · mol^{-1}比较，计算相对误差。

3. 催化剂对反应速率的影响

Cu^{2+}可作为本实验的催化剂，通过降低活化能、改变反应机理而使反应速率加快。

取 1. 中的实验编号一，在混合液中滴入 2 滴 $CuCl_2$ 溶液，重做实验。记下反应时间 Δt，并与未加入 $CuCl_2$ 溶液的结果比较，说明催化剂对反应速率的影响。

五、思考题

(1) 加入定量的 $Na_2S_2O_3$-淀粉混合液的目的是什么？其用量多少对实验结果有何影响？

(2) 将$(NH_4)_2S_2O_8$ 溶液加入混合液时，为什么要迅速加入？

(3) 本实验测出的 v 是瞬时速率还是平均速率？两种速率近似相等的条件是

什么？

(4) 溶液变蓝后，烧杯中的反应是否也就停止了？

实验三十五　一级反应——蔗糖的转化

一、实验目的

(1) 测定蔗糖转化的反应速率常数和半衰期。

(2) 了解该反应的反应物浓度与旋光度之间的关系。

(3) 了解旋光仪的基本原理，掌握旋光仪的正确操作技术。

二、实验原理

蔗糖转化反应如下：

$$\underset{(\text{蔗糖})}{C_{12}H_{22}O_{11}} + H_2O \xrightarrow{H^+} \underset{(\text{葡萄糖})}{C_6H_{12}O_6} + \underset{(\text{果糖})}{C_6H_{12}O_6}$$

这是一个二级反应。在纯水中，此反应的速率极慢，通常需在 H^+ 的催化作用下进行。由于反应时水是大量存在的，尽管有部分水分子参加了反应，可近似认为整个反应过程的水浓度是恒定的；H^+ 是催化剂，其浓度也保持不变，因此蔗糖转化反应可看成一级反应。一级反应的反应速率方程可由式(1)表示：

$$-\frac{dc_A}{dt} = kc_A \tag{1}$$

式中，k 为反应速率常数；c_A 为时间 t 时的反应物浓度。

将式(1)积分得

$$\ln c_A = -kt + \ln c_A^0 \tag{2}$$

式中，c_A^0 为反应开始时蔗糖的浓度。

当 $c_A = \frac{1}{2}c_A^0$ 时，t 可用 $t_{1/2}$ 表示，即为反应的半衰期：

$$t_{1/2} = \frac{\ln 2}{k} = \frac{0.693}{k} \tag{3}$$

蔗糖及其转化产物都含有不对称的碳原子，它们都具有旋光性。但是它们的旋光能力不同，故可以利用系统在反应过程中旋光度的变化度量反应的进程。

测量物质旋光度所用的仪器称为旋光仪。溶液的旋光度与溶液中所含旋光物质的旋光能力、溶剂性质、溶液的浓度、样品管长度、光源波长及温度等均有关系。当其他条件均固定时，旋光度 α 与反应物浓度 c 呈线性关系，即

$$\alpha = Kc \tag{4}$$

式中，比例常数 K 与物质的旋光能力、溶剂性质、样品管长度、温度等有关。

物质的旋光能力用比旋光度度量，比旋光度可用式(5)表示：

$$[\alpha]_{D}^{20}=\frac{\alpha \cdot 100}{lc} \tag{5}$$

式中，20 指实验时温度 20 ℃；D 指所用钠灯光源 D 线，波长为 589 nm；α 为测得的旋光度(°)；l 为样品管的长度(dm)；c 为浓度[g·(100 mL)$^{-1}$]。

作为反应物的蔗糖是右旋物质，其比旋光度$[\alpha]_{D}^{20}=66.6°$；生成物中葡萄糖也是右旋物质，其比旋光度$[\alpha]_{D}^{20}=52.5°$，但果糖是左旋物质，其比旋光度$[\alpha]_{D}^{20}=-91.9°$。由于生成物中果糖的左旋比葡萄糖的右旋大，所以生成物呈现左旋性质。随着反应的进行，系统的右旋角度不断减小，反应至某一瞬间，系统的旋光度可恰好等于零，而后就变成左旋，直至蔗糖完全转化，这时左旋角度达到最大值 α_{∞}。

设最初体系的旋光度为

$$\alpha_{0}=K_{反}\ c_{A}^{0} \qquad (t=0,\text{蔗糖尚未转化}) \tag{6}$$

最终系统的旋光度为

$$\alpha_{\infty}=K_{生}\ c_{A}^{0} \qquad (t=\infty,\text{蔗糖已完全转化}) \tag{7}$$

式中，$K_{反}$ 和 $K_{生}$ 分别为反应物和生成物的比例常数。

当时间为 t 时，蔗糖浓度为 c_{A}，此时旋光度 α_{t} 为

$$\alpha_{t}=K_{反}\ c_{A}+K_{生}(c_{A}^{0}-c_{A}) \tag{8}$$

式(6)～式(8)联立可以解得

$$c_{A}^{0}=\frac{\alpha_{0}-\alpha_{\infty}}{K_{反}-K_{生}}=K'(\alpha_{0}-\alpha_{\infty}) \tag{9}$$

$$c_{A}=\frac{\alpha_{t}-\alpha_{\infty}}{K_{反}-K_{生}}=K'(\alpha_{t}-\alpha_{\infty}) \tag{10}$$

将式(9)、式(10)代入式(2)即得

$$\lg(\alpha_{t}-\alpha_{\infty})=\frac{-k}{2.303}t+\lg(\alpha_{0}-\alpha_{\infty}) \tag{11}$$

由式(11)可以看出，以 $\lg(\alpha_{t}-\alpha_{\infty})$ 对 t 作图为一直线，从直线的斜率可求得反应速率常数 k。

三、仪器和试剂

仪器：旋光仪，移液管(25 mL、50 mL)，台秤，恒温槽，烧杯(50 mL)，容量瓶

(50 mL、100 mL)，玻璃棒，锥形瓶(150 mL)。

试剂：蔗糖(A. R.)，HCl(4.000 mol·L^{-1})。

四、实验内容

(1) 了解和熟悉旋光仪的构造、原理和使用方法。

(2) 用蒸馏水校正仪器的零点。

蒸馏水为非旋光物质，可用以校正仪器的零点($\alpha=0$ 时仪器对应的刻度)。校正时，先洗净样品管，将管一端加上盖子，并向管内灌满蒸馏水，使液体形成一凸出液面，然后在样品管另一端盖上玻璃片。此时管内不应有空气泡存在。再旋上套盖，使玻璃片紧贴于旋光管，勿使漏水。但必须注意旋紧套盖时不能用力过猛，以免玻璃片被压碎。用滤纸将样品管擦干，再用擦镜纸将样品管两端的玻璃片擦净，将样品管放入旋光仪内，调旋光仪的读数为零。

(3) 配制 100 mL 0.8 mol·L^{-1}蔗糖溶液。

用台秤称取蔗糖放入烧杯中，用少量蒸馏水溶解(注意：水不要过量!)，待蔗糖全部溶解后(温度太低需加热)，并冲洗至 100 mL 容量瓶中，若溶液浑浊需过滤。

(4) 蔗糖转化反应及反应过程旋光度 α_t 的测定。

移取 25 mL 蔗糖溶液于干燥的锥形瓶中，再移取 25 mL HCl 溶液加入蔗糖溶液内，并使之均匀混合。注意应从 HCl 溶液由移液管内流出一半时开始计时。迅速用少量反应液荡洗旋光管 2 次，然后将反应液装满旋光管，盖好盖子并擦净，注意勿使管内存有气泡，立刻放入旋光仪内，测量各时间的旋光度。第一个数据要求离反应起始时间 1～2 min，先记录时间，再读取旋光度。

为了多读一些数据，所以反应开始 15 min 内每分钟测量一次，以后由于反应物浓度降低使反应速率变慢，可以将每次测量的时间间隔适当放长，测出两个负值为止。从反应开始大约需连续测量 1 h。

(5) α_∞ 的测量。

反应完毕后，将旋光管内的溶液与在锥形瓶内剩余的反应混合液合并，放置 24 h 后测量其旋光度，即为 α_∞ 值。

为了缩短时间，可以将合并后的混合液置于 50～60 ℃水浴内温热 30 min，然后冷却至实验温度，测其旋光度即为 α_∞ 值，但必须注意水浴温度不可过高，否则将产生副反应，颜色变黄。同时在加热过程还要避免溶液蒸发影响浓度，以致造成 α_∞ 值的偏差。

由于反应混合液的酸度很大，因此样品管一定要擦净后才能放入旋光仪，以免管外沾附的反应液腐蚀旋光仪，实验结束后必须洗净旋光管。

五、数据处理

实验温度______________℃

时　间	t/min	
0.8mol · L^{-1}蔗糖+ 4mol · L^{-1} HCl	α_t	
	α_∞	
	$\lg(\alpha_t-\alpha_\infty)$	

(1) 以 $\lg(\alpha_t-\alpha_\infty)$对 t 作图,证明是否为一级反应,并由直线斜率求出反应速率常数 k。

(2) 由上述直线外推至 $t=0$,求得 $\lg(\alpha_0-\alpha_\infty)$,再代入式(11)计算反应速率常数 k。

(3) 计算反应的半衰期 $t_{1/2}$。

六、思考题

(1) 实验中用蒸馏水校正旋光仪的零点,则蔗糖转化反应过程所测的旋光度 α_t 是否需要零点校正?为什么?

(2) 混合蔗糖溶液和 HCl 溶液时,将 HCl 溶液加入蔗糖溶液中,可否将蔗糖溶液加入 HCl 溶液中?为什么?

实验三十六　二级反应——乙酸乙酯皂化反应

一、实验目的

(1) 测定乙酸乙酯的皂化反应速率常数,了解反应活化能的测定方法。

(2) 了解二级反应的特点,学习用图解计算法求二级反应的反应速率常数。

(3) 熟悉电导率仪的使用。

二、实验原理

乙酸乙酯皂化是双分子反应,其反应方程式为

$$CH_3COOC_2H_5+Na^++OH^-\longrightarrow CH_3COO^-+Na^++C_2H_5OH$$

在反应过程中,各物质的浓度随时间而改变,不同反应时间的 OH^- 的浓度可以用标准酸进行滴定求得,也可以通过间接测量溶液的电导率求得。为了处理方便起见,在设计这个实验时将反应物 $CH_3COOC_2H_5$ 和 NaOH 采用相同的浓度 a 作为起始浓度。设反应时间为 t 时,反应所生成的 CH_3COO^- 和 C_2H_5OH 的浓度为 x,则 $CH_3COOC_2H_5$ 和 NaOH 的浓度为$(a-x)$,即

	$CH_3COOC_2H_5$ +	NaOH ⇌	CH_3COONa +	C_2H_5OH
$t=0$ 时	a	a	0	0
$t=t$ 时	$a-x$	$a-x$	x	x
$t\to\infty$时	0	0	$x\to a$	$x\to a$

因为是双分子反应，所以时间为 t 的反应速率和反应物浓度的关系为

$$\frac{dx}{dt}=k(a-x)(a-x) \tag{1}$$

式中，k 为反应速率常数。将式(1)积分可得

$$kt=\frac{x}{a(a-x)} \tag{2}$$

从式(2)中可看出，原始浓度 a 是已知的，只要测出 t 时的 x，就可算出反应速率常数 k 值。首先假定整个反应系统是在稀释的水溶液中进行，因此可以认为 CH_3COONa 是全部电离的，在本实验中用测量溶液的电导率求算 x 的变化。参与导电的离子有 Na^+、OH^- 和 CH_3COO^-，而 Na^+ 在反应前后浓度不变，OH^- 的迁移率比 CH_3COO^- 的迁移率大得多。随着时间的增加，OH^- 不断减少，CH_3COO^- 不断增加，所以体系的电导值不断下降。

显然，体系电导率值的减少量和 CH_3COONa 的浓度 x 的增大成正比，即

$t=t$ 时
$$x=K(L_0-L_t) \tag{3}$$

$t\to\infty$时
$$a=K(L_0-L_\infty) \tag{4}$$

式中，L_0 为起始时的电导率；L_t 为 t 时的电导率；L_∞ 为 $t\to\infty$ 即反应终了时的电导率；K 为比例常数。

将式(3)、式(4)代入式(1)得

$$kt=\frac{K(L_0-L_t)}{aK[(L_0-L_\infty)-(L_0-L_t)]}=\frac{L_0-L_t}{a(L_t-L_\infty)}$$

或可写成

$$\frac{L_0-L_t}{L_t-L_\infty}=akt \tag{5}$$

从式(5)可知，测定 L_0、L_∞ 以及一组 L_t 值，以 $\frac{L_0-L_t}{L_t-L_\infty}$ 对 t 作图，应得一直线，直线的斜率就是反应速率常数 k 值和原始浓度 a 的乘积。k 的单位为 $L\cdot mol^{-1}\cdot min^{-1}$。

三、仪器和试剂

仪器：电导率仪，恒温槽，电导池，秒表，电导电极，容量瓶(100 mL)，移液管(25 mL)，刻度移液管(0.2 mL)。

试剂：NaOH($0.0100\ mol\cdot L^{-1}$、$0.0200\ mol\cdot L^{-1}$)，CH_3COONa($0.0100\ mol\cdot$

L^{-1})，$CH_3COOC_2H_5$(0.0200 mol · L^{-1}，新鲜配制)。

四、实验内容

1. 电导率仪的调节

电导率仪的原理和使用方法参阅 2.4 节。

2. L_∞ 和 L_0 的测量

将 0.0100 mol · L^{-1} CH_3COONa 装入干净的电导池的支管 A 中，如图 4-21 所示，液面约高出铂黑片 1 cm 为宜。浸入 25 ℃(或 30 ℃)恒温槽内 10 min，然后接通电导率仪，测定其电导率，即为 L_∞。按上述操作，测定 0.0100 mol · L^{-1} NaOH 溶液的电导率为 L_0。

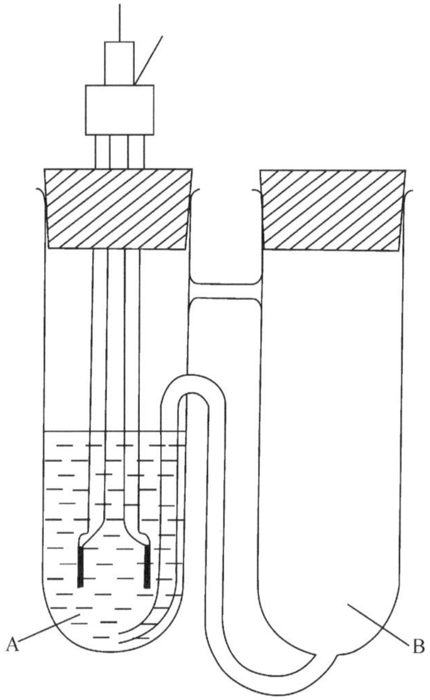

图 4-21　电导池

测量时，每一种溶液都必须更换一次，重复进行测量，两次测量误差必须在允许范围之内，否则要进行第三次测量。

注意：每次往电导池中装新样品时，都要先用蒸馏水淋洗电导池及铂黑电极三次，然后用所测液体淋洗三次。

3. L_t 的测量

将电导池的铂黑电极浸于另一盛有蒸馏水的小烧瓶中，并置于恒温槽中恒温，再将电导池的支管 A、B 用电吹风吹干。用移液管移取 25 mL 0.0200 mol · L^{-1} NaOH 溶液注入电导池的支管 A 中，用另一移液管移取 25 mL 0.0200 mol · L^{-1} $CH_3COOC_2H_5$ 注入支管 B 中，两个支管的管口均用塞子塞紧，以防止 $CH_3COOC_2H_5$ 挥发。将电导池置于恒温槽中恒温 10 min。在支管 B 的管口换上一钻有小孔的瓶塞，用一洗耳球通过小孔将 $CH_3COOC_2H_5$ 迅速压入支管 A 内与 NaOH 溶液混合，如图 4-22 所示，当 $CH_5COOC_2H_5$ 被压入一半时开始计时。再将支管 A 内的混合液抽回支管 B 内，复又压入支管 A 内，如此来回数次。用滴管从支管 A 中吸取混合液若干，将铂黑电极从恒温的蒸馏水中取出并用该混合液淋洗数次，随即插入支管 A 中进行电导率的测定，每隔 5 min 测量一次，30 min 后，每隔 10 min 测量一次，反应进行到 1 h 后可停止测量。

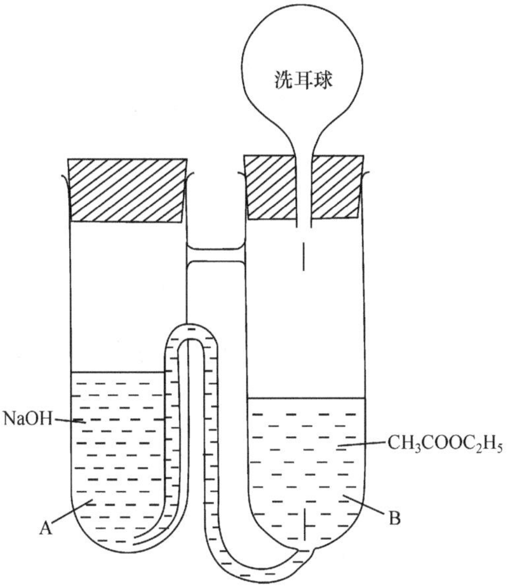

图 4-22　将 $CH_3COOC_2H_5$ 压入支管 A 示意图

反应结束后，倾去反应液，电导池用蒸馏水洗后，重新测量 L_∞，看是否与反应前测量的值一致。实验结束后，应将铂黑电极浸入蒸馏水中。

五、数据处理

（1）将 t、L_t、L_0-L_t、L_t-L_∞、$\dfrac{L_0-L_t}{L_t-L_\infty}$数据列表。

（2）以$\dfrac{L_0-L_t}{L_t-L_\infty}$对 t 作图，得一直线。由直线的斜率算出反应速率常数 k。

*六、活化能的测定

如果实验时间允许，可依照上述操作步骤和计算方法，测定另一温度下的反应速率常数 k 值，再按阿伦尼乌斯方程计算反应的活化能。

$$\ln\frac{k_2}{k_1}=\frac{E_a}{R}\left(\frac{T_2-T_1}{T_1T_2}\right) \tag{6}$$

式中，k_1、k_2 分别为温度 T_1、T_2 时测得的反应速率常数；R 为摩尔气体常量（8.314 $J\cdot mol^{-1}\cdot K^{-1}$）；$E_a$ 为反应的活化能。

七、思考题

（1）为什么本实验要在恒温条件下进行，而且 $CH_3COOC_2H_5$ 和 NaOH 溶液在混合前还要预先恒温?

(2) 如果 NaOH 和 $CH_3COOC_2H_5$ 起始浓度不相等,应怎样计算 k 值?

(3) 如何从实验结果验证乙酸乙酯皂化反应为二级反应?

实验三十七 过氧化氢的催化分解

一、实验目的

(1) 测定 H_2O_2 催化分解反应的速率常数和半衰期。

(2) 熟悉一级反应的特点,了解温度、催化剂等因素对一级反应速率的影响。

(3) 学习用图解计算法或计算机方法求出一级反应的速率常数,计算活化能 E_a。

二、实验原理

过氧化氢是一种很不稳定的化合物,在没有催化剂作用时也能缓慢分解,当有催化剂存在时则能加速其反应。过氧化氢分解的化学计量式为

$$H_2O_2 \xlongequal{\quad} H_2O + \frac{1}{2}O_2 \tag{1}$$

该反应有催化剂(如 KI)存在时,可以使其分解速率加快。H_2O_2 在 KI 作用下催化分解按下列步骤进行:

$$H_2O_2 + KI \xlongequal{\quad} KIO + H_2O \tag{2}$$

$$KIO \xlongequal{\quad} \frac{1}{2}O_2 + KI \tag{3}$$

由式(2)可看出,KI 与 H_2O_2 生成中间化合物,改变了反应途径,降低了反应活化能而使反应速率加快。据此认为,反应(3)的速率远比反应(2)的速率快,故反应(2)成为整个反应的控制步骤。因此,总反应速率等于式(2)的速率,即

$$-\frac{dc(H_2O_2)}{dt} = k'c(KI)c(H_2O_2) \tag{4}$$

由于 KI 浓度不变,故 k' 与 $k'c$(KI)合并仍为常数,故式(4)可简化为

$$-\frac{dc(H_2O_2)}{dt} = kc(H_2O_2) \tag{5}$$

由式(5)看出,反应速率与反应物浓度的一次方成正比,故 H_2O_2 只在 KI 作用下的催化分解反应是一级反应,且反应速率常数 k 将随 KI 的浓度变化而改变。

将式(5)积分,得

$$\ln\frac{c_t}{c_0} = -kt \tag{6}$$

式中,c_0 为 H_2O_2 的初始浓度;c_t 为 t 时刻 H_2O_2 的浓度。

如以 $\ln c_t$ 对 t 作图得一直线,即可确定 H_2O_2 催化分解反应为一级反应,并由

直线斜率可求出反应速率常数 k。

怎样求得反应过程中 H_2O_2 的浓度 c_t？本实验采用物理法进行测定。从式(1)看出，1 mol H_2O_2 分解可得 0.5 mol O_2，故可通过测量某一时刻 t 放出的氧气体积即可得到相应时刻的 H_2O_2 浓度 c_t。其关系如下：

令 V_∞ 表示 H_2O_2 全部分解放出 O_2 的体积、V_t 表示 H_2O_2 在 t 时刻分解放出的 O_2 的体积，则

$$c_0 \propto V_\infty \quad 或 \quad c_0 = f(V_\infty)$$

$$c_t \propto (V_\infty - V_t) \quad 或 \quad c_t = f(V_\infty - V_t)$$

将以上关系式代入式(6)，经整理得式(7)：

$$\ln(V_\infty - V_t) = -kt + \ln V_\infty \tag{7}$$

以 $\ln(V_\infty - V_t)$ 对 t 作图得一直线，则可验证 H_2O_2 的催化分解反应为一级。由直线斜率可求得反应速率常数 k，进而求得反应的半衰期 $t_{1/2}$：

$$t_{1/2} = \frac{\ln 2}{k}$$

V_∞ 的确定方法如下：

(1) V_∞ 可由 H_2O_2 溶液的起始浓度及体积求出。H_2O_2 溶液的起始浓度用高锰酸钾标准溶液在酸性介质中进行滴定求得，其化学计量式如下：

$$5H_2O_2 + 2KMnO_4 + 3H_2SO_4 = 2MnSO_4 + K_2SO_4 + 8H_2O + 5O_2$$

由滴定所用 $KMnO_4$ 标准溶液的体积和浓度便可算出 H_2O_2 的准确浓度，由 H_2O_2 的分解反应可知，1 mol H_2O_2 可分解出 0.5 mol O_2，于是可求出 H_2O_2 完全分解时 O_2 的体积 V_∞。

(2) 将反应瓶在水浴中加热至 50～60 ℃，并保持 15 min，再冷却至室温，读取量气管体积即为 V_∞。

(3) 由实测不同 t 时刻氧气的体积 V_t，作 V_t-$1/t$ 图，外推至 $1/t \to 0$ 即为 V_∞。

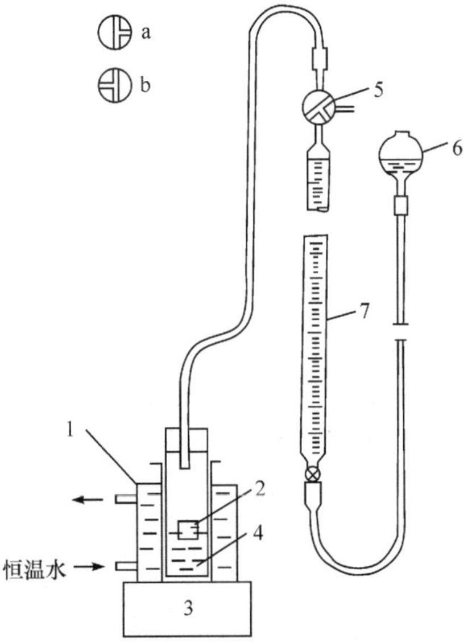

图 4-23 过氧化氢分解实验装置示意图

1-带夹套的反应瓶；2-塑料瓶器；3-磁力搅拌器；4-搅拌子；5-二通旋塞；6-水准瓶；7-量气管

三、仪器和试剂

仪器：实验装置(图 4-23)，超级恒温槽，锥形瓶(150 mL)，移液管(5 mL、10 mL)，量筒(20 mL)，秒表。

试剂：H_2SO_4 (3 mol·kg^{-1})，KI (0.1 mol·L^{-1})，H_2O_2 (2%)；$KMnO_4$ 标

准溶液(0.1 mol·L^{-1})。

四、实验内容

(1) 接通恒温水浴,调节水温为 25 ℃(注意恒温槽的调节与使用)。

(2) 用量筒量取 20 mL 蒸馏水,用移液管量取 10 mL 0.1 mol·L^{-1} KI 溶液,置于反应瓶中;用移液管量取 5 mL 2% H_2O_2 溶液,小心注入反应瓶的塑料瓶盖(或乒乓球半球)中,注意勿使 H_2O_2 与 KI 溶液混合,盖紧反应瓶上的瓶塞。

(3) 旋转三通活塞于 a 位,高举水准瓶,让液体充满量气管,之后旋转三通到 b 位并把水准瓶放低。如量气管内液面在 2 min 内保持不变,即表示系统不漏气,否则应找出原因,排除后再试漏。读取量气管初始体积 V_0(读数时,一定要使水准瓶内液面和量气管内液面保持同一水平)。

(4) 倾斜反应瓶,使 H_2O_2 溶液与 KI 溶液混合,及时按下秒表计时,并均匀地摇动反应瓶,开动搅拌器搅拌。

(5) 每隔 2 min 读取量气管读数一次,共读 7 次,然后每隔 5 min 读一次,直至 42 min。

(6) 用 $KMnO_4$ 滴定或加热的方法测 V_∞。

五、数据处理

(1) 用 V_0 校正所有的体积读数 V_t、V_∞。

(2) 将 t、V_t、$(V_\infty - V_t)$、$\ln(V_\infty - V_t)$数据列表。

(3) 以 $\ln(V_\infty - V_t)$对 t 作图,求直线斜率。

(4) 计算 H_2O_2 分解反应速率常数 k_1 和 $t_{1/2}$。

六、思考题

(1) 根据实验讨论反应速率常数与哪些因素有关。

(2) 影响 H_2O_2 分解反应的因素有哪些?为什么实验中自始至终要使水准瓶的液面与量气管的液面保持水平?

(3) H_2O_2 分解反应中 H_2O_2 的初始浓度是怎样确定的?

(4) 为什么可用 $\lg(V_\infty - V_t)$代替 $\lg c_t$ 作图?

实验三十八　镍在 H_2SO_4 溶液中的极化曲线的测定

一、实验目的

(1) 掌握恒电位法测定极化曲线的方法。

(2) 了解极化曲线的物理意义及其应用。

(3) 学习使用电化学分析仪。

二、实验原理

金属钝化现象是很常见的。用控制电位法测量能够钝化的金属的阳极溶解过程时，一般均可得到如图 4－24 所示的阳极极化曲线。

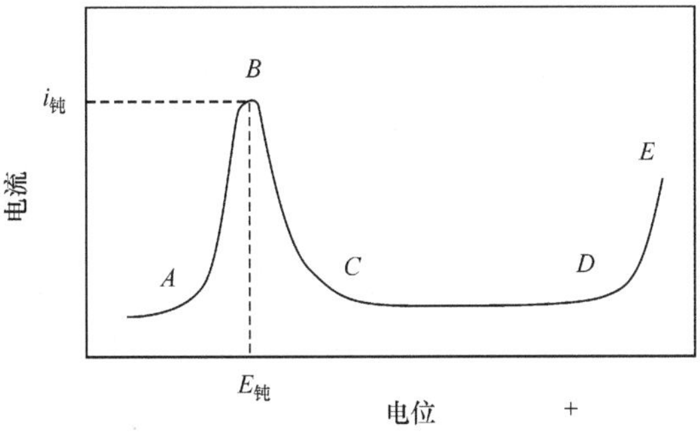

图 4－24　金属钝化曲线

图 4－24 中的曲线可分成 4 个区域：

(1) *AB* 段为活性溶解区。此时金属进行正常的阳极溶解，阳极电流随电位的变化符合塔菲尔(Tafel)公式。

(2) *BC* 段为过渡钝化区。电位达到 *B* 点时，电流为最大值，此时的电流称为钝化电流($i_{钝}$)，对应的电位称为临界电位或钝化电位($E_{钝}$)。电位过 *B* 点后，金属开始钝化，其溶解速率不断降低并过渡到钝化状态(*C* 点之后)。

(3) *CD* 段为稳定钝化区。在该区域中金属的溶解速率基本上不随电位而改变。该电流称为钝态金属的稳定溶解电流。

(4) *DE* 段为过钝化区。*D* 点之后阳极电流又重新随电位的正移而增大，这可能是由于高价金属离子的产生，也可能是由于水电解析出的 O_2，还可能是两者同时出现。

金属钝化现象具有实际应用价值。在化学电源和电镀工业中均采取一定的措施防止阳极钝化现象的发生；而在金属防腐蚀领域中则要求金属处于稳定钝化状态，在钢铁中添加金属铬和镍使之成为不锈钢是一个典型的例子。

传统测定金属的钝化行为均采用恒电位仪、信号发生器和函数记录仪等模拟电路的仪器。本实验利用 CHI 电化学分析仪的线性电位扫描法功能，测定镍在硫酸溶液和不同氯离子浓度的硫酸溶液中的钝化行为。与传统方法相比，CHI 电化学分析仪在视窗界面下操作，有操作简便、精度和灵敏度高以及处理数据方便等优点。将该仪器的功能开发应用到基础物理化学实验中，不但提高了物理化学实验的测试层次，也可提高学生对基础实验的兴趣。

三、仪器和试剂

仪器：只要具有线性电位扫描(linear sweep voltammetry)测定功能的CHI电化学分析仪(包括CHI660A和CHI800系列)均可用于该实验测量。测量线路示意图如图4－25所示。

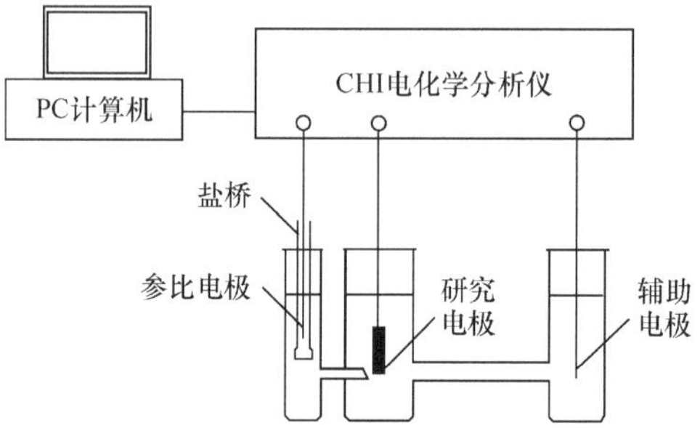

图4－25　测量线路示意图

研究电极采用直径为0.5 cm的镍圆盘电极(用环氧树脂将镍棒密封在玻璃管中)，铂丝作为辅助电极，带有0.1 mol·L^{-1} H_2SO_4溶液为盐桥的饱和甘汞电极作为参比电极。H_2SO_4和KCl均采用分析纯试剂。

四、实验内容

分别测量Ni在0.1 mol·L^{-1} H_2SO_4、0.1 mol·L^{-1} H_2SO_4＋0.01 mol·L^{-1} KCl、0.1 mol·L^{-1} H_2SO_4＋0.04 mol·L^{-1} KCl和0.1 mol·L^{-1} H_2SO_4＋0.1 mol·L^{-1} KCl溶液中的阳极极化曲线。

(1) 打开仪器和计算机的电源开关，预热10 min。

研究电极用06#金相砂纸打磨后，用重蒸馏水冲洗干净，擦干后放入已洗净并装有0.1 mol·L^{-1} H_2SO_4溶液的电解池中。分别装好辅助电极和参比电极，并按图4－25连接测量线路。

(2) 通过计算机使CHI仪器进入Windows工作界面；在工具栏选中“Control”，此时屏幕上显示一系列命令菜单，再选中“Open Circuit Potential”，数秒钟后屏幕上即显示开路电位值；在工具栏里点击“T”(实验技术)，再选中“Linear Sweep Voltammetry”；然后在工具栏里选中“参数设定”，在需设定参数的对话框中分别输入下列参数：

初始电位(Init E)：设定为比先前所测得的开路电位－0.1 V。

终止电位(Final E)：1.4 V。

扫描速率(Scan Rate)：0.01 V。

采样间隔(Sample Interval)：0.001 V。

初始电位下的极化时间(Quiet Time):300 s。

电流灵敏度(Sensitivity):0.001 A。

设定参数后,点击“OK”,再点击工具栏中的运行键,此时仪器开始运行,屏幕上即时显示极化时间值(在初始电位下阴极极化);300 s 后扫描开始,屏幕显示电流随电位的变化曲线;扫描结束后点击工具栏中的“Graphics”,再点击“Graph Options”,在对话框中分别填入电极面积和所用的参比电极及必要的注解,并将实验结果保存。

(3) 在原有的溶液中分别添加 KCl 使其成为 0.1 mol · L^{-1} H_2SO_4 + 0.01 mol · L^{-1} KCl、0.1 mol · L^{-1} H_2SO_4 + 0.04 mol · L^{-1} KCl 和 0.1 mol · L^{-1} H_2SO_4 + 0.1 mol · L^{-1} KCl 溶液,重复上述步骤进行测量。每次测量前必须用金相砂纸打磨工作电极并清洗干净。

五、数据处理

(1) 打开工具栏中的“Graphics”,选定“Graph Options”,将光标锁定在曲线轨迹中,分别打开已保存的文件,在极化曲线图中会自动显示峰电位(钝化电位 $E_钝$)、峰电流(钝化电流 $i_钝$)和峰面积(A_h);用鼠标分别从各条曲线中找出稳定钝化区间(屏幕上会即时显示光标的坐标位置),记录上述各类数据,并将数据列成表格以便于比较。

(2) 点击工具栏中的“Graphics”,再点击“Overlay Plot”,选中另外 3 个文件使 4 条曲线叠加在一张图中。如果曲线溢出,可在“Graph Options”里选择合适的 x、y 轴量程再作图,然后打印已叠加的曲线图。最后结果如图 4-26 所示。

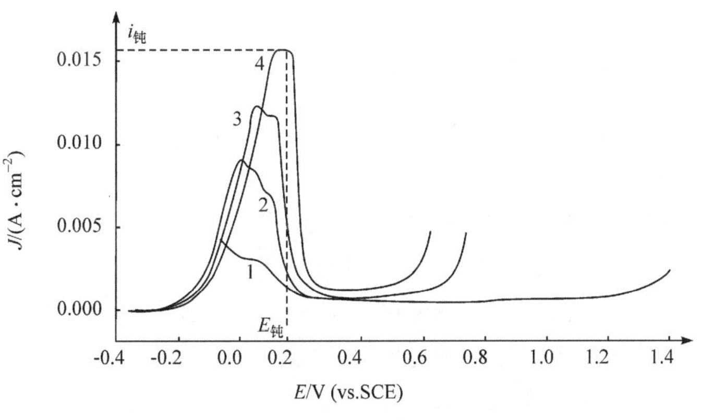

图 4-26　镍在硫酸溶液中的钝化曲线

1-0.1 mol · L^{-1} H_2SO_4;2-0.1 mol · L^{-1} H_2SO_4 + 0.01 mol · L^{-1} KCl;

3-0.1 mol · L^{-1} H_2SO_4 + 0.04 mol · L^{-1} KCl;4-0.1 mol · L^{-1} H_2SO_4 + 0.1 mol · L^{-1} KCl

六、思考题

(1) 阳极保护的基本原理是什么？

(2) 什么是致钝电流密度和维钝电流密度？它们有什么不同？

实验三十九　碘酸铜溶度积的测定

一、实验目的

(1) 了解分光光度法测定难溶电介质溶度积的原理和方法。

(2) 学习分光光度计的使用方法。

(3) 熟悉沉淀的洗涤及抽滤操作。

二、实验原理

常用的难溶电解质溶度积的测定方法有电动势法、电导法、分光光度法等，其实质均为测定一定条件下溶液中的相关离子浓度，从而得到 K_{sp}。本实验选用分光光度法测难溶强电解质碘酸铜的溶度积。

$Cu(IO_3)_2$ 在水中达到溶解平衡：

$$Cu(IO_3)_2(s) \rightleftharpoons Cu^{2+}(aq) + 2IO_3^-(aq)$$

$$c(Cu^{2+}) = \frac{1}{2}c(IO_3^-)$$

上式的平衡常数为 $Cu(IO_3)_2$ 的溶度积常数：

$$K_{sp}[Cu(IO_3)_2] = \frac{c(Cu^{2+})}{c^\ominus}\left[\frac{c(IO_3^-)}{c^\ominus}\right]^2 = 4\left[\frac{c(Cu^{2+})}{c^\ominus}\right]^3$$

达平衡时溶液饱和，所以知道 Cu^{2+} 的浓度便可计算出碘酸铜的溶度积 K_{sp}。

本实验采用一系列已知浓度的 Cu^{2+} 溶液，加入氨水形成深蓝色 $[Cu(NH_3)_4]^{2+}$，用分光光度计在 660 nm 处测出一系列相应吸光度 A(有效溶液浓度范围为 $1\times10^{-2}\sim1\ mol\cdot L^{-1}$)，并以吸光度 A 为纵坐标、Cu^{2+} 浓度为横坐标作图，制作 A-$c(Cu^{2+})$ 标准曲线。再在同样条件下，测定待测溶液(加入等量氨水)的吸光度，在标准曲线上查出此吸光度对应的 Cu^{2+} 浓度。最后由此饱和溶液中的 Cu^{2+} 浓度算出 $Cu(IO_3)_2$ 的溶度积常数。

三、仪器和试剂

仪器：台秤，烧杯(10 mL、50 mL、100 mL)，抽滤装置，滤纸，吸量管，容量瓶(50 mL)。

试剂：氨水(6 mol · L^{-1})，$CuSO_4$(s)，KIO_3(s)，$CuSO_4$ 标准溶液(0.1000 mol · L^{-1})。

四、实验内容

(1) $Cu(IO_3)_2$ 的制备。

用台秤称取 2.7 g KIO_3 晶体，置于 100 mL 烧杯中，加 50 mL 水；称取 1.5 g $CuSO_4 \cdot 5H_2O$ 晶体置于 50 mL 烧杯中，加 20 mL 水，待晶体完全溶解后将$CuSO_4$溶液倒入 KIO_3 溶液，搅拌后加热至沸，然后静置烧杯，待完全沉降后，倒去清液，洗涤并抽滤沉淀两三次，得洁净 $Cu(IO_3)_2$ 固体。

(2) $Cu(IO_3)_2$ 饱和溶液的配制。

将 $Cu(IO_3)_2$ 固体转入大烧杯，加入 200 mL 去离子水，加热至沸，静置 2 min，上层清液即为 $Cu(IO_3)_2$ 饱和溶液。

(3) 标准曲线的制作。

用吸量管分别吸取 0.4 mL、0.8 mL、1.2 mL、1.6 mL、2.0 mL 0.1000 mol · L^{-1} $Cu(IO_3)_2$ 标准溶液置于 5 个 50 mL 容量瓶中，再用吸量管向每个容量瓶中加入 2.00 mL 6 mol · L^{-1}氨水，用去离子水稀释至刻度，摇匀。

分别用 3 cm 比色管，以相应稀氨水为参比，在 660 nm 处测出上面配制溶液的吸光度，填入下表中，以 Cu^{2+} 浓度对吸光度 A 作出标准曲线。

实验编号	一	二	三	四	五	待测	
						1	2
	0.4	0.8	1.2	1.6	2.0		
A							

(4) 测吸光度。

用 $Cu(IO_3)_2$ 饱和溶液淌洗 50 mL 容量瓶 3 次，用吸量管加入 2 mL 6 mol · L^{-1}氨水，再加入 $Cu(IO_3)_2$ 饱和溶液至刻度线，摇匀。倒出 2 份样品，在同样条件下分别测吸光度，填入上表中，并在标准曲线上查出对应 Cu^{2+} 浓度。最后以 1.4×10^{-7} 为标准值计算相对误差，并进行误差分析。

五、思考题

(1) 为什么在配制好饱和 $Cu(IO_3)_2$ 溶液后进行的所有饱和 $Cu(IO_3)_2$ 溶液转移都要求容器干燥？否则对实验结果有怎样的影响？

(2) 为什么在溶液中加入氨水？加入氨水的量是否要求十分准确？为什么？

(3) 若吸取饱和溶液时析出少量固体，对实验结果是否有影响？

实验四十　溶液表面吸附及表面张力的测定

一、实验目的

(1) 测定不同浓度正丁醇溶液的表面张力，计算吸附量。

(2) 了解气液界面的吸附作用，计算表面层被吸附分子的截面积及吸附层的厚度。

(3) 掌握最大气泡(或扭力天平)法测定溶液表面张力的原理和技术。

二、实验原理

从热力学观点来看，液体表面缩小是一个自发过程，这是使系统总自由能减小的过程，欲使液体产生新的表面 ΔA，就需对其做功，其大小应与 ΔA 成正比：

$$-W'=\sigma\cdot\Delta A \tag{1}$$

如果 ΔA 为 1 m^2，则 $-W'=\sigma$ 是指在恒温恒压下形成 1 m^2 新表面所需的可逆功，所以 σ 称为比表面吉布斯自由能，其单位为 $J\cdot m^{-2}$。也可将 σ 看成作用在界面上每单位长度边缘上的力，称为表面张力，其单位为 $N\cdot m^{-1}$。在恒温下纯液体的表面张力为定值，当加入溶质形成溶液时，表面张力发生变化，其变化的大小取决于溶质的性质和加入量的多少。根据能量最低原理，溶质使溶剂的表面张力降低时，表面层中溶质的浓度比溶液内部大；反之，溶质使溶剂的表面张力升高时，它在表面层中的浓度比在内部的浓度低，这种表面浓度与内部浓度不同的现象称为溶液的表面吸附。在指定的温度和压力下，溶质的吸附量与溶液的表面张力及溶液的浓度之间的关系遵守吉布斯吸附等温式：

$$\Gamma=-\frac{c}{RT}\left(\frac{d\sigma}{dc}\right)_T \tag{2}$$

式中，Γ 为溶质在表层的吸附量；σ 为表面张力；c 为吸附达到平衡时溶质在介质中的浓度。

当 $\left(\frac{d\sigma}{dc}\right)_T<0$ 时，$\Gamma>0$，称为正吸附；当 $\left(\frac{d\sigma}{dc}\right)_T>0$ 时，$\Gamma<0$，称为负吸附。吉布斯吸附等温式应用范围很广，但上述形式仅适用于稀溶液。

引起溶剂表面张力显著降低的物质称为表面活性物质，被吸附的表面活性物质分子在界面层中的排列取决于它在液层中的浓度，这可由图 4-27 看出。图 4-27 中(a)和(b)是不饱和层中分子的排列，(c)是饱和层中分子的排列。

当界面上被吸附分子的浓度增大时，它的排列方式改变，最后，当浓度足够大时，被吸附分子盖住所有界面的位置，形成饱和吸附层，分子排列方式如图 4-27(c)所示。这样的吸附层是单分子层，随着表面活性物质的分子在界面上逐渐紧密排列，则此界面的表面张力也就逐渐减小。如果在恒温下绘成曲线 $\sigma=f(c)$（表面张力等温线），当 c 增加时，σ 在开始时显著下降，而后下降逐渐缓慢，直至 σ 的变化很小，这时 σ 的数值恒定为某一常数（图 4－28）。利用图解法进行计算十分方便，如图 4－28 所示，经过切点 a 作平行于横坐标的直线，交纵坐标于 b' 点。以 Z 表示切线和平行线在纵坐标上截距间的距离，显然 Z 的长度等于 $c\left(\frac{d\sigma}{dc}\right)_T$，则有

$$\left(\frac{d\sigma}{dc}\right)_T=-\frac{Z}{c}$$

$$Z=-\left(\frac{d\sigma}{dc}\right)_T\cdot c \tag{3}$$

$$\Gamma=-\frac{c}{RT}\left(\frac{d\sigma}{dc}\right)_T=\frac{Z}{RT}$$

以不同的浓度对其相应的 Γ 可作出曲线，$\Gamma=f(c)$ 称为吸附等温线。

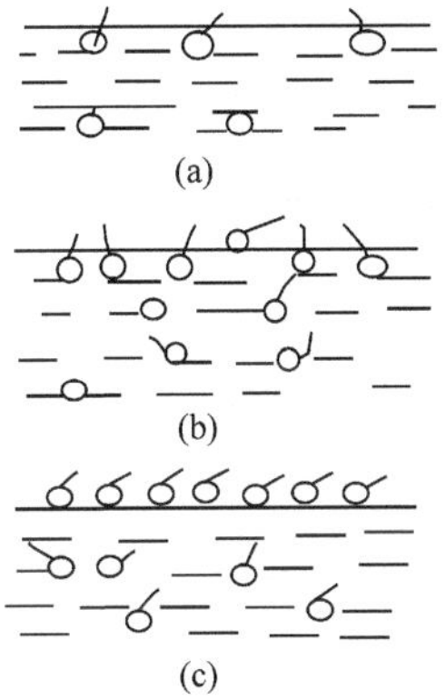

图 4－27　被吸附的分子在界面上的排列

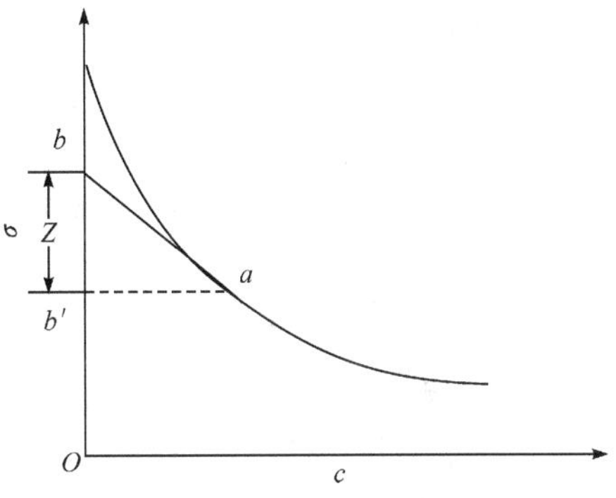

图 4－28　表面张力和浓度的关系

测定溶液的表面张力有多种方法，较为常用的有最大气泡法和扭力天平法，下面分别叙述。

最大气泡法的仪器装置示意图如图 4－29 所示。A 为表面张力仪，其中间玻璃管 F 下端有一段直径为 0.2～0.5 mm 的毛细管；B 为充满水的抽气瓶；C 为 U 形压力计，内盛相对密度较小的水或乙醇、甲苯等，作为工作介质，以测定微压差。

将待测表面张力的液体装于表面张力仪中，使 F 管的端面与液面相切，液面即沿毛细管上升，打开抽气瓶的活塞缓缓抽气，毛细管内液面上受到一个比 A 瓶中液面上大的压力，当此压力差——附加压力差（$\Delta p=p_{大气}-p_{系统}$）在毛细管端面上产生的作用力稍大于毛细管口液体的表面张力时，气泡就从毛细管口脱出，此附加压力与表面张力成正比，与气泡的曲率半径成反比，其关系式为

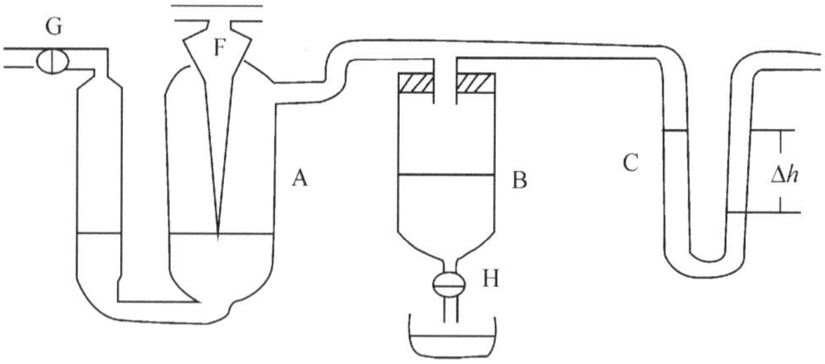

图 4-29 最大气泡法的仪器装置示意图

$$\Delta p=\frac{2\sigma}{R} \tag{4}$$

式中，Δp 为附加压力；σ 为表面张力；R 为气泡的曲率半径。

如果毛细管半径很小，则形成的气泡基本上是球形的。当气泡开始形成时，表面几乎是平的，这时曲率半径最大；随着气泡的形成，曲率半径逐渐变小，直到形成半球形，这时曲率半径 R 和毛细管半径 r 相等，曲率半径达最小值，根据式(4)可知这时附加压力达最大值。气泡进一步长大，R 变大，附加压力则变小，直到气泡逸出。

根据式(4)，$R=r$ 时的最大附加压力为

$$\Delta p_{最大}=\frac{2\sigma}{r} \tag{5}$$

实际测量时，使毛细管端刚与液面接触，则可忽略气泡鼓泡所需克服的静压力，这样就可直接用式(5)进行计算。

当用密度为 ρ 的液体作压力计介质时，测得与 $\Delta p_{最大}$ 相适应的最大压力差为 $\Delta h_{最大}$，则

$$\sigma=\frac{r}{2}\rho g\Delta h_{最大} \tag{6}$$

将 $\frac{r}{2}\rho g$ 合并为常数 K，则式(6)变为

$$\sigma=K\cdot\Delta h_{最大} \tag{7}$$

式中，仪器常数 K 可用已知表面张力的标准物质测得。

三、仪器和试剂

仪器：最大气泡法表面张力仪，洗耳球，移液管（1 mL、50 mL），烧杯（500 mL）。

试剂：正丁醇(C. P.)，蒸馏水。

四、实验内容

(1) 仪器准备与检漏。

将表面张力仪容器和毛细管先用洗液洗净，再依次用自来水和蒸馏水淌洗，烘干后按图 4-29 安装。

将水注入抽气管中。在管 A 中用移液管注入 50 mL 蒸馏水，用洗耳球由 G 处抽气，调节液面，使之恰好与细口管尖端相切。然后关紧活塞 G，再打开活塞 H，这时管 B 中水流出，使系统内的压力降低，当压力计中液面指示出若干厘米的压差时，关闭 H，停止抽气。若 2～3 min 压力计液面高度差不变，则说明系统不漏气，可以进行实验。

(2) 仪器常数的测量。

打开活塞 H 对系统抽气，调节抽气速度，使气泡由毛细管尖端成单泡逸出，且每个气泡形成的时间为 10～20 s(数显微压差测量仪为 5～10 s)。若形成时间太短，则吸附平衡来不及在气泡表面建立，测得的表面张力也不能反映该浓度真正的表面张力值。当气泡刚脱离管端的一瞬间，压力计中液面差达到最大值，记录压力计两边最高和最低读数，连续读取三次，取其平均值，再由手册查出实验温度下水的表面张力 σ，则仪器常数为

$$K=\frac{\sigma_{水}}{\Delta h_{最大}}$$

(3) 表面张力随溶液浓度变化的测定。

在上述系统中，用移液管移入 0.100 mL 正丁醇，用洗耳球打气数次(注意打气时，务必使系统成为敞开系统，否则压力计中的液体将会被吹出)，使溶液浓度均匀，然后调节液面与毛细管端相切，用测定仪器常数的方法测定压力计的压力差。然后依次加入 0.200 mL、0.200 mL、0.200 mL、0.500 mL、0.500 mL、1.00 mL、1.00 mL 正丁醇，每加一次测定一次压力差 $\Delta h_{最大}$。正丁醇的量一直加到饱和为止，这时压力计的 $\Delta h_{最大}$ 几乎不再随正丁醇的加入而变化。

五、数据处理

(1) 计算仪器常数 K 和溶液表面张力 σ，绘制 σ-c 等温线。

(2) 作切线求 Z，并求出 Γ、c/Γ。

(3) 绘制 Γ-c、c/Γ-c 等温线，求 Γ_{∞} 并计算 A 和 δ。

六、思考题

(1) 毛细管尖端为什么必须调节到恰与液面相切？否则对实验有什么影响？

(2) 最大气泡法测定表面张力时为什么要读最大压力差？如果气泡逸出得很

快，或几个气泡一起逸出，对实验结果是否有影响？

实验四十一　固体比表面积的测定

一、目的要求

（1）用次甲基蓝水溶液吸附法测定颗粒活性炭的比表面积。

（2）了解溶液法测定比表面积的基本原理。

（3）了解分光光度计的基本原理并熟悉其使用方法。

二、实验原理

根据光吸收定律，当入射光为一定波长的单色光时，某溶液的消光值（或称光密度）与溶液中有色物质的浓度及溶液层的厚度成正比：

$$E=\lg\frac{I_0}{I}=Kcl \tag{1}$$

式中，E 为消光值；I_0 为入射光强度；I 为透过光强度；K 为消光系数；c 为溶液浓度；l 为液层厚度。

一般来说，光的吸收定律适用于任何波长的单色光，但同一种溶液在不同波长所测得的消光值不同。如果把消光值 E 对波长 λ 作图可得到溶液的吸收曲线。为了提高测量的灵敏度，工作波长一般选择在 E 值最大处。

次甲基蓝溶液在可见区有两个吸收峰：445 nm 和 665 nm。但在 445 nm 处，活性炭吸附对吸收峰有很大的干扰，故本实验选用的工作波长为 665 nm。

水溶性染料的吸附已应用于测定固体比表面，在所有染料中次甲基蓝具有最大的吸附倾向。研究表明，在一定的浓度范围内，大多数固体对次甲基蓝的吸附是单分子层吸附，即符合朗缪尔型（图 4－30）。但当原始溶液的浓度过高时，会出现多分子层吸附，而如果平衡后的浓度过低，吸附又不能达饱和。因此原始溶液的浓度以及吸附平衡后的浓度都应选择在适当的范围。本实验原始溶液浓度为 0.2%

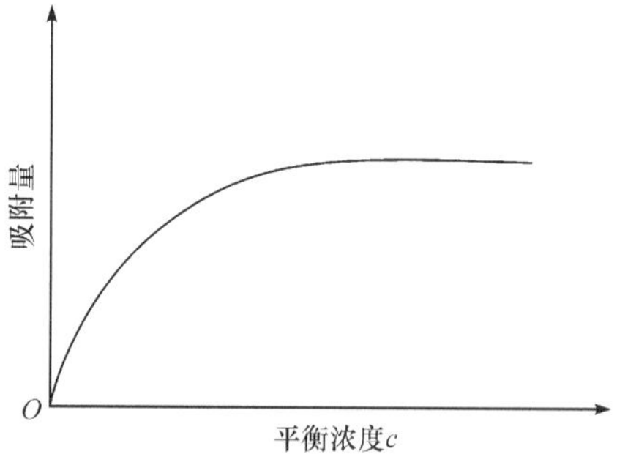

图 4－30　朗缪尔吸附等温线

左右，平衡溶液浓度不小于 0.1%。

次甲基蓝具有以下矩形平面结构：

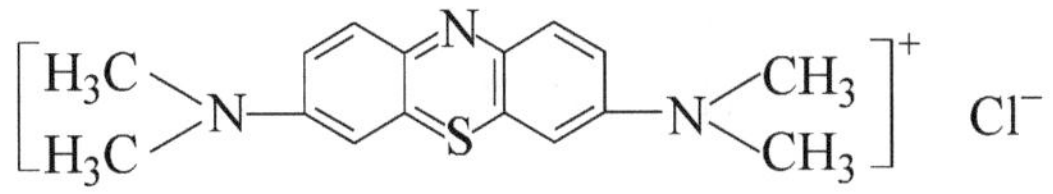

阳离子大小为 17.0 Å×7.6 Å×3.25 Å。次甲基蓝的吸附有三种取向：平面吸附投影面积为 135 $Å^2$，侧面吸附投影面积为 75 $Å^2$，端基吸附投影面积为 39.5 $Å^2$。对于非石墨型的活性炭，次甲基蓝可能不是平面吸附而是端基吸附。根据实验结果推算，在单层吸附的情况下，1 mg 次甲基蓝覆盖的面积可按 2.45 m^2 计算。

测定固体比表面积的方法很多，常用的有 BET 低温吸附法、电子显微镜法和气相色谱法等。这些方法都需要复杂的装置或较长的实验时间。溶液法测比表面仪器简单，操作方便，还可同时测定许多个样品，因此常被采用。但溶液法测定结果有一定的相对误差，其主要原因在于吸附时非球形吸附质在各种吸附剂表面的取向并不都一样，因此每个吸附质分子的投影面积可以相差甚远，溶液法测得的数值应以其他方法校正。溶液法常可用于测定大量同类样品的表面积相对值。溶液法的测定误差一般为 10%左右。

此外，也可用苯酚或硬脂酸作为吸附质测定比表面积。

三、仪器和试剂

仪器：分光光度计及其附件，磁力搅拌器，带塞锥形瓶（100 mL），容量瓶（100 mL、1000 mL），2 号砂芯漏斗。

试剂：次甲基蓝溶液（0.2%左右原始溶液，浓度约 0.01%标准溶液），颗粒状非石墨型活性炭（500 ℃活化 1 h，或真空烘箱中 300 ℃活化 1 h，保存于干燥器中）。

四、实验内容

（1）活化样品。

将颗粒活性炭置于瓷坩埚中，放入 500 ℃马弗炉活化 1 h（或在真空烘箱中 300 ℃活化 1 h），然后置于干燥器中备用。

（2）溶液吸附。

取 2 个 100 mL 三角烧瓶，分别准确称取约 0.1 g 活化过的活性炭样品，然后加入 40 mL 0.2%左右的次甲基蓝原始溶液，塞上包有锡纸的软木塞，再放在康氏振荡器上振荡 2～3 h。

（3）配制次甲基蓝标准溶液。

用台秤分别称取 3 g、5 g、8 g、11 g 0.01%标准次甲基蓝溶液，于容量瓶中用蒸馏水稀释至 100 mL，即得 3 ppm[①]、5 ppm、8 ppm、11 ppm 四种浓度的标准溶液。

(4) 原始溶液稀释。

为了测准原始溶液浓度，在台秤上称取 5 g 0.2%左右原始溶液放入 1000 mL 容量瓶中，并稀释至刻度。

(5) 平衡溶液处理。

样品振荡 4～6 h 后，将三角烧瓶取下，用砂芯漏斗过滤，滤去活性炭，得到吸附后的平衡溶液(也可用离心的方法得到澄清的溶液)。取 5 g 滤液放入 1000 mL 容量瓶中，并用蒸馏水稀释至刻度。

(6) 选择工作波长。

对于次甲基蓝溶液，工作波长为 665 nm，由于各台分光光度计波长刻度略有误差，所以实验者应自行选取工作波长。用 5 ppm 标准溶液在 600～700 nm 测量消光值，以消光值最大时的波长作为工作波长。

(7) 测量消光值。

以蒸馏水为空白溶液，分别测量 3 ppm、5 ppm、8 ppm、11 ppm 四个标准溶液，以及稀释后的原始溶液和稀释后的平衡溶液的消光值。

五、数据处理

(1) 作工作曲线。

以 3 ppm、5 ppm、8 ppm、11 ppm 四个次甲基蓝标准溶液的浓度对消光值作图，得一直线即为工作曲线。

(2) 求次甲基蓝原始溶液浓度 c_0 和平衡溶液浓度 c。

将实验测得的原始溶液的消光值从工作曲线上查得对应的浓度再乘以稀释倍数 200，即为 c_0。将实验测得的平衡溶液的消光值从工作曲线上查得对应的浓度再乘以稀释倍数 200，即为 c。

(3) 计算比表面积。

$$A=\frac{(c_0-c)\times G}{m}\times 2.45 \tag{2}$$

式中，A 为比表面积($m^2 \cdot g^{-1}$)；c_0 为原始溶液浓度(%)；c 为平衡溶液浓度(%)；G 为溶液加入量(mg)；m 为样品质量(g)；2.45 为 1 mg 次甲基蓝可覆盖活性炭样品的面积($m^2 \cdot mg^{-1}$)。

---

① ppm 为非法定单位，1 ppm＝10^{-6}。

六、思考题

(1) 为什么次甲基蓝原始溶液浓度要选在 0.2%左右,吸附平衡后的次甲基蓝溶液浓度要选在 0.1%左右?若吸附后浓度太低,在实验操作方面应如何改动?

(2) 用分光光度计测次甲基蓝溶液浓度时,为什么还要将溶液再稀释到 ppm 级浓度才进行测量?

第5章 应用实验

5.1 物质的制备及提纯技术

实验四十二 硫酸亚铁铵的制备

一、实验目的

(1) 了解复盐的一般特征和制备方法。

(2) 练习水浴加热，常压过滤和减压过滤、蒸发、结晶等基本操作。

(3) 学习用目测比色检验产品质量。

二、实验原理

硫酸亚铁铵$(NH_4)_2Fe(SO_4)_2 \cdot 6H_2O$又称莫尔盐，为浅蓝绿色单斜晶体。它在空气中比一般亚铁盐稳定，不易被氧化，溶于水但不溶于乙醇，而且价格低，制造工艺简单，容易得到较纯净的晶体，因此应用广泛，在化学上作还原剂，工业上常用作废水处理的混凝剂，在农业上既是农药又是肥料，在定量分析中常用作氧化还原滴定的基准物质。

像所有的复盐一样，硫酸亚铁铵在水中的溶解度比组成它的任何一个组分$FeSO_4$或$(NH_4)_2SO_4$的溶解度都要小，如表5-1所示。因此从$FeSO_4$和$(NH_4)_2SO_4$溶于水所制得的浓混合溶液中很容易得到结晶的莫尔盐。

表5-1 盐在水中的溶解度(以100 g H_2O中盐的克数计)

温度 T/K	273	283	293	303	313	323	333
$FeSO_4 \cdot 7H_2O$	15.6	205	265	329	40.2	486	—
$(NH_4)_2SO_4$	70.6	73.0	75.4	78.0	81.6	—	880
$(NH_4)_2SO_4 \cdot FeSO_4 \cdot 6H_2O$	125	17.2	—	—	330	40.0	

本实验采用过量铁与稀硫酸作用生成硫酸亚铁：

$$Fe + H_2SO_4 = FeSO_4 + H_2\uparrow$$

往硫酸亚铁溶液中加入硫酸铵并使其全部溶解，加热浓缩制得的混合溶液，再冷却即可得到溶解度较小的硫酸亚铵盐晶体：

$$FeSO_4 + (NH_4)_2SO_4 + 6H_2O = (NH_4)_2SO_4 \cdot FeSO_4 \cdot 6H_2O$$

为防止Fe^{2+}的水解，在制备$(NH_4)_2SO_4 \cdot FeSO_4 \cdot 6H_2O$过程中，溶液应保持

足够的酸度。

用目测比色法可估计产品中所含杂质 Fe^{3+} 的量。由于 Fe^{3+} 能与 SCN^- 生成红色物质$[Fe(SCN)]^{2+}$，当红色较深时，表明产品中含 Fe^{3+} 较多；当红色较浅时，表明产品中含 Fe^{3+} 较少。所以，只要将所制备的硫酸亚铁铵晶体与 KSCN 溶液在比色管中配制成待测溶液，将它所呈现的红色与含一定 Fe^{3+} 量所配制成的标准$[Fe(SCN)]^{2+}$ 溶液的红色进行比较，根据红色深浅程度相仿的情况，即可知待测溶液中杂质 Fe^{3+} 的含量，从而可确定产品的等级。

三、仪器和试剂

仪器：台式天平，锥形瓶(150 mL)，烧杯，量筒(10 mL、50 mL)，漏斗，漏斗架，蒸发皿，布氏漏斗，吸滤瓶，酒精灯，表面皿，水浴(可用大烧杯代替)，比色管(25 mL)。

试剂：HCl(2 mol · L^{-1})，H_2SO_4(3 mol · L^{-1})，Fe^{3+} 标准溶液[0.0100 mg · mL^{-1}，称取 0.0864 g 分析纯硫酸高铁铵 $NH_4Fe(SO_4)_2 \cdot 12H_2O$ 溶于 3 mL 2 mol · L^{-1} HCl 并全部转移到 1000 mL 容量瓶中，用去离子水稀释至刻度，摇匀]，KSCN(1 mol · L^{-1})，$(NH_4)_2SO_4$(s)，Na_2CO_3，铁屑，乙醇(95%)，pH 试纸。

四、实验内容

1. 铁屑的净化(除去油污)

用台秤称取 2.0 g 铁屑，放入小烧杯中，加入 10 mL 10%(质量分数)Na_2CO_3 溶液。缓缓加热约 10 min 后(不能煮干)，倾去 Na_2CO_3 碱性溶液，用自来水冲洗后，再用去离子水将铁屑冲洗干净(如果用纯净的铁屑，可省去这一步)。

2. 硫酸亚铁的制备

往盛有 2.0 g 干净铁屑的小烧杯中加入 15 mL 3 mol · L^{-1} H_2SO_4 溶液，盖上表面皿，放在低温电炉加热(在通风橱中进行)。在加热过程中应不时加入少量去离子水，以补充被蒸发的水分，保持原有体积，防止 $FeSO_4$ 结晶；同时要控制溶液的 pH 不大于 1(为什么？如何测量和控制？)，使铁屑与稀硫酸反应至不再冒出气泡为止。趁热用普通漏斗过滤，滤液承接于干净的蒸发皿中。将留在小烧杯中及滤纸上的残渣取出，用滤纸片吸干后称量。根据已作用的铁屑质量，算出溶液中 $FeSO_4$ 的理论产量。

3. 硫酸亚铁铵的制备

根据 $FeSO_4$ 的理论产量，计算并称取所需固体$(NH_4)_2SO_4$ 的用量。在室温下将称出的$(NH_4)_2SO_4$加入上面所制得的$FeSO_4$溶液中，在水浴上加热搅拌，使$(NH_4)_2SO_4$全部溶解，调节 pH 至 1～2，继续蒸发浓缩至溶液表面刚出现晶膜时为止。自水浴锅上取下蒸发皿，放置，冷却后即有硫酸亚铁铵晶体析出。待冷至室温后用布氏漏斗减压过滤，用少量乙醇洗去晶体表面所附着的水分。将晶体取出，置于两张干净的滤纸之间，并轻压以吸干母液，称量。计算理论产量和产率。产率计算公式如下：

$$产率=\frac{实际产量(g)}{理论产量(g)}\times 100\%$$

*4. 产品检验

(1) 选用实验方法证明产品中含有NH_4^+、Fe^{2+}和SO_4^{2-}。

(2) Fe^{3+}的分析：称取 1.0 g 产品置于 25 mL 比色管中，加入 15 mL 不含氧的去离子水溶解（怎么处理？），加入 2 mL 2 mol · L^{-1} HCl 和 1 mL 1 mol · L^{-1} KSCN 溶液，摇匀后继续加去离子水稀释至刻度，充分摇匀。将所呈现的红色与下列标准溶液进行目视比色，确定Fe^{3+}含量及产品标准。

在三支 25 mL 比色管中分别加入 2 mL 2 mol · L^{-1} HCl 和 1 mL 1 mol · L^{-1} KSCN 溶液，再用移液管分别加入 5 mL、10 mL、20 mL 0.0100 mg · mL^{-1} Fe^{3+}标准溶液，加不含氧的去离子水稀释至刻度并摇匀。上述三支比色管中溶液Fe^{3+}含量所对应的硫酸亚铁铵试剂规格分别为：含Fe^{3+} 0.05 mg 的符合一级品标准；含Fe^{3+} 0.10 mg 的符合二级品标准；含Fe^{3+} 0.20 mg 的符合三级品标准。

五、思考题

(1) 为什么制备硫酸亚铁铵时要保持溶液有较强的酸性？

(2) 减压过滤的操作步骤有哪些？

(3) 如何计算$FeSO_4$理论产量和反应所需$(NH_4)_2SO_4$的质量？

(4) 检验产品中Fe^{3+}含量时，为什么要用不含氧的去离子水？如何制备不含氧的去离子水？

实验四十三　去离子水的制备与检验

一、实验目的

(1) 了解离子交换法制备去离子水的原理与方法。

(2) 通过对水质的评价，学习无机离子的定性检验。

(3) 学习使用电导率仪，并用其评价水质。

二、实验原理

1. 去离子水的制备

在日常生活中，各行各业都离不开水，水质的好坏直接影响到许多工农业产品的质量以及设备的使用寿命，所以对水质各有一定的要求。为了除去水中的杂质，一般常采用蒸馏法和离子交换法。本实验是用离子交换法制取去离子水。

天然水中常含有 Ca^{2+}、Mg^{2+}、Na^{+}、Fe^{3+} 等阳离子和 HCO_3^-、CO_3^{2-}、SO_4^{2-}、Cl^- 等阴离子，以及一些气体和有机杂质。可以用离子交换树脂与水中某些无机离子进行选择性的离子交换反应，从而达到去除无机离子的目的。

离子交换树脂是指具有某种活性基团，且能与阳离子或阴离子发生有选择性的离子交换反应的一些高分子物质。例如，某些含有磺酸基（$—SO_3H$）或羧基（—COOH）等酸性基团的树脂能与水中的阳离子发生选择性交换，称为阳离子交换树脂，用—RH 表示；某些含有季铵盐═NX 或伯胺盐—NX_2 等碱性基团的树脂能与水中的阴离子发生选择性交换，称为阴离子交换树脂，用—ROH 表示。反应方程式为

$$2RH + Mg^{2+}(Ca^{2+}) \rightleftharpoons R_2Mg(R_2Ca) + 2H^+$$

$$ROH + Cl^- \rightleftharpoons RCl + OH^-$$

$$2ROH + SO_4^{2-}(CO_3^{2-}) \rightleftharpoons R_2SO_4(R_2CO_3) + 2OH^-$$

从而使 Ca^{2+}、Mg^{2+}、CO_3^{2-}、SO_4^{2-} 固着在树脂上，而树脂中的 H^+、OH^- 则置换到水中从而达到净水目的。

在实际生产中，去离子水的制备是使水通过装有阳离子交换树脂、阴离子交换树脂、阴阳混合树脂的交换柱，分别进行阳离子交换、阴离子交换及多级交换，使产生的 H^+、OH^- 达到平衡，从而保证去离子水为中性。

树脂使用之前要先用去离子水浸泡至溶胀。使用一段时间后，交换达到饱和，树脂失效，可分别用稀 HCl 和稀 NaOH 清洗并浸泡阳离子交换树脂和阴离子交换树脂，使之进行上述反应的逆反应，使树脂再生。

2. 水质评价

水质评价的主要指标之一是水中的含盐量，即水中阴、阳离子含量，可用电导率仪测量其电导来评价。离子浓度越大，电导越强。本实验采用 DDS-307 数字型电导率仪测定水的电导，具体操作参见 2.4 节。

3. 离子定性鉴定

（1）Ca^{2+} 的检验：本实验使用钙指示剂检验 Ca^{2+}，它能与 Ca^{2+}、Mg^{2+} 作用显

红色。因此，本实验要先调节水的 pH 为 12～13，使 Mg^{2+} 转化为 $Mg(OH)_2$ 沉淀，而不影响 Ca^{2+} 的检验。

(2) Mg^{2+} 的检验：本实验用铬黑 T 检验 Mg^{2+}，在 pH 为 9～11 时，铬黑 T 遇 Mg^{2+} 产生红色螯合物。

三、仪器和试剂

仪器：碱式滴定管，滴定管夹，铁架，T 形管，乳胶管，螺丝夹，玻璃纤维，烧杯。

试剂：HNO_3(2 mol·L^{-1})，HCl(2 mol·L^{-1})，氨水(2 mol·L^{-1})，NaOH (2 mol·L^{-1})，$BaCl_2$(1 mol·L^{-1})，$AgNO_3$(0.1 mol·L^{-1})，强酸性阳离子交换树脂，强碱性阴离子交换树脂，铬黑 T 指示剂，钙指示剂。

四、实验内容

1. 去离子水的制备

(1) 离子交换装置。在 3 支碱式滴定管底部装入玻璃纤维，再加 3 mL 去离子水，分别加入阳离子交换树脂、阴离子交换树脂和质量比为 1∶1 的混合阴阳离子树脂。树脂应尽量填塞紧密，不留气泡。用导管连接，如图 5-1 所示。

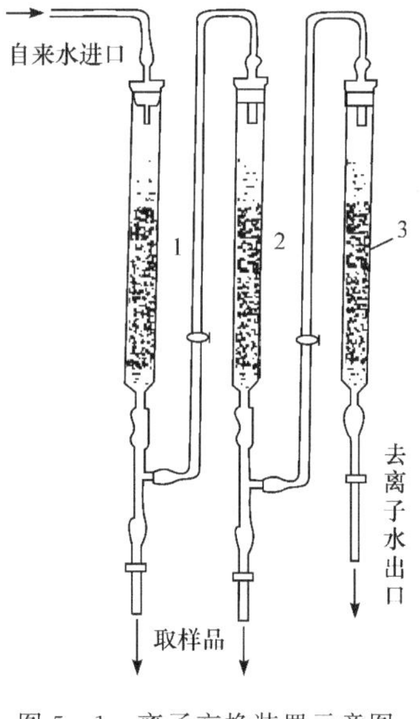

图 5-1　离子交换装置示意图

1-阳离子交换柱；2-阴离子交换柱；3-阴阳离子交换柱

(2) 净水。打开入水开关及各柱间的螺旋夹，调节入水量，使流速为每分钟 25～30 滴，开始的 30 mL 弃去不用。重定流速为每分钟 15～20 滴，分别取自来水、阳离子交换柱流出液、阴离子交换柱流出液和混合阴阳离子交换柱流出液 4 种水样(编号为样品 1、2、3、4)待用。

2. 电导率的测定

使用电导率仪测定 4 份水样的电导率。每次测定前用待测水样仔细冲洗，并用滤纸吸干电极。注意测量时必须将铂片全部浸入水中。

3. 离子的定性检验

(1) Ca^{2+} 的检测：取样品 1、2、4，调节 pH 为 12～13，滴入 2 滴钙指示剂，观察颜色变化，比较 3 份样品中 Ca^{2+} 含量的异同。

(2) Mg^{2+} 的检测：取样品 1、2、4，调节 pH 为 9～11，滴入 2 滴铬黑 T 指示剂，

观察颜色变化，比较 3 份样品中 Mg^{2+} 含量的异同。

五、思考题

（1）自来水中的主要无机杂质是什么？离子交换法的原理是什么？

（2）各柱底取出液的水质有何不同？

（3）定性鉴定无机离子时，因离子浓度极小，应该怎样操作使实验效果更加明显？

实验四十四　水热法制备纳米 SnO_2 微粉

一、实验目的

（1）了解水热法制备纳米氧化物的实验原理及方法。

（2）了解制备纳米 SnO_2 微粉的工艺条件。

（3）了解使用透射电镜检查超细微粉的粒径和使用 X 射线衍射法确定产物的物相。

二、实验原理

纳米材料具有许多不同于原子、分子，也不同于大尺度颗粒的特殊性质，纳米态是指粒径为 1～100 nm 的超微颗粒，是一种全新的物质的聚集状态，是一个全新的物理学、化学和材料学研究领域。纳米态的粒子其电子运动受到颗粒边界的限制，当粒子的尺寸与其中电子或空穴的德布罗意(de Broglie)波长相近时，电子的运动的波粒二象性表征明显，此时材料表现出与以往材料不同的光、电、磁性质。纳米材料位于表面、界面上的原子数量足以与粒子内部的原子数量相抗衡，总表面能大大增加，粒子的表面、界面化学反应活跃，会产生宏观量子隧道效应、介电效应等现象。这些都与人们所已知的材料性质大不相同，所以纳米材料的研究是科学前沿的新兴领域。

纳米材料的合成方法有气相法、液相法和固相法。制备纳米氧化物微粉常采用水热法，其优点是产物直接为晶态，无需经过再次焙烧结晶，可以减少颗粒团聚，同时粒度比较均匀，形态也比较规则。

SnO_2 是一种半导体材料，在传感器、催化剂和透明导电薄膜等方面具有广泛用途。它具有很大的比表面，是一种很好的气敏和湿敏材料。

本实验以 $SnCl_4$ 为原料，利用水解产生的 $Sn(OH)_4$ 脱水缩合晶化产生纳米 SnO_2 微粉。

$$SnCl_4 + 4H_2O = Sn(OH)_4(s) + 4HCl$$

$$nSn(OH)_4 = nSnO_2 + 2nH_2O$$

本实验的反应条件会大大影响实验效果。反应物的浓度、温度、介质的 pH、反应时间等对反应产物的物相、形态、粒子尺度及其分布具有较大影响。

反应温度适度升高能促进 $SnCl_4$ 的水解及 $Sn(OH)_4$ 的脱水，有利于重结晶，但温度太高会造成 SnO_2 微晶生长过大。适宜的温度范围为 120～160 ℃。

高酸度使 $SnCl_4$ 的水解受到抑制，生成的 $Sn(OH)_4$ 少，反应液中将残留较多的 Sn^{4+}，会造成 SnO_2 微粒的聚结；低酸度则使 $SnCl_4$ 的水解较完全，生成大量的 $Sn(OH)_4$，方便进一步的脱水缩合。

三、仪器和试剂

仪器：100 mL 不锈钢压力釜（有聚四氟乙烯衬里），烘箱，减压抽滤装置、酸度计，离心机，多晶 X 射线衍射仪，透射电镜。

试剂：$SnCl_4 \cdot 5H_2O$（A. R.），KOH（A. R.），乙酸（A. R.），乙酸铵（A. R.），无水乙醇（A. R.），95%乙醇（A. R.）。

四、实验内容

1. SnO_2 微粉的制备

(1) 称取 0.8 g $SnCl_4 \cdot 5H_2O$，边搅拌边溶于 20 mL 无水乙醇，回流 3 h，得到无色透明溶胶。将溶胶与 20 mL 蒸馏水混合，少量加入 KOH，调节 pH 为 2。将混合液倒入具有聚四氟乙烯衬里的不锈钢压力釜，将反应釜放置在烘箱中 150 ℃ 反应 4 h。

(2) 从反应釜中取出产物，减压过滤，用含乙酸铵的混合液洗涤多次，再用 95%乙醇溶液洗涤，使其快干，或者放入烘箱 70 ℃烘干，研磨使其更细。

2. 产物分析

(1) 物相分析。使用多晶 X 射线衍射仪测定产物的物相。在 JCPDS 卡片中集中查出 SnO_2 的标准衍射卡片，将样品的 d 值和相对强度与之对照，确定产物是否为 SnO_2。

(2) 粒子大小分析。由多晶 X 射线衍射峰的半峰宽，用谢勒（Scherrer）公式计算样品的平均晶粒尺寸：

$$D = K\lambda/(\beta \cdot \cos\theta)$$

式中，K 为常数，通常取 0.9；λ 为 X 射线的波长；β 为衍射峰的半峰宽度；θ 为衍射峰的衍射角。

(3) 用透射电镜直接观察样品粒子的尺寸与形貌。

五、思考题

(1) 水热法制备纳米材料的优点有哪些？

(2) 制备纳米 SnO_2 微粉的影响条件有哪些？它们如何影响结果？其原理是什么？

(3) 如何减少纳米颗粒制备过程中沉淀的胶溶和干燥过程中的团聚？

实验四十五 正溴丁烷的制备

一、实验目的

(1) 掌握以溴化钠、浓硫酸和正丁醇制备正溴丁烷的原理和方法。

(2) 学习带有吸收有害气体装置的回流加热操作。

(3) 掌握蒸馏和洗涤有机物液体的基本操作。

二、实验原理

合成正溴丁烷的反应方程式如下：

$$NaBr + H_2SO_4 \longrightarrow HBr + NaHSO_4$$

$$n\text{-}C_4H_9OH + HBr \rightleftharpoons n\text{-}C_4H_9Br + H_2O$$

副反应：

$$n\text{-}C_4H_9OH \xrightarrow[\triangle]{\text{浓 } H_2SO_4} CH_3CH_2CH=CH_2 + H_2O$$

$$n\text{-}C_4H_9OH \xrightarrow[\triangle]{\text{浓 } H_2SO_4} CH_3CH_2CH_2CH_2OCH_2CH_2CH_2CH_3 + H_2O$$

$$2HBr + H_2SO_4 \xrightarrow{\triangle} Br_2 + SO_2 + 2H_2O$$

在合成正溴丁烷的反应中，容易发生正丁醇分子内和分子间脱水的副反应，分别生成1-丁烯和正丁醚。因此，为了使氢溴酸与醇的反应趋于完全，产率高，一般使氢溴酸过量，也就是让溴化钠过量，在大量硫酸存在下，氢溴酸与正丁醇一起回流。反应后再进行粗蒸馏，使生成的正溴丁烷从反应产物中分离出来。另外，粗蒸馏过程可使氢溴酸与醇的反应更趋于完全。

三、仪器和试剂

仪器：圆底烧瓶(100 mL)，回流冷凝管，直形冷凝管，酒精灯，锥形瓶，弯干燥管，蒸馏头，蒸馏弯头，温度计，尾接管，分液漏斗，三角漏斗。

试剂：10 g(12.4 mL，0.136 mol)正丁醇，16.6 g(0.16 mol)溴化钠(无水)，浓硫酸(相对密度为1.84)，饱和碳酸氢钠溶液，无水氯化钙。

四、实验内容

1. 反应合成 1-溴丁烷

在一个小锥形瓶内放入 20 mL 水，将瓶放在冷水浴中冷却，一边摇荡，一边慢慢地加入 20 mL 浓硫酸。在 100 mL 圆底烧瓶中放入 12.4 mL 正丁醇、16.6 g 研细的溴化钠和一两粒沸石，再将稀释的硫酸分 3 次加入烧瓶，每加一次都要充分摇动烧瓶，使反应物混合均匀。然后在烧瓶上装一回流冷凝管，在冷凝管上端用弯干燥管(不放干燥剂)连接一气体吸收装置[图 5－2(a)]。将烧瓶放在石棉网上，用酒精灯小火加热至沸腾，保持回流 1.5 h。

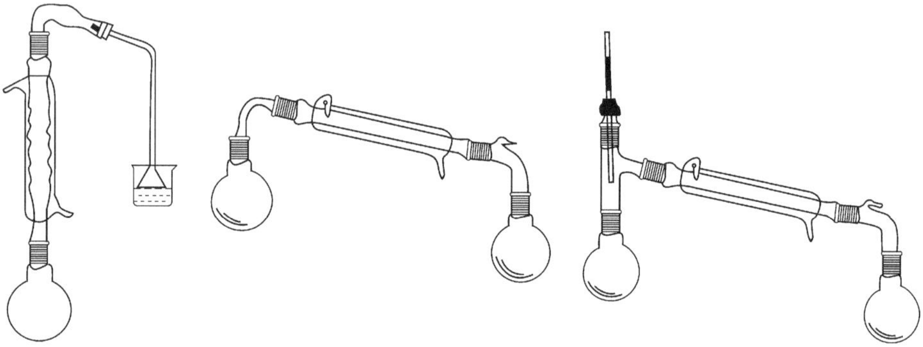

(a) 反应装置　　(b) 初蒸馏装置　　(c) 蒸馏装置

图 5－2　制备 1-溴丁烷的装置

反应完成后，将反应物冷却 5 min，卸下回流冷凝管，再加入几粒沸石，按图 5－2(b)装置进行蒸馏。仔细观察馏出液，直到无油滴蒸出为止。

2. 洗涤、干燥粗 1-溴丁烷

将馏出液倒入小分液漏斗中，将油层从下面放入一个干燥的小锥形瓶中，然后用 6 mL 浓硫酸分两次加入瓶内，每加一次都要充分摇动锥形瓶。如果混合物发热，可用冷水浴冷却。将混合物慢慢倒入分液漏斗中，静置分层，放出下层的浓硫酸。油层依次用 15 mL 水、10 mL 饱和碳酸氢钠溶液和 15 mL 水洗涤。将下层的粗 1-溴丁烷放入干燥的小锥形瓶中，加 1.5～2 g 块状的无水氯化钙，间歇振荡锥形瓶，直到液体澄清为止。

3. 蒸馏

通过长颈漏斗将液体倒入 30 mL 蒸馏烧瓶中(注意：勿使氯化钙掉入蒸馏烧瓶中!)。投入 2 粒沸石，按图 5－2(c)安装好蒸馏装置，用酒精灯加热蒸馏，收集 99～102 ℃的馏分。产量约 10 g。

五、思考题

(1) 本实验有哪些副反应？如何减少副反应？

(2) 反应时硫酸的浓度太高或太低会有什么结果？

(3) 各步洗涤的作用是什么？

实验四十六 乙酸乙酯的制备

一、实验目的

(1) 了解从有机酸制备酯的一般原理及方法。

(2) 掌握蒸馏、分液漏斗的使用等操作。

二、实验原理

在少量浓硫酸的催化作用下，乙酸和乙醇发生酯化反应，生成乙酸乙酯，但同时会发生乙醇分子间脱水的副反应，生成乙醚。具体反应方程式如下：

$$CH_3-\overset{\overset{\displaystyle O}{\|}}{C}-OH + C_2H_5OH \underset{H_2SO_4}{\overset{120\sim125\ ℃}{\rightleftharpoons}} CH_3-\overset{\overset{\displaystyle O}{\|}}{C}-OC_2H_5 + H_2O$$

副反应：

$$2C_2H_5OH \xrightarrow[\triangle]{H_2SO_4} C_2H_5OC_2H_5 + H_2O$$

由于酯化反应是平衡反应，因此，为了提高酯的产量，在实验中使乙醇过量，而且不断地把合成中产生的水和酯通过蒸馏移走。

三、仪器和试剂

仪器：三口烧瓶(100 mL)，圆底烧瓶(50 mL)，恒压滴液漏斗，维氏分馏柱，直形冷凝管，蒸馏接头，尾接管，温度计。

药品：15 g(14.3 mL，0.25 mol)冰醋酸，23 mL(约 0.37 mol)95%乙醇，浓硫酸，饱和碳酸钠溶液，饱和氯化钙溶液，饱和食盐水，无水硫酸镁。

四、实验内容

1. 反应合成乙酸乙酯

如图 5－3 所示装配滴加和蒸出的反应装置。在 100 mL 三口烧瓶中加入 3 mL乙醇，然后一边摇动一边慢慢地加入3 mL浓硫酸。在恒压滴液漏斗中装入剩下的 20 mL 乙醇和 14.3 mL 冰醋酸的混合液。在石棉网上加热三口烧瓶，当反

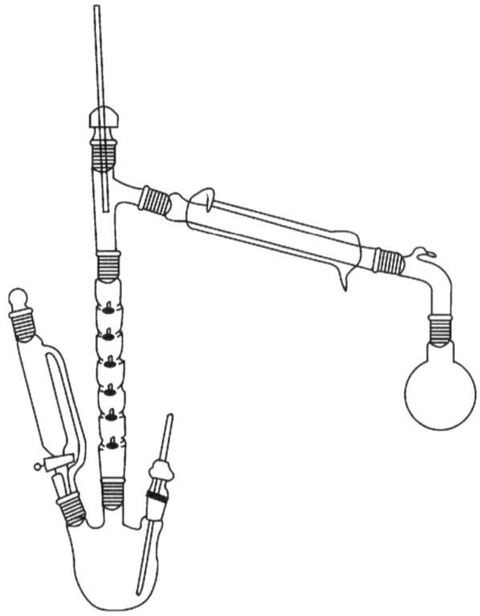

图 5-3　滴加和蒸出的反应装置

应混合物的温度到达 120 ℃左右时，将恒压滴液漏斗的乙醇与冰醋酸的混合液慢慢地滴入三口烧瓶中。调节加料的速度，使其和蒸出酯的速度大致相等，加料时间约需 90 min。这时，保持反应混合物的温度为 120～125 ℃。滴加完毕后，继续加热约 10 min，直到不再有液体馏出为止。

2. 洗涤、干燥粗乙酸乙酯

反应完毕后，将饱和碳酸钠溶液很缓慢地、少量分批地加入馏出液中，并要不断地摇动接收器，直到无二氧化碳气体逸出，酯层为中性(用石蕊试纸检查酯层)。将混合液倒入分液漏斗中，静置，放出下面的水层。用等体积(10～15 mL)的饱和食盐水洗涤，再用等体积的饱和氯化钙溶液洗涤两次，放出下层废液。从分液漏斗上口将乙酸乙酯倒入干燥的小锥形瓶中，加入 1.5～2 g 无水硫酸镁干燥。放置约30 min，在此期间要间歇振荡锥形瓶。

3. 蒸馏

通过长颈漏斗(漏斗上放折叠滤纸)将干燥的粗乙酸乙酯滤入 60 mL 蒸馏烧瓶中，在水浴上加热蒸馏，收集 74～80 ℃的馏分。产量为 14.5～16.5 g。

纯乙酸乙酯是具有果香的无色透明液体，沸点为 77.2 ℃，d_4^{20} 为 0.901。

实验所需时间为 6 h。

五、思考题

(1) 酯化反应有什么特点？本实验如何促使酯化反应向生成酯的方向进行？

(2) 本实验中若采用冰醋酸过量的做法是否合适？为什么？

(3) 用饱和氯化钙溶液洗涤能除去什么？为什么先要用饱和食盐水洗涤？是否可用水代替？

实验四十七　肉桂酸的制备

一、实验目的

(1) 学习肉桂酸的制备原理和方法。

(2) 掌握回流、热过滤、重结晶等基本操作和技能。

(3) 了解水蒸气蒸馏操作。

二、实验原理

在弱碱性催化剂的作用下,芳香醛与酸酐可以发生类似羟醛缩合的反应,生成α,β-不饱和芳香酸,这个反应称为柏琴(Perkin)反应。所用的催化剂一般为相应酸酐的羧酸钾或钠盐,也可用碳酸钾代替乙酸钾,缩短反应时间,提高产率。在肉桂酸的合成反应中,首先是乙酸酐在乙酸钾的催化作用下生成乙酸酐的碳负离子,然后该碳负离子作为亲核试剂,与苯甲醛发生亲核加成反应,经过一系列中间体,最后得到肉桂酸。反应方程式如下:

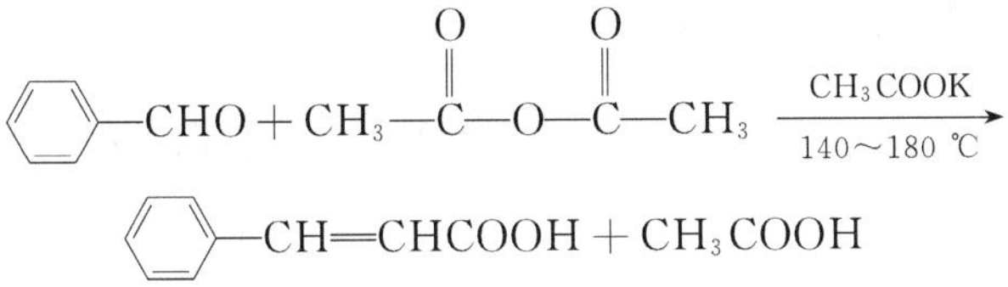

三、仪器和试剂

仪器:圆底烧瓶(100 mL),空气冷凝管,抽滤装置,水蒸气蒸馏装置,温度计。

试剂:5.3 g(5 mL,0.05 mol)苯甲醛,3 g(0.03 mol)乙酸钾(无水),8 g(7.5 mL,0.078 mol)乙酸酐,碳酸钠,活性炭,浓盐酸。

四、实验内容

1. 反应合成乙酸乙酯

在干燥的100 mL圆底烧瓶中加入3 g无水乙酸钾、8 g乙酸酐和5.3 g苯甲醛,充分振荡混合。装上空气冷凝管和250 ℃温度计,温度计水银球要浸入反应混合物中。将反应装置在石棉网上加热,控制温度在150～170 ℃,回流2 h,停止加热。

2. 精制乙酸乙酯

待烧瓶冷却到100 ℃左右,将反应混合物趁热倒入250 mL长颈圆底烧瓶中,再用20 mL热水分两次冲洗反应烧瓶,洗涤液都倒入250 mL长颈圆底烧瓶中。慢慢加入碳酸钠固体,直至溶液呈弱碱性。然后进行水蒸气蒸馏,一直到馏出液无油珠为止,以除去未反应的苯甲醛。

在250 mL长颈圆底烧瓶的混合液中加入少量活性炭,加热煮沸脱色数分钟,趁热过滤,滤液转移到锥形瓶中,冷却到室温,在搅拌下小心地加入浓盐酸,使之明显呈酸性。用冷水浴充分冷却,使肉桂酸完全结晶析出,减压过滤,用少量冷水洗涤结晶，挤压除去水分，在低于 100 ℃的温度下干燥。产物可在水中重结晶。产量为 4 g 左右。

纯肉桂酸为无色结晶，有顺反异构体，通常以反式异构体形式存在，熔点为 133 ℃。

五、思考题

(1) 为什么不能用氢氧化钠代替碳酸钠中和反应混合物？

(2) 用碳酸钠中和反应混合物，如何确定溶液呈弱碱性？此时溶液中主要存在什么化合物？

(3) 为什么要进行水蒸气蒸馏？

实验四十八　溶胶的制备及聚沉值的测定

一、实验目的

(1) 学习溶胶制备的基本原理，并掌握制备溶胶的主要方法。

(2) 了解影响溶胶稳定性的主要因素。

二、实验原理

溶胶是指极细的固体颗粒分散在液体介质中的分散体系，其颗粒大小为 1 nm～1 μm，若颗粒再大则称为悬浮液。制备比较稳定的溶胶或悬浮液一般需满足两个条件：①固体分散相的质点大小必须在胶体分散度的范围内；②固体分散质点在液体介质中要保持分散不聚结，为此，一般需加稳定剂。

制备溶胶或悬浮液原则上有两种方法：①将大块团体分割到胶体分散度的大小，此法称为分散法；②使小分子或离子聚集成胶体大小，此法称为凝聚法。

1. 分散法

分散法主要有 3 种方式：机械研磨、超声分散和胶溶分散。

胶溶分散法是将暂时聚集在一起的胶体粒子重新分散而成溶胶。例如，氢氧化铁、氢氧化铝等的沉淀实际上是胶体质点的聚集体，由于制备时缺少稳定剂，故胶体质点聚在一起而沉淀。此时若加入少量电解质，胶体质点因吸附离子而带电，沉淀便会在适当的搅拌下重新分散成溶胶。

有时质点聚集成沉淀是因为电解质过多，设法洗去过量的电解质也会使沉淀转化成溶胶。利用这些方法使沉淀转化成溶胶的过程称为胶溶作用，胶溶作用只能用于新鲜的沉淀。若沉淀放置过久，小粒经过老化，出现粒子间的连接或变成大的粒子，就不能利用胶溶作用来达到重新分散的目的。

2. 凝聚法

凝聚法主要有化学反应法及更换介质法。此法的基本原则是形成分子分散的过饱和溶液，控制条件使不溶物以胶体质点的大小析出。与分散法相比，此法不仅在能量上有利，而且可以制备成高分散度的胶体。

化学反应法：凡能生成不溶物的复分解反应、水解反应以及氧化还原反应等均可用来制备溶胶，由于离子的浓度对溶胶的稳定性有直接影响，在制备溶胶时要注意控制电解质的浓度。

根据胶体体系的动力学性质可知，强烈的布朗运动使得溶胶分散相质点不易沉降而具有一定的动力学稳定性。但是由于分散相有较大的相界面，又有强烈的聚结趋势，因而这种体系又是热力学不稳定体系。此外，由于多种原因胶体质点表面常带有电荷，带有相同符号电荷的质点不易聚结，从而提高了体系的稳定性。带电质点对电解质十分敏感，在电解质作用下胶体质点因聚结而下沉的现象称为聚沉。在指定条件下使某溶胶聚沉时，电解质的最低浓度称为聚沉值，聚沉值常用 $mmol \cdot L^{-1}$表示。

影响聚沉的主要因素有反离子的价数、离子半径的大小及同号离子的作用等。一般来说，反离子价数越高，聚沉效率越高，聚沉值越小，聚沉值大致与反离子价数的6次方成反比。同价无机小离子的聚沉能力常随其水化半径增大而减小，这一顺序称为感胶离子序。与胶体质点带有同号电荷的二价或高价离子对胶体体系常有稳定作用，即使该体系的聚沉值有所增加。此外，当使用高价或大离子聚沉时，少量的电解质可使溶胶聚沉；电解质浓度大时，聚沉形成的沉淀物又重新分散；浓度再提高时，又可使溶胶聚沉，这种现象称为不规则聚沉。不规则聚沉的原因是：低浓度的高价反离子使溶胶聚沉后，增大反离子浓度，它们在质点上强烈吸附使其带有反离子符号的电荷而重新稳定；继续增大电解质浓度，重新稳定的胶体质点的反离子又可使其聚沉。

三、仪器和试剂

仪器：721型分光光度计，滴定管，烧杯，试管，量筒，锥形瓶，移液管。

试剂：$FeCl_3$(20%、34%)，$NH_3 \cdot H_2O$(10%)，$AgNO_3$($0.1\ mol \cdot L^{-1}$)，As_2O_3($0.01\ mol \cdot L^{-1}$)，H_2S(饱和)，NaCl($0.2\ mol \cdot L^{-1}$)，$Na_2S_2O_3$($0.02\ mol \cdot L^{-1}$)，$K_3[Fe(CN)_6]$($0.001\ mol \cdot L^{-1}$)，$AlCl_3$、$BaCl_2$、NaCl、Na_2SO_4，Na_2HPO_4(均为$0.5\ mol \cdot L^{-1}$)。

四、实验内容

1. 溶胶的制备

1）胶溶分散法

氢氧化铁[$Fe(OH)_3$]溶胶的制备：取 10 mL 20% $FeCl_3$ 放在小烧杯中，加水稀释到 100 mL，然后用滴管逐滴加入 10%$NH_3 \cdot H_2O$ 到稍微过量为止。过滤生成的 $Fe(OH)_3$ 沉淀，用蒸馏水洗涤数次。将沉淀放入另一烧杯中，加 10 mL 蒸馏水，再用滴管滴加约 10 滴左右 20%$FeCl_3$ 溶液，并用小火加热，最后得到棕红透明的 $Fe(OH)_3$ 溶胶。

2）化学反应法

氢氧化铁溶胶的制备（水解法）：在一个 500 mL 烧杯中加入 250 mL 蒸馏水并加热至沸腾，在不断搅拌下滴加 1 mL 34% $FeCl_3$ 溶液，溶液变成暗红棕色的 $Fe(OH)_3$溶胶。然后对此溶胶进行渗析，除去电解质杂质。渗析的方法是按下列步骤先做一个渗析用的火棉胶袋：将一个 500 mL 锥形瓶洗净烘干，将火棉胶液倒入锥形瓶中，倾斜锥形瓶并慢慢地转动，使锥形瓶均匀地沾上一层胶液，然后倒出过剩的火棉胶。当火棉胶干后（指不粘手），将瓶口的胶膜剥离开一小部分，从此剥离口慢慢地加入蒸馏水，胶袋逐渐与瓶壁剥离。取出胶袋，在蒸馏水中浸泡数小时。

将上面制备的 $Fe(OH)_3$ 溶胶倒入火棉胶袋，并悬挂在盛有蒸馏水的大烧杯中，每小时换一次蒸馏水，直到用 0.1 mol · L^{-1} $AgNO_3$ 溶液检验水中无 Cl^- 渗析便可结束。

硫化砷溶胶的制备：取 100 mL 0.01 mol · L^{-1} As_2O_3 溶液与 100 mL 新配制的 H_2S 饱和水溶液在烧杯中混合并搅拌。然后将溶胶煮沸 2～3 min，以除去过量的 H_2S。将此 As_2O_3 溶胶倒入锥形瓶中保存待用（As_2O_3 溶胶的制备最好在通风橱中进行）。

2. 溶胶聚沉值的测定

测定聚沉值的溶胶一般都应经渗析纯化。根据使溶胶刚发生聚沉时所需电解质溶液的体积 V_1、电解质溶液的浓度 c 和溶胶的体积 V_2 可计算出聚沉值：

$$聚沉值=\frac{cV_1}{V_1+V_2}$$

1）$Fe(OH)_3$溶胶聚沉值的测定

用移液管向三个干净并烘干的 100 mL 锥形瓶中各移入 10 mL 经过渗析的 $Fe(OH)_3$溶胶，然后分别以 0.2 mol · L^{-1} NaCl 溶液、0.02 mol · L^{-1} $Na_2S_2O_3$ 溶液及 0.001 mol · L^{-1} $K_3[Fe(CN)_6]$溶液滴定锥形瓶中的 $Fe(OH)_3$ 溶胶。每滴 1

滴电解质溶液都必须充分搅动，直到溶胶刚刚产生浑浊为止。记下此时所需各电解质溶液的体积，计算聚沉值。

2）As_2S_3 溶胶聚沉值的测定

将前面已制好的 As_2S_3 溶胶用移液管分别取出 10 mL 放入五个干净的 100 mL锥形瓶中，以浓度均为 0.5 mol · L^{-1} $AlCl_3$、$BaCl_2$、NaCl、Na_2SO_4、Na_2HPO_4 溶液分别滴定 As_2S_3 溶胶。当 As_2S_3 溶胶刚变浑浊时，记下此时所需电解质溶液的体积，计算聚沉值。

五、思考题

（1）为什么要将 $FeCl_3$ 加入热水中制取 $Fe(OH)_3$ 溶胶？

（2）如何判断溶胶所带电荷的正、负？

实验四十九　碘盐的制备与检验

一、实验目的

（1）复习重结晶的操作。

（2）复习抽滤的操作。

（3）了解食盐的成分和生产步骤。

二、实验原理

日常生活中食用的食盐均为碘盐。碘是人体甲状腺素的重要成分，对人体的大脑发育、身体成长和新陈代谢有重要的影响。碘盐制备的实质是粗盐的重结晶然后加入含碘活性成分的过程。

重结晶是提纯固体物质的重要方法，即将被提纯的物质完全溶解在适当的溶剂中，过滤，使不溶的杂质与液相分离，再通过加热蒸发液相使其浓缩和冷却后重析出晶体，从而达到提纯的目的。经过多次重结晶，可以得到纯度很高的晶体。母液的多少、晶体的大小和重结晶的次数决定产物的纯度。

碘盐中碘的活性成分主要是 KIO_3 或 KI。因为 KIO_3 具有化学性质稳定、常温下不挥发、不分解、不潮解、活性效果好、口感舒适、易生产等优点，因而被广泛用于碘盐中。KIO_3 为无臭、无味、无色的晶体，溶于水，含碘量为 59.3%。由于 KIO_3 加热超过 560 ℃时开始分解，且在酸性介质中氧化性较强，遇到食品中某些还原性物质（如 Fe^{2+}、$C_2O_4^{2-}$）易被还原为单质碘，所以在生产和保存过程中要注意其环境，避免有效成分失效。

$$2KIO_3 \xlongequal{\triangle} 2KI + 3O_2\uparrow$$

$$12KIO_3 + 6H_2O \xlongequal{\triangle} 6I_2 + 12KOH + 15O_2\uparrow$$

纯 KIO_3 晶体是有毒的，但在治疗范围以内（≤60 mg·kg^{-1}）对人体无害，国家标准的规定碘盐出厂产品的碘剂量≥40 mg·kg^{-1}，销售产品的剂量≥30 mg·kg^{-1}。碘酸钾加碘盐的检测试剂是由酸性介质中加还原剂 KCNS 或 NH_4CNS 组成，其反应方程式为

$$6IO_3^- + 5CNS^- + H^+ + 2H_2O = 3I_2 + 5HCN\uparrow + 5SO_4^{2-}$$

$$IO_3^- + 5I^- + 6H^+ = 3I_2 + 3H_2O$$

用淀粉溶液显色，可半定量检测碘酸钾含量。

三、仪器和试剂

仪器：台秤，烧杯，抽滤装置，蒸发皿，电炉，电热板，坩埚，玻璃棒，试管，比色管。

试剂：粗盐，无水乙醇，KIO_3 标准溶液（含碘 200 mg·L^{-1}，称取 0.0338 g KIO_3溶于 100 mL 去离子水中），市售碘盐，$BaCl_2$（0.1 mol·L^{-1}），铬黑 T，$(NH_4)_2C_2O_4$（饱和），H_2SO_4（0.5 mol·L^{-1}），KI（0.05%）-淀粉（0.5%）指示剂。

四、实验内容

1. 粗盐提纯（重结晶）

用台秤称取 15 g 粗盐，放入烧杯中，加入 50 mL 去离子水，加热，使粗盐全部溶解后迅速抽滤。将滤液转入另一干净烧杯，继续加热，使溶液浓缩至 25 mL 左右。加热过程中要注意搅拌，以防杯底结垢。稍加冷却后继续抽滤，将得到的精盐用玻璃棒转入蒸发皿，放到电热板上烘干，冷却后称量，计算产率。

2. 食盐加碘

用台秤称取 5 g 自制精盐，放入一干燥、洁净的坩埚中，逐滴加入 1 mL 含碘 200 mg·L^{-1}的 KIO_3 标准溶液，再加入 2～3 mL 无水乙醇并搅拌均匀后点燃乙醇，待乙醇燃尽并冷却后，即得加碘食盐。

3. 碘盐与母液成分比较

分别取 0.5 g 自制碘盐与粗盐，加入 10 mL 去离子水，搅拌配成碘盐液与母液。各取 1 mL 碘盐液与母液（取三次）放入试管，分别进行以下检验，比较重结晶前后晶体成分的不同。

1) Ca^{2+} 的检验

在两支试管中分别加入 5 滴 $(NH_4)_2C_2O_4$ 饱和溶液，观察白色 CaC_2O_4 沉淀产生的多少，从而判断碘盐液与母液 Ca^{2+} 含量的不同。

2）Mg^{2+}的检验

在两支试管中分别加入 1～2 滴氨水和 1 滴铬黑 T 指示剂，观察溶液变红的程度，从而判断碘盐液与母液 Mg^{2+} 含量的不同。

3）SO_4^{2-} 的检验

自行设计实验，通过实验判断碘盐液与母液 SO_4^{2-} 含量的不同。

4. 含碘浓度的测定

1）标准比色管的制备

取 6 支 50 mL 的比色管分别加入 0.0 mL、0.5 mL、1.0 mL、1.5 mL、2.0 mL、2.5 mL 碘标准溶液，含碘量分别为 0 $mg \cdot L^{-1}$、10 $mg \cdot L^{-1}$、20 $mg \cdot L^{-1}$、30 $mg \cdot L^{-1}$、40 $mg \cdot L^{-1}$、50 $mg \cdot L^{-1}$。再分别加入 2 mL 0.2 $mol \cdot L^{-1}$ H_2SO_4 和 1 mL KI-淀粉指示剂，显色后静置 2 min，稀释至刻度。放入分光光度计 1 cm 的比色皿中，在 595 nm 处测吸光度，绘制标准曲线。

2）含碘量的测定

分别取 1.0 g 自制精盐、自制碘盐和市售碘盐，用 20 mL 左右去离子水溶解在 50 mL 比色管中，再分别加入 1.5 mL 0.1 $mol \cdot L^{-1}$ H_2SO_4 和 2 mL KI-淀粉指示剂，显色后静置 2 min，稀释至刻度。分别用分光光度计测定读数，对照标准曲线得到含碘浓度值。

五、思考题

（1）食盐重结晶过程中，为什么要不断搅拌？可否让溶液完全蒸干？

（2）简述抽滤操作的过程及其注意事项。

（3）精盐加碘后能否直接在酒精灯上蒸干？温度应如何控制？

（4）炒菜时能否直接将盐放到热油锅中？

5.2　物质组成分析与结构表征

实验五十　碱灰中总碱度的测定(酸碱滴定法)

一、实验目的

（1）掌握碱灰中总碱度测定的原理和方法。

（2）熟悉酸碱滴定法选用指示剂的原则。

（3）学习用容量瓶把固体试样制备成试液的方法。

二、实验原理

碱灰为不纯的碳酸钠，由于制备方法的不同，其中所含的杂质也不同。例如，用氨碱法制成的碳酸钠就可能含有 NaCl、Na_2SO_4、NaOH、$NaHCO_3$ 等,用酸滴定时,除其中主要组分 Na_2CO_3 被中和外,其他碱性杂质(如 NaOH 或 $NaHCO_3$ 等)也都被中和。因此这个测定的结果是碱的总量,通常以 Na_2O 的质量分数表示。用 HCl 溶液滴定 Na_2CO_3 时,其反应包括以下两步:

$$Na_2CO_3 + HCl = NaHCO_3 + NaCl$$

$$NaHCO_3 + HCl = NaCl + H_2CO_3$$

$$H_2CO_3 \rightarrow H_2O + CO_2(g)$$

0.05 mol·L^{-1} Na_2CO_3(或 K_2CO_3)溶液的 pH 为 11.6;当中和成 $NaHCO_3$ 时,pH 为 8.3;在全部中和后,其 pH 为 3.7。由于滴定的第一等当点(pH=8.3)的突跃范围比较小,终点不敏锐,因此采用第二等当点,以甲基橙为指示剂,溶液由黄色到橙色时即为终点。

三、仪器和试剂

仪器:台秤,烧杯,容量瓶,移液管,锥形瓶,酸式滴定管。

试剂:甲基橙指示剂,HCl 标准溶液(0.1000 mol·L^{-1})。

四、实验内容

准确称取 1.6～2.2 g(应称准至小数点后第几位?)碱灰试样置于 100 mL(或 250 mL)烧杯中,加少量水使其溶解,必要时可稍加热促使溶解。待冷却后,将溶液移入 250 mL 容量瓶中,并以洗瓶吹洗烧杯的内壁和玻璃棒数次,每次的洗涤液应全部注入容量瓶中。最后用水稀释至刻度,摇匀。

用移液管吸取 25 mL 上述试液置于 250 mL 锥形瓶中,加 1～2 滴甲基橙指示剂,用 HCl 标准溶液滴定至溶液呈橙色,即为终点。平行滴定数份。

五、思考题

(1) 碱灰的主要成分是什么?还含有哪些主要杂质?为什么说用 HCl 溶液滴定碱灰这个测定是“总碱量”的测定?

(2) “总碱量”的测定应选用何种指示剂?终点如何控制?为什么?

(3) 此处称取碱灰试样要求称准至小数点后第几位?为什么?

(4) 本实验中为什么要把试样溶解成 250 mL 后再吸出 25 mL 进行滴定?为什么不直接称取 0.16～0.22 g 试样进行滴定?

(5) 若以 Na_2CO_3 形式表示总碱量,其结果的计算公式应怎样?

(6) 假设某碱灰试样含 100% 的 Na_2CO_3,以 Na_2O 表示的总碱量为多少?

实验五十一　混合碱的测定(双指示剂法)

一、实验目的

(1) 了解双指示剂法测定碱液中 NaOH 和 Na_2CO_3 含量的原理。

(2) 了解混合指示剂的使用及其优点。

二、实验原理

碱液中 NaOH 和 Na_2CO_3 的含量可以在同一份试液中用两种不同的指示剂测定,这种测定方法称为“双指示剂法”。此法方便、快速,在生产中应用普遍。

常用的两种指示剂是酚酞和甲基橙。在试液中先加酚酞,用 HCl 标准溶液滴定至红色刚刚褪去。由于酚酞的变色范围为 pH=8～10,此时不仅 NaOH 完全被中和,Na_2CO_3 也被滴定成 $NaHCO_3$,记下此时 HCl 标准溶液的耗用量 V_1。再加入甲基橙指示剂,溶液呈黄色,滴定至终点时呈橙色,此时 $NaHCO_3$ 被滴定成 H_2CO_3,HCl 标准溶液的耗用量为 $V_2$①。根据 V_1、V_2 可以计算出试液中 NaOH 及 Na_2CO_3 的含量 x,计算式如下:

$$x(\mathrm{NaOH})=\frac{(V_1-V_2)c(\mathrm{HCl})M(\mathrm{NaOH})}{V}$$

$$x(\mathrm{Na_2CO_3})=\frac{2V_2c(\mathrm{HCl})M(\mathrm{Na_2CO_3})}{V}$$

式中,c 为浓度($mol \cdot L^{-1}$);x 为 NaOH 或 Na_2CO_3 的含量($g \cdot L^{-1}$);M 为物质的摩尔质量($g \cdot mol^{-1}$);V 为溶液的体积(mL)。

双指示剂中的酚酞指示剂可用甲酚红和百里酚蓝混合指示剂代替。甲酚红的变色范围为 pH=6.7(黄)～8.4(红),百里酚蓝的变色范围为 pH=8.0(黄)～9.6(蓝),混合后的变色点为 pH=8.3,酸性呈黄色,碱性呈紫色,在 pH=8.2 时为樱桃色,变色较敏锐。

三、仪器和试剂

仪器:移液管,酸式滴定管。

试剂:HCl 标准溶液(0.5000 $mol \cdot L^{-1}$),甲酚红和百里酚蓝混合指示剂,甲基橙指示剂,酚酞指示剂。

四、实验内容

用移液管吸取 10 mL 碱液试样,加 1～2 滴酚酞指示剂,用 0.5000 $mol \cdot L^{-1}$

① 注意 HCl 标准溶液总的耗用量为 V_1+V_2。

HCl 标准溶液滴定,边滴加边充分摇动,以免局部 Na_2CO_3 直接被滴至 H_2CO_3。滴定至酚酞恰好褪色为止,此时即为终点,记下所用标准溶液的体积 V_1。然后加 2 滴甲基橙指示剂,此时溶液呈黄色,继续以 HCl 溶液滴定至溶液呈橙色,此时即为终点,记下所用 HCl 溶液的体积 V_2。

五、思考题

(1) 碱液中的 NaOH 及 Na_2CO_3 含量是怎样测定的?

(2) 如欲测定碱液的总碱度,应采用何种指示剂?试拟出测定方案及以 Na_2O ($g \cdot L^{-1}$)表示的总碱度的计算公式。

(3) 试液的总碱度是否适合以质量分数表示?

(4) 某固体试样可能含有 Na_2HPO_4 和 NaH_2PO_4 及惰性杂质。试拟订分析方案,测定其中 Na_2HPO_4 和 NaH_2PO_4 的含量。注意考虑以下问题:①方法原理;②用什么标准溶液;③用什么指示剂;④测定结果的计算公式。

(5) 现有某含有 HCl 和 CH_3COOH 的试液,欲测定其中 HCl 及 CH_3COOH 的含量,试拟订一分析方案。

实验五十二　铵盐中氨的测定(甲醛法)

一、实验目的

(1) 了解酸碱滴定法的应用,掌握甲醛法测定铵盐中氨含量的原理和方法。

(2) 熟悉容量瓶、移液管的使用方法。

(3) 了解大样的取用原则。

二、实验原理

由于氨水的解离常数($K_b^{\ominus}=1.8\times10^{-5}$)不够小,它的共轭酸(铵盐)太弱,不能用标准碱液直接滴定。一般可用两种间接方法测定其含量。

(1) 蒸馏法:在试样中加入过量的碱,加热,把 NH_3 蒸馏出来,吸收于酸标准溶液中,然后用碱标准溶液回滴过量的酸,以求出试样中含氨量。也有的将蒸出的 NH_3 用硼酸溶液吸收,然后用酸标准溶液直接滴定。蒸馏法虽较准确,但比较麻烦和费时。

(2) 甲醛法:铵盐与甲醛作用,生成六次甲基四胺酸($K_a^{\ominus}=7.1\times10^{-6}$)和定量的强酸,其反应方程式如下:

$$4NH_4^+ + 6HCHO \Longrightarrow \underset{\text{六次甲基四胺酸离子}}{(CH_2)_6N_4H^+} + 6H_2O + 3H^+$$

再以酚酞为指示剂,用 NaOH 标准溶液滴定反应中生成的酸。

由上述反应可知，4 mol NH_4^+ 与甲醛作用，生成 3 mol H^+（强酸）和 1 mol $(CH_2)_6N_4H^+$，即 1 mol NH_4^+ 相当于 1 mol 酸。若 NH_4^+ 的含量以氨表示，则测定结果可按下式计算：

$$w(NH_3)=\frac{c(NaOH)V(NaOH)M(NH_3)}{m}\times 100\%$$

式中，m 为每份滴定的试样质量。

此处应称取较多的试样溶解于容量瓶中，然后吸取部分溶液进行滴定，这是因为试样不够均匀，称取较多试样，其测定结果的代表性较大。这种取样的方法称为取大样。

甲醛法准确度较差，但比较快速，故在生产上应用较多。试样如含 Fe^{3+}，将影响终点观察，可改用蒸馏法。

本法也可用于测定有机物中的氮，但需先将它转化为铵盐，然后再行测定。

三、仪器和试剂

仪器：台秤，烧杯，容量瓶，移液管，锥形瓶，碱式滴定管。

试剂：甲醛溶液（40%），酚酞指示剂，NaOH 标准溶液（0.2000 mol · L^{-1}）。

四、实验内容

准确称取 3～4 g 铵盐试样于 100 mL 烧杯中，加入少量水使之溶解。把溶液小心转移于 250 mL 容量瓶中，用水稀释至刻度，塞上玻璃塞，反复摇匀。

用 25 mL 移液管吸取混匀的试液于 250 mL 锥形瓶中①，加入 5 mL 预先用 0.2000 mol · L^{-1} NaOH 溶液中和（以酚酞为指示剂）的 40%甲醛溶液，再加 2 滴酚酞指示剂，静置 1 min，然后用 0.2000 mol · L^{-1} NaOH 标准溶液滴定至呈粉红色，即为终点。

五、思考题

(1) 以本法测定铵盐中氨时为什么不能用碱标准溶液直接滴定？

(2) 本法中加入甲醛的作用是什么？加入的甲醛溶液为什么预先要用 NaOH 溶液中和，并以酚酞为指示剂？如未达中和，或者 NaOH 溶液过量，对结果各有什么影响？

(3) 本测定中为什么要取大样进行分析？试样中若含有 Fe^{3+}，对测定有什么影响？

---

① 试液应先用甲基红作指示剂，用 0.2000 mol · L^{-1} NaOH 溶液或 HCl 溶液滴定至溶液呈黄色，以中和试样中原有的酸或碱性物质（如 NH_4HCO_3），再加入甲醛。

(4) 若试样为 NH_4NO_3、NH_4Cl 或 NH_4HCO_3，是否都可用本法测定？为什么？

(5) 如欲计算铵盐中的含氮量，根据滴定结果应怎样计算？

实验五十三　水的总硬度及钙离子含量的测定

一、实验目的

(1) 学习 EDTA 标准溶液的配制和标定方法。

(2) 掌握配合滴定原理，熟悉滴定操作。

(3) 了解用 EDTA 配位滴定测定水的总硬度和 Ca^{2+} 含量的方法。

二、实验原理

水的总硬度由溶于水中的钙、镁离子的总量表示。本实验用配位滴定法测定水的总硬度。

配位滴定是利用配合反应测定溶液中某离子浓度的定量分析方法。本实验利用螯合剂 EDTA(乙二胺四乙酸，缩写为 H_4Y)与金属离子形成的配合物一般都很稳定(碱金属除外)的性质，将其配制成滴定用的标准溶液，然后滴定已知体积的含金属离子的待测液。因为 EDTA 与金属离子配合时以 1∶1 的物质的量比反应，所以可通过滴定终点时 EDTA 的用量计算出待测液中的金属离子浓度。

实验中通常用 EDTA 的二钠盐($Na_2H_2Y \cdot 2H_2O$)配制滴定用的标准溶液，其配位反应方程式为

$$M^{2+} + H_2Y^{2-} \Longrightarrow MY^{2-} + 2H^+$$

$$M^{3+} + H_2Y^{2-} \Longrightarrow MY^{-} + 2H^+$$

因 EDTA、Ca^{2+}、Mg^{2+} 及生成的配离子 MY^{2-} 都无色，故需用一种能与金属离子生成有色配合物的指示剂标记终点。测定 Mg^{2+} 时用铬黑 T(用 H_3In 表示)作指示剂。铬黑 T 是三元有机弱酸，其解离平衡与溶液 pH 有关，当 6＜pH＜12 时铬黑 T 以蓝色的 HIn^{2-} 形式存在。故滴定选择在 pH＝10 的 $NH_4Cl\text{-}NH_3 \cdot H_2O$ 缓冲溶液中进行，此时 Mg^{2+} 与铬黑 T 的反应方程式为

$$HIn^{2-}(\text{蓝色}) + Mg^{2+} \Longrightarrow MgIn^{-}(\text{葡萄酒红色}) + H^+$$

由于配离子 $MgIn^-$ 的稳定性比 MgY^{2-} 的低，因此在滴定过程中 EDTA 首先与自由 Ca^{2+}、Mg^{2+} 配合，直到所有离子都生成 CaY^{2-}、MgY^{2-}。当 EDTA 的浓度增大到足以使 $MgIn^-$ 中的 Mg^{2+} 被置换出来时，指示剂又回到酸式形式，溶液由红色变成蓝色，其反应方程式为

首先：　$$H_2Y^{2-} + Ca^{2+} \Longrightarrow CaY^{2-} + 2H^+$$

其次：　$$H_2Y^{2-} + Mg^{2+} \Longrightarrow MgY^{2-} + 2H^+$$

终点：

$$H_2Y^{2-}+MgIn^{-}=\!=\!=MgY^{2-}+HIn^{2-}+H^{+}$$

当水样中 Mg^{2+} 浓度很小时，滴定终点的转变可能不明显，因此可先加入一定浓度的 Mg^{2+} 再进行滴定。此时要用空白溶液加入同量 Mg^{2+} 的空白溶液测定 EDTA 的消耗量，测定样品消耗的 EDTA 量中要减去这一部分消耗量。

若有微量 Cu^{2+} 干扰测定，可加 0.5～4.5 mL 2%Na_2S 溶液使其生成 CuS 沉淀而除去。

测定 Ca^{2+} 时，用钙试剂(铬蓝黑 R，用 NaH_2InB 表示)作指示剂。在 pH＞12 时钙试剂以蓝色的 $HInB^{2-}$ 形式存在，它与 Ca^{2+} 配合形成红色的配合物 $CaInB^{-}$。由于该配合物的稳定性比 CaY^{2-} 的低，因此在滴定过程中 EDTA 首先与自由 Ca^{2+} 配合，直到所有自由 Ca^{2+} 都生成 CaY^{2-} 后，当 EDTA 的浓度增大到足以使 $CaInB^{-}$ 中的 Ca^{2+} 被置换出来时，指示剂又回到酸式形式，溶液由红色变成蓝色，其反应方程式为

$$Ca^{2+}+HInB^{2-}(\text{蓝色})=\!=\!=CaInB^{-}(\text{红色})+H^{+}$$

$$CaInB^{-}(\text{红色})+H_2Y^{2-}=\!=\!=CaY^{2-}(\text{无色})+HInB^{2-}(\text{蓝色})+H^{+}$$

三、仪器和试剂

仪器：移液管，酸式滴定管，量筒，锥形瓶，烧杯，洗耳球，称量瓶，台秤，细口瓶，干燥器，表面皿，容量瓶。

试剂：NaOH(2 mol·L^{-1}、10%)，NH_4Cl-$NH_3\cdot H_2O$ 缓冲溶液(pH＝10)，乙二胺四乙酸二钠，$CaCO_3$，HCl(1∶1)，铬黑 T(0.1%水溶液)，铬蓝黑 R(0.2%水溶液)，镁溶液(溶解 1 g $MgSO_4\cdot 7H_2O$ 于水中，稀释至200 mL)，含 Ca^{2+}、Mg^{2+} 的水样。

四、实验内容

1. EDTA 标准溶液的配制与标定

1) 0.020 00 mol·L^{-1} EDTA 溶液的配制

在台秤上称取 7.6 g 乙二胺四乙酸二钠，溶解于 300～400 mL 温水中，稀释至 1 L，如浑浊，应过滤。转移至 1000 mL 细口瓶中，摇匀。

2) 以 $CaCO_3$ 为基准物标定 EDTA 溶液

(1) 0.020 00 mol·L^{-1}标准钙溶液的配制：将碳酸钙基准物置于称量瓶中，在 110 ℃干燥 2 h，置于干燥器中冷却后，准确称取 0.5～0.6 g(称准至小数点后第四位，为什么?)于小烧杯中，盖上表面皿，加水润湿，再从杯嘴边逐滴加入(注意！为什么?)数毫升 1∶1 HCl 溶液至完全溶解，用水将可能溅到表面皿上的溶液淋洗入杯中，加热近沸，待冷却后移入 250 mL 容量瓶中，稀释至刻度，摇匀。

(2) 标定:用移液管移取 25 mL 标准钙溶液,置于锥形瓶中,加入约 25 mL 水、2 mL 镁溶液、5 mL 10% NaOH 溶液及约 10 mg 钙指示剂,摇匀后,用 EDTA 溶液滴定至由红色变至蓝色,即为终点。

2. 水的总硬度测定

1) 取样

先用 50 mL 移液管精确吸取 50 mL 水样,注入 250 mL 锥形瓶中,然后加入 5 mL NH_4Cl-$NH_3 \cdot H_2O$ 缓冲溶液,再滴入 3 滴铬黑 T 指示剂,振荡,此时溶液为红色。

2) 滴定

将 EDTA 标准溶液装入酸式滴定管中,记下滴定管的起始读数,然后进行滴定。

注意:当锥形瓶中溶液由红色变成紫色时,滴定速度应减慢,并充分振荡液体。因为颜色变化发生很慢,在接近终点时滴与滴之间要停留几秒钟。溶液变为纯蓝色即到终点,记下滴定管的终点读数。重复滴定两三次,要求实验数据相差不超过 0.15 mL。

3) 数据记录和计算

将实验数据、计算值填入表 5-2。

表 5-2 水的总硬度的测定

待测液编号	1	2	3
EDTA 滴定管起始读数/mL			
EDTA 滴定管终点读数/mL			
消耗 EDTA 体积/mL			
消耗 EDTA 物质的量/10^{-3} mol			
Ca^{2+}、Mg^{2+} 的总物质的量/10^{-3} mol			
Ca^{2+}、Mg^{2+} 总量换算为 CaO 质量/mg			
CaO 含量/($mg \cdot L^{-1}$)			

3. Ca^{2+} 的测定

用移液管精确移取 50 mL 水样,加入 1 mL 2 $mol \cdot L^{-1}$ NaOH 溶液和 5 滴铬蓝黑 R 溶液,振荡均匀,此时溶液为红色。依测水的总硬度的操作方法,用 EDTA 标准溶液滴定至溶液由红色变为纯蓝色。重复滴定两三次,要求实验数据相差不超过0.15 mL。将实验数据、计算值填入表5-3。

表5-3 水中Ca^{2+}的测定

待测液编号	1	2	3
EDTA滴定管起始读数/mL			
EDTA滴定管终点读数/mL			
消耗EDTA体积/mL			
消耗EDTA物质的量/10^{-3} mol			
Ca^{2+}物质的量/10^{-3} mol			

五、思考题

(1) 为什么通常使用乙二胺四乙酸二钠盐配制EDTA标准溶液，而不用乙二胺四乙酸？

(2) 测定水的总硬度实验中，pH对滴定结果是否有影响？滴定中如何控制pH？

(3) 配制pH=10的NH_4^+-$NH_3\cdot H_2O$缓冲溶液时，所需NH_4^+与NH_3的物质的量之比是多少？

实验五十四 铅、铋混合液中铅、铋含量的连续测定

一、实验目的

(1) 掌握多种金属混合离子选择性连续滴定的原理和方法。

(2) 掌握二甲酚橙指示剂的应用条件。

二、实验原理

Bi^{3+}和Pb^{2+}均能与EDTA形成稳定的1∶1配合物，但其稳定性有相当大的差别，它们的$\lg K$分别为27.94和18.04。因此可利用酸效应进行连续滴定，通常在pH≈1时滴定Bi^{3+}，在pH≈5～6时滴定Pb^{2+}。

测定中均以二甲酚橙为指示剂。先调节试液的pH≈1，用EDTA标准溶液滴定至溶液由紫红色变为亮黄色，即为Bi^{3+}的终点。然后用六次甲基四胺溶液将黄色溶液调pH至5～6，此时溶液再次出现紫红色，用EDTA标准溶液继续滴定至溶液变为亮黄色，即为Pb^{2+}的终点。

三、仪器和试剂

仪器：酸式滴定管(50 mL)，移液管(25 mL)，锥形瓶(250 mL)，量筒(10 mL)。

试剂：EDTA 标准溶液（0.01 mol·L^{-1}，以 ZnO 为基准物质标定），二甲酚橙（0.2%），六次甲基四胺（20%），HNO_3（0.1 mol·L^{-1}），Bi^{3+}、Pb^{2+} 混合试液[含 Bi^{3+}、Pb^{2+} 各约为 0.01 mol·L^{-1}，将 33 g $Pb(NO_3)_2$、48 g $Bi(NO_3)_3$ 加入约含 300 mL HNO_3 的烧杯中，在电炉上微热溶解后，稀释至 10 L]。

四、实验内容

（1）Bi^{3+} 的测定。

用移液管准确移取 25.00 mL 铅、铋混合试液于锥形瓶中，加 10 mL 0.1 mol·L^{-1} HNO_3，加入 1～2 滴 0.2%二甲酚橙指示剂，用 EDTA 标准溶液滴定至溶液由紫红色变为亮黄色，即为终 Bi^{3+} 的滴定终点，记下所消耗 EDTA 的体积。

（2）Pb^{2+} 的测定。

在滴定 Bi^{3+} 后的溶液中补加 2 滴二甲酚橙，逐滴加入 20%六次甲基四胺至溶液又呈紫红色后，再加 5 mL，此时溶液 pH 已调至 5～6，继续用 EDTA 标准溶液滴定至溶液又由紫红色变为亮黄色，即为 Pb^{2+} 滴定终点，记下第二次消耗的 EDTA标准溶液的体积。平行测定 3 份，按下列公式计算试液中 Bi^{3+}、Pb^{2+} 的含量（g·L^{-1}）：

$$\rho(Bi^{3+})=\frac{c(EDTA)V(EDTA)M(Bi)}{25.00\ mL}$$

$$\rho(Pb^{2+})=\frac{c(EDTA)V(EDTA)M(Pb)}{25.00\ mL}$$

式中，M(Bi)、M(Pb)分别为 Bi、Pb 的摩尔质量（g·mol^{-1}）；c(EDTA)、V(EDTA)分别为 EDTA 的浓度（mol·L^{-1}）、体积（mL）。

五、思考题

（1）试述二甲酚橙在 pH＝1 的条件下滴定 Bi^{3+}，调节到 pH＝5～6 滴定 Pb^{2+} 的颜色变化过程及滴定反应方程式。

（2）能否在同一份试液中先滴定 Pb^{2+} 而后滴定 Bi^{3+}？

实验五十五　过氧化氢含量的测定

一、实验目的

（1）掌握 $KMnO_4$ 测定 H_2O_2 的原理、滴定条件和操作步骤。

（2）掌握液体试样的取样和稀释方法。

二、实验原理

在稀 H_2SO_4 溶液中，H_2O_2 在室温下能定量地被 $KMnO_4$ 氧化成 O_2 和 H_2O。

因此，可用 $KMnO_4$ 氧化还原滴定法测定 H_2O_2，反应方程式为

$$2MnO_4^- + 5H_2O_2 + 6H^+ = 2Mn^{2+} + 5O_2\uparrow + 8H_2O$$

滴定的初始反应速率很慢，滴入的第一滴 $KMnO_4$ 溶液不容易褪色，待生成少量 Mn^{2+} 后，由于催化作用而加快反应速率。

注意：H_2O_2 试样为工业产品，$KMnO_4$ 法测定误差较大，原因是作为稳定剂加入的少量乙酰苯胺等有机质也要消耗 $KMnO_4$。遇到此种情况，应采用碘量法测定。

三、仪器和试剂

仪器：酸式滴定管(50 mL)，移液管(1.00 mL、25.00 mL)，锥形瓶(250 mL)，容量瓶(250 mL)。

试剂：H_2SO_4(3 mol·L^{-1})，H_2O_2(30%水溶液)。

$Na_2C_2O_4$：固体基准试剂(G.R.)，110 ℃烘干 2 h，放入干燥器冷却至室温，保存备用。

0.02 mol·L^{-1} $KMnO_4$ 标准溶液的配制：在台秤上称取约 1.6 g $KMnO_4$ 固体置于 1000 mL 烧杯中，加入 500 mL 蒸馏水使其溶解，盖上表面皿，加热煮沸 20～30 min，随时加水以补充因蒸发的损失。冷却后将溶液转入棕色细口瓶中，于暗处放置 7 d，然后用微孔玻璃漏斗过滤除去 MnO_2 沉淀。也可以用虹吸的方法吸取上部清液。

$KMnO_4$ 溶液的标定：准确称取 3 份 0.15～0.20 g 基准物质 $Na_2C_2O_4$，分别置于 250 mL 锥形瓶中，加 80 mL 蒸馏水使之溶解，加入 20 mL 3 mol·L^{-1} H_2SO_4 溶液，水浴上慢慢加热直到有蒸气冒出(75～85 ℃)。趁热用待标定的 $KMnO_4$ 溶液进行滴定。开始滴定时，速度宜慢，在第一滴 $KMnO_4$ 溶液滴入后，不断摇动溶液，当紫红色褪去后再滴入第二滴，在滴定过程中温度不得低于 75 ℃，故可边加热边滴定。待溶液中有 Mn^{2+} 产生后，反应速率加快，滴定速度也就可适当加快，但也绝不可使 $KMnO_4$ 溶液连续流下。接近终点时，紫红色褪去很慢，应减慢滴定速度同时充分摇匀，以防超过终点。最后滴加半滴 $KMnO_4$ 溶液，在摇匀后 30 s 内仍保持微红色不褪，表明已达到终点。记下终读数并计算 $KMnO_4$ 溶液的浓度及相对平均偏差。$KMnO_4$ 浓度的计算公式如下：

$$c(KMnO_4) = \frac{\frac{2}{5} \times m(Na_2C_2O_4) \times 1000}{M(Na_2C_2O_4)V(KMnO_4)}$$

式中，$m(Na_2C_2O_4)$ 为 $Na_2C_2O_4$ 的质量(g)；$M(Na_2C_2O_4)$ 为 $Na_2C_2O_4$ 摩尔质量(g·mol^{-1})；$V(KMnO_4)$ 为消耗 $KMnO_4$ 的体积(mL)。

四、实验内容

用移液管吸取 1.00 mL H_2O_2 样品置于 250 mL 容量瓶中，加水稀释至刻度，

摇匀。吸取 3 份 25.00 mL 稀释液，分别置于 3 个 250 mL 锥形瓶中，各加5 mL 3 mol · L^{-1} H_2SO_4、40 mL 蒸馏水，用 $KMnO_4$ 标准溶液滴定 H_2O_2 溶液至终点（微红色，且 30 s 内不褪色）。计算未经稀释样品中 H_2O_2 的含量：

$$\rho(H_2O_2)=\frac{c(KMnO_4)\times V(KMnO_4)\times 10^{-3}\times \frac{5}{2}M(H_2O_2)}{1.00\times \frac{25.00}{250.00}}$$

式中，$c(KMnO_4)$、$V(KMnO_4)$分别为 $KMnO_4$ 溶液的浓度（mol · L^{-1}）、消耗体积（mL）；$M(H_2O_2)$为 H_2O_2 的摩尔质量（g · mol^{-1}）。

五、思考题

（1）$KMnO_4$ 在中性、弱碱性或强碱性溶液中进行反应时，它的氧化数变化有何不同？

（2）用 $KMnO_4$ 滴定 $Na_2C_2O_4$ 过程中加酸、加热和控制滴定速度的目的是什么？

（3）标定 $KMnO_4$ 溶液时，为什么第一滴 $KMnO_4$ 的颜色褪得很慢，以后反而逐渐加快？

（4）用 $KMnO_4$ 法测定 H_2O_2 时，为什么要在 H_2SO_4酸性介质中进行？能否用 HCl 代替？

实验五十六　铁矿石中铁含量的测定（重铬酸钾法）

一、实验目的

（1）掌握重铬酸钾法测定铁含量的原理和方法。

（2）熟悉氧化还原指示剂二苯胺磺酸钠的使用。

二、实验原理

选用适当的氧化剂（或还原剂）作为滴定剂直接测定还原性（或氧化性）物质的含量的方法称为氧化还原滴定。本实验用重铬酸钾标准溶液作滴定剂，在硫-磷混合酸介质中，二苯胺磺酸钠作指示剂，滴定还原性物质 Fe^{2+} 的含量，其反应方程式如下：

$$6Fe^{2+}+Cr_2O_7^{2-}+14H^+ = 6Fe^{3+}+2Cr^{3+}+7H_2O$$

铁矿石可用热的浓 HCl 溶解。铁矿石溶解后，以 Fe^{3+} 形式存在。要测定全铁（Fe^{3+} 和 Fe^{2+}）含量，在滴定前，应在热的浓 HCl 溶液中用 $SnCl_2$ 将 Fe^{3+} 还原为 Fe^{2+}，过量的 $SnCl_2$ 用 $HgCl_2$ 氧化除去，生成的白色丝状沉淀 Hg_2Cl_2 不会被滴定

剂 $K_2Cr_2O_7$ 氧化。然后在硫-磷混合酸介质中，以二苯胺磺酸钠为指示剂，用 $K_2Cr_2O_7$ 标准溶液滴定至溶液呈现紫色，即达终点。主要反应方程式为

$$2Fe^{3+} + SnCl_4^{2-} + 2Cl^- \xlongequal{\quad} 2Fe^{2+} + SnCl_6^{2-}$$

$$SnCl_4^{2-} + 2HgCl_2 \xlongequal{\quad} SnCl_6^{2-} + Hg_2Cl_2 \downarrow$$

由于 $HgCl_2$ 的氧化作用较慢，故加 $HgCl_2$ 后需要振荡并放置片刻使其作用完全，但时间不能过长(为什么?)。随即加入硫-磷混合酸和二苯胺磺酸钠指示剂，用重铬酸钾标准溶液滴定。当 Fe^{2+} 被重铬酸钾氧化，指示剂由无色变为紫红色时即为滴定终点。

加入硫酸是为了使系统有足够的酸度，以利于氧化还原反应的顺利进行；加入磷酸则有利于消除 $FeCl_4^-$ 的黄色对观察滴定终点的影响。铁含量计算公式如下：

$$w(Fe) = \frac{c(K_2Cr_2O_7)V(K_2Cr_2O_7)M(Fe)}{m_{样} \times 1000}$$

式中，$c(K_2Cr_2O_7)$、$V(K_2Cr_2O_7)$分别为消耗的 $K_2Cr_2O_7$ 标准溶液的浓度(mol · L^{-1})、体积(mL)；w(Fe)为铁的质量分数；$m_{样}$ 为样品质量(g)；M(Fe)＝55.85 g · mol^{-1}。

注意：用 $SnCl_2$-$HgCl_2$-$K_2Cr_2O_7$ 有汞法测铁，方法成熟，准确度高，但使用 $HgCl_2$，将有害元素 Hg 引入环境，造成环境污染，这是有汞法测铁的最大缺点。采用该方法的单位应该注意废液的科学处理，避免直接排放到环境中。

三、仪器和试剂

仪器：酸式滴定管(50 mL)，锥形瓶(250 mL)，电炉(800 W)。

试剂：$K_2Cr_2O_7$ 标准溶液(0.020 00 mol · L^{-1}，准确称取 11.7672 g 150～180 ℃下烘干的基准 $K_2Cr_2O_7$ 或优级纯试剂溶于少量蒸馏水中，完全转移至 1000 mL容量瓶中，稀释至刻度)，硫-磷混合酸溶液(150 mL 浓 H_2SO_4 缓缓加入 700 mL 水中，冷却后再加入 150 mL 浓 H_3PO_4，混匀)，二苯胺磺酸钠指示剂(2 g · L^{-1})，HCl(浓)，$SnCl_2$(50 g · L^{-1}，称取 5 g $SnCl_2 \cdot 2H_2O$ 溶于 100 mL 1∶1 HCl 溶液中，使用前一天配制)，$HgCl_2$(50 g · L^{-1})。

四、实验内容

(1) 试样消解。

准确称取 0.1500～0.5000 g 铁矿样(平行 3 份)，分别置于 250 mL 锥形瓶中，加数滴水润湿。加入 20 mL 分析纯浓 HCl，盖上表面皿，在通风橱中小火加热溶解(保持沸腾以下)，至残渣变为白色。

(2) 高价态铁还原。

在进行这一过程前，应该做好滴定准备工作，即先将 $K_2Cr_2O_7$ 标准溶液加入滴定管中。用少量水吹洗表面皿和内壁，在加热至近沸，趁热滴加 $SnCl_2$，边加边

摇动，直到溶液的黄色褪去后再多加1～2滴。流水冷却至室温，立即加10 mL 50 g·L^{-1} $HgCl_2$溶液摇匀，此时有白色丝状沉淀。放置2～3 min，加入约150 mL水，再加入15 mL硫-磷混合酸及5～6滴2 g·L^{-1}二苯胺磺酸钠指示剂。

(3) 氧化还原滴定。

立即用0.020 00 mol·L^{-1} $K_2Cr_2O_7$标准溶液滴定至溶液呈稳定的紫色即为终点，记下消耗的体积V(mL)。

五、思考题

(1) 滴定前加入硫-磷混合酸起什么作用?

(2) 用$SnCl_2$还原Fe^{3+}时，$SnCl_2$过量太多有什么问题?

(3) 加入$HgCl_2$前，为什么要先将溶液冷却? 加入后为什么要放置几分钟?

实验五十七　铝盐中铝含量的测定(置换滴定法)

一、实验目的

(1) 掌握置换滴定法测定铝的原理。

(2) 了解控制溶液的酸度、温度和滴定速度在配合滴定中的重要性。

(3) 了解置换滴定法测定铝的终点颜色变化情况。

二、实验原理

Al^{3+}与EDTA配位反应速度很慢，并对指示剂有封闭作用，故不能用直接滴定法测定铝。本实验采用置换滴定法，即在试样溶液中加入定量且过量的EDTA标准溶液，在溶液的pH为3.5时，煮沸几分钟，使Al^{3+}与EDTA配合完全，再调溶液的pH＝5～6，加入PAN指示剂，用铜盐标准溶液返滴定过量的EDTA(也可用二甲酚橙作指示剂，用锌盐返滴定)，再加入NH_4F，利用F^-能与Al^{3+}生成更稳定的配合物这一性质，使AlY^-转变为更稳定的配合物AlF_6^{3-}，释放出与Al^{3+}等物质的量的EDTA，再用铜盐标准溶液滴定。反应方程式如下：

$$AlY^- + 6F^- = AlF_6^{3-} + Y^{4-}$$

$$Y^{4-} + Cu^{2+} = CuY^{2-}$$

根据滴定释放出的EDTA所用去铜盐标准溶液的体积求算铝的含量。

三、仪器和试剂

仪器：分析天平，台秤，酸式滴定管(50 mL)，锥形瓶(250 mL)，容量瓶(100 mL)，移液管(吸量管)(10 mL)，量杯(10 mL)，量筒(100 mL)，烧杯(150 mL)，电炉。

试剂：硫酸铝钾(s,C. P.)，HCl(1∶1)，甲基橙水溶液(0.1%)，$NH_3 \cdot H_2O$(1∶1)，20%六次甲基四胺缓冲溶液(pH=5.5)，PAN乙醇溶液(0.1%)，NH_4F(s,A. R.)，EDTA(0.02 mol·L^{-1})，$CuSO_4$标准溶液[0.02 mol·L^{-1}，称取5 g $CuSO_4 \cdot 5H_2O$，加入3～4滴1∶1 H_2SO_4溶液，加水溶解并稀释至1 L，吸取25.00 mL EDTA标准溶液于锥形瓶中，加水稀释至100 mL，加入10 mL 20%六次甲基四胺缓冲溶液，加热至80～90 ℃后再加3～4滴PAN指示剂，用$CuSO_4$标准溶液滴至稳定的紫红色为终点]。

四、实验内容

准确称取1 g(准称至0.0002 g)硫酸铝钾试样于150 mL烧杯中，加2 mL 1∶1 HCl溶液，加30 mL水溶解，移入100 mL容量瓶中，稀释至刻度，摇匀。

用10 mL吸量管吸取10.00 mL试样溶液两份于锥形瓶中，加入20 mL水、20 mL 0.02 mol·L^{-1} EDTA、1～2滴甲基橙，滴加1∶1 $NH_3 \cdot H_2O$溶液至橙色。

然后取试液1份，加热煮沸2 min，取下，加入10 mL六次甲基四胺和4～5滴PAN指示剂，趁热用$CuSO_4$标准溶液滴定至溶液呈紫色，不记读数(为什么?)。调$CuSO_4$标准溶液至“0”刻度。

于滴定后的溶液中加入1 g NH_4F，加热煮沸2 min，再用$CuSO_4$标准溶液滴定至紫色(可补加3～4滴PAN指示剂)，记下用去$CuSO_4$标准溶液的体积，按同样方法滴定第2份。求算试样中铝的质量分数。

五、注意事项

(1) 用氟化物置换法，在含铁的试样中NH_4F用量必须适当，如过多，则FeY^-中的EDTA也能被置换出来，使结果偏高。

为防止FeY^-发生置换，可加入H_3BO_3，使过量的F^-生成BF_4^-。若铁含量高时，必须加NaOH将Fe^{3+}、Al^{3+}分离后再测Al^{3+}。

(2) 试样中如有大量Ca^{2+}，在pH=5～6条件下滴定时，可能有部分Ca^{2+}配合物使结果不稳定。对含大量Ca^{2+}的试样，也可以在pH=4.0时用HAc-NaAc缓冲溶液滴定。

(3) PAN在pH=1.9～12.2时呈黄色，Al-EDTA配合物是无色的，所以在滴定前溶液呈黄色。随着$CuSO_4$标准溶液的加入，由于Cu-EDTA是蓝色的，因此溶液逐渐变绿(黄蓝混合色)。当过量的EDTA与Cu^{2+}完全配合后，稍过量的Cu^{2+}即与PAN配合成深红色的配合物，由于蓝色的Cu-EDTA存在，终点呈紫色。因此，终点时溶液颜色变化复杂，主要取决于Cu-EDTA、PAN和Cu-PAN的相对含量和浓度，滴定时需注意观察过程中颜色变化。

六、思考题

(1) 写出置换滴定法测定铝的有关反应方程式，并说明加入 NH_4F 的作用。

(2) 用于溶液达到第一次紫色的 $CuSO_4$ 标准溶液为什么不记数？少加或多加 $CuSO_4$ 标准溶液，对测定结果有什么影响？

(3) 酸度对 Al^{3+} 的测定有什么影响？实验中怎样控制溶液的酸度？

实验五十八　硫酸铜中铜含量的测定(碘量法)

一、实验目的

(1) 掌握碘量法测定铜的原理和方法。

(2) 进一步了解氧化还原滴定法的特点。

二、实验原理

在一定酸度及过量的 KI 存在下，Cu^{2+} 能氧化 I^- 定量析出 I_2，析出的 I_2 用 $Na_2S_2O_3$ 标准溶液滴定，根据 $Na_2S_2O_3$ 标准溶液用量即可计算出 Cu 的含量。反应方程式如下：

$$2Cu^{2+}+4I^- \!=\!=\!= 2CuI+I_2 \quad (\text{过量 KI 存在下}: I_2+I^- \!=\!=\!= I_3^-)$$

$$2S_2O_3^{2-}+I_2 \!=\!=\!= S_4O_6^{2-}+2I^- \quad (\text{或 } 2S_2O_3^{2-}+I_3^- \!=\!=\!= S_4O_6^{2-}+3I^-)$$

反应必须加入过量的 KI，一方面可以保证反应进行完全，另一方面使 I_2 形成 I_3^- 以增加溶解度。

CuI 强烈吸附 I_3^- 使结果偏低，为了减少吸附，可在近终点时加入 KSCN，使 CuI 沉淀($K_{sp}^{\ominus}=1.1\times10^{-12}$)转化为溶解度更小的 CuSCN 沉淀($K_{sp}^{\ominus}=4.8\times10^{-15}$)。在转化过程中不但释放出被吸附的 I_2，而且再生出 I^-，促使反应进行完全：

$$CuI+(\text{吸附的})I_2+SCN^- \!=\!=\!= CuSCN\downarrow+I^-+I_2$$

但 KSCN 只能在近终点时加入，若过早加入，SCN^- 可能还原 Cu^{2+} 使结果偏低：

$$6Cu^{2+}+4H_2O+7SCN^- \!=\!=\!= 6CuSCN\downarrow+SO_4^{2-}+HSCN+7H^+$$

为防止铜盐水解，反应必须在酸性溶液中进行(一般控制 pH＝3.0～4.0)。酸度过低会使结果偏低，而且反应缓慢，终点难观察；若酸度过高，则 I^- 易被空气中的氧气氧化成 I_2，使结果偏高。

三、仪器和试剂

仪器：分析天平，碱式滴定管(50 mL)，锥形瓶(250 mL)，量筒(10 mL、50 mL)。

试剂：硫酸铜（试样），$Na_2S_2O_3$ 标准溶液（0.1 mol · L^{-1}），HAc（1∶1，1 体积冰醋酸与 1 体积水混合），KI（10%，100 g KI 溶于 1000 mL 水中），KSCN（10%，100 g KSCN 溶于 1000 mL 水中），淀粉溶液（0.5%）。

四、实验内容

精确称取 0.5～0.7 g 硫酸铜试样，置于 250 mL 锥形瓶中，加 8 mL 1∶1 HAc 及 50 mL 水使其溶解，加入 10 mL 10% KI 溶液，立即用 $Na_2S_2O_3$ 标准溶液滴定至浅黄色，然后加入 5 mL 0.5%淀粉指示剂，继续滴定至浅蓝紫色，加入10 mL 10% KSCN 溶液，摇动 1 min，再用 $Na_2S_2O_3$ 标准溶液滴定至蓝紫色恰好消失，此时溶液为米色 CuSCN 悬浮液（CuSCN 为白色，但由于吸附微量 I_2，所以终点通常呈米色）。平行测定 3 次，计算硫酸铜的含铜量。

五、注意事项

加入 KSCN 溶液不能过早，加入后要剧烈摇动，有利于沉淀的转化和释放出吸附的碘，接近终点时滴定剂要一滴或半滴加入。

六、思考题

(1) 硫酸铜易溶于水，为什么在溶解时要加 HAc？是否可用 HCl 代替？

(2) 碘量法测定铜时，为什么要在弱酸性介质中进行？

(3) 本实验加入 KSCN 的目的是什么？为什么不能过早加入？

实验五十九 水中微量氟的测定（离子选择性电极法）

一、实验目的

(1) 了解氟离子选择性电极测定水中微量氟的原理和方法。

(2) 掌握标准曲线法和标准加入法的适用条件。

(3) 了解使用总离子强度调节缓冲溶液的意义和作用。

(4) 熟悉氟电极和甘汞电极的结构和使用方法。

(5) 掌握离子计的使用方法。

二、实验原理

饮用水中氟含量的高低对人体健康有一定影响，氟的含量太低易得龋齿，过高则会发生氟中毒现象，适宜含量为 0.5 mol · L^{-1} 左右。因此，监测饮用水中氟离子含量至关重要。用氟离子选择性电极测定溶液中氟的含量是一种简便、快速的标准分析方法。

离子选择性电极是一种电化学传感器，它将溶液中特定的离子活度转换成相应的电位信号，当氟离子选择性电极（简称氟电极）插入溶液时，其敏感膜对 F^- 产生响应，在膜和溶液间产生一定的膜电位：

$$j_n = k - \frac{2.303RT}{F}\lg a(F^-)$$

在一定条件下膜电位 j_n 与 F^- 活度的对数呈直线关系。当氟电极与饱和甘汞电极插入被测溶液中组成原电池时，电池的电动势 E 在一定条件下与 F^- 活度的对数呈直线关系：

$$E = k' - \frac{2.303RT}{F}\lg a(F^-)$$

式中，k' 为常数。通过测量电池电动势可以求出 F^- 的活度。当溶液的总离子强度不变时，离子活度系数为一定值，则有

$$E = k'' - \frac{2.303RT}{F}\lg c(F^-)$$

E 与 F^- 的浓度 $c(F^-)$ 的对数呈直线关系。因此，为了保持总离子强度不变，常在标准溶液与试样溶液中同时加入等量的中性电解质作总离子强度调节缓冲溶液（TISAB），TISAB 使溶液中离子的活度系数保持定值，并控制溶液的 pH 和消除共存离子的干扰。

当 F^- 浓度为 $1.0\times10^{-6}\sim1.0\ mol\cdot L^{-1}$ 时，氟电极电势与 pF 呈直线关系，可用标准曲线法或标准加入法进行测定。

氟电极的最大优点是选择性好。能与 F^- 生成稳定配合物或生成沉淀的元素（如 Al、Fe、Zr、Th、Ca、Mg、Li 及稀土元素）会干扰测定，为了消除干扰，可以加入掩蔽剂（如柠檬酸、DCTA、EDTA、磺基水杨酸及磷酸盐等）。其他阴离子（如 Cl^-、Br^-、I^-、SO_4^{2-}、NO_3^-、Ac^-、$C_2O_4^{2-}$ 等）均不干扰测定。加入 TISAB 可以起到控制一定的离子强度、酸度以及掩蔽干扰离子等多种作用。

氟电极只对游离的 F^- 有响应。在酸性溶液中，H^+ 与部分 F^- 形成 HF 或 HF_2^-，会降低 F^- 的浓度。在碱性溶液中，LaF_3 薄膜与 OH^- 发生交换作用而使测定结果偏高。因此，溶液的酸度对测定有影响。氟电极适合测定的 pH 范围为 5～7。

三、仪器和试剂

仪器：PXD-3 型数字离子计，氟离子选择性电极，饱和甘汞电极，磁力搅拌器。

试剂：0.1％溴甲酚绿溶液，NaOH（$2\ mol\cdot L^{-1}$），HNO_3（$1\ mol\cdot L^{-1}$）。

$100\ \mu g\cdot mL^{-1}$ 氟标准溶液：准确称取于 0.2210 g 120 ℃干燥 2 h 并冷却的分析纯 NaF，溶于去离子水中，转入 1000 mL 容量瓶中，稀释至刻度，储于聚乙烯

瓶中。

10 μg · mL^{-1} 氟标准溶液：吸取上述溶液 10.00 mL，用去离子水稀释至 100 mL即得。

TISAB：于 1000 mL 烧杯中加入 500 mL 去离子水和57 mL冰醋酸、58 g NaCl、12 g 柠檬酸钠($Na_3C_6H_5O_7 \cdot 2H_2O$)，搅拌至溶解。在冷水溶液中缓慢加入约 125 mL 6 mol · L^{-1} NaOH 溶液，用 1%溴甲酚绿作指示剂滴至呈蓝绿色，冷却至室温，稀释至 1 L。

去离子水：用普通蒸馏水经离子纯水器交换一次而得去离子水，用电导率仪测量电阻值在 1 MΩ 以上。

四、实验内容

1. 标准曲线法

(1) 按照说明调好离子计的"mV"挡，装上氟电极和参比电极。

(2) 标准溶液系列的配制：吸取 0.00 mL、0.25 mL、0.50 mL、0.75 mL、1.00 mL、2.00 mL、3.00 mL、4.00 mL、5.00 mL 10 μg · mL^{-1}氟标准溶液，分别放入 50 mL 容量瓶中，加 1 滴 0.1%溴甲酚绿溶液，滴加 2 mol · L^{-1} NaOH 溶液至溶液由黄变蓝。再滴加 1 mol · L^{-1} HNO_3 溶液至恰变黄色，又用 2 mol · L^{-1} NaOH 溶液调至蓝绿色，此时试液 pH 为 5～6，加入 10 mL TISAB，用去离子水稀释至刻度，摇匀，即可得 F^- 系列标准溶液。

(3) 标准曲线的绘制：将系列标准溶液按浓度由低到高的顺序依次转入塑料烧杯中，插入氟电极和参比电极，在磁力搅拌器上搅拌 3～4 min 后记录。以测得的电位值(mV)为纵坐标、pF 为横坐标，在坐标纸上作出标准曲线。

(4) 水样中氟离子含量的测定：吸取 25.00 mL(若含量较高，应稀释后再吸取)水样于 50 mL 容量瓶中，加 1 滴 0.1%溴甲酚绿溶液，用 2 mol · L^{-1} NaOH 溶液及 1 mol · L^{-1} HNO_3 溶液调节试液呈蓝绿色(pH＝5～6)。加入 10 mL TISAB，用去离子水稀释至刻度，摇匀。在与标准曲线相同的条件下测定电位。从标准曲线上查出 pF，再换算出水样中 F^- 的含量并用 mg · L^{-1}表示。

(5) 清洗电极：测定结束后，用去离子水多次清洗氟电极，直至测得的电位值与起始的本底值接近，将氟电极浸泡在去离子水中。

2. 标准加入法

(1) 准确吸取 25.00 mL 水样于 50 mL 容量瓶中，加 1 滴溴甲酚绿溶液，用 2 mol · L^{-1} NaOH 溶液和 1 mol · L^{-1} HNO_3 溶液调节试液呈蓝绿色(pH＝5～6)，加入 10 mL TISAB，用去离子水稀释至刻度，摇匀。全部转入干塑料杯中，测定稳

定的电位值 E_1。

(2) 向被测试液中准确加入 1.00 mL(或 0.5 mL)100 $\mu g \cdot mL^{-1}$氟标准溶液(根据水样中的含氟量,加入的标准溶液浓度应大致为被测试液浓度的 100 倍,使电位增值 ΔE 为 20～40 mV),搅拌混匀。继续测定其电位值 E_2,由公式计算氟的含量。

五、数据处理

计算公式如下:

$$c_x(\mathrm{mg \cdot L^{-1}}) = \frac{2c_D}{10^{\Delta E/s} - 1}$$

其中

$$\Delta E = E_1 - E_2$$

$$c_\Delta = \frac{V_s c_s}{50} = \frac{1.00 \times 100}{50} = 2(\mathrm{mg \cdot L^{-1}})$$

式中,c_Δ 为增加的 F^- 浓度;s 为电极斜率,25 ℃时,数值为 59 mV。

六、思考题

(1) 为什么要加入 TISAB?

(2) 用离子选择性电极法测定 F^- 时加入 TISAB 的组成和作用各是什么?

(3) 标准曲线法和标准加入法各有什么特点? 比较本实验用这两种方法测得的结果是否相同,如果不同说明原因。

实验六十　食盐中氯含量的测定(电位滴定法)

一、实验目的

(1) 掌握电位滴定法测定氯含量的原理和方法。

(2) 学习绘制电位滴定法曲线以及终点体积的确定。

(3) 学习用 ZD-2 型电位滴定计和 DZ-1 型磁力搅拌滴定装置的操作方法。

二、实验原理

电位滴定法是根据滴定过程中指示电极电势的变化确定终点的定量分析方法。

用电位滴定法测定氯离子时,以硝酸银为滴定剂,在滴定过程中,氯离子和银离子的浓度发生变化,可用银电极或氯离子选择性电极作为指示电极,指示在化学计量点附近发生的电位突跃。本实验以银电极作指示电极。

银指示电极的电极电势可以根据能斯特方程计算。

化学计量点前，Ag的电极电势取决于Cl^-的浓度：

$$\varphi(Ag^+/Ag)=\varphi^{\ominus}(Ag^+/Ag)+0.0592\ \lg c(Cl^-)$$

化学计量点时，$c(Ag^+)=c(Cl^-)$，可由$K_{sp}^{\ominus}(AgCl)$求出Ag^+的浓度，由此计算出Ag的电极电势。

化学计量点后，Ag的电极电势取决于Ag^+的浓度，其值由下式计算：

$$\varphi(Ag^+/Ag)=\varphi^{\ominus}(Ag^+/Ag)+0.0592\ \lg c(Ag^+)$$

化学计量点后，Ag的电极电势有明显的突跃。

因为测定的是氯离子，所以要用带硝酸钾盐桥的饱和甘汞电极作为参比电极，也可以采用饱和硫酸亚汞电极，以避免氯离子的沾污，饱和硫酸亚汞的电极电势为+0.620 V。

滴定终点可由电位滴定曲线确定。以E为纵坐标、加入滴定剂的体积V为横坐标，绘制E-V曲线。也可作$\Delta E/\Delta V$-V曲线或$\Delta E^2/\Delta V^2$-V二次微商曲线。

由于AgCl沉淀吸附溶液中的银离子而带来误差，在此试液中加入固体$Ba(NO_3)_2$，可以抑制这种吸附作用。

三、仪器和试剂

仪器：银电极，217型饱和甘汞电极，磁子，酸式滴定管(50 mL)，移液管(25 mL)，烧杯(150 mL)，ZD-2型自动电位滴定仪，DZ-1型磁力搅拌滴定装置。

试剂：$AgNO_3$标准溶液(0.1000 mol·L^{-1})，NaCl试液(约0.1 mol·L^{-1})，HNO_3(6 mol·L^{-1})，$Ba(NO_3)_2$(s)。

四、实验内容

(1) 将$AgNO_3$标准溶液装入滴定管中，将滴定管夹到夹杆上，但不与电磁阀连接。

(2) 准确吸取25.00 mL NaCl试液，置于150 mL小烧杯中，加约25 mL蒸馏水，滴入3滴6 mol·L^{-1} HNO_3，加0.1 g $Ba(NO_3)_2$，温热溶解后冷却至室温。放入一个搅拌磁子，将烧杯置于磁力搅拌器的圆盘上。

(3) 开启各电源开关，预热10 min。

(4) 将选择器置于“mV滴定”位置。

(5) 将银电极插入电极插孔，饱和甘汞电极接到接线柱上。两电极浸入试液中，开启磁力搅拌开关，并调节搅拌转速调节器至适当位置。按下读数开关，调节校正器，使指针指在中间“7”上。松开读数开关，使指针复原。

(6) 开始滴定，每放入一定体积$AgNO_3$标准溶液，记录一次电位值，读数时停止搅拌。开始滴定时，每次可加入1.00 mL；当达到化学计量点附近时(化学计量点前后约 0.5 mL)，每次可加入 0.10 mL；过了化学计量点后，每次仍可加入 1.00 mL，一直滴定到 9.00 mL。

(7) 绘制 *E*-*V* 曲线，并确定终点体积，最后求出试液中氯的含量，以 $g \cdot L^{-1}$ 表示。

实验结束，将仪器复原，洗净电极，擦干，干燥保存。

五、注意事项

(1) 电极插入试液中，不能离杯底太近，以免磁子碰坏电极。

(2) 饱和甘汞电极为双盐桥电极，内管必须浸没在外管的 KNO_3 饱和溶液中，外管与内管要接牢，以免外管松脱掉下。

(3) 滴入 $AgNO_3$ 标准溶液的体积，刚开始时可大些，当接近终点时(此时 ΔE 值较大)，每次加入体积应小些。

(4) 测定完毕，将磁子从溶液中取出洗净。

六、思考题

(1) 叙述电位滴定法的操作要领。

(2) 采用电位滴定法测定氯含量与沉淀滴定法测定氯含量各有什么特点?

实验六十一　邻二氮菲分光光度法测定微量铁

一、实验目的

(1) 掌握分光光度法测定微量铁的原理和方法。

(2) 了解分光光度计的构造和使用方法。

(3) 掌握利用标准曲线法进行定量分析的操作与数据处理方法。

二、实验原理

Fe^{2+} 与水溶液中的邻二氮菲反应，生成一种稳定的、配合比为 1∶3 的橙红色螯合物，反应方程式如下：

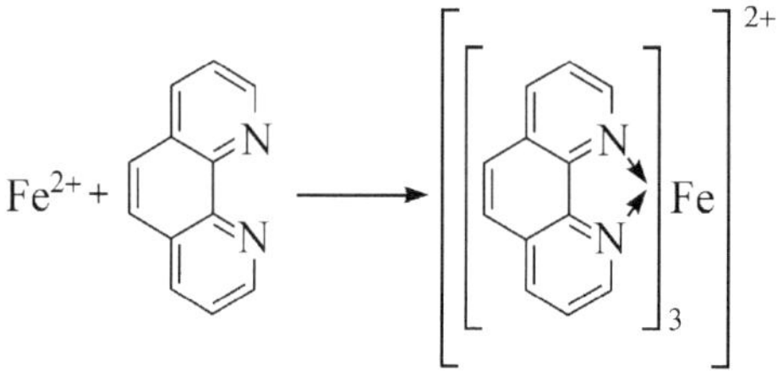

其 $\lg K_{稳}=21.3$。在 510 nm 附近有最大吸收，且遵守朗伯-比尔定律，摩尔吸光系数 $\varepsilon=1.1\times10^4$。在 pH=3～9 时，螯合物稳定。

用分光光度法测定物质的含量一般采用标准曲线法，即配制一系列浓度的标准溶液，在实验条件下依次测量各标准溶液的吸光度 A，以溶液的浓度为横坐标、相应的吸光度为纵坐标绘制标准曲线。在相同实验条件下，测定待测溶液的吸光度，根据测得的吸光度从标准曲线上查出相应的浓度值，即可计算出试样中被测物质的含量。

该法选择性较高，加入盐酸羟胺可防止氧化剂的干扰，使 Fe^{3+} 还原成 Fe^{2+}。显色时，若 $pH<2$，反应进行较慢；若 pH 太高，则 Fe^{2+} 水解，影响显色，可用 HAc-NaAc缓冲溶液调节酸度。

三、仪器和试剂

仪器：721 型分光光度计，比色管(50 mL)，吸量管(5 mL、10 mL)。

试剂：0.1%邻二氮菲水溶液(现配)，1%盐酸羟胺水溶液(现配)铁的未知溶液。

10 μg · mL^{-1} 铁标准溶液：准确称取 0.0703 g 分析纯硫酸亚铁铵 $[(NH_4)_2Fe(SO_4)_2 \cdot 6H_2O]$于 100 mL 烧杯中，加入 50 mL 1 mol · L^{-1} HCl 溶液，溶解后移入 1000 mL 容量瓶中，再加入 50 mL 1 mol · L^{-1} HCl 溶液，用蒸馏水稀释至刻度，摇匀。

pH=4.6 的 HAc-NaAc 缓冲溶液：称取 136 g 分析纯 NaAc，加入 120 mL 冰醋酸，用蒸馏水溶解后稀释至 500 mL。

四、实验内容

(1) 吸收曲线的制作。

准确移取 6.00 mL 10 μg · mL^{-1} 铁标准溶液放于 50 mL 比色管中，依次加入 2.5 mL 1%盐酸羟胺溶液、5.0 mL HAc-NaAc 缓冲溶液、5.0 mL 0.1%邻二氮菲溶液，用蒸馏水稀释至刻度，摇匀，放置 10 min。在分光光度计上，用 2 cm 比色皿，以蒸馏水作参比溶液，采用不同的波长，从 460～530 nm，每隔 10 nm 测定一次吸光度。然后以波长为横坐标、吸光度为纵坐标绘制吸收曲线，找出最大吸收峰所对应的波长，此即为最大吸收波长 λ_{max}，选此波长为测定铁的适宜波长。

(2) 标准曲线的制作。

分别准确移取 0.00 mL、2.00 mL、4.00 mL、6.00 mL、8.00 mL、10.00 mL 10 μg · mL^{-1} 铁标准溶液于六支已编号的 50 mL 比色管中，依次分别加入2.5 mL 1%盐酸羟胺溶液、5.0 mL HAc-NaAc 缓冲溶液、5.0 mL 0.1%邻二氮菲溶液，用蒸馏水稀释至刻度，摇匀，放置 10 min。然后在分光光度计上，用 2 cm 比色皿，以加入"0" mL 铁标准溶液者为参比溶液在最大吸收波长下测定吸光度。以浓度为横坐标、吸光度为纵坐标绘制标准曲线。

(3) 未知溶液中铁含量的测定。

准确移取 5.00 mL 铁的未知溶液两份，分别转入两支 50 mL 比色管中，按制作标准曲线的方法显色后测吸光度。根据未知液的吸光度，从标准曲线上查出 5.00 mL未知溶液中铁的含量，以 $\mu g \cdot mL^{-1}$为单位。

五、思考题

(1) 在有关条件实验中均以水为参比，为什么在测绘标准曲线和测定样品时要以试剂空白为参比？

(2) 为什么在显色之前要加入盐酸羟胺和 HAc-NaAc 缓冲溶液？

(3) 酸度对显色反应有什么影响？

(4) 根据有关实验数据，计算邻二氮菲铁配合物在选定波长下的摩尔吸光系数。

实验六十二　钢铁中锰含量的测定

一、实验目的

(1) 了解用分光光度法测定钢铁中锰含量的原理和方法。

(2) 熟练掌握分光光度计的工作原理及操作步骤。

(3) 练习作图法处理实验数据。

二、实验原理

将已知质量的钢铁样品溶解于由硝酸、硫酸和磷酸组成的混合酸中。在硝酸使用下，铁被氧化成棕黄色的 Fe^{3+}，锰被氧化成 Mn^{2+}。其中 Fe^{3+} 又与磷酸作用生成无色的配合物 $H_3[Fe(PO_4)_2]$。然后以硝酸银为催化剂，加入过二硫酸铵 $(NH_4)_2S_2O_8$ 氧化剂，溶液中的 Mn^{2+} 被氧化成紫红色的 MnO_4^-。上述过程的反应方程式如下：

$$Fe + 6HNO_3 \xlongequal{} Fe(NO_3)_3 + 3NO_2\uparrow + 3H_2O$$

$$Mn + 4HNO_3 \xlongequal{} Mn(NO_3)_2 + 2NO_2\uparrow + 2H_2O$$

$$Fe^{3+} + 2H_3PO_4 \xlongequal{} H_3[Fe(PO_4)_2] + 3H^+$$

$$2Mn^{2+} + 5S_2O_8^{2-} + 8H_2O \xlongequal{} 2MnO_4^- + 10SO_4^{2-} + 16H^+$$

所得到的 MnO_4^- 溶液以空白试样为参比液，可用分光光度计在波长 530 nm 处测定其吸光度。将一系列已知浓度的 MnO_4^- 标准溶液按上述相同方法处理后，用分光光度计测出它们的吸光度。以吸光度 A 为纵坐标、标准溶液浓度 c 为横坐标作图，得到 A 与 c 的关系曲线，称为工作曲线。通过工作曲线可查到样品溶液的吸光度所对应的浓度，进而可换算出钢样中锰的含量，计算公式如下：

$$锰含量=\frac{m_{Mn}}{m_{钢}}\times 100\%$$

式中，m_{Mn} 为钢样中锰的质量(g)；$m_{钢}$ 为钢样总质量(g)。

三、仪器和试剂

仪器：721 型分光光度计，电子天平，容量瓶(50 mL)，移液管(10 mL、5 mL)，电热板。

试剂：HNO_3 与 H_2SO_4 和 H_3PO_4 的混合酸(1∶1∶1，体积比)溶液，$AgNO_3$(1%)，$KMnO_4$，$(NH_4)_2S_2O_8$(15%)，钢铁样品。

四、实验内容

(1) $KMnO_4$ 系列标准溶液的配制。

用移液管吸取 10 mL $KMnO_4$ 标准溶液于 100 mL 容量瓶中，用二次蒸馏水稀释至刻。另取 6 个 50 mL 容量瓶，按表 5-4 用量，用移液管分别加入 $KMnO_4$ 标准溶液、混合酸、$(NH_4)_2S_2O_8$ 和 $AgNO_3$ 溶液，并用二次蒸馏水稀释至刻度。

表 5-4　$KMnO_4$ 系列标准溶液的配制

编　号	$KMnO_4$ 标准稀释液体积/mL	混合酸体积/mL	15% $(NH_4)_2S_2O_8$ 溶液体积/mL	1% $AgNO_3$ 溶液体积/mL
空白试样 1	0	17	10	3
2	2.00	17	10	3
3	4.00	17	10	3
4	6.00	17	10	3
5	8.00	17	10	3
6	10.00	17	10	3

(2) 钢铁样品的处理及钢样溶液的配制。

准确称量一份钢铁样品(60～80 mg)，放入 50 mL 烧杯中，加入 17 mL 混合酸，在通风橱中用低温电热板加热，使钢样溶解，待棕色 NO_2 气体不再产生时，加入 10 mL $(NH_4)_2S_2O_8$ 溶液和 3 mL $AgNO_3$ 溶液，继续加热至沸腾。煮沸 1 min 后即可停止加热，待溶液冷却至室温后，全部转移到 50 mL 容量瓶中，用二次蒸馏水稀释至刻度。

(3) 溶液吸光度的测定。

将分光光度计波长调至 530 nm(使用方法参见 2.3 节)，使用 0.5 cm 比色皿装待测液，以空白试样为参比液，分别测定 5 个 $KMnO_4$ 标准溶液及钢样溶液的吸光度。

五、数据处理

以溶液的吸光度为纵坐标、$KMnO_4$ 浓度为横坐标，在坐标纸上作出系列标准溶液的 A-c 工作曲线。由钢铁样品溶液的吸光度，在工作曲线上查出其相应的浓度，计算钢铁样品中锰的含量。

六、思考题

(1) 在本实验中，分光光度计的波长为什么要调在 530 nm 处？

(2) 使用移液管、容量瓶配制溶液的操作应注意哪些方面？

(3) 实验中所用各试剂的作用是什么？

(4) 如何根据钢样溶液中 MnO_4^- 浓度计算钢样中锰的含量？

实验六十三　比色法测定水果(或蔬菜)中维生素 C 的含量

一、实验目的

(1) 了解比色法测定维生素 C 的原理。

(2) 学习从植物样品中制取试液的一般方法。

(3) 熟悉分光光度计的使用操作。

二、实验原理

维生素 C 又名抗坏血酸，化学名称为 3-氧代-L-古龙糖酸呋喃内酯，分子式为 $C_6H_8O_6$，是一种对机体具有营养、调节和医疗作用的生命物质。纯净的维生素 C 为白色或淡黄色结晶或结晶性粉末，无臭、味酸，还原性强，在空气中极易被氧化，尤其在碱性介质中反应更甚。氧化产物脱氢抗坏血酸仍保留维生素 C 的生物活性。在动物组织内脱氢抗坏血酸可被谷胱甘肽等还原物质还原为抗坏血酸。

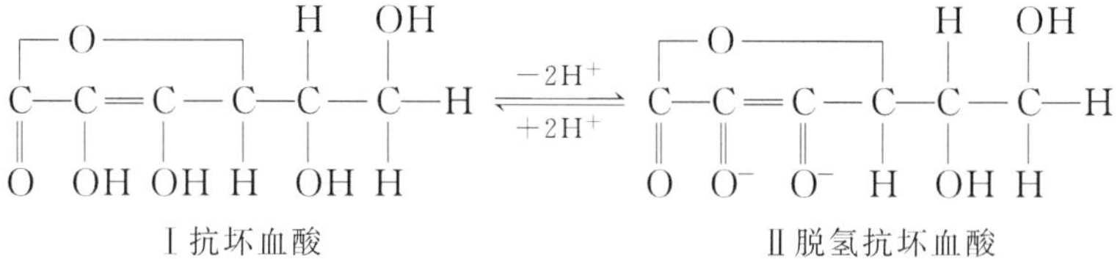

Ⅰ抗坏血酸　　Ⅱ脱氢抗坏血酸

当系统 pH＞5 时，脱氢抗坏血酸易将其分子构造重排，使其内能环开裂，生成无活性的二酮古溶糖酸：

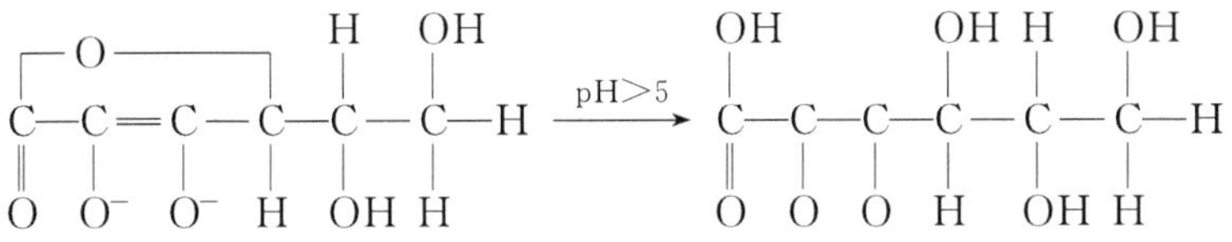

Ⅲ　　Ⅳ二酮古洛糖酸

Ⅰ、Ⅱ、Ⅲ合称为总维生素 C。Ⅱ、Ⅲ均能与 2,4-二硝基苯肼作用生成红色物质脎。这种红色物质能溶于硫酸，其生成量与Ⅱ、Ⅲ的量成正比。因此，只要将样品中的Ⅰ氧化，并与 2,4-二硝基苯肼作用，生成的红色物质用硫酸溶解，再与同样处理的维生素 C 标准溶液比色，即可求出样品中维生素 C 的含量。

三、仪器和试剂

仪器：721 型分光光度计，研钵，容量瓶（50 mL、100 mL），锥形瓶（50 mL），比色管（10 mL）。

试剂：乙二酸（1%），H_2SO_4（25%、85%），2，4-二硝基苯肼（2%），硫脲（10%，50 g硫脲溶于 500 mL 1%乙二酸中），抗坏血酸标准溶液（1 mg · mL^{-1}，将 100 mg 纯维生素 C 溶于 100 mL 1%乙二酸中），活性炭（100 g 活性炭加 750 mL 1 mol · L^{-1} HCl 溶液，回流加热 1 h，过滤，用蒸馏水洗涤数次至滤液无 Fe^{3+} 为止，置于 110 ℃烘箱中烘干）。

四、实验内容

(1) 提取维生素 C 试样。

称量 2 g 新鲜去皮白梨（或绿豆芽）于研钵中，加少量 1%乙二酸，研磨 5～10 min，将提取液收集于 50 mL 容量瓶中，重复提取 3 次，加 1%乙二酸至刻度。取 10 mL 提取液于干燥锥形瓶中，加入半匙活性炭，充分振摇约 1 min 后过滤。

(2) 配制标准溶液。

量取 1.0 mL 维生素 C 标准储存液于 100 mL 容量瓶，用 1%乙二酸稀释至刻度（这时 1 mL 相当于 0.01 mg 维生素 C）。取 10 mL 该溶液置于干燥锥形瓶中，加入半匙活性炭振摇约 1 min 后过滤。

(3) 显色。

在试管 1 中加入 2.5 mL 样品滤液及 1 滴 10%硫脲；在试管 2 中加入 2.5 mL 标准维生素 C 溶液及 1.0 mL 2% 2,4-二硝基苯肼；在试管 3 中加入 2.5 mL 样品滤液、1 滴 10%硫脲，1.0 mL 2% 2,4-二硝基苯肼，分别混匀，置于沸水中加热约 10 min。流水冷却。在试管 1 中加入 1 mL 2% 2,4-二硝基苯肼。然后分别将 3 支试管置于冷水中，缓慢滴加 3.0 mL 85%H_2SO_4（边滴加边摇动冷却），充分混匀后静置 10 min。

(4) 测量吸光度并计算。

在 721 型分光光度计上，选用 3 cm 厚比色皿，波长于 500 nm 处，以试管 1 中溶液作空白调零，以试管 2 溶液为标准，测定试管 2、试管 3 溶液的吸光度并计算。

$$100\text{ g 样品中维生素 C 总含量(mg)}=\frac{\text{样品液吸光度}}{\text{标准液吸光度}}\times 0.01\times 2.5\times\frac{50}{2.5}\times\frac{100}{2}$$

五、思考题

(1) 样品处理和维生素 C 标准溶液中加入 10%乙二酸起什么作用?

(2) 为什么要用活性炭脱色?

(3) 本实验中有哪些因素会导致测定误差?

实验六十四　日常食品的质量检测

一、实验目的

(1) 了解葡萄糖含量的测定。

(2) 了解掺假牛奶、蜂蜜的鉴别方法。

(3) 了解一些食品中有害元素的鉴定。

二、实验原理

1. 葡萄糖含量的测定

次碘酸钠(NaIO)可定量地将葡萄糖($C_6H_{12}O_6$)氧化为葡萄糖酸($C_6H_{12}O_7$)。在酸性条件下，过量的次碘酸钠会变成单质碘(I_2)而析出。因此，只要用硫代硫酸钠($Na_2S_2O_3$)标准溶液滴定析出的碘，就可计算出葡萄糖的含量。次碘酸钠可用碘与氢氧化钠作用生成。其主要反应方程式如下：

$$I_2+C_6H_{12}O_6+2NaOH = C_6H_{12}O_7+2NaI+H_2O$$

$$3NaIO = NaIO_3+2NaI$$

$$NaIO_3+5NaI+6HCl = 3I_2+6NaCl+2H_2O$$

$$I_2+2Na_2S_2O_3 = Na_2S_4O_6+2NaI$$

2. 掺假食品的鉴别

1) 牛奶中掺豆浆的检查

牛奶是一种营养丰富、老少皆宜的食品。正常牛奶为白色或浅黄色均匀胶状液体，无沉淀、无凝块、无杂质，具有轻微的甜味和香味，其成分如表 5－5 所示。

表 5-5 牛奶成分

成分	水	脂肪	蛋白质	酪蛋白	乳糖	白蛋白	灰分
质量分数/%	87.35	3.75	3.40	3.00	4.75	0.40	0.75

如果在牛奶中掺入豆浆，尽管此时牛奶的密度、蛋白质含量变化不大，可能仍在正常范围内，但由于含约 25%糖类(主要是棉籽糖、水苏糖、蔗糖、阿拉伯半乳聚糖等)，它们遇碘后显乌绿色，所以利用这种变化可定性地检查牛奶中是否掺有豆浆。

2) 掺蔗糖蜂蜜的鉴定

蜂蜜是人们喜爱的营养保健食品，正常蜂蜜的密度为 $1.401\sim1.433\ g\cdot mL^{-1}$，主要成分中葡萄糖和果糖 65%～81%(质量分数，下同)，蔗糖约 8%，水 16%～25%，糊精、非糖物质、矿物质和有机酸等约 5%，此外还含有少量酵素、芳香物质、维生素及花粉粒等，因所采花粉不同，其成分也有一定差异。

人为地在蜂蜜中掺入廉价的、熬成糖浆的蔗糖，外观上也会出现一些变化。一般这种掺糖蜂蜜色泽比较鲜艳，大多呈浅黄色，味淡，回味短，且糖浆味较浓。用化学方法可鉴别蜂蜜是否掺蔗糖，方法是取样品加水搅拌，如果有浑浊或沉淀再加 $AgNO_3$(1%)，若有絮状物产生，即为掺蔗糖蜂蜜。

3) 亚硝酸钠与食盐的区别

亚硝酸钠($NaNO_2$)是一种白色或浅黄色晶体或粉末，有咸味，很像食盐，如果用亚硝酸钠当食盐使用制作腌腊食品和卤制食品危害十分大。如果误食 0.3～0.5 g 亚硝酸钠就会中毒，食后 10 min 就会出现明显的中毒症状：呕吐、腹痛、发绀、呼吸困难，甚至抽搐、昏迷，以致危及生命。亚硝酸钠不仅有毒，而且还是致癌物，对人体健康危害很大。利用 $NaNO_2$ 在酸性条件下氧化 KI 生成单质碘的反应：

$$2NaNO_2+2KI+2H_2SO_4 = 2NO+I_2+K_2SO_4+Na_2SO_4+2H_2O$$

单质碘遇淀粉显蓝色，据此可将亚硝酸钠与食盐区别。

3. 食品中微量有害元素的鉴定

1) 油条中微量铝的鉴定

油条(油饼)是许多人经常食用的大众化食品。为了使油条松脆可口，糅制油条面剂时，每 500 g 面粉约需加入 10 g 明矾[$KAl(SO_4)_2\cdot12H_2O$]和若干苏打(Na_2CO_3)，在高温油炸过程中，明矾和苏打发生下列反应：

$$Al^{3+}+3H_2O = Al(OH)_3+3H^+$$

$$2H^++CO_3^{2-} = H_2O+CO_2\uparrow$$

由于生成大量 CO_2，油条面剂体积迅速膨胀，并在表面形成一层松脆的皮膜，非常好吃。

但是，近年来医学界研究发现，吃进人体内的铝对健康危害很大，能引起痴呆、骨痛、贫血、甲状腺功能降低、胃液分泌减少等多种疾病。摄入过量的铝还会影响人体对磷的吸收和能量代谢，降低生物酶的活性。铝不仅能引起神经细胞的死亡，还能损害心脏。当铝进入人体后，可形成牢固的、难以消化的配位化合物，使其毒性增加。因此，人们要警惕从油条等食物中摄入过量的铝。

取小块油条切碎后经灼烧成灰，用 6 mol · L^{-1} HNO_3 浸取，浸取液加巯基乙酸溶液，混匀后，加铝试剂缓冲液，加热观察到特征的红色溶液生成，样品中即含有铝。

2）皮蛋中铅的鉴定

皮蛋是一种具有特殊风味的食品，但往往受铅的污染。铅及其化合物具有较大毒性，在人体内还有积累作用，会引起慢性中毒。

在一定条件下，铅离子能与双硫腙形成一种红色配合物：

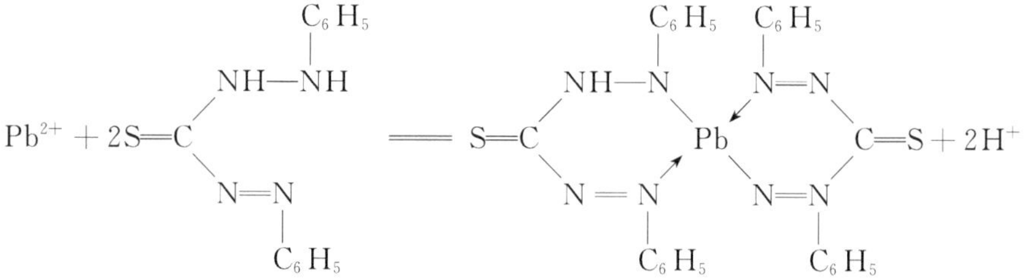

由于双硫腙是一种广泛配位剂，用它测定 Pb^{2+} 时，必须考虑其他金属离子的干扰作用，通过控制溶液的酸度或加入掩蔽剂可以消除。用氨水调节试液 pH 至 9 左右，此时 Pb^{2+} 与双硫腙形成红色配合物；加盐酸羟胺还原 Fe^{3+}，并用柠檬酸铵掩蔽 Fe^{2+}、Sn^{2+}、Ca^{2+}、Cu^{2+} 等，用 $CHCl_3$ 萃取后，铅的双硫腙配合物萃取入 $CHCl_3$ 中，干扰离子则留在水溶液中。

三、仪器和试剂

仪器：容量瓶（100 mL），移液管（1 mL、25 mL），酸式滴定管，锥形瓶，试管，坩埚，电炉，高温电炉（马弗炉），水浴（恒温箱），组织捣碎机，蒸发皿，烘箱，布氏漏斗，吸滤瓶，研钵，筛（40 目），锥形瓶（50 mL），酒精灯。

试剂：HCl（1 mol · L^{-1}、2 mol · L^{-1}、6 mol · L^{-1}），NaOH（0.2 mol · L^{-1}），$Na_2S_2O_3$ 标准溶液（0.05 mol · L^{-1}），I_2 标准溶液（0.05 mol · L^{-1}），淀粉溶液（0.5%），碘水，$AgNO_3$（1%），$NaNO_2$(s)，NaCl(s)，食盐水（浓），H_2SO_4（2 mol · L^{-1}），HNO_3（1 mol · L^{-1}、6 mol · L^{-1}），巯基乙酸（0.8%），KI（0.1 mol · L^{-1}），铝试剂缓冲液，柠檬酸铵（20%），盐酸羟胺（20%），双硫腙 $CHCl_3$ 溶液（0.002%），氨水（1∶1），KOH（10 mol · L^{-1}），$CHCl_3$，$Pb(Ac)_2$（0.1 mol · L^{-1}），正常牛奶，掺

豆浆牛奶，掺蔗糖蜂蜜，(加明矾的)油条，松花蛋。

四、实验内容

1. 葡萄糖含量的测定

量取 1.0 mL 5%葡萄糖注射液于 100 mL 容量瓶中，并用去离子水稀释至刻度，摇匀后移取 25.0 mL 于锥形瓶中，准确加入现标定的 25.0 mL I_2 标准溶液，然后慢慢滴加 0.02 mol·L^{-1} NaOH 溶液，边加边摇，直至溶液呈淡黄色(注意：加碱的速度不能太快，否则生成的 NaIO 来不及氧化葡萄糖而使测定结果偏低)。用表面皿盖好锥形瓶，放置 10～15 min，然后加 HCl 使呈酸性，立即用 $Na_2S_2O_3$ 标准溶液滴定，至浅黄色时加入 2 mL 淀粉溶液，继续滴定至溶液蓝色刚好消失即为终点，记录读数并计算葡萄糖含量。平行测定两三份，计算公式如下：

$$w(C_6H_{12}O_6)=\frac{[2c(I_2)V(I_2)-c(Na_2S_2O_3)V(Na_2S_2O_3)]\times M(C_6H_{12}O_6)}{2000\times 25.00}\times 100$$

2. 掺假食品的鉴别

1) 牛奶中掺豆浆的检查

取两支试管分别加入正常牛奶和掺豆浆牛奶各 2 mL，再加入 2～3 滴碘水，混匀后观察两支试管中颜色的不同变化。正常牛奶显橙黄色，而掺豆浆牛奶则显乌绿色。

2) 掺蔗糖蜂蜜的鉴定

在一支试管中加入约 1 mL 掺糖蜂蜜样品，再加约 4 mL 水，振荡搅拌，如有浑浊或沉淀，再滴加 2 滴 1% $AgNO_3$ 溶液，若有絮状物产生就证明此蜂蜜中掺有蔗糖。

3) 亚硝酸钠与食盐的区别

取两支试管分别加入少量 $NaNO_2$ 固体和 NaCl 固体，然后加入 2 mol·L^{-1} H_2SO_4 溶液和 0.1 mol·L^{-1}KI 溶液，观察两支试管中不同的实验现象，再用新配制的淀粉溶液鉴别。

3. 食品中微量有害元素的鉴定

1) 油条中微量铝的鉴定

取一小块油条切碎放入坩埚中，在电炉上低温炭化，待浓烟散尽，放入高温炉(炉温约 500 ℃)中灰化，到坩埚内物质呈白色灰状时，停止加热。冷却后加入约 2 mL 6 mol·L^{-1} HNO_3 溶液，在水浴上加热蒸发至干，将所得产物加水溶解。用一支试管取约 2 mL 所得溶液，加 5 滴 0.8%巯基乙酸溶液，摇匀后，加约 1 mL 铝试剂(玫红三羧酸铵)缓冲溶液，再摇匀，并放入热水浴中加热。观察到生成红色溶液，即证明样品中含有铝。

2）松花蛋中铅的鉴定

取一个松花蛋剥去蛋壳后，放入高速组织捣碎机中，按蛋∶水＝2∶1（体积比）加水，捣成匀浆。将所有匀浆倒入蒸发皿中，先在水浴上蒸发至干，然后放在电炉上小心炭化至无烟后，移入高温炉内，在约 550 ℃灰化至呈白色灰烬。取出冷却后，加 1∶1 HNO_3 溶解所得灰分。

取约 2 mL 所得样品溶液，加入 2 mL 1% HNO_3、2 mL 20%柠檬酸铵和 1 mL 20%盐酸羟胺，用 1∶1 氨水调节溶液 pH≈9，再加入 5 mL 双硫腙溶液，剧烈摇动约 1 min，静置分层后，观察有机溶剂（$CHCl_3$）层中红色配合物的生成。

五、思考题

（1）碘量法测定葡萄糖含量的主要误差有哪些？应怎样避免？

（2）正常牛奶与掺豆浆牛奶的主要差别是什么？如何鉴别？

（3）如何区别正常蜂蜜与掺糖蜂蜜？

（4）认识亚硝酸钠当食盐使用的危害，利用它们哪些不同的化学性质可加以区别？

（5）指出铅对人体健康的危害，如何鉴定食品中含有的铅？

（6）用什么方法鉴定食物中少量有害元素铅的存在？

实验六十五　紫外分光光度法测定苯酚

一、实验目的

（1）了解紫外光谱的原理与应用。

（2）掌握 Genesys 10 紫外分光光度计的特点及操作程序。

（3）掌握采用紫外分光光度计定性和定量测定有机化合物的方法。

二、实验原理

紫外分光光度法（ultraviolet spectrophtometry）又称紫外吸收光谱法，它是研究分子吸收波长范围为 190～400 nm 的电磁波吸收光谱。紫外吸收光谱主要产生于分子价电子在电子能级间的跃迁，是研究物质电子光谱的分析方法。通过测定分子对紫外光的吸收，可以对大量的无机物和有机物进行定性和定量测定。但并不是所有的有机化合物都能给出它们的紫外吸收光谱，只有对具有共轭双键结构的化合物和芳香族化合物才能给出紫外光谱。

苯酚是一种剧毒物质，可以致癌，已经被列入有机污染物的黑名单。但在一些药品、食品添加剂、消毒液等产品中均含有一定量的苯酚。如果其含量超标，就会产生很大的毒害作用。苯酚在紫外光区的最大吸收波长 $\lambda_{max}=270$ nm。对苯酚溶液进行扫描时，在 270 nm 处有较强的吸收峰。

定性分析时，可在相同的条件下，对标准样品和未知样品进行波长扫描，通过比较未知样品和标准样品的光谱图对未知样进行鉴定。

定量分析是在 270 nm 处测定不同浓度苯酚的标准样品的吸光度值，并绘制标准曲线。再在相同的条件下测定未知样品的吸光度值，根据标准曲线可得出未知样品中苯酚的含量。

三、仪器和试剂

仪器：Genesys 10 紫外分光光度计，石英比色皿，容量瓶(50 mL、100 mL)，移液管(10 mL)。

试剂：苯酚(A. R.)，待测苯酚溶液。

四、实验内容

(1) 配制苯酚标准溶液。

称取 100 mg 苯酚，移至 100 mL 容量瓶中，加水稀释至刻度，得储备液。分别量取 0.25 mL、0.5 mL、1.0 mL、1.5 mL、2.0 mL、2.5 mL 储备液至 50 mL 容量瓶中，加水稀释至刻度，得浓度为 5.0 $mg \cdot L^{-1}$、10.0 $mg \cdot L^{-1}$、20.0 $mg \cdot L^{-1}$、30.0 $mg \cdot L^{-1}$、40.0 $mg \cdot L^{-1}$、50.0 $mg \cdot L^{-1}$的苯酚标准溶液。

(2) 测定苯酚标准溶液的吸光度 A。

以水为空白样品，在紫外分光光度计上于波长 200～400 nm 扫描，得各标准溶液的紫外吸收曲线。苯酚在 270 nm 处有最大吸收，以此波长处的吸光度 A 为纵坐标、浓度 c 为横坐标绘制标准曲线。

(3) 测定待测苯酚溶液的浓度。

稀释待测苯酚溶液，以水为空白样品，在紫外分光光度计上于波长 200～400 nm扫描，得到 270 nm 处的最大吸光度 A，平行测定两份。再根据以上得到的标准曲线求出待测苯酚溶液的浓度。

五、思考题

(1) 紫外分光光度法定性、定量分析的依据是什么？

(2) 如何正确使用石英比色皿？

(3) 说明紫外分光光度法的特点及适用范围。

实验六十六　气相色谱法测定丁醇中少量甲醇

一、实验目的

(1) 掌握气相色谱分析的基本原理和操作。

(2) 掌握峰面积的测量和采用归一化法定量测定有机化合物含量的方法。

二、实验原理

气相色谱法是以气体作为流动相的一种色谱分析方法。当液体样品由进样口进入后立即被气化,并被载气带入色谱柱,分析的样品在气化后被载气带入色谱柱,由于样品中各组分的沸点、极性或吸附性能不同,每种组分都倾向于在流动相和固定相之间形成分配平衡,经过多次分配而得以分离的各个组分逐一流出色谱柱进入检测器,随时间变化而产生的电信号由记录器记录下来,便得到色谱图。

气相色谱分析的依据是在一定的色谱条件下(固定相、操作条件等),每种物质都有确定不变的保留值。但必须与标准样品在同一条件下测定的保留值对照,以判断各色谱峰所代表的物质。在一定操作条件下,被分析物质的质量 m_i 与检测器相产生的响应信号(色谱图上表现为峰面积 A_i 或峰高 h_i)成正比,也可写成

$$m_i = f_iA_i$$

或

$$m_i = f_ih_i$$

依据这种关系,可用已知浓度的纯样品配制成不同含量的标准样品,定量进样,用峰面积(或峰高)对标准样品含量作出标准曲线,然后将被测样品也在相同条件下定量进样,在标准曲线上查出该组分的含量,这种方法又称外标法(标准样校正法)。

三、仪器和试剂

仪器:7890F 型气相色谱仪,微量注射器(10 μL)。

试剂:甲醇(A. R.),丁醇(A. R.)。

四、实验内容

(1) 仪器操作条件。

检测器:氢火焰离子化检测器。

色谱柱:不锈钢柱,直径为 4 mm,长度为 2 m。

载气:氮气。

载气流速:50 mL · min^{-1}。

柱温箱温度:80 ℃。

气化室温度:150 ℃。

进样量:1 μL。

(2) 仪器操作步骤。

分别配制 5 种含甲醇量为 5%、10%、20%、30%、40%、50%的正丁醇标准溶

液。依次吸取 1 μL 标准溶液注入色谱仪进行测定，在相同条件下，测得各标准溶液的色谱图，记录各图中甲醇峰的峰面积，并以峰面积为纵坐标，以甲醇的质量分数为横坐标，绘制出峰面积与甲醇含量的标准曲线。

吸取 1 μL 待测样，在相同的条件下进行测定，得到色谱图，从图上得到甲醇峰的面积，然后从标准曲线上查出甲醇的质量分数。

五、思考题

（1）气相色谱的基本原理是什么？

（2）影响氢火焰离子化检测器的灵敏度的因素有哪些？

（3）如何确定色谱图上各主要峰的归属？

实验六十七　化学需氧量(COD_{Mn})的测定

一、实验目的

（1）了解化学需氧量及其测定的意义。

（2）掌握氧化-还原滴定法($KMnO_4$ 作氧化剂)测定化学需氧量的原理和方法。

二、实验原理

化学需氧量(COD)是指用适当氧化剂处理水样时，水样中需氧污染物所消耗的氧化剂的量，通常是以相应的氧量(单位为 $mg \cdot mL^{-1}$)表示。COD 是表示水体或污水的污染程度的重要综合性指标之一，是环境保护和水质控制中经常需要测定的项目。COD 值越高，说明水体污染越严重。COD 的测定有酸性高锰酸钾法、碱性高锰酸钾法和重铬酸钾法，本实验采用酸性高锰酸钾法。在酸性条件下，向被测水样中定量加入高锰酸钾溶液，加热水样，使高锰酸钾与水样中有机污染物充分反应，过量的高锰酸钾则加入一定量的乙二酸钠还原，最后用高锰酸钾溶液返滴过量的乙二酸钠，由此计算出水样的耗氧量。反应方程式为

$$2MnO_4^- + 5C_2O_4^{2-} + 16H^+ \xlongequal{} 2Mn^{2+} + 10CO_2 + 8H_2O$$

三、仪器和试剂

仪器：全玻回流装置（500 mL），容量瓶（1000 mL），滴定管（50 mL），移液管（50 mL），量筒，电炉，洗耳球，铁架台等。

试剂：H_2SO_4（25%），$AgNO_3$（10%）。

0.013 $mol \cdot L^{-1}$ $Na_2C_2O_4$ 标准溶液：准确称取 0.42 g 左右基准物质 $Na_2C_2O_4$ 溶于少量的蒸馏水中，定量转移至 250 mL 容量瓶中，稀释至刻度，摇匀，计算其

浓度。

0.005 mol·L^{-1} $KMnO_4$ 溶液：用台秤称取 0.85 g $KMnO_4$，加入适量蒸馏水使其溶解后，倒入洁净的棕色试剂瓶中，用水稀释至约 1000 mL。摇匀，塞好，静置 7～10 d 后，其上层的溶液用玻璃砂芯漏斗过滤。残余溶液和沉淀则倒掉。将试剂瓶洗净，将滤液倒回瓶内，摇匀，待标定。

四、实验内容

(1) 用移液管移取 50 mL 水样置于 250 mL 锥形瓶中，加入用移液管移取的 50 mL 蒸馏水，用量筒量取的 10 mL 25% H_2SO_4，再加入 5 mL 10% $AgNO_3$ 溶液除去水样中的 Cl^-（当水样中的 Cl^- 浓度很小时，可以不加 $AgNO_3$），摇匀后准确用移液管移取 10.00 mL(V_1)0.005 mol·L^{-1} $KMnO_4$ 溶液，将锥形瓶置于沸水浴中加热 30 min，氧化需氧污染物。稍冷后(80 ℃)，加入移液管移取的 10.00 mL 0.013 mol·L^{-1} $Na_2C_2O_4$ 标准溶液，摇匀(此时溶液应为无色)，在 70～80 ℃的水浴中用 0.005 mol·L^{-1} $KMnO_4$ 溶液滴定至微红色，30 s 内不褪色即为终点，记下 $KMnO_4$ 溶液的用量为 V_2。

(2) 在 250 mL 锥形瓶中用移液管移入 100 mL 蒸馏水和 10 mL 25% H_2SO_4，移入 10.00 mL 0.013 mol·L^{-1} $Na_2C_2O_4$ 标准溶液，摇匀，在 70～80 ℃的水浴中，用 0.005 mol·L^{-1} $KMnO_4$ 溶液滴定至溶液呈微红色，30 s 内不褪色即为终点，记下 $KMnO_4$ 溶液的用量为 V_3。

(3) 在 250 mL 锥形瓶中用移液管移入 100 mL 蒸馏水和 10 mL 25% H_2SO_4，在 70～80 ℃水浴下，用 0.005 mol·L^{-1} $KMnO_4$ 溶液滴定至溶液呈微红色，30 s 内不褪色即为终点，记下 $KMnO_4$ 溶液的用量为 V_4。

(4) 计算：按下式计算化学需氧量 COD_{Mn}：

$$COD_{Mn}=\frac{[(V_1+V_2-V_4)\times f-10.00]\times c(Na_2C_2O_4)\times 16.00\times 1000}{V_s}$$

式中，$f=10.00/(V_3-V_4)$，即 1 mL $KMnO_4$ 标准溶液相当于 f mL $Na_2C_2O_4$ 标准溶液；V_s 为水样体积；16.00 为氧的相对原子质量。

五、思考题

(1) 滴定过程中当酸度不足时，为什么会产生棕色沉淀？

(2) 为什么滴定时经过 30 s 浅红色不褪色，即可认为终点已到？

第6章　综合实验与设计研究实验

6.1　综合实验

实验六十八　含铬废水的处理

一、实验目的

(1) 了解化学还原法处理含铬工业废水的原理和方法。

(2) 学习用分光光度法或目视比色法测定和检验废水中铬的含量。

二、实验原理

铬是毒性较高的元素之一。铬污染主要来源于电镀、制革及印染等工业废水的排放。以 $Cr_2O_7^{2-}$ 或 CrO_4^{2-} 形式的 Cr(Ⅵ)和 Cr(Ⅲ)存在。由于 Cr(Ⅵ)的毒性比 Cr(Ⅲ)大得多，还是一种致癌物质，因此，含铬废水处理的基本原则是先将 Cr(Ⅵ)还原为 Cr(Ⅲ)，然后将其除去。

对含铬废水处理的方法有离子交换法、电解法、化学还原法等。本实验采用铁氧体化学还原法。铁氧体是指具有磁性的 Fe_3O_4 中的 Fe^{2+} 或 Fe^{3+}，部分地被与其离子半径相近的其他+2价或+3价金属离子(如 Cr^{3+}、Mn^{2+} 等)所取代而形成的以铁为主体的复合型氧化物，可用 $M_xFe_{(3-x)}O_4$ 表示。以 Cr^{3+} 为例，可写成 $Cr_xFe_{(3-x)}O_4$。

铁氧体法处理含铬废水的基本原理就是使废水中的 $Cr_2O_7^{2-}$ 或 CrO_4^{2-} 在酸性条件下与过量还原剂 $FeSO_4$ 作用生成 Cr^{3+} 和 Fe^{3+}，其反应方程式为

$$Cr_2O_7^{2-} + 6Fe^{2+} + 14H^+ \rightleftharpoons 2Cr^{3+} + 6Fe^{3+} + 7H_2O$$

$$HCrO_4^- + 3Fe^{2+} + 7H^+ \rightleftharpoons Cr^{3+} + 3Fe^{3+} + 4H_2O$$

反应结束后加入适量碱液，调节溶液 pH 并适当控制温度，加少量 H_2O_2 或通入空气搅拌，将溶液中过量的 Fe^{2+} 部分氧化为 Fe^{3+}，得到比例适度的 Cr^{3+}、Fe^{2+} 和 Fe^{3+} 并转化为沉淀：

$$Fe^{3+} + 3OH^- \rightleftharpoons Fe(OH)_3\downarrow$$

$$Fe^{2+} + 2OH^- \rightleftharpoons Fe(OH)_2\downarrow$$

$$Cr^{3+} + 3OH^- \rightleftharpoons Cr(OH)_3\downarrow$$

当形成的 $Fe(OH)_2$ 和 $Fe(OH)_3$ 的物质的量比为 1∶2 左右时，可生成类似于 $Fe_3O_4 \cdot xH_2O$ 的磁性氧化物(铁氧体)，其组成可写成 $\overset{2+}{Fe}\overset{3+}{Fe_2}O_4 \cdot xH_2O$，其中部分

Fe^{3+}可被Cr^{3+}取代，使Cr^{3+}成为铁氧体的组成部分而沉淀下来。沉淀物经脱水等处理后，即可得到组成符合铁氧体组成的复合物。

铁氧体法处理含铬废水效果好，投资少，简单易行，沉渣量少且稳定。含铬铁氧体是一种磁性材料，可用于电子工业，既保护了环境，又利用了废物。

为检查废水处理的结果，常采用比色法分析水中的铬含量。其原理如下：Cr(Ⅵ)在酸性介质中与二苯基碳酰二肼反应生成紫红色配合物，该配合物溶于水，其溶液颜色对光的吸收程度与Cr(Ⅵ)的含量成正比。将样品溶液的颜色与标准系列的颜色比较(目视比较)或用分光光度计测出此溶液的吸光度，就能确定样品中Cr(Ⅵ)的含量。

如果水中有Cr(Ⅲ)，可在碱性条件下用$KMnO_4$将Cr(Ⅲ)氧化为Cr(Ⅵ)，然后再测定。

为防止溶液中Fe^{2+}、Fe^{3+}及Hg_2^{2+}、Hg^{2+}等的干扰，可加入适量的H_3PO_4消除。

三、仪器和试剂

仪器：分光光度计，比色管(25 mL，10支)，比色管架，台秤(公用)，酒精灯，三角架，石棉铁丝网，碱式和酸式滴定管(25 mL各1支)，容量瓶(50 mL)，量筒(10 mL、50 mL)，锥形瓶(250 mL，2个)烧杯(250 mL、400 mL)，滤纸，磁铁，温度计(100 ℃)。

试剂：H_2SO_4(3 mol · L^{-1})，硫-磷混合酸[15%(体积分数)H_2SO_4 + 15% H_3PO_4 + 70% H_2O]，NaOH(6 mol · L^{-1}、3%)，$FeSO_4 \cdot 7H_2O$(10%)，$K_2Cr_2O_7$标准溶液(10.0 mg · L^{-1})，$NH_4Fe(SO_4)_2$标准溶液(0.05 mol · L^{-1})，H_2O_2(3%)，二苯胺磺酸钠(1%)，二苯基碳酰二肼(0.1%)，pH试纸，含铬废水(可自配：1.6 g $K_2Cr_2O_7$溶于1000 mL自来水中)。

四、实验内容

1. 含铬废水中Cr(Ⅵ)的测定

用移液管移取25.00 mL含铬废水于锥形瓶中，依次加入10 mL硫-磷混合酸和30 mL蒸馏水，滴加4滴二苯胺磺酸钠指示剂并摇匀。用$NH_4Fe(SO_4)_2$标准溶液滴定至溶液由红色变为绿色为止，记录滴定剂耗用体积，平行测定2份，求出废水中$Cr_2O_7^{2-}$浓度。

2. 含铬废水的处理

(1) 取100 mL含铬废水于250 mL烧杯中，在不断搅拌下滴加3 mol · L^{-1}

H_2SO_4 调整至 pH 约为 1，然后加入 10%$FeSO_4$ 溶液，直至溶液颜色由浅蓝色变为亮绿色（为什么？）为止。

(2) 往烧杯中继续滴加 6 mol·L^{-1}NaOH 溶液，调节 pH＝8～9，然后将溶液加热至 70 ℃左右，在不断搅拌下滴加 6～10 滴 3%H_2O_2，充分搅拌后冷却静置，使 Fe^{2+}、Fe^{3+}、Cr^{3+} 的氢氧化物沉淀沉降。

(3) 用倾泻法将上层清液量入另一烧杯中以备测定残余 Cr(Ⅲ)。沉淀用蒸馏水洗涤数次，以除去 Na^+、K^+、SO_4^{2-} 等离子，然后将其转移到蒸发器中，用小火加热，并不时搅拌沉淀蒸发至干。待冷却后，将沉淀物均匀地摊在干净白纸上，另用纸将磁铁裹住，与沉淀物接触，检查沉淀物的磁性。

3. 处理后水中铬含量的检验

(1) 配制 Cr(Ⅵ)系列标准溶液和制作工作曲线：用酸式滴定管分别准确放取 0.00 mL、1.00 mL、2.00 mL、3.00 mL、4.00 mL、5.00 mL $K_2Cr_2O_7$ 标准溶液注入 50 mL 容量瓶中并编号，用洗瓶冲洗瓶口内壁，加入 20 mL 蒸馏水、10 滴硫-磷混合酸和 3 mL 0.1%二苯基碳酰二肼溶液，最后用蒸馏水稀释至刻度，摇匀（观察各溶液显色情况），此时瓶中含 Cr(Ⅵ)量分别为 0.000 mg·L^{-1}、0.200 mg·L^{-1}、0.400 mg·L^{-1}、0.600 mg·L^{-1}、0.800 mg·L^{-1}、1.00 mg·L^{-1}。采用1 cm比色皿，在 540 nm 处，以空白（1 号）作参比，用分光光度计测定各瓶溶液吸光度 A，以 Cr(Ⅵ)含量为横坐标，A 为纵坐标作图，即得到工作曲线。

(2) 处理后水中 Cr(Ⅵ)含量的检验：将本实验 2.(3)中的上层清液（若有悬浮物应过滤）各取 10 mL 于两个 50 mL 容量瓶中（编号 7、8），以下操作同 3.(1)，测出处理后水样的吸光度，从工作曲线上查出相应 Cr(Ⅵ)的浓度，然后求出处理后水中残留 Cr(Ⅵ)的含量，确定是否达到国家工业废水的排放标准（<0.5 mg·L^{-1}）。

五、思考题

(1) 本实验中发生了哪些化学反应？为什么要加入 H_2O_2？此过程发生了什么反应？

(2) 本实验所测定的 Cr 的化学形态是什么？简述其测定方法基本原理。

(3) 处理废水中，为什么加 $FeSO_4$ 前要加酸调整 pH 到 1，之后又要加碱调整 pH＝8～9？pH 控制不好，会有什么不良影响？

实验六十九　从茶叶中提取咖啡因

一、实验目的

(1) 学习从茶叶中提取咖啡因的基本原理。

(2) 通过从茶叶中提取咖啡因，掌握从天然产物中提取纯有机物的一种方法。

(3) 学习用升华法提纯有机物的基本操作。

二、实验原理

咖啡因具有兴奋大脑皮层、增强机体免疫功能和强心利尿等作用，在制药以及一些高级饮料和香烟中作为添加剂使用。咖啡因可由人工合成或天然提取，由于人工合成的咖啡因含有原料残留，长期食用会产生残毒作用，因此有的国家已禁止在饮料中使用合成咖啡因。因而天然咖啡因身价倍增，其市场价格通常是人工合成产品的 3～4 倍，甚至更高。咖啡豆、可可豆是咖啡因含量较高的天然产物，但我国资源有限。茶叶含咖啡因虽然较低，但我国是产茶大国，资源丰富。在茶叶的加工过程中产生大量的茶末、茶灰、茶梗，加工 1 t 茶叶可产生 20～40 kg 废茶料，当茶叶生产过剩时，低档茶叶大量积压。如何利用这些废茶料和低档茶叶提取市场紧俏的咖啡因，增值增收，满足市场需求，具有重要意义。

茶叶中含有多种生物碱，其中以咖啡碱(又称咖啡因)为主，占 1%～5%，另外还含有丹宁酸、茶多酚、纤维素和蛋白质等物质。咖啡因属于杂环化合物嘌呤的衍生物，化学名称为 1,3,7-三甲基-2,6-二氧嘌呤，结构式如下：

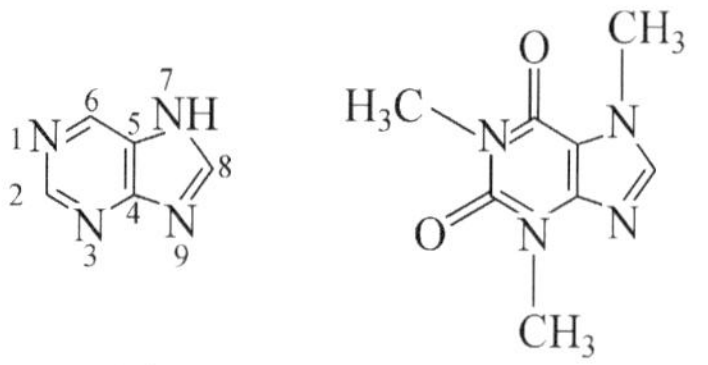

嘌呤　　1,3,7-三甲基-2,6-氧嘌呤

咖啡因是弱碱性化合物，易溶于氯仿、热水、乙醇、苯。含结晶水的咖啡因是无色针状结晶，在 100 ℃时即失去结晶水，120 ℃时升华显著，至 178 ℃时迅速升华。无水咖啡因的熔点为 238 ℃。

为了提取茶叶中咖啡因，通常利用恰当的溶剂(如氯仿、乙醇、苯等)在脂肪提取器中连续抽提，然后蒸去溶剂，即得粗咖啡因。粗咖啡因还含有其他一些生物碱和杂质，利用升华可以进一步提纯。

三、仪器和试剂

仪器：圆底烧瓶(250 mL)，球形冷凝管，酒精灯，量筒(100 mL)，索式提取器，漏斗，蒸发皿，水浴锅，表面皿，接液管，石棉网，温度计，滤纸，滤纸套筒，脱脂棉，沸石。

试剂：茶叶，生石灰，95%乙醇。

四、实验内容

称取 10 g 茶叶末，用滤纸将茶叶包卷成筒状，注意勿使茶叶从滤纸缝中漏出。将滤纸筒装入索式提取器(图 6－1)中[1]，在 250 mL圆底烧瓶中加入 120 mL 95%乙醇和几粒沸石，用水浴加热，连续提取 2～3 h，直到溢流液颜色很淡或无色时，待冷凝液刚刚虹吸下去时，立即停止加热。稍冷后，改成蒸馏装置，水浴加热回收提取液中的大部分乙醇(约 100 mL)[2]。趁热将瓶中的残液倾入蒸发皿中，拌入3 g左右研细的生石灰粉[3]，使成糊状，在蒸气浴上蒸干，再用灯焰隔石棉网焙炒片刻，使水分全部除去[4]。冷却后，擦去沾在边上的粉末，以免在升华时污染产物。

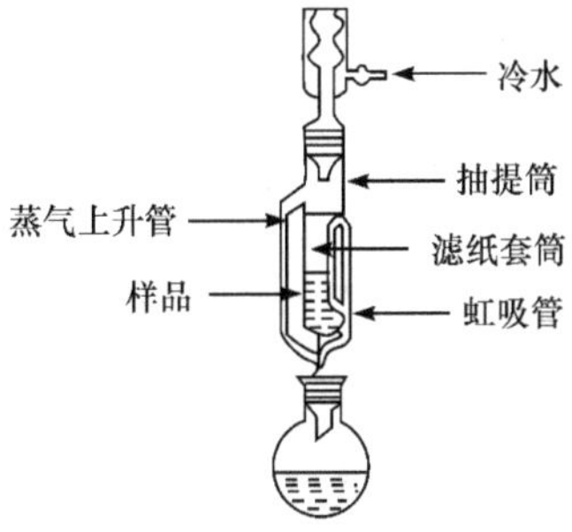

图 6－1　索式提取器

取一个口径合适的玻璃漏斗，罩在隔以刺有许多小孔滤纸的蒸发皿上，漏斗颈部塞一小团脱脂棉[5]，在石棉网上小心加热蒸发皿，逐渐升高温度[6]，当观察到滤纸上出现许多白色针状晶体时，暂停加热，使其自然冷却至 100 ℃左右。小心取下漏斗，揭开滤纸，用刮刀仔细地将纸上及漏斗内壁上的咖啡因刮下。再将蒸发皿中的残渣加以搅拌，重新放好滤纸和漏斗，用较大的火焰再加热升华一次，使升华完全。此次火也不能太大，否则蒸发皿内会大量冒烟，产品既受污染又遭损失。合并两次收集的咖啡因，称量并计算茶叶中咖啡因的含量，并测定熔点。

注释：

[1] 滤纸套大小既要紧贴器壁，又能方便取放，其高度不得超过虹吸管，滤纸包茶叶末时要严谨，防止漏出堵塞虹吸管，纸套上面折成凹形，以保证回流液均匀浸润被萃取物。

[2] 瓶中乙醇不可蒸得太干，否则残液很黏，转移时损失较大。

[3] 生石灰起吸水和中和作用，以除去丹宁酸等酸性杂质。

[4] 若水分未除尽，升华开始时会产生烟雾，污染器皿。

[5] 蒸发皿上盖一刺有小孔的滤纸是为了避免已升华的咖啡因落入蒸发皿中，纸上的小孔使蒸气通过。漏斗颈塞脱脂棉是为了防止咖啡因蒸气逸出。

[6] 在萃取回流充分的情况下，升华操作的正确与否是实验成败的关键。在升华过程中必须严格控制加热温度，温度太高将导致被烘物和滤纸炭化，一些有色物质也会被带出来，导致产品不纯。

五、思考题

(1) 提取咖啡因时，加入生石灰的作用是什么？

(2) 进行升华操作时应注意哪些问题?

(3) 升华提纯咖啡因时,升华温度应控制在什么范围内?

(4) 咖啡因为什么可以用升华法分离提纯?除了升华法,还可以用什么方法提纯?

实验七十　石油产品的酸值测定和闪点测定

一、实验目的

(1) 了解石油产品酸值的定义,掌握酸值的测定方法及原理。

(2) 掌握润滑油的开口杯法闪点的测定方法。

二、实验原理

1. 石油产品酸值的测定

工业上,中和 1 g 石油产品所需 KOH 的质量(mg)称为该石油产品的酸值。其测定方法如下:用沸腾乙醇提取石油产品中酸性成分,然后用 KOH 乙醇溶液进行滴定。酸值的计算公式为

$$X=\frac{V \cdot c \cdot M(\mathrm{KOH})}{m}$$

式中,X 为酸值($\mathrm{mg \cdot g^{-1}}$);V 为滴定中所消耗 KOH 乙醇溶液的体积(mL);c 为 KOH 乙醇溶液的浓度($\mathrm{mol \cdot L^{-1}}$);$m$ 为样品油的质量(g);M 为 KOH 的摩尔质量,$M(\mathrm{KOH})=56.11\ \mathrm{g \cdot mol^{-1}}$。

2. 开口杯法闪点的测定

在本标准的规定条件下加热到它的蒸气与火焰接触发生闪火时的最低温度称为开口杯法闪点。其测定方法如下:加热开口杯(常用坩埚)中样品油。在离预期闪点前 10 ℃时,用明火距油表面 10～14 mm 处作直线移动(沿外坩埚内径从一边到另一边时间为 2～3 s),且油温每升高 2 ℃做重复点火实验。至液面上方出现蓝色火焰时,该温度即为样品油的闪点。

三、仪器和试剂

仪器:半自动电光天平,锥形瓶,球形冷凝管,滴定管(25 mL,碱式),开口闪点测定器(坩埚 2 个、铁圈、铁夹子、铁架台),温度计(0～250 ℃),电炉或煤气炉,长颈玻璃漏斗,点火棒,防风屏。

试剂:KOH($0.5\ \mathrm{mol \cdot L^{-1}}$),乙醇(95%),碱性蓝 6B(酸碱指示剂),无铅汽油,经煅烧的细砂,样品油,无水 Na_2SO_4。

四、实验内容

1. 石油产品酸值的测定

(1) 用两个洁净、干燥的锥形瓶，分别用减量法在电光天平上称取 3～10 g 样品油(准确至 0.01 g)。

(2) 在另一个清洁干燥的锥形瓶中加入 100 mL 乙醇，装上回流冷凝管等，在不断摇动下，将乙醇煮沸 5 min，除去溶于乙醇中的 CO_2 等酸性物质。

在煮沸过的乙醇中加入 0.5 mL(约 10 滴)碱性蓝 6B 溶液，趁热用 KOH 乙醇溶液滴定至溶液由蓝色变成浅红色。

(3) 将中和过的乙醇分别以约 50 mL 注入装有样品油的两个锥形瓶中。

(4) 将一个装有试油和乙醇的锥形瓶与回流冷凝管组成回流加热装置(图 6－2)，在不断摇动下，回流 5 min，在煮过的混合液中，加入 5 滴碱性蓝 6B，趁热用 0.05 mol·L^{-1} KOH 乙醇溶液滴定，直至乙醇层蓝色变为浅红色为止。另一份样品油做平行实验。值得注意的是，在每一次滴定过程中，从锥形瓶停止加热到滴定终止所终过的时间不应超过 3 min。将两次滴定数据记录在自己设计的数据记录表格中。

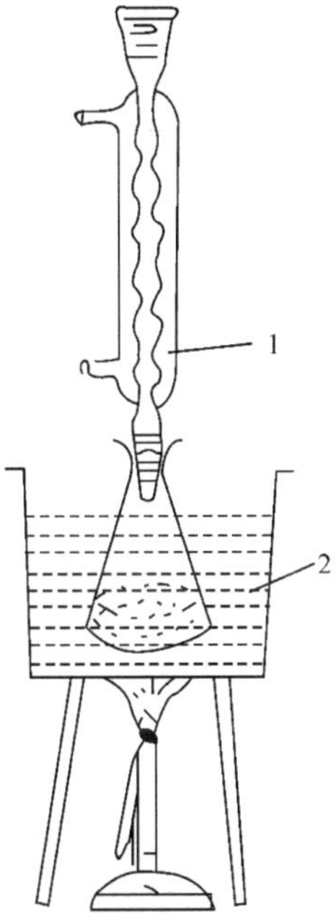

图 6－2　回流加热装置
1-回流冷凝管；2-水浴

2. 润滑油的开口杯法闪点的测定

1) 准备工作

(1) 试油中水分＞0.1%时，必须脱水。在试油中加入新煅烧并冷却的无水 Na_2SO_4 脱水后，取上层澄清部分供实验用。

(2) 内坩埚用无铅汽油洗涤后，放在电炉(或煤气炉)上加热。待内坩埚冷却至 15～20 ℃时放入装有细砂(经煅烧过)的外坩埚中，使细砂表层距离内坩埚的口部边缘约 12 mm，并使内坩埚底部与外坩埚底部之间形成 5～8 mm的砂层。对闪点在 300 ℃以上的样品油进行测定时，两个坩埚底部之间的砂层厚度可允许酌量减薄，但在实验时加热升温速度有一定要求(见实验原理)。

(3) 样品油流入内坩埚时，对闪点在 210 ℃以下的样品油，液面装到距坩埚口部边缘 12 mm 处；对闪点在 210 ℃以上的样品油，液面装到距坩埚口部边缘 18 mm 处。

样品油注入内坩埚时，不应溅出，而且液面以上的坩埚壁不应沾有样品油(应用长颈漏斗加入样品油，可达上述要求）。

(4) 将装好的坩埚平稳地放置在铁架的铁环中，这套测定装置应放在避风较暗处，使闪点现象能看得更清楚。

(5) 将温度计垂直地固定在内坩埚的试油中央并与坩埚底和样品油液面成为大约相等的距离，装好的测定装置要用防风屏围住。

2) 闪点实验的步骤

(1) 用电炉加热外坩埚，使样品油在开始加热后能迅速达到(10±2) ℃ · min^{-1}的升温速度。样品油温度达到预期闪点前 40 ℃时，升温速度控制为(4±1) ℃ · min^{-1}。

(2) 样品油温度达到预期闪点前 10 ℃之前，将点火棒点燃，把火焰放到距试油表面 10～14 mm 处，并沿着该处水平面的坩埚内径作直线移动；从坩埚一边移向另一边时间为 2～3 s；试油温度每升高 2 ℃应重复一次点火实验。

(3) 样品油的液面上方最初出现蓝色火焰时，立即从温度计上读出温度作为闪点的测定结果。

五、思考题

(1) 什么是石油产品酸值？

(2) 为什么要用 KOH 的乙醇溶液作为滴定剂？

(3) 闪点测定中需注意哪些问题？温度计应如何放置？

实验七十一　材料表面的电化学处理

一、实验目的

(1) 了解材料表面电化学处理的一般原理和方法。

(2) 学习铝的阳极氧化的原理和方法。

(3) 学习塑料电镀的原理和方法。

二、实验原理

材料表面的电化学处理具有防止金属腐蚀、耐磨和装饰的作用，在工业生产中具有广泛的应用。

电解是电化学的重要方法。电解时，阳极放电，发生氧化反应，析出电势小的还原态物质被氧化；阴极放电，发生还原反应，析出电势大的氧化态物质被还原。

在电解池中，以石墨为阴极，铝片为阳极，稀 H_2SO_4 为电解液，进行电解，两极反应如下：

阴极：　$$2H^+ + 2e^- \longrightarrow H_2\uparrow$$

阳极：
$$Al-3e^-=\!=\!=Al^{3+}$$
$$Al^{3+}+3H_2O=\!=\!=Al(OH)_3+3H^+$$
$$2Al(OH)_3=\!=\!=Al_2O_3+3H_2O$$

于是在铝片表面上生成了一定厚度的氧化膜，称为铝的阳极氧化。

与此同时，生成的氧化膜溶于稀硫酸，反应方程式为

$$Al_2O_3+3H_2SO_4=\!=\!=Al_2(SO_4)_3+3H_2O$$

为了形成致密的氧化膜，必须控制电解条件，使氧化膜生成速率大于其溶解的速率。

铝片表面形成的致密氧化膜增强了其抗腐蚀能力。

电镀是利用电解装置把金属覆盖至材料表面的一种工艺，塑料是非导体，不导电，因此在电镀前需通过化学处理的方法，在塑料表面覆盖一层导电的金属膜，即预先进行化学镀。化学镀是利用氧化还原反应，使溶液中的金属离子还原成金属而沉积在被镀材料表面。以化学镀铜为例，在硫酸铜溶液中加入甲醛（还原剂）、酒石酸钾钠（配合剂）、氢氧化钠（碱性介质）等，配成化学镀铜液，以银微粒为催化剂，放入塑料，即可发生下列反应：

$$HCHO(aq)+OH^-(aq)\xlongequal{Ag}H_2(g)+HCOO^-(aq)$$
$$Cu^{2+}(aq)+H_2(g)+2OH^-(aq)=\!=\!=Cu(s)+2H_2O(l)$$
$$HCHO(aq)+OH^-(aq)\xlongequal{Cu}H_2(g)+HCOO^-(aq)$$

塑料表面经化学镀后，形成了一层导电膜，即可进行电镀。

在进行电解或电镀前，一般都要对材料表面进行除油、除尘、磨光、清洗等前处理。

三、仪器和试剂

仪器：硅整流器（GCA-6A24 V），烧杯，量筒（50 mL、100 mL），温度计，直尺，电极（石墨棒或铜棒），电炉，钳子，镊子，鳄鱼夹，导线，铝丝，铝片，pH 试纸，ABS 塑料零件。

试剂：HNO_3（2 mol · L^{-1}），NaOH（3 mol · L^{-1}），H_2SO_4（20%）。

去油液：NaOH 35～40 g · L^{-1}，Na_2CO_3 20～30 g · L^{-1}，$Na_3PO_4 \cdot 12H_2O$ 20～30 g · L^{-1}，Na_2SiO_3 3～5 g · L^{-1}。

粗化液：CrO_3 400 g · L^{-1}，浓 H_2SO_4 350 g · L^{-1}，加水稀释至 1 L。

敏化液：$SnCl_2 \cdot 2H_2O$ 10～20 g · L^{-1}，浓 HCl 12 mol · L^{-1}，锡粒若干。

活化液：$AgNO_3$ 1.3～3 g · L^{-1}，NH_3(aq) 6 mol · L^{-1}，滴加至沉淀溶解。

化学镀铜液组成如下：

组　成	A溶液	B溶液
$CuSO_4 \cdot 5H_2O$	$6\ g \cdot L^{-1}$	—
酒石酸钾钠	—	$24\ g \cdot L^{-1}$
HCHO(37%)	$10\ mol \cdot L^{-1}$	—
NaOH	—	$12\ g \cdot L^{-1}$
$NiCl_2 \cdot 6\ H_2O$	$2\ g \cdot L^{-1}$	—

镀铜液：$CuSO_4 \cdot 5\ H_2O$ 180～200 $g \cdot L^{-1}$，浓 H_2SO_4 60～70 $g \cdot L^{-1}$，浓 HCl 0.04～0.6 $g \cdot L^{-1}$。

阳极氧化检验液：浓 HCl 25 mL，$K_2Cr_2O_7$ 3 g，加水 75 mL 混匀。

四、实验内容

1. 铝的阳极氧化

1）前处理

取两个铝片，测量每片的表面积。将铝片用铝丝系好，放入 70 ℃左右 3 $mol \cdot L^{-1}$ NaOH 溶液中浸泡约 2 min，进行碱洗，取出用自来水冲洗。然后放入 2 $mol \cdot L^{-1}$ HNO_3 溶液中浸泡约 1 min，进行酸洗，取出用自来水冲洗。

2）阳极氧化

将两个铝片挂至已通电的阳极棒上，装置如图 6－3 所示。控制条件如下：电流密度 15 $mA \cdot cm^{-2}$；电压 13 V；温度小于 25 ℃；时间15～20 min。电解后，取出铝片用自来水冲洗。

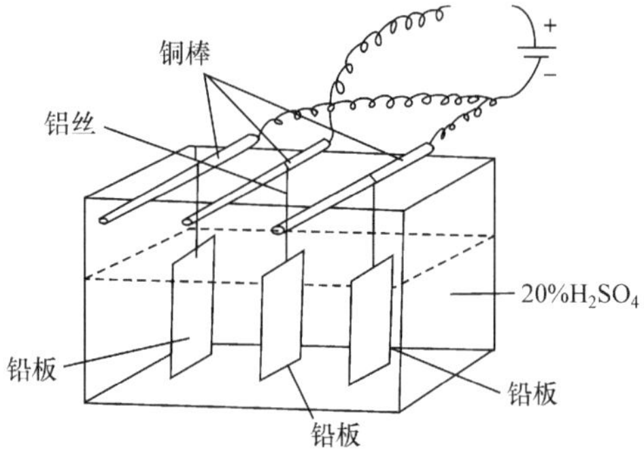

图 6－3　铝的阳极氧化装置

3）耐腐蚀性检验

在未经处理的铝片、经阳极氧化的铝片上，各滴一滴阳极氧化检验液，比较出现绿色的时间。

2. 塑料电镀

1）前处理

先测量 ABS 塑料的表面积。用自来水洗净后，依次进行如下处理：放入约 60 ℃的去油液中 10 min，并不断翻动，去油污，后用水清洗；放入约60 ℃的粗化液中不断翻动，使塑料表面粗糙，以增大表面积，后用水洗净；放入敏化液中约 4 min，可使塑料表面吸附一层具有较强还

原性的 Sn^{2+}，用以还原活化液中的 Ag^{+}，然后用去离子水清洗(不要使其受水流强烈冲击)；放入活化液中 15 min，并翻动，可使塑料表面覆盖一层具有催化作用的 Ag 粒子，它是化学镀的结晶中心，然后用去离子水清洗。

2）化学镀铜

取等体积 A 溶液与 B 溶液混合，配成化学镀铜液。用 NaOH 溶液调节其 pH 为 12，然后将经前处理的 ABS 塑料浸入化学镀銅液中约30 min，并不断翻动。取出后，用水洗净，晾干。

3）电镀

按图 6－4 接好装置。将塑料接在阴极上，通电后再浸入镀铜液中，以防止导电金属膜被侵蚀或损伤。控制条件如下：电流密度 20～40 mA · cm^{-2}；时间 15 min。在电镀时要经常移动阴极，有利于提高镀层质量。电镀后用自来水清洗。

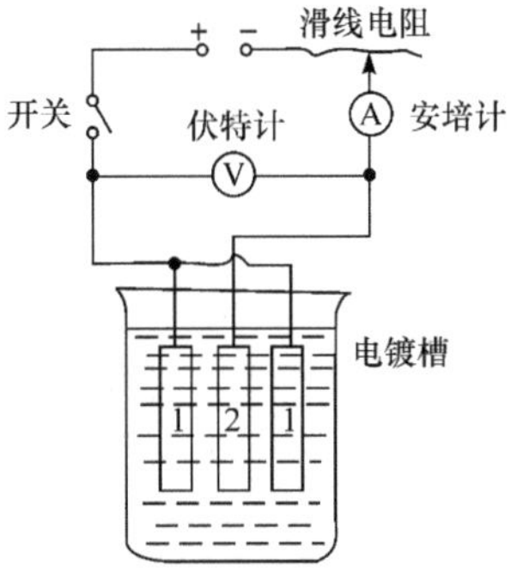

图 6－4　电镀装置示意图

1-阳极材料；2-塑料零件

五、思考题

(1) 影响表面处理质量的主要因素有哪些？

(2) 铝在空气中也能形成 Al_2O_3 膜，为什么还要进行阳极氧化？

(3) 塑料电镀的工序主要有哪几道？其作用是什么？

实验七十二　纳米 TiO_2 的合成与表征

一、实验目的

(1) 掌握纳米材料的定义和特性，了解纳米材料的合成方法和表征手段。

(2) 采用溶胶-凝胶法低温合成纳米 TiO_2。

二、实验原理

纳米材料是应用前景广阔的新型材料，被认为是 21 世纪的新材料。纳米材料包括零维的纳米粉体、一维的纳米晶须、二维的纳米薄膜和三维的纳米晶块状材料。纳米粉体是构成纳米材料的基础，单个粉体微粒尺寸为 1～100 nm，大于原子簇(<1 nm)，小于通常的微粒。直观地说，它的尺寸是红细胞的千分之一，是细菌的几十分之一，和病毒大小相当或略小。由于纳米微粒的尺寸小、比表面积大，出现了独特的小尺寸效应、表面效应、量子效应和宏观量子隧道效应等，这些特性使纳米材料的物理、化学性质也相应发生了巨大的变化，并出现许多“反常现象”。与常规材料相比，纳米材料具有优良的力学性能、特殊的磁性能、高的导电率和扩散

率、高的反应活性和催化性能等特性，在国防、电子、化工、冶金、航空、轻工、医药、生物、核技术等领域中具有重要的应用价值(图 6－5)。

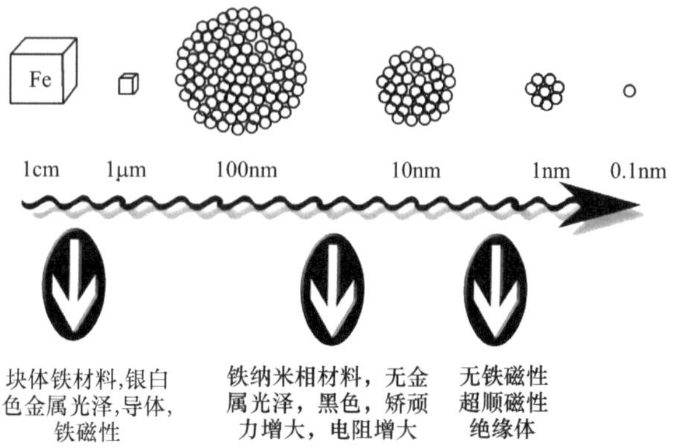

图 6－5　物质的粒度与性质

在纳米半导体材料中，纳米 TiO_2 以其光催化效率高、稳定性好、无毒无害而受到极大关注。不仅如此，纳米 TiO_2 还具有光致超亲水性能，从而使 TiO_2 的用途更加广泛，既可用于降解有机物、杀菌消毒、污水处理、空气净化、太阳能电池、光电转换器和各种传感器等，还可用作防雾材料，如用于汽车后视镜、宾馆或家庭用的镜子、汽车玻璃等。目前，纳米 TiO_2 的研究已成为纳米新材料开发的一个非常活跃的课题，受到各国科学工作者的广泛关注。

目前，制备纳米 TiO_2 的方法有很多，可归纳为气相法和液相法两大类。尽管气相法制备的 TiO_2 纳米粉体纯度高、粒度小、单分散性好，但其制备设备复杂、能耗大、成本高的缺点又严重制约了气相法的应用和发展。相比之下，液相法具有合成温度低、设备简单、易操作、成本低等优点，是目前实验室和工业上广泛采用的制备纳米粉体的方法。合成纳米 TiO_2 的液相方法主要有液相沉淀法、溶胶-凝胶法、醇盐水解(沉淀)法、微乳液法以及水热法等。

溶胶-凝胶法是 20 世纪 80 年代以来新兴的一种制备材料的湿化学方法，这种方法能够通过低温化学手段剪裁和控制材料的显微结构，采用溶胶-凝胶工艺合成纳米粉体，具有反应温度低(通常在常温下进行)、设备简单、工艺可控可调、过程重复性好等特点，因此在材料合成领域具有极大的应用价值，引起了广泛的研究和关注。

纳米 TiO_2 粉的溶胶-凝胶法合成一般以钛醇盐 $Ti(OR)_4$ ($R=—C_2H_5$、$—C_3H_7$、$—C_4H_9$)为原料，其主要步骤是：钛醇盐溶于溶剂中形成均相溶液，以保证钛醇盐的水解反应在分子均匀的水平上进行，由于钛醇盐在水中的溶解度不大，一般选用醇(乙醇、丙醇、丁醇等)作为溶剂；钛醇盐与水发生水解反应，同时发生失水和失醇缩聚反应，生成物聚集成 1 nm 左右的粒子并形成溶胶；经陈化，溶胶形成三维网状而形成凝胶；干燥凝胶以除去残余水分、有机基团和有机溶剂，得到干凝胶；干凝胶研磨后煅烧，除去化学吸附的羟基和烷基团以及物理吸附的有机溶剂和水，得到纳米 TiO_2 粉体。由于钛酸丁酯的活性高，其水解、缩聚反应速率极快，若反应控制不好，易很快产生沉淀，故需加抑制剂减缓其水解速度。常用的抑制剂有盐酸、氨水、硝酸等，从而形成均匀、稳定的溶胶。但一般的溶胶-凝胶法低温合成的 TiO_2 干凝胶为非晶态，需高温热处理才能得到锐钛矿型(anatase)和金红石型(rutile)晶体，有关反应方程式如下：

$$Ti(OC_4H_9)_4 + 2H_2O \rightleftharpoons TiO_2 + 4C_4H_9OH$$

透射电子显微镜可用来观察纳米粒子尺寸、形态和分布，从而得到粒子的平均直径或粒径分布。该方法是一种颗粒度观察测定的绝对方法，具有可靠性和直观性，同时透射电子显微镜也具有很高的分辨率(可达 0.17 nm)。

X 射线衍射(XRD)是测量颗粒晶粒度的最好方法，利用 X 射线衍射还可以分析纳米 TiO_2 的晶形和粒径。X 射线衍射计算纳米粒子的粒径可由谢勒公式求出：

$$D_{hkl} = \frac{K\lambda}{\beta_{hkl}\cos\theta}$$

式中，D_{hkl} 为晶粒大小；λ 为波长；θ 为衍射角；β_{hkl} 为半峰宽；K 常取 0.94。根据 PDF 卡片，查出主要峰对应的 h、k、l 值，并利用谢勒公式求出纳米 TiO_2(101)晶面对应的粒径。

三、仪器和试剂

仪器：马弗炉，恒温槽，磁力搅拌器，圆底烧瓶(250 mL)，量筒(100 mL)，恒压滴液漏斗，透射电镜，X 射线衍射仪。

试剂：钛酸丁酯，去离子水，无水乙醇，浓硝酸。

四、实验内容

将 25 mL 钛酸四丁酯用 25 mL 无水乙醇稀释后，倒入恒压滴液漏斗中，然后缓慢滴加到 250 mL 圆底烧瓶由 100 mL 去离子水、25 mL 无水乙醇和 4 mL 70% 的浓硝酸配制的溶液中，滴加完后在 80 ℃的恒温槽中磁力搅拌下反应 3～5 h，最后蒸发掉大部分有机物和部分水，直至形成透明的钛溶胶。

将钛溶胶自然干燥，所得干凝胶研磨后在马弗炉中 500 ℃煅烧 3 h，得到锐钛矿相纳米 TiO_2。用透射电镜观察纳米 TiO_2 颗粒的大小，用 X 射线衍射分析纳米 TiO_2 的晶形和粒径。

五、思考题

(1) 怎样抑制钛酸丁酯的水解速率以得到透明的钛溶胶?

(2) 影响钛酸丁酯水解缩合反应的因素有哪些?

(3) 怎样从 XRD 谱图计算纳米 TiO_2 的粒径?

(4) 将透射电镜和 X 射线衍射计算得到的纳米 TiO_2 粒径比较,并分析产生差异的原因。

实验七十三　TiO_2 光催化降解 2,4,6-三硝基甲苯

一、实验目的

(1) 了解光催化剂的氧化原理。

(2) 掌握溶胶-凝胶法制 TiO_2 的基本合成方法。

(3) 掌握紫外-可见分光光度计的基本原理和操作方法。

二、实验原理

光催化法是 20 世纪 70 年代发展起来的新型处理技术,它是以某些半导体为催化剂,利用光催化降解环境污染物。该技术工艺简单,成本较低,可以在常温常压下使大多数不能或难于生物降解的有毒有机物氧化分解。在纳米半导体材料中,纳米 TiO_2 以其光催化效率高、稳定性好、无毒无害而受到极大关注,不仅如此,纳米 TiO_2 还具有光致超亲水性能,从而使 TiO_2 的用途更加广泛,既可用于降解有机物、杀菌消毒、污水处理、空气净化、太阳能电池、光电转换器和各种传感器等,还可用作防雾材料,如用于汽车后视镜、宾馆或家庭用的镜子、汽车玻璃等。目前,纳米 TiO_2 的研究已成为纳米新材料开发的一个非常活跃的课题,受到各国科学工作者的广泛关注。

TiO_2 根据其晶体结构可分为三种:锐钛矿型、金红石型和无定形 TiO_2。目前研究认为锐钛矿型结构的 TiO_2 具有广阔的光催化应用前景。锐钛矿型的禁带宽度(也称带隙,E_g)为 3.2E_v,相当于波长为 387.5 nm 的光子的能量。当 TiO_2 受到波长小于等于 387.5 nm 的光子能量时,价带(valence band,VB)中的电子就会被激发到导带(conduction band,CB),形成高活性电子 e^-,同时在价带上产生相应的空穴 h^+,并在电场作用下分离并迁移到粒子表面:

$$TiO_2 + h\nu \longrightarrow TiO_2(e^-, h^+) \tag{1}$$

光生空穴具有很强的得电子能力,可夺取半导体颗粒表面的有机物或体系中的电子,使原本不吸收光的物质被活化而氧化;而导带上的光生电子又具有强还原性,即光生空穴和光生电子起氧化剂和还原剂的作用,空穴与表面吸附的 H_2O 和

OH^- 反应生成羟基自由基(HO·)：

$$H^+ + H_2O \longrightarrow HO\cdot + H^+ \quad (2)$$

$$h^+ + OH^- \longrightarrow HO\cdot \quad (3)$$

羟基自由基反应能 1686.4 kJ·mol^{-1}，远远高于有机化合物中各类化学键能，如 C—C(347.3 kJ·mol^{-1})、C—H(414.2 kJ·mol^{-1})、C—N(305.4 kJ·mol^{-1})、C—O(359.8 kJ·mol^{-1})、H—O(464.4 kJ·mol^{-1})、N—H(389.1 kJ·mol^{-1})，因此可将各种有机物分解为无害的 CO_2 和 H_2O。电子与 TiO_2 表面的氧反应，生成超氧离子(O_2^-)，超氧离子是强还原剂，能使有机物分解。超氧离子与水反应，生成过羟基(OOH·)和双氧水(H_2O_2)：

$$e^- + O_2 \longrightarrow O_2^- \quad (4)$$

$$O_2^- + H_2O \longrightarrow OOH\cdot + OH^- \quad (5)$$

$$OOH\cdot + OOH\cdot \longrightarrow H_2O_2 + O_2 \quad (6)$$

$$H_2O_2 + O_2^- \longrightarrow OH\cdot + OH^- + O_2 \quad (7)$$

2,4,6-三硝基甲苯(TNT)为致毒、致癌物质，人类若吸入 TNT，轻者会引起肝脏病(中毒性肝炎)、再生障碍性贫血及白内障，重者可导致死亡；当水中 TNT 含量达 1 mg·L^{-1}时，鱼类就会死亡；若 TNT 浸入土壤，会与土壤中的几种主要化合物相互作用，使土壤中有机物的浓度增高，对环境造成深远危害。研究表明，使用 TiO_2 光催化降解 TNT，处理过的废水能达到国家一级排放标准(<0.5 mg·L^{-1})。

三、仪器和试剂

仪器：紫外-可见分光光度计，电热恒温水浴箱，真空干燥器，马弗炉，磁力搅拌器，10 W 紫外灯，光催化反应仪，电子天平，精密 pH 试纸，烧杯等。

试剂：钛酸丁酯(TEOT，A. R.)，无水乙醇(A. R.)，盐酸[20%(体积分数)，A. R.]，聚乙二醇(PEG2000)，TNT(80 mg·L^{-1})，实验用去离子水。

四、实验内容

安全预防：乙醇易燃，避免明火；盐酸具有腐蚀性，避免直接接触；TNT 有毒，避免直接接触；TNT 能发生爆炸反应，注意防护。

(1) TiO_2 的制备。

室温下，将 10 mL 钛酸丁酯缓慢滴入搅拌 10 mL 无水乙醇中，形成 A 液。继续搅拌 10 min 后，将 1.6 mL 去离子水加入 10 mL 无水乙醇中，形成滴加液，并逐滴加入 A 液中，同时用稀盐酸调节溶液的 pH，然后加入适量聚乙二醇，搅拌直至形成透明的溶胶。70 ℃恒温水浴 3 h，然后在 100 ℃下真空干燥。形成凝胶后，放于马弗炉中 450 ℃温度下煅烧 4 h，除去有机模板，即可得到疏松多孔的纳米 TiO_2 微粒团聚体。制备流程如图 6－6 所示。

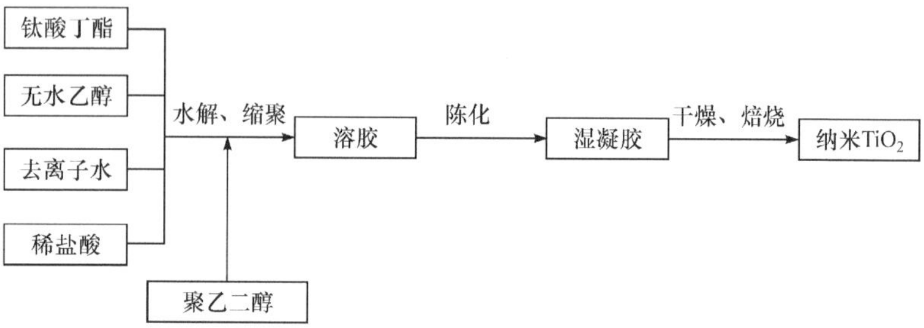

图 6-6　溶胶-凝胶法制备 TiO_2 的工艺流程

(2) TNT 的光催化降解。

TNT 的降解在光催化反应仪中进行。实验中待处理 TNT 废水样是以纯品 TNT 与蒸馏水配制而成,浓度为 80 mg · L^{-1}。将上述所得 TiO_2 微粒研磨后以悬浮态对此水样进行处理,用量为 0.5 g,TNT 水溶液为 100 mL;光源为两盏 10 W 紫外灯,距离反应液面约 10 cm,反应前将悬浮体系搅拌 10 min。以单纯紫外光作用 TNT 作为参比。每 30 min 取水样一次,取得的水样用分光光度法测定 TNT 浓度,并分别计算单纯紫外光和 TiO_2 作用下 TNT 的降解率。

五、思考题

(1) TNT 废水的危害有哪些?

(2) 在制备 TiO_2 时,加入适量聚乙二醇的作用是什么?

(3) 光催化降解的原理是什么?

实验七十四　无机抗菌材料的制备

一、实验目的

(1) 了解无机抗菌材料的制备方法。

(2) 了解纳米 SiO_2 的吸附性能。

(3) 进一步熟悉 Ag^+ 的定量分析方法。

(4) 掌握吸附曲线的绘制方法。

二、实验原理

无机抗菌材料是由各种无机材料负载有色金属(如锌、钛、银)的离子或氧化物。SiO_2-Ag^+ 复合材料作为无机抗菌材料,化学稳定性、热稳定性好,成型加工方便。担载体纳米 SiO_2 负载 Ag^+ 的能力受原始溶液 Ag^+ 浓度、吸附时间、吸附温度等多种因素的影响。

活性硅酸钠(水玻璃)在乙醇与水的混合溶液中，当加入 NH_4Cl 溶液时，系统的碱度降低，从而诱发硅酸根的聚合反应，硅酸钠的—ONa 转化成—OH，是一种高比表面积的微粒，在它的表面吸附有大量的水，如果失水，这种硅-氧结合就会迅速发生，形成 Si—O—结构，迅速增长成粗大的颗粒，极性分子乙醇的存在起到了隔离的作用，形成硅-氧连接，从而制得小颗粒的 SiO_2。

负载能力 S 定义为 100 g SiO_2 负载银的克数。在 $AgNO_3$ 原始浓度较低时，负载能力随其浓度升高而增大，其后负载银能力逐渐趋于饱和。纳米 SiO_2 对 Ag^+ 具有较强的吸附性，在吸附初期有较快的吸附速度，随着吸附时间延长，吸附速度缓慢降低。这是因为随着吸附的进行，固体界面离子浓度与液相本体离子浓度差减小，对流、扩散与吸附推动力减小。

SiO_2 在 $AgNO_3$ 稀溶液中对 Ag^+ 的吸附主要表现为物理吸附，但由于纳米 SiO_2 表面有活性≡Si—OH，Ag^+ 与羟基上的质子发生离子交换而进行化学吸附。当温度较低时，随着温度升高，建立吸附平衡的时间缩短较快，吸附速度随着温度的增加而加快。

本实验以纳米 SiO_2 为担载体，研究 Ag^+ 浓度、吸附时间及吸附温度对其负载银能力的影响。

三、仪器和试剂

仪器：容量瓶，烧杯(400 mL)，水浴锅，烘箱，电子天平，搅拌器，纳米粒度及比表面积分析仪。

试剂：硅酸钠，$AgNO_3$，乙醇，二(2-乙基)丁二酸磺酸钠(AOT)，NH_4Cl。

四、实验内容

(1) 将 100 mL 去离子水与无水乙醇以 1∶1(体积比)混合，称取 100 g 硅酸钠溶于其中，加入 0.1 g 分散剂，盛于三口瓶中，再称取 18 g 氯化铵溶于 50 mL 水中；将盛有硅酸钠溶液的三口瓶置于恒温水浴中，调节至 40 ℃，搅拌状态下加入 NH_4Cl 溶液，即现乳白色浑浊，洗涤，抽滤，100 ℃烘干，最后置于马弗炉中，450 ℃焙烧 1 h，得到白色轻质的 SiO_2 粉末。测试其粒度及其分布与比表面积。

(2) $AgNO_3$ 溶液的配制。

准确称取 $AgNO_3$，配制成 Ag^+ 浓度分别为 200 mg · L^{-1}、400 mg · L^{-1}、600 mg · L^{-1}、800 mg · L^{-1}、1000 mg · L^{-1}、1200 mg · L^{-1}的 $AgNO_3$ 溶液。

(3) $AgNO_3$ 原始浓度对负载能力的影响。

分别取 2.5 g 纳米 SiO_2 加入 250 mL 上述各溶液中，在 30 ℃缓慢搅拌 2 h 后，过滤，分析滤液中 Ag^+ 浓度，考察 SiO_2 吸附能力与 $AgNO_3$ 溶液原始浓度的关系。

(4) 吸附时间对负载能力的影响。

分别取 2.5 g 纳米 SiO_2 加入 250 mL 1000 mg·L^{-1} $AgNO_3$ 溶液中，在 40 ℃分别吸附1 h、1.5 h、2 h、2.5 h、3 h，考察 SiO_2 吸附量与吸附时间的关系。

(5) 吸附温度对负载能力的影响。

分别取 2.5 g 纳米 SiO_2 加入 250 mL 1000 mg·L^{-1} $AgNO_3$ 溶液中，分别在 20 ℃、30 ℃、40 ℃、50 ℃、60 ℃各吸附 2 h，考察 SiO_2 吸附量与吸附温度的关系。

五、结果处理

在同一坐标系中绘制 SiO_2 吸附量与吸附时间的关系曲线、SiO_2 吸附量与吸附温度的关系曲线、SiO_2 吸附能力与 $AgNO_3$ 溶液原始浓度的关系曲线。

六、思考题

(1) 为什么吸附温度升高到一定程度后，纳米 SiO_2 吸附速度增加的程度反而降低？

(2) 本实验用什么方法测定 SiO_2 吸附量？

(3) SiO_2 的粒度、比表面积与其对 Ag^+ 的吸附能力有何关系？

实验七十五　三乙二酸根合铁(Ⅲ)酸钾的制备及其组成的测定

一、实验目的

(1) 制备三乙二酸根合铁(Ⅲ)酸钾，加深对三价铁和二价铁化合物性质的了解。

(2) 学习确定化合物组成的基本原理和方法。

二、实验原理

三乙二酸根合铁(Ⅲ)酸钾 $K_3[Fe(C_2O_4)_3]\cdot 3H_2O$ 是一种绿色的单斜晶体，溶于水而不溶于乙醇，可用两种方法合成。

(1) 在乙二酸钾和乙二酸存在时，乙二酸亚铁与过氧化氢反应生成三乙二酸根合铁(Ⅲ)酸钾：

$$2FeC_2O_4 + H_2O_2 + 3K_2C_2O_4 + H_2C_2O_4 = 2K_3[Fe(C_2O_4)_3] + 2H_2O$$

(2) 三氯化铁与乙二酸钾直接反应合成三乙二酸根合铁(Ⅲ)酸钾：

$$FeCl_3 + 3K_2C_2O_4 = K_3[Fe(C_2O_4)_3] + 3KCl$$

第(1)种合成方法麻烦，但常温下可以析出产品晶体；第(2)种合成方法简单，但需要在 273 K 才能析出产品晶体，这要根据各自的实验条件而定。本实验采用第(2)种方法。要确定所得配合物的组成，必须综合应用各种方法。化学分析可以确定各种组分的含量，从而确定分子式。

配合物中的金属离子一般可通过容量滴定、比色分析或原子吸收光谱确定其含量。本实验中三乙二酸根合铁(Ⅲ)酸钾配合物中的铁含量可采用磺基水杨酸比色法测定，或用过量锌粉将其还原为 Fe^{2+}，然后用高锰酸钾标准溶液滴定 Fe^{2+} 计算其含量。钾含量可以用原子吸收光谱测定，也可用离子选择性电极测定。三乙二酸根合铁(Ⅲ)酸钾中所含有的结晶水和乙二酸根可通过红外光谱作定性鉴定，并用热重分析法定量测定结晶水和乙二酸根的含量，还可用标准高锰酸钾溶液测定 $C_2O_4^{2-}$ 的含量，用重量分析法测定结晶水。配离子电荷的测定可进一步确定配合物组成及其在溶液中的状态。

三、仪器和试剂

仪器：锥形瓶，干燥器，布氏漏斗，吸滤瓶，水循环真空泵，烘箱，滴定管，称量瓶。

试剂：乙二酸钾($K_2C_2O_4 \cdot H_2O$)，三氯化铁($FeCl_3$)，硫酸(2 $mol \cdot L^{-1}$)，$KMnO_4$标准溶液(0.02 $mol \cdot L^{-1}$)，锌粉。

四、实验内容

(1) 三乙二酸根合铁(Ⅲ)酸钾的制备。

称取 12 g 乙二酸钾放入 100 mL 烧杯中，注入 20 mL 蒸馏水并加热，使乙二酸钾全部溶解。在溶液近沸腾时边搅动边注入 8 mL 三氯化铁溶液(0.4 $g \cdot mL^{-1}$)，保持接近沸腾的温度，直至体系变成绿色透明溶液，将此溶液在冰水中冷却即有绿色晶体析出，用布氏漏斗过滤得粗产品。

将粗产品溶解在约 20 mL 热水中，趁热过滤，将滤液在冰水中冷却，待结晶完全后再过滤，用少量冰水洗涤晶体产物，并在空气中干燥，称量，计算产率。

(2) 结晶水的测定。

准确称取 0.5～0.6 g 配合物粉末两份，分别放入两个已恒量的称量瓶中，置于烘箱中，在 383 K 下干燥 1 h，再在保干器中冷却至室温，称量，重复干燥、冷却、称量等操作，直到恒量，用分析天平测定两份产物的质量，由此可算得每克无水盐所对应的结晶水的物质的量。

(3) 乙二酸根含量的测定。

将合成的配合物粉末在 383 K 下干燥 2 h，得到无水盐，干燥器中冷至室温。准确称取 0.20～0.22 g 干燥的无水盐样品三份，分别放入三个 250 mL 锥形瓶中，加入 50 mL 蒸馏水和 15 mL 2 $mol \cdot L^{-1}$ 稀硫酸，用 0.02 $mol \cdot L^{-1}$ $KMnO_4$ 标准溶液滴定至终点，计量可得到每克无水盐所含乙二酸根的物质的量 $n(C_2O_4^{2-})$，反应方程式如下：

$$2MnO_4^- + 5C_2O_4^{2-} + 16H^+ \!=\!=\!= 2Mn^{2+} + 10CO_2 + 8H_2O$$

滴定完的三份溶液保留待用。

(4) 配合物中铁含量的测定。

在乙二酸根含量测定步骤中保留的溶液中加入还原性锌粉，直到黄色消失。加热溶液 3 min 以上，使 Fe^{3+} 还原为 Fe^{2+}，过滤除去多余的锌粉，洗涤锌粉，使 Fe^{2+} 定量地转移到滤液中。滤液放入另一锥形瓶中，用 0.02 mol · L^{-1} $KMnO_4$ 标准溶液滴定至终点，由消耗 MnO_4^- 的量计算出 Fe^{2+} 的量，推算出 Fe^{3+} 的物质的量 $n(Fe^{3+})$，反应方程式如下：

$$MnO_4^- + 5Fe^{2+} + 8H^+ \!=\!=\!= Mn^{2+} + 5Fe^{3+} + 4H_2O$$

根据以上实验结果，推断出三乙二酸根合铁(Ⅲ)酸钾的分子式。

五、思考题

(1) 三乙二酸根合铁(Ⅲ)酸钾见光易分解，应如何保存？

(2) 还有哪些方法可以测定 Fe^{3+}、$C_2O_4^{2-}$ 的含量？

(3) 应根据哪种试剂的用量计算产率？

(4) 如何得到颗粒较大的晶体？

实验七十六　温致变色

一、实验目的

(1) 了解温致变色材料的制备。

(2) 了解温致变色的机理及影响因素。

二、实验原理

有的材料在温度高于或低于某个特定温度区间会发生颜色变化，这种材料称为温致变色(thermochromic)材料。颜色随温度连续变化的现象称为连续温致变色，而只在某一特定温度下发生颜色变化的现象称为不连续温致变色；能够随温度升降反复发生颜色变化的称为可逆温致变色，而随温度变化只能发生一次颜色变化的称为不可逆温致变色。温致变色材料已在工业和高新技术领域得到广泛应用，有些温致变色材料也用于儿童玩具和防伪技术中。

温致变色的机理很复杂，其中无机氧化物的温致变色多与晶体结构的变化有关，无机配合物则与配位结构或水合程度有关，有机分子的异构化也可以引起温致变色。

四氯合铜二乙基铵盐$[(CH_3CH_2)_2NH_2]_2CuCl_4$ 在温度较低时，由于氯离子与二乙基铵离子中氢之间的氢键较强和晶体场稳定化作用，处于扭曲的平面正方形结构。随着温度升高，分子内振动加剧，其结构从扭曲的平面正方形转变为扭曲的正四面体，相应地其颜色由亮绿色转变为黄色。可见配合物结构变化是引起系统颜色变化的重要因素之一。

胆甾型液晶具有螺旋结构，随着温度的变化，螺距会发生变化，因而干涉光的波长随之而变，也引起反射光波长变化，导致温致变色现象。

三、仪器和试剂

仪器：台秤，锥形瓶(50 mL)，烧杯(150 mL)，量筒(10 mL、50 mL)，抽滤泵，抽滤瓶，布氏漏斗，玻璃干燥器，毛细管，温度计，熔点仪(附偏振镜片)，经活化的 3A 分子筛，液晶片，示温儿童水杯或奶瓶，液晶温度计，体温表，冰块。

试剂：盐酸二乙基铵，异丙醇，$CuCl_2 \cdot 2H_2O$，无水乙醇，胆甾醇壬酸酯晶体，凡士林。

四、实验内容

1. 温致变色材料的制备

称取 3.2 g 盐酸二乙基铵溶于装有 15 mL 异丙醇的 50 mL 锥形瓶中；另取一个同样的锥形瓶，称取 1.7 g $CuCl_2 \cdot 2H_2O$ 加 3 mL 无水乙醇，微热使其全部溶解，然后将二者混合，加入 3 粒经活化的 3A 分子筛，以促进晶体的形成。用冰冷却后析出亮绿色针状结晶。迅速抽滤，并用少量异丙醇洗涤沉淀，将产物放入干燥器中保存(此产物吸湿自溶，操作要快！在干燥的冬季做此实验效果极好)。

2. 温致变色现象的观察

(1) 取 1～2 mg 上述样品装入一端封口的毛细管中墩结实，用凡士林把毛细管管口堵住，以防其中样品吸湿。用橡皮筋将此毛细管固定在温度计上，使样品部位靠近温度计下端水银泡。将带有毛细管的温度计一起放入装有约 100 mL 水的 150 mL 烧杯中，缓慢加热，当温度升高至 40～55 ℃时，注意观察变色现象，并记录变色温度。然后从热水中取出温度计，室温下观察随着温度降低样品颜色的变化，并记录变色温度。

(2) 取一液晶片，观察其颜色，并用吹风机热风加热 1～2 min，观察液晶随温度升降反复发生颜色变化的可逆温致变色现象。观察用可逆温致变色材料示温的儿童水杯和奶瓶倒入冷水或热水时的颜色变化。

五、思考题

(1) 制备过程中，加入 3A 分子筛的作用是什么？

(2) 制备四氯合铜二乙基铵盐时要注意什么？

(3) 影响四氯合铜二乙基铵盐温致变色的重要因素是什么？

实验七十七　化学发光材料的合成及应用

一、实验目的

（1）学习化学发光材料鲁米诺的合成。

（2）了解化学发光反应的机理及影响因素。

二、实验原理

光的产生通常与系统在高温时的辐射有关，温度不同，光的颜色也不同。有一类化学反应，可通过分子由基态变为能量较高的激发态或由激发态回到基态而将反应中释放的能量大部分转变为光能，这种现象称为化学发光现象。化学发光与剧烈的化学反应产生的光不同，在这个发光过程中，系统的温度变化不大。夏夜庭院中飞舞的萤火虫所发的光，其本质就属于化学发光现象。化学发光现象已获得广泛的应用，除用作紧急光源、信号光源外，有关的反应已用于灵敏度极高的光化学分析。

3-氨基邻苯二甲酰肼［俗称鲁米诺(luminol)］是一种较强的化学发光物质。它在中性溶液中通常以偶极离子(两性离子)存在；但在碱性溶液中，则变成－2价离子，有氧化剂存在时，可被氧化成一种能产生化学发光现象的中间体，鲁米诺转变为激发态，激发态衰变为基态并发出荧光。其发光反应过程可表示如下：

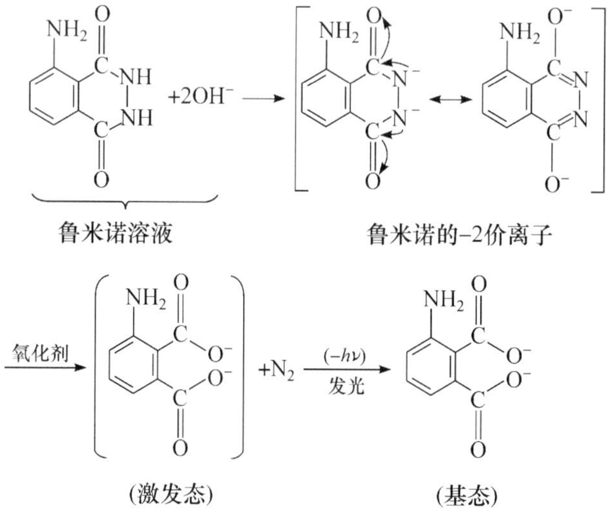

如果在溶液中加入适当的荧光材料，在鲁米诺本身发光之前，若鲁米诺中间体可将能量传递给染料，则可调整发光的颜色，其关系如下所示：

所加荧光材料	—	荧光素	二氯荧光素	若丹明 B	9-氨基吖啶	曙红
呈现的颜色	蓝白	黄绿	黄橙	绿	蓝绿	橙红

鲁米诺是通过邻苯二甲酸酐硝化制得 3-硝基邻苯二甲酸，随后与肼反应生成黄色环状二酰胺，再经连二亚硫酸钠 $Na_2S_2O_4$ 还原得到，其反应过程如下：

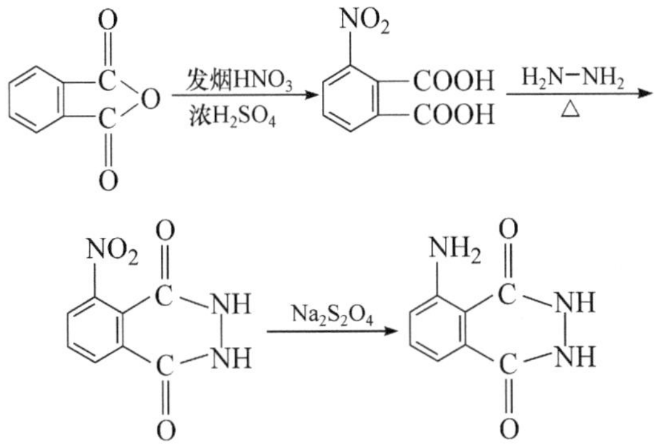

环状二酰胺　　　　鲁米诺

三、仪器和试剂

仪器：试管（10 mL、20 mL），试管夹，酒精灯，烧杯（100 mL），锥形瓶（100 mL），量筒（50 mL），滴管，玻璃棒，台秤，离心机等。

试剂：粒状 NaOH(s)，NaOH(10%、0.1 $mol \cdot L^{-1}$)，二甲亚砜，H_2O_2(10%)，染料，铁氰化钾晶体，$K_3[Fe(CN)_6]$(0.1 $mol \cdot L^{-1}$)，连二亚硫酸钠粉末，冰醋酸，H_2SO_4(浓)。

0.01%过氧化物酶溶液：称取 1 mg 过氧化物酶，加入 10 mL Tris 缓冲液，摇匀，得 0.01%过氧化物酶溶液（为避免失活，请注意现配现用，若有剩余，用后要放在冰箱中 4 ℃保存）。

Tris 缓冲液：称取 12.1 g Tris（三羟甲基氨基甲烷），加水稀释至 1 L，加入 914 mL 0.1 $mol \cdot L^{-1}$ HCl 溶液，混匀，即得 Tris 缓冲液。

四、实验内容

1. 鲁米诺的合成

将 0.3 g 环状二酰胺加入 20 mL 试管中，用 5 mL 10%NaOH 溶解，再加入 2 g连二亚硫酸钠粉末，用玻璃棒充分搅匀。在酒精灯上用微火小心加热至沸腾，并不断摇动（千万不要喷出！），沸腾保温约 15 min，加入 2 mL 冰醋酸，使试管自然冷却至室温，再在冰水中冷却约 10 min。试管内逐渐析出棕黄色鲁米诺固体。离心分离，并用滴管吸走上层清液，所得产物即鲁米诺，产量约 0.3 g。

2. 化学发光实验

1）化学发光

在 100 mL 锥形瓶底部放约 10 颗粒状 NaOH 固体，加入约0.1 g鲁米诺和 8 mL二甲亚砜并剧烈振荡（使空气溶入溶液中），在暗处可以观察到蓝白色光辉。再向锥形瓶中加入 5 mL 10% H_2O_2 后继续振荡，2～3 min 后可以看到发光强度很快增大。

2）化学发光的影响因素

在 100 mL 烧杯中加入 60 mL 水，并加入 8 颗 NaOH 固体、5 mL 10% H_2O_2 和 0.1 g 鲁米诺。沿烧杯壁轻轻撒入少量铁氰化钾晶体，慢慢摇动烧杯，使少量晶体掉入溶液中，观察发光现象，再加入 3 滴染料溶液，观察颜色的变化。

（1）将 3～4 mL 上述溶液倒入一支 10 mL 试管中，逐滴加入 5～10 滴浓 H_2SO_4，观察酸度对化学发光的影响。

（2）在两支 10 mL 试管中分别倒入 3～4 mL 上述溶液，分别放入冰水和50 ℃热水中，对比观察，了解温度对化学发光的影响。

3. 对化学发光反应的催化

在 100 mL 锥形瓶中加入 30 mL 0.1 mol·L^{-1} NaOH 溶液和 0.1 g 鲁米诺，滴加 3 滴 10% H_2O_2 后，即可观察到微弱的发光现象。将此锥形瓶中的溶液平均分入两支 20 mL 试管中，然后在其中一支试管中加入 4 滴 0.1 mol·L^{-1} 铁氰化钾溶液，在另一支试管中加入 4 滴 0.01% 过氧化物酶溶液，均可观察到持续几秒钟的强光发射，比较金属离子与生物酶对化学发光反应的催化效率。

五、思考题

（1）鲁米诺合成同样也是在碱性条件下进行的，为什么此时鲁米诺不发光？

（2）根据实验现象，分析鲁米诺发光的影响因素。

（3）在生物体中，过氧化物酶可催化产生 H_2O_2，试分析用化学发光测定过氧化物酶活性的原理。

实验七十八　B-Z 振荡反应

一、实验目的

（1）了解 B-Z 振荡反应的基本原理和耗散结构产生的必要条件。

（2）掌握化学振荡反应的一般方法，初步认识系统远离平衡态的复杂行为，为进一步研究自然界中普遍存在的非平衡非线性问题奠定基础。

二、实验原理

有一些化学反应中某些组分或中间产物的浓度能够随时间发生有序的周期性变化，称为化学振荡现象，此反应称为化学振荡反应。化学振荡现象直观地展现了自然界普遍存在的非平衡非线性问题，近十多年来，其实验和理论研究成为化学中的新领域。

一个开放系统在达到远离平衡态的非线性区域时，一旦系统的某一参量达到一定阈值后，通过涨落可以使系统发生突变，从无序走向有序，产生化学振荡一类的自组织现象。自组织有序结构称为耗散结构。耗散结构的形成必须具备下列 4 个条件：①开放系统；②远离平衡态；③非线性作用；④涨落作用。最典型的耗散结构是 B-Z 系统的时空有序结构。B-Z 系统是指由溴酸钾氧化丙二酸，在酸性介质中有金属离子催化剂催化下周期性地改变溶液颜色的化学振荡反应。此反应是由原苏联科学家 Belousov 发现，后经 Zhabotionskii 发展，以他们姓的第一个字母而得名 B-Z 振荡反应。B-Z 振荡反应的机理简单归纳如下。

假设含溴酸盐反应系统中有下列 3 个过程：

过程 A：$BrO_3^- + 2Br^- + 3CH_2(COOH)_2 + 3H^+ \rightleftharpoons 3BrCH(COOH)_2 + 3H_2O$

过程 B：$BrO_3^- + 4Ce^{3+} + 5H^+ \rightleftharpoons HOBr + 4Ce^{4+} + 2H_2O$

过程 C：$HOBr + 4Ce^{4+} + BrCH(COOH)_2 + H_2O \rightleftharpoons 2Br^- + 4Ce^{3+} + 3CO_2 + 6H^+$

这 3 个过程合起来就构成一个反应的振荡周期。

当 $c(Br)$ 足够大时，反应按过程 A 进行。随着 $c(Br)$ 降低，反应从按过程 A 转换到按过程 B 进行，最后通过过程 C 使 Br^- 再生，因此，Br^- 在此振荡反应中相当于一个“选择开头”，而 Ce^{3+} 在反应中起催化作用，催化过程 B 和过程 C。由此可见，反应中 $c(Br)$ 和 $c(Ce^{4+})/c(Ce^{3+})$ 随时间周期性变化，由于 Ce^{4+} 为黄色，Ce^{3+} 为无色，所以反应液就在黄色和无色之间振荡。

如果向上述反应液中滴加适量的邻菲咯啉亚铁溶液，则反应液的颜色就在蓝色和红色之间振荡。这是由于 Fe^{2+} 与 Ce^{3+} 一样，对反应起催化作用，致使 $c(Fe^{3+})/c(Fe^{2+})$ 随时间周期性变化。其中 Fe^{3+} 与邻菲咯啉生成蓝色配合物，而 Fe^{2+} 与邻菲咯啉生成红色配合物。

三、仪器和试剂

仪器：pHS-2 型酸度计，甘汞电极，铂电极，溴离子选择性电极，721 型分光光度计，培养皿，烧杯(50 mL、100 mL)，量筒(10 mL)，吸量管(5 mL)，滴定管，白瓷板，秒表。

试剂：溴酸钾(G. R.)，丙二酸(A. R.)，硝酸铈铵或硫酸铈按(A. R.)，硫酸亚铁，邻菲咯啉，浓硫酸，NaCl(0.1 mol·L^{-1})。

四、实验内容

1. 配制溶液

(1) A液：用台秤称取3 g丙二酸放入100 mL烧杯中，加47 mL去离子水，用玻璃棒搅拌溶解后，小心加入3 mL浓H_2SO_4，再加0.2 g硝酸铈铵，搅拌溶解。

(2) B液：用台秤称取2.5 g溴酸钾放入100 mL烧杯中，加50 mL去离子水，用玻璃棒搅拌溶解。

(3) 邻菲咯啉铁指示剂：用台秤称取0.7 g硫酸亚铁和0.5 g邻菲咯啉放入200 mL烧杯中，加100 mL去离子水，用玻璃棒搅拌溶解。

2. 观察化学振荡现象

(1) 用量筒分别量取8 mL A液和8 mL B液并倒入50 mL烧杯中，用玻璃棒混匀，1～2 min后，观察并记录溶液颜色的变化(反复由无色变为黄色和由黄色变为无色)。

(2) 在上述混合液中滴加10滴邻菲咯啉铁指示剂，充分混匀后，倒入培养皿中，培养皿下垫一块白瓷板以便观察(这时培养皿中溶液先呈均匀的红色，片刻后出现蓝点，并成环状向外扩展，形成各种同心圆式图案。如果摇动培养皿，图案会被破坏，但静止片刻后，又会重新产生新的图案。如果倾斜培养皿，使其中一些同心圆破坏，则可观察到螺旋式图案形成，这些图案同样能向四周扩展。这些空间化学波现象能持续1 h左右)。认真观察后，在实验报告上画出两个示意图。

3. 测定化学振荡周期(由实验教师指定做其中几项)

*(1) $c(Br^-)$振荡周期的测定：将甘汞电极接至酸度计“＋”极接线柱，溴离子选择性电极接至“－”极接线柱，pH-mV选择开关至mV挡。在放电极的50 mL烧杯中加入15 mL A液和15 mL B液，小心混匀，按下读数开关，等振荡反应开始后，酸度计液晶显示屏开始显示mV数值时，用秒表测量$c(Br^-)$的振荡周期(具体测量操作程序由学生自行设计)。共测约10个振荡周期，记取其中6个连续的、比较稳定的数据，并算出平均振荡周期。

此外，改变A液和B液的用量比例(如用20 mL A液与10 mL B液，或者用10 mL A液与20 mL B液)，混匀后，按上述相同步骤重复测定$c(Br^-)$振荡周期。

*(2) $c(Ce^{4+})/c(Ce^{3+})$振荡周期的测定：把甘汞电极接至酸度计“＋”极接线柱，铂电极接至“－”极接线柱，pH-mV选择开头按至mV挡。在放电极的50 mL烧杯中加入15 mL A液和15 mL B液，小心混匀后，放入电极，按下读数开关，等

振荡反应开始，酸度计液晶显示屏开始显示 mV 数值时，用秒表测量 $c(Ce^{4+})/c(Ce^{3+})$振荡周期(具体测量操作程序由学生自行设计)。共测约 10 个振荡周期，记取其中 6 个连续的、比较稳定的数据，并算出其平均振荡周期。

改变 A 液和 B 液的用量比例，按上述相同步骤可重复测量 $c(Ce^{4+})/c(Ce^{3+})$的振荡周期。

4. 溶液颜色振荡周期的测定

在 721 分光光度计上，选择分析波长 500 nm，用去离子水作参比，确定透光率 100。然后取一个比色皿，加入 1.5 mL A 液和 1.5 mL B 液，并滴入 4 滴邻菲咯啉亚铁指示剂，混匀后，迅速放入光路中，盖上暗盒，等振荡反应开始后，用秒表记录透光率指针来回偏转 1 周期的时间，共测 10 个振荡周期，记取其中连续的、比较稳定的 6 个数据，并算出其平均振荡周期。

改变 A 液和 B 液用量比例(如用 2 mL A 液与 1 mL B 液，或者用 1 mL A 液与 2 mL B 液)，加入相同的邻菲咯啉亚铁指示剂，混匀后，按上述相同的步骤重复测定颜色振荡周期。

5. 化学振荡的调控

(1) 再现振荡：当 A、B 混合液不再变色，停止振荡时，往混合液中再加一些溴酸钾(再加入一些 B 液)，混匀后，又可再次观察到振荡反应，记录现象。

(2) 加快振荡：向 A、B 混合液中加入一滴管浓 H_2SO_4(请小心滴加!)，观察振荡反应的振荡周期是否加快，记录实验结果。

(3) 抑制振荡：向正在振荡的混合液中加入 10 滴 0.1 $mol \cdot L^{-1}$ NaCl 溶液，观察现象，并记录下来。

五、思考题

(1) 试从振荡反应 3 个过程的反应方程式分析振荡反应趋于衰减并最终停止的原因。

(2) 试讨论 A 液与 B 液用量比例变化对振荡周期的影响。

(3) $c(Br^-)$、$c(Ce^{4+})/c(Ce^{3+})$以及颜色的振荡周期是否应该相等?

(4) 假如 Cl^- 会抑制振荡反应发生，则实验所用各种仪器应如何洗涤才能预防 Cl^-?

(5) 从 B-Z 振荡反应说明耗散结构形成的条件。

实验七十九　微波法合成淀粉接枝丙烯酸高吸水性树脂

一、实验目的

(1) 了解有关高吸水性树脂的基本特性及应用。

(2) 掌握微波合成淀粉接枝丙烯酸高吸水性树脂的方法。

(3) 掌握实验中涉及的基本操作。

二、实验原理

微波是频率为 300 MHz～300 GHz,即波长为 1 mm～1 m 的电磁波。微波的高频对极性介质进行作用,可促进单体或反应液快速升温,且加热均匀、速度快,具有传统加热方式无法比拟的优越性。由于微波频率与化学基团的旋转振动频率接近,因此可以使分子构象发生改变,活化某些基团,而对大分子链无损伤,大大加快反应速率。

从 1986 年 Gedye 等对微波炉内进行的酯化、水解、氧化和亲核取代反应及 Giguere 等对蒽与马来酸二甲酯的第尔斯-阿尔德(Diels-Alder)环加成反应的研究以来,微波已经从有机合成中的应用扩展到催化、无机固相反应等领域。可以看出,微波在化学中的应用几乎遍及化学的每一个分支领域,实际上已成为化学学科中一个十分活跃的新分支学科。

高吸水性树脂(super absorbent resin,SAR)又称高吸水剂、高吸水性聚合物、吸水性高分子树脂等。它是一种含有强亲水性基团,具有一定交联度的功能高分子材料,并具有吸水量高、保水性好、吸氨性强、增稠、能与其他高分子材料共混等特点,目前已广泛应用于工业、建筑、医药、食品、轻工等领域。

制备淀粉接枝高吸水性树脂的接枝共聚原理,既有离子型接枝共聚,也有自由基型接枝共聚。目前的制备一般多采用自由基型引发,即通过一定的方式,先在淀粉的大分子上产生初级自由基,然后引发接枝单体进行接枝共聚,使某些接枝单体以一定的聚合度接枝到淀粉的分子上,在淀粉分子链上形成合成高聚物分子链。

传统的淀粉接枝丙烯酸盐类高吸水性树脂的制备工艺较复杂、生产周期长、成本较高,而采用微波法不仅反应时间短、耗能少,还能提高反应速率和产物的吸水能力。本实验利用淀粉多羟基易于吸收微波的特点合成淀粉接枝丙烯酸高吸水性树脂,具体步骤如图 6-7 所示。

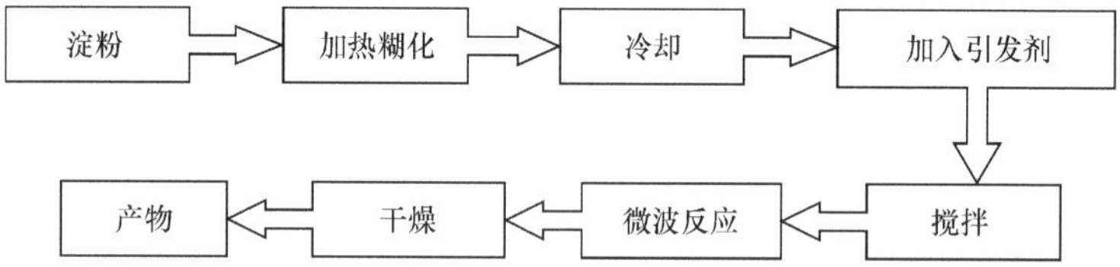

图 6-7　淀粉接枝丙烯酸高吸水性树脂的微波合成流程

在合成高吸水性树脂的过程中,还需加入氢氧化钠进行皂化。它可与淀粉中未被作用的羟基结合,破坏部分氢键,从而提高淀粉树脂的亲水性和防老化能力,使之具有抗凝沉性,并增强了高吸水性树脂吸水后的流动性,而且易于储存。

三、仪器和试剂

仪器：搅拌器，冷凝管，温度计，微波反应器，烘箱，电子天平，培养皿，三口烧瓶(250 mL)，量筒(10 mL、100 mL)，吸量管(10 mL、20 mL)，烧杯(250 mL)。

试剂：马铃薯淀粉，丙烯酸，NaOH(0.2 mol·L^{-1})，过硫酸铵(0.1 mol·L^{-1})。

四、实验内容

1. 糊化淀粉的制备

在装有搅拌器、温度计、冷凝管的三口烧瓶中加入 5 g 淀粉和 90 mL 0.2 mol·L^{-1} NaOH 溶液，搅拌同时升温至 45 ℃，保持此温度糊化 0.5 h 后待用。

2. 微波合成高吸水性树脂

在上述糊化的淀粉中加入 13 mL 丙烯酸(用 NaOH 预中和，中和度为 80%)，并加入 5 mL 0.1 mol·L^{-1}过硫酸铵引发剂，搅拌后将混合液倒入三口烧瓶，放入微波炉中。在 360 W 功率下辐射 100 s，反应完毕后，将生成的凝胶状物放入烘箱中烘干，即得高吸水性树脂。

3. 吸水性能测定

(1) 吸水倍率测定：称取 0.2 g 树脂置于烧杯中，加入 200 mL 去离子水，静置 3 h。用 100 目筛网滤去未吸收液体，将吸水后的树脂置于滤纸上 10 min，吸去表面的水分，称量，其吸水倍率按下式计算：

$$吸水倍率(g/g)=(吸水后树脂的质量-树脂的质量)/树脂的质量$$

(2) 吸水速率测定：取 50 mL 去离子水放于烧杯中，在搅拌的同时加入 0.5 g 吸水性树脂。从树脂加完后开始计时，到水不流动时为止，可得吸水速率。

(3) 保水性能测定：将充分吸水后的树脂凝胶置于培养皿中，在 60 ℃烘箱中或常温下，每隔一定时间(Δt)称量凝胶的质量，称完后立即放回原处。假设相邻两次称量树脂的质量差为 Δm，则树脂失水速率的计算公式为

$$失水速率(g/h)=\Delta m/\Delta t$$

五、思考题

(1) 高吸水性树脂具有哪些特点？它主要应用于哪些领域？

(2) 与传统的淀粉接枝丙烯酸高吸水性树脂合成工艺相比，微波法有哪些优点？

(3) 在合成高吸水性树脂的过程中，加入氢氧化钠的作用是什么？

6.2　设计研究实验

实验八十　校园水质综合评价

一、实验背景

许多大学校园及周边有天然或人工湖泊，平时水系大多靠天然降雨维持，加上湖中饲养了大量鱼类，水中微生物、水生植物以及细菌大量繁殖，使湖水水质与天然水质有较大差别。一方面由于湖水的天然净化作用优化了水质，另一方面由于细菌繁殖以及人为等因素使水质劣化，校园水质状况到底如何呢？通过该实验，可以对校园水质状况有一个较全面的了解。

根据《地面水环境质量标准》(GB 3838—2002)，依据地面水水域使用目的和保护目标可将其划分为五类：

Ⅰ类：主要适用于源头水、国家自然保护区。

Ⅱ类：主要适用于集中式生活饮用水地表水源地一级保护区、珍稀水生生物栖息地、鱼虾类产卵场、仔稚幼鱼的索饵场等。

Ⅲ类：主要适用于集中式生活饮用水地表水源地二级保护区、鱼虾类越冬场、洄游通道、水产养殖区等渔业水域及游泳区。

Ⅳ类：主要适用于一般工业用水区及人体非直接接触的娱乐用水区。

Ⅴ类：主要适用于农业用水区及一般景观要求水域。

同一水域兼有多类功能的，依最高功能划分类别；有季节性功能的，可分季划分类别，其分类标准和地面水环境质量标准选配分析方法见 GB 3838—2002。

这五类水中，Ⅰ类水质量最好，而Ⅴ类最差。根据水域背景不同，其类别划分质量标准的检测项目可以有所不同。针对校园水域背景和各校的实际情况，本实验对校园水质检测 GB 3838—2002 中的部分项目，使学生对自己生活校园的水质有一个初步了解。

二、实验提示

虽然 GB 3838—2002 已经列出了水质检验的分析方法，但此实验的目的在于培养学生用所学的化学知识来解决实际问题的能力，因此允许学生在明确分析目的、要求后，通过查阅资料选择分析法。查阅资料时注意由于文献浩繁，对于一般的化工产品、材料等均有标准分析法，所以首先应从图书馆的标准目录中查标准方法(主要查国家标准)，其次查阅参考书、手册或期刊。

参考书大致可分为以下两类：一类是以分析对象为纲编写的，如“水质污染分析”、“钢铁化学分析”等，包括分析对象中相关组分的分析方法；另一类是以分析方法为纲编写的，如“配位滴定法”、“离子交换法”等，这类参考书往往介绍该法在元素分析或分离方面的应用。分析化学手册则均以分析方法为纲，列表简述，同时指出原始文献。此外，还可查阅期刊，包括专门的分析化学期刊和我国的《分析化学》以及美、英、法、德、日等国的同类（或同名）的期刊。这类期刊所载内容都比较新颖，一般低年级学生利用它们的可能性较小。此外，还有不少较浅显的各类有关期刊，如《理化检验》、《化学试剂》以及地方发行的有关期刊和企业分析资料等。资料检索是科学作者的基本技能，在此只要求学生大致了解和进行初步训练。

三、实验要求

（1）实验方案的拟订和分析工作的准备。

通过查阅资料确定分析方案后，应根据具体情况（如被测组分含量范围、干扰组分及大约存在量等）结合实验具体条件拟订实用的分析方案及步骤。为便于工作，可将分析方案写成分析操作流程。

（2）实验工作及数据处理。

切实按照拟订的分析方案，一丝不苟地进行工作，认真做好实验数据的记录。原始数据是审查分析工作的基本依据，为防遗漏，便于查阅，可按一定规格列表记录。所得分析数据应按数理统计方法处理，并能正确表示实验结果。应该明确，对一次处理的试样，无论平行测定多少份，所得分析结果只能代表一次测定；若需作为标准数据，它必须是多次独立处理（通常规定 8 次）试样所得数据的统计结果。

实验八十一　室内空气质量的评价

一、实验背景

进入信息社会以来，生活的转型使得人们在室内停留的时间越来越长。室内环境对人们的生活和工作质量以及公众的身体健康影响远远超过室外环境。美国许多研究机构的科学成果证明，家庭或其他建筑物的室内空气污染的严重程度远远超过室外。

室内空气污染造成的健康问题，有些立即表现出来，如眼睛、鼻子及喉咙刺激和头疼、头昏眼花及疲乏；有些影响健康的反应要长期才能暴露出来，如呼吸器官疾病、心脏疾病及癌症。对于某些人群，如老年人、慢性病患者（如呼吸系统和心血管系统疾病），室内空气质量低下的影响更大。

鉴于室内空气污染的危害性及普遍性，有专家认为，继“煤烟型污染”和“汽车尾气污染”之后，人类已进入以“室内空气污染”为标志的第三污染时期。近年来，随着人民生活水平的提高和住房改革进程的加快，购房和房屋装修成为人们的消费热点。人们对室内环境保护意识的不断增强，迫切希望有一个安全、舒适、健康环保的生活空间。然而相当一部分住房经过无序的装修、装饰或由于建筑材料质量不合格和施工过程管理不严等原因，处于严重的室内空气污染之中，已危及人们的身体健康，引起了人们的广泛关注。因此，彻底改善室内空气质量已成为全社会注视的焦点，已经提到了必须尽快解决的日程。

室内空气质量评价是人们认识室内环境的一种科学方法，它是随着人们对室内环境重要性认识不断加深而提出的新概念。由于室内空气质量涉及多学科的知识，它的评价应由集中建筑技术、医学、环境监测、卫生学和社会心理学等多学科的综合研究小组联合工作完成。

当前室内空气质量评价一般采用客观评价和主观评价相结合的手段进行。

(1) 客观评价。

客观评价是指直接测量室内污染物浓度来客观了解、评价室内空气质量。由于涉及室内空气质量的污染物太多，《室内空气质量标准》(GB/T 18883—2002)中规定的化学性污染物质中不仅有人们熟悉的甲醛、苯、氨、氡等污染物质，还有可吸入颗粒物、二氧化碳、二氧化硫等13项化学性污染物质。我们不可能对每样污染物浓度都进行监测，需要根据室内具体情况以及学校的教学实验条件选择具有代表性的污染物作为评价指标，全面、公正地反映室内空气质量的状况。

(2) 主观评价。

主观评价是指利用人们的感觉器官进行描述与评价工作，并通过统计分析等方法对所处空气质量进行评价。由于均不超标的众多微量污染物共同作用仍会使人感觉不适，甚至导致疾病，而目前各国尚无综合多种低浓度有害物共同作用的有关标准，并且人类的嗅觉和综合感觉能力比一般测试仪器更加灵敏，因此，采用主观评价也是很有必要的。

二、实验提示

(1) 监测点的布设。

根据室内设施和装修的不同(如一般教室、化学实验室、办公室等)分别选择一两间具有代表性的教室进行室内空气质量的评价。采样点的数量根据教室的面积大小确定，以便能正确反映室内空气的质量。原则上面积小于50 m^2 的房间应选1～3个点；50～100 m^2 选3～5个点；100 m^2 以上至少设5个点。选点的位置在对角线上或梅花式均匀分布。

(2) 采样分析。

采样前至少关闭门窗和空调4 h，具体采样和分析方法应按GB/T 18883—

2002 中规定的各个污染物检验方法进行。采样时要对采样日期、地点、数量、布点方式、大气压力、相对湿度、温度和现场情况等进行详细记录。

(3) 室内空气质量评价。

根据监测结果,对照《室内空气质量标准》(GB/T 18883—2002)(表 6-1),并结合通过统计分析得出的主观评价结果,对所测教室的室内空气质量进行评价。

表 6-1 《室内空气质量标准》(GB/T 18883—2002)

序号	参数类别	参数	单位	标准值	备注
1	物理性	温度	℃	22～28	夏季空调
				16～24	冬季采暖
2		相对湿度	%	40～80	夏季空调
				30～60	冬季采暖
3		空气流速	$m \cdot s^{-1}$	0.3	夏季空调
				0.2	冬季采暖
4		新风量	$m^3 \cdot h^{-1} \cdot$ 人$^{-1}$	30	
5	化学性	二氧化硫 SO_2	$mg \cdot m^{-3}$	0.50	1 h 均值
6		二氧化氮 NO_2	$mg \cdot m^{-3}$	0.24	1 h 均值
7		一氧化碳 CO	$mg \cdot m^{-3}$	10	1 h 均值
8		二氧化碳 CO_2	%	0.10	日平均值
9		氨 NH_3	$mg \cdot m^{-3}$	0.20	1 h 均值
10		臭氧 O_3	$mg \cdot m^{-3}$	0.16	1 h 均值
11		甲醛 HCHO	$mg \cdot m^{-3}$	0.10	1 h 均值
12		苯 C_6H_6	$mg \cdot m^{-3}$	0.1	1 h 均值
13		甲苯	$mg \cdot m^{-3}$	0.20	1 h 均值
14		二甲苯	$mg \cdot m^{-3}$	0.20	1 h 均值
15		苯并[a]芘 B[a]P	$mg \cdot m^{-3}$	1.0	日平均值
16		可吸入颗粒物 PM_{10}	$mg \cdot m^{-3}$	0.15	日平均值
17		总挥发性有机物 TVOC	$mg \cdot m^{-3}$	0.60	8 h 均值
18	生物性	菌落总数	$Cfu \cdot m^{-3}$	2500	依据仪器定
19	放射性	氡 Ru	$Bq \cdot m^{-3}$	400	年平均值

四、实验要求

(1) 制订教学楼教室室内空气质量评价的方案(包括采样地点的选择、采样点布置、采样方法和分析方法等)。

(2) 完成空气样品的采集和分析测试。

(3) 结合客观监测结果和主观评价对所测教室的室内空气质量进行简单评价。

实验八十二　氧化铜矿制备硫酸铜

一、实验背景

氧化铜矿石的湿法冶炼已广泛应用于工业生产,目前在智利、刚果(金)、赞比亚和美国等国家已达到较大的规模。由于氧化铜矿物可被酸或氨溶液直接溶解,因此氧化铜矿的湿法冶炼过程主要包括浸出和从溶液中提铜的作业。普遍是用稀硫酸溶液(或电积提铜后的废液)浸出。当矿石中含有硫化铜时,可在稀硫酸溶液中配入硫酸铁进行浸出。对于含铁和钙、镁碳酸盐高的矿石,为了选择性地浸出铜和减少溶剂消耗,可用氨液进行浸出。

二、实验提示

自然界中氧化铜矿品位不高,一般在10%左右。主要杂质有Si、Ca、Mg、Fe、Al及Pb、Zn、Co、Ni等。将氧化铜矿用稀硫酸溶浸后过滤分离SiO_2等不溶物。浸出液用铁屑在pH=2.5时置换Cu^{2+}制取海绵铜,海绵铜经高温焙烧后获得含有Fe_2O_3等杂质的氧化铜。再将其经过溶解、粗制和精制结晶几个过程就可获得纯的结晶硫酸铜$CuSO_4 \cdot 5H_2O$。为了控制条件,必须对原料、粗晶进行分析,对产品进行纯度检验。

三、仪器和试剂

仪器:马弗炉,烧杯(250 mL),瓷坩埚。

试剂:氧化铜,硫酸,铁屑。

四、实验要求

(1) 设计由氧化铜矿制备$CuSO_4 \cdot 5H_2O$的合理方案。

(2) 设计原料、粗晶及产品中Cu^{2+}的测定方法和微量Fe的测定方法。

五、参考文献

广东矿冶学院. 1978. 硫化铜湿法冶金. 北京:冶金工业出版社

实验八十三　含镍废渣中提取硫酸镍及含量测定

一、实验背景

工业生产中会产生大量含镍废渣。例如,电镀厂镀镍时,阳极溶解后的残渣称为镍阳极泥，含镍量可以达到 80%；有些工厂使用镍作为催化剂，废碴中 NiO 的含量可以达到 20%。这些废渣、废料中经济价值很低，仅可用于硅酸盐工业作为添加剂改变水泥的性质，几乎无法在市场上销售。除了镍之外，这些废渣、废料中还含有大量其他金属离子，如铁、铝、铜、锌等。如果任由这些废渣像垃圾一样被抛弃，这些重金属离子将随着日晒雨淋进入水体或土壤，从而进入生态系统物质循环，加重了全球污染，毁坏生物体和人类健康。如果可以利用其中的重金属，尤其是含量很高的镍，它们就成为一种廉价的可再生资源。在目前资源紧张的大背景下，回收废镍渣制得硫酸镍具有较高的经济价值。

二、实验提示

一般废镍渣中的杂质主要为 Fe_2O_3、Al_2O_3、SiO_2、CaO、MgO、CuO 等。在含镍废渣中加入酸溶解镍，经过过滤、蒸发、浓缩、冷却、结晶之后可以得到粗制 $NiSO_4 \cdot 7H_2O$。但在酸溶过程中，Fe^{3+}、Al^{3+}、Ca^{2+}、Mg^{2+}、Cu^{2+} 等杂质也混入粗品中，所以还需要提纯 $NiSO_4 \cdot 7H_2O$。除去 Fe^{3+}、Al^{3+} 可以采用 pH 控制法，调节 pH=5 左右，使 Fe^{3+}、Al^{3+} 沉淀。Ca^{2+}、Mg^{2+} 可以通过重结晶，并控制结晶条件除去。最后在一定 pH 下通入 H_2S，使 Cu^{2+} 生成沉淀而除去。除去杂质后的 $NiSO_4 \cdot 7H_2O$ 经过再次蒸发、冷却、结晶，就可以得到精制的晶体。最后可利用滴定法或者通过仪器分析测定含 Ni 及其杂质的量，从而判断提纯效果。如果使用配位滴定法测定 Ni 含量，可以在 pH 为 10 时，以紫脲酸铵为指示剂，用标准 EDTA 溶解滴定；杂质含量可以用目视比色法、分光光度法测定。

三、仪器和试剂

仪器：台秤，烧杯，抽滤装置，蒸发皿，电炉，电热板，坩埚，玻璃棒，试管，滴定装置，比色管，分光光度计。

试剂：pH 试纸，H_2S 气体，KSCN，铬黑 T，紫脲酸铵，标准 EDTA，NaOH（$2\ mol \cdot L^{-1}$），HCl（$2\ mol \cdot L^{-1}$），乙二酸。

四、实验要求

(1) 本实验要求一定 pH，能否使用缓冲溶液控制 pH？有无必要？如果需要，本实验的缓冲溶液可以使用哪些缓冲对？

(2) 注意重结晶操作的注意事项。

(3) 本实验测定各离子含量时可以对应采用哪些方式？如采用仪器分析，请严格遵守操作规程。

五、参考文献

白炳贤，张会霞. 1992. 用镍渣制备硫酸镍的试验. 广西化工，21(1)：53～55

陈凡植，陈庆邦，聂晓军等. 2001. 电镀污泥的综合利用试验研究. 化工进展，2(7)：25～28

廖昌华，孙水裕，陈庆邦. 2002. 电镀污泥焚烧渣资源化及无害化处理研究. 上海环境科学，21(8)：491～493，500

实验八十四　植物叶绿体色素的提取、分离及鉴定

一、实验背景

人类对自然界存在的天然有机物的利用具有悠久的历史。日常生活中常利用其某些性质来治疗疾病，提供衣着、染料、调味等。

分离天然有机物的方法一般是将植物切碎研磨成均匀的细颗粒，然后用溶剂或混合溶剂萃取，所用溶剂应该是能够溶解所需的物质。如为挥发性天然有机物，可用气相层析进行鉴定及分离。然而大多数天然有机物是难挥发的，常采用溶剂萃取，除去溶剂，进一步处理以使混合物分离成各种纯的组分。有些天然有机物的纯品为结晶形化合物，除去部分溶剂后，晶体即从溶剂中析出，但这种情况较少。

通常在萃取天然有机物时，除去溶剂后的残留液往往是油状或胶状物，可用酸或碱处理，使酸性或碱性组分从中性物质中分离出来。稍能挥发的化合物则可将残液用水蒸气蒸馏使其与非挥发性物质分开。

纯化天然有机物目前较为有效的方法之一是各种层析法。纸层析与柱层析对天然有机物具有很重要的作用。近来薄层层析、液-液层析以及气-液层析等技术已越来越多地用于纯化天然有机物。

绿色植物（如菠菜叶）中含有叶绿素（包括叶绿素 a 和叶绿素 b）、叶黄素及胡萝卜素等天然色素。叶绿素 a（$C_{55}H_{72}O_5N_4Mg$）为蓝黑色固体，在乙醇溶液中呈蓝绿色；叶绿素 b（$C_{55}H_{70}O_6N_4Mg$）为暗绿色，其乙醇溶液呈黄绿色。它们是吡咯衍生物与镁的配合物，是植物进行光合作用必需的催化剂。尽管叶绿素分子中含有一些极性基团，但大的烃基结构使它易溶于石油醚等非极性溶剂。通常植物中叶绿素 a 的含量是叶绿素 b 的 3 倍。胡萝卜素（$C_{40}H_{56}$）是一种橙色的天然色素，属于四萜，为一长链共轭多烯，有 α、β、γ 三种异构体，其中 β 异构体最多。叶黄素是一种黄色色素，与叶绿素同存在于植物体内，是胡萝卜素的羟基衍生物，较易溶于乙醇，在石油醚中溶解度较小。秋天，高等植物的叶绿素被破坏后，叶黄素的颜色就显示出来。根据它们的化学特性，可将其从植物叶片中提取出来，并通过萃取、沉淀和色谱方法将其分离开来。

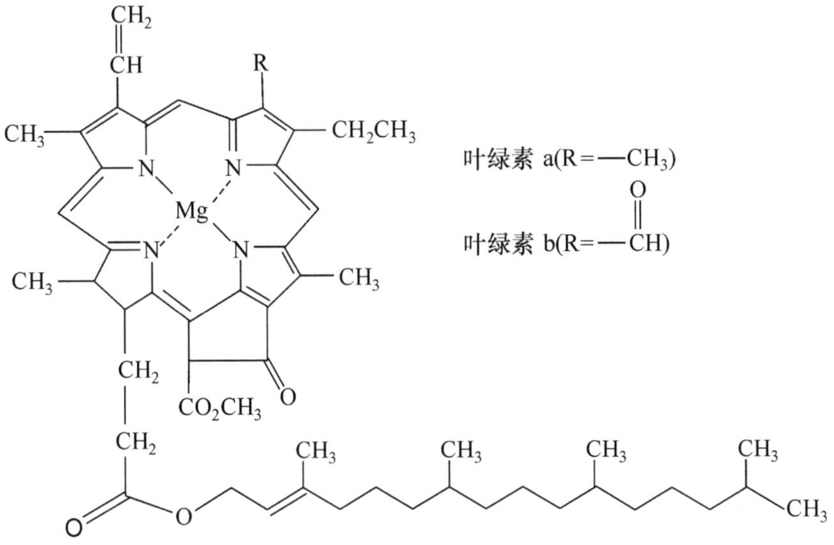

叶绿素 a($R=-CH_3$)

叶绿素 b($R=-CHO$)

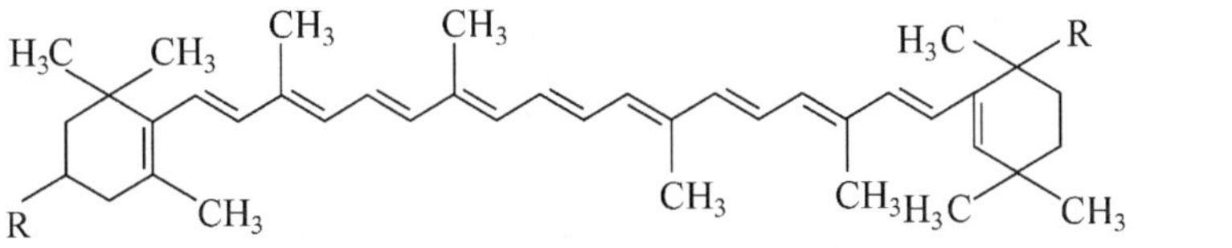

β-胡萝卜素(R=H)　叶黄素(R=OH)

二、实验提示

(1) 研磨蔬菜叶时,需注意不可研得太烂而变成糊状,导致分离困难。

(2) 薄层色谱用载玻片必须洗净,并用少量丙酮或乙醚擦拭。

(3) 在薄层色谱展开时,当展开剂加入溶剂后,可轻轻摇动几下,使之充满溶剂蒸气。

(4) 叶绿体色素对光、温度、氧气、酸碱及其他氧化剂都非常敏感。色素的提取和分析一般都要在避光、低温及无干扰的情况下进行。提取液不宜长期存放,必要时应抽干充氮避光低温保存。

三、仪器和试剂

仪器:载玻片,展开槽,玻璃棒,研钵,分液漏斗,锥形瓶。

试剂:硅胶 G,乙醇(95%),石油醚,丙酮,菠菜叶,碳酸镁,无水 Na_2SO_4,乙醚。

四、实验要求

(1) 通过独立查阅有关文献资料，根据实验室所提供的仪器、药品等条件，对蔬菜中叶绿素的提取、分离和鉴定拟订实验方案，其中包括基本流程的选定，除杂提纯和产品检验方法以及所选试剂、仪器设备等，列出详细的所需药品和仪器的清单提交指导教师。

(2) 在教师指导下，独立完成实验，要有实验步骤、实验记录和实验数据处理过程，写出完整的实验报告。

(3) 应用薄层色谱法计算提纯叶绿素样品的 R_f 值，并与叶绿素纯品的 R_f 值对比来鉴定蔬菜中的叶绿素。

五、参考文献

果秀敏，翟彤宇，牛延锋. 2000. 薄层色谱法分离菠菜叶片中色素的研究. 河北农业大学学报，23(2)：101～104

洪法水，魏正贵，赵贵文. 2001. 菠菜叶绿素的浸提和协同萃取反应. 应用化学，18(7)：532～535

李好样，冯铁. 2004. 雪菠菜色素的提取与分离. 太原师范学院学报(自然科学版)，3(3)：64～66

李英华，吕秀阳，任浩明等. 2004. 叶绿素及其衍生物的分析方法研究进展. 蚕桑通报，35(4)：1～5

盛淑玲. 2002. 菠菜色素的提取和理化性质研究. 许昌师专学报，21(5)：76～79

唐伟斌. 2000. 叶绿体色素提取和分离实验失败原因初探. 邢台师范高专学报，15(2)：55～56

谢宇龙. 2004. "叶绿素的提取和分离"实验方法的几点探索. 生物学教学，29(10)：29～30

实验八十五　从天然芒硝制取无水硫酸钠

一、实验背景

无水硫酸钠工业上称为元明粉，通常条件下为无色菱形结晶，应用十分广泛。芒硝是 $Na_2SO_4 \cdot 10H_2O$，通常由海水或盐湖水蒸发、浓缩结晶而得，或由盐湖干涸形成的矿床开采而来。天然芒硝中的主要成分是 $Na_2SO_4 \cdot 10H_2O$，此外还含有可溶性杂质(如 Ca^{2+}、Mg^{2+}、K^+、Cl^- 等)和不溶性杂质(如泥砂等)。设计合理的分离、提纯的加工工艺过程，可以得到纯度较高、颗粒较细的无水硫酸钠。

二、实验提示

天然芒硝中含有的不溶性杂质(如泥砂等)可通过溶解过滤除去。可溶性杂质(如 Ca^{2+}、Mg^{2+}、K^{+}、Cl^{-} 等)可通过 Na_2SO_4 在水中的溶解度随温度的变化的特殊性加以分离。Na_2SO_4 的溶解度在 32.38 ℃以下随温度升高而增大,32.38 ℃达到最大溶解度,温度再升高时,溶解度反而下降,因此,32.38 ℃为 $Na_2SO_4 \cdot 10H_2O$ 和 Na_2SO_4 的转变温度。有效控制溶液加热蒸发、浓缩的温度,就能得到白色粉末状无水硫酸钠。

三、仪器和试剂

仪器:台秤,漏斗,漏斗架,蒸发皿,坩埚钳,泥三角,石棉网,烧杯,玻璃棒,滤纸。

试剂:天然芒硝。

四、实验要求

(1) 设计从天然芒硝中提取无水硫酸钠的合理方案。

(2) 完成实验,写出实验报告。

五、参考文献

大连理工大学无机化学教研室. 1990. 无机化学实验. 北京:高等教育出版社

实验八十六　从菱锌矿制备锌系列化合物

一、实验背景

$ZnSO_4 \cdot 7H_2O$ 是无色正交晶体,颗粒或粉末,有收敛性。在干燥空气中会粉化。加热到 100 ℃时失去 6 个 H_2O 分子,在 280 ℃失去 7 个 H_2O 分子,能溶于水,微溶于醇、甘油。$ZnSO_4 \cdot 7H_2O$ 主要用作媒染剂、木材防腐剂、造纸工业用漂白剂、动物胶澄清剂及保存剂、医药催吐剂、收敛剂,用于造纤维工业、电解工业、电镀工业,也用于制造农药、化学试剂、锌钡白(立德粉)及其他锌盐等。

本实验用菱锌矿 $ZnCO_3$ 作原料制备 $ZnSO_4 \cdot 7H_2O$,再由 $ZnSO_4 \cdot 7H_2O$ 可制得 ZnO 和锌钡粉。

二、实验提示

菱锌矿 $ZnCO_3$ 用硫酸浸取后制得粗 $ZnSO_4$ 溶液,其中的杂质 Fe、Mn 等可用氧化水解法除去,Ni^{2+}、Cd^{2+} 等可用 Zn 粉置换除去。净化后的溶液经蒸发、冷却、

结晶制得 $ZnSO_4 \cdot 7H_2O$。

制得的精制 $ZnSO_4$ 溶液在 50 ℃与 Na_2CO_3 反应可制成碱式碳酸锌 $ZnCO_3 \cdot 2Zn(OH)_2 \cdot 2H_2O$。碱式碳酸锌(一定要洗净 SO_4^{2-})在氧化焰上灼烧 20～30 min,即可制得氧化锌 ZnO。

在精制的 $ZnSO_4$ 溶液中加入等量的 BaS,并调节 pH＝8～9,则可制得锌钡白:

$$BaS + ZnSO_4 = ZnS\downarrow + BaSO_4\downarrow$$

三、仪器和试剂

仪器:烧杯,滴定管,电炉,锥形瓶,玻璃棒。

试剂:二甲酚橙,EDTA,乙酸,乙酸钠,氟化钠,高锰酸钾,Zn 粉,Na_2CO_3,BaS,NaOH。

四、实验要求

(1) 设计菱锌矿制备 $ZnSO_4 \cdot 7H_2O$ 的合理方案。

(2) 设计由 $ZnSO_4$ 制备 ZnO 和锌钡粉的合理方案。

(3) 设计 Zn 含量测定方法。

(4) 完成实验,并写出实验报告。

参考文献

北京大学化学系普通化学教研室.2004.普通化学实验.2版.北京:北京大学出版社

北京大学化学系物理化学教研室.1995.物理化学实验.3版.北京:北京大学出版社

北京师范大学无机化学教研室.2001.无机化学实验.3版.北京:高等教育出版社

陈同云.2003.工科化学实验.北京:化学工业出版社

大学化学实验改革课题组.1990.大学化学新实验.杭州:浙江大学出版社

大学化学实验改革课题组.1993.大学化学新实验(二).兰州:兰州大学出版社

复旦大学等,蔡显鄂,项一非,刘衍光修订.1993.物理化学实验.2版.北京:高等教育出版社

高等学校工科普通化学课程教学指导小组.1989.普通化学新实验选编.北京:高等教育出版社

侯仕聪.2006.基础有机化学实验.北京:中国农业大学出版社

胡忠鲠.2009.现代化学基础.3版.北京:高等教育出版社

吉林大学化学系分析化学教研室.1992.分析化学实验.长春:吉林大学出版社

兰州大学,复旦大学化学系有机化学教研室.1994.有机化学实验.2版.北京:高等教育出版社

李春华.1993.普通化学实验.成都:电子科技大学出版社

李文藻,陈骏如,宋德镇等.1988.无机化学实验.成都:四川大学出版社

李云雁,胡传荣.2005.试验设计与数据处理.北京:化学工业出版社

刘宪华,鲁逸人.2006.环境生物化学实验教程.北京:科学出版社

南开大学.1991.物理化学实验.天津:南开大学出版社

清华大学化学系《物理化学实验》编写组.1991.物理化学实验.北京:清华大学出版社

上海大学《工程化学》教材编写组.1999.工程化学实验.上海:上海大学出版社

史启祯,肖新亮.1995.无机化学与分析化学实验.北京:高等教育出版社

四川大学化工学院有机化学教研室.1998.有机化学实验.成都:成都科技大学出版社

四川联合大学化工学院无机及普通化学教研室.1995.无机及普通化学实验.成都:成都科技大学出版社

孙尔康,吴琴媛,周以泉等.1991.化学实验基础.南京:南京大学出版社

天津大学无机化学教研室.1998.大学化学实验.天津:天津大学出版社

吴泳.1999.大学化学新体系实验.北京:科学出版社

武汉大学.2002.分析化学实验.4版.北京:高等教育出版社

奚关根,赵长宏,赵忠德.1995.有机化学实验.上海:华东理工大学出版社

辛剑,孟长功.2004.基础化学实验.北京:高等教育出版社

徐功华,蔡作乾.1997.大学化学实验.2版.北京:清华大学出版社

杨桂荣,蔡训织,程佩珞.1993.工程化学实验.杭州:浙江大学出版社

易澄源.1991.物理化学实验.3版.北京:高等教育出版社

袁书玉.1996.无机化学实验.北京:清华大学出版社

臧瑾光.1995.物理化学实验.北京:北京理工大学出版社

浙江大学.2003.无机及分析化学.北京:高等教育出版社

浙江大学,南京大学,北京大学等.2001.综合化学实验.北京:高等教育出版社

浙江大学普通化学教研组. 1997. 普通化学实验. 北京：高等教育出版社
中山大学. 1998. 无机化学实验. 北京：高等教育出版社
钟国清，朱云云. 2006. 无机及分析化学. 北京：科学出版社
周仕学，薛彦辉. 2003. 普通化学实验. 北京：化学工业出版社
邹文燕，陈大勇. 1990. 物理化学实验与技术. 上海：华东化工学院出版社
邹振杨，郭良琮. 1993. 普通化学实验教程. 重庆：重庆大学出版社

附　　录

附录Ⅰ　不同温度下水的饱和蒸气压

温度 T/K	饱和蒸气压 $p(H_2O)$/kPa	温度 T/K	饱和蒸气压 $p(H_2O)$/kPa
274	0.657 16	292	2.1978
275	0.706 05	293	2.3388
276	0.758 13	294	2.4877
277	0.813 59	295	2.6447
278	0.872 60	296	2.8104
279	0.935 37	297	2.9850
280	1.0021	298	3.1690
281	1.0730	299	3.3629
282	1.1482	300	3.5670
283	1.2281	301	3.7818
284	1.3129	302	4.0078
285	1.4027	303	4.2455
286	1.4979	304	4.4953
287	1.5988	305	4.7578
288	1.7056	306	5.0335
289	1.8183	307	5.3229
290	1.9380	308	5.6267
291	2.0644	309	5.9453

数据摘自 Lide D R. CRC Handbook of Chemistry and Physics. 71st ed. Boca Roton：CRC Press，1990～1991，6～12。

附录Ⅱ　化学试剂的规格

全国统一化学试剂质量标准	一级品	二级品	三级品
国内习惯等级	优级纯(保证试剂)	分析纯	化学纯
符号	G. R.	A. R.	C. P.
瓶签颜色	绿色	红色	蓝色

附录Ⅲ　常用酸碱溶液及配制(15 ℃)

溶液名称	化学式	密度 ρ/(g·mL^{-1})	质量分数/%	物质的量浓度 c/(mol·L^{-1})	配制 1 L 稀溶液取浓酸(碱)量
浓硫酸	H_2SO_4	1.84	95～98	18	
稀硫酸		1.18	25	3	166 mL
		1.06	9	1	56 mL
浓盐酸	HCl	1.19	38	12	
稀盐酸		1.10	20	6	500 mL
		1.03	7	2	167 mL
浓硝酸	HNO_3	1.40	65	14	
稀硝酸		1.20	32	6	381 mL
		1.07	12	2	128 mL
磷酸	H_3PO_4	1.70	85	14.7	
冰醋酸	CH_3COOH	1.05	99～100	17.5	
稀乙酸		1.04	35	6	353 mL
		1.02	12	2	118 mL
浓氢氧化钠	NaOH	1.36	33	11	440 g
稀氢氧化钠		1.09	8	2	80 g
浓氨水	$NH_3·H_2O$	0.90	25～27	15	
稀氨水		0.96	11	6	400 mL
		0.99	3.5	2	134 mL

附录Ⅳ　弱电解质在水溶液中的标准解离常数

电解质		温度/℃	分步	解离常数 $K_a^\ominus$ 或 $K_b^\ominus$	$pK_a^\ominus$ 或 $pK_b^\ominus$
名称	化学式				
砷酸	H_3AsO_4	18	$K_{a_1}^\ominus$	5.62×10^{-3}	2.25
			$K_{a_2}^\ominus$	1.70×10^{-7}	6.67
			$K_{a_3}^\ominus$	3.95×10^{-12}	11.60

续表

电解质		温度/℃	分　步	解离常数 $K_a^\ominus$ 或 $K_b^\ominus$	$pK_a^\ominus$ 或 $pK_b^\ominus$
名　称	化学式				
硼酸	H_3BO_3	20	$K_{a_1}^\ominus$	7.3×10^{-10}	9.14
			$K_{a_2}^\ominus$	1.8×10^{-13}	12.74
			$K_{a_3}^\ominus$	1.6×10^{-14}	13.80
碳酸	H_2CO_3	25	$K_{a_1}^\ominus$	4.30×10^{-7}	6.73
			$K_{a_2}^\ominus$	5.61×10^{-11}	10.25
氢氰酸	HCN	25	$K_a^\ominus$	4.93×10^{-10}	9.31
氢硫酸	H_2S	18	$K_{a_1}^\ominus$	9.1×10^{-8}	7.04
			$K_{a_2}^\ominus$	1.1×10^{-12}	11.96
乙二酸	$H_2C_2O_4$	25	$K_{a_1}^\ominus$	5.90×10^{-2}	1.23
			$K_{a_2}^\ominus$	6.40×10^{-5}	4.19
铬酸	H_2CrO_4	25	$K_{a_1}^\ominus$	1.8×10^{-1}	0.74
			$K_{a_2}^\ominus$	3.20×10^{-7}	6.49
氢氟酸	HF	25	$K_a^\ominus$	3.53×10^{-4}	3.45
亚硝酸	HNO_2	12.5	$K_a^\ominus$	4.6×10^{-4}	3.37
磷酸	H_3PO_4	25	$K_{a_1}^\ominus$	7.52×10^{-3}	2.12
			$K_{a_2}^\ominus$	6.23×10^{-8}	7.21
			$K_{a_3}^\ominus$	4.8×10^{-13}	12.32
硫代硫酸	$H_2S_2O_3$	25	$K_{a_1}^\ominus$	2.50×10^{-1}	0.60
			$K_{a_2}^\ominus$	1.90×10^{-2}	1.72
硅酸	H_2SiO_3	25	$K_{a_1}^\ominus$	2×10^{-10}	9.7
			$K_{a_2}^\ominus$	1×10^{-12}	12.00
亚硫酸	H_2SO_3	18	$K_{a_1}^\ominus$	1.54×10^{-2}	1.81
			$K_{a_2}^\ominus$	1.02×10^{-7}	6.99
乙酸	CH_3COOH	25	$K_a^\ominus$	1.76×10^{-5}	4.75
氨水	$NH_3\cdot H_2O$	25	$K_b^\ominus$	1.77×10^{-5}	4.75

数据摘自 Lide D R. CRC Handbook of Chemistry and Physics. 73rd ed. Boca Roton：CRC Press，1992～1993，839～841。

附录Ⅴ　难溶电解质的标准溶度积常数(18～25 ℃)[1]

难溶电解质		溶度积	难溶电解质		溶度积
名　称	化学式		名　称	化学式	
氟化钙	CaF_2	5.3×10^{-9}	氢氧化锌	$Zn(OH)_2$	1.2×10^{-17}
氟化锶	SrF_2	2.5×10^{-9}	氢氧化镉	$Cd(OH)_2$(新沉淀)	2.5×10^{-14}
氟化钡	BaF_2	1.0×10^{-6}	氢氧化铬	$Cr(OH)_3$	6.3×10^{-31}
二氯化铅	$PbCl_2$	1.6×10^{-5}	氢氧化亚锰	$Mn(OH)_2$	1.9×10^{-13}
氯化亚铜	$CuCl$	1.2×10^{-6}	氢氧化亚铁	$Fe(OH)_2$	1.8×10^{-16}
氯化银	$AgCl$	1.8×10^{-10}	氢氧化铁	$Fe(OH)_3$	4×10^{-38}
氯化亚汞	Hg_2Cl_2	1.3×10^{-18}	碳酸锶	$SrCO_3$	1.1×10^{-16}
二碘化铅	PbI_2	7.1×10^{-9}	碳酸钡	$BaCO_3$	5.4×10^{-9}
溴化亚铜	$CuBr$	5.3×10^{-9}	铬酸钙	$CaCrO_4$	7.1×10^{-4}
溴化银	$AgBr$	5.0×10^{-13}	铬酸锶	$SrCrO_4$	2.2×10^{-5}
溴化亚汞	Hg_2Br_2	5.6×10^{-23}	铬酸钡	$BaCrO_4$[2]	1.6×10^{-10}
二溴化铅	$PbBr_2$	4.0×10^{-5}	铬酸铅	$PbCrO_4$	2.8×10^{-13}
碘化银	AgI	8.3×10^{-17}	铬酸银	Ag_2CrO_4	1.1×10^{-12}
碘化亚铜	CuI	1.1×10^{-12}	重铬酸银	$Ag_2Cr_2O_7$	2.0×10^{-7}
碘化亚汞	Hg_2I_2	4.5×10^{-29}	硫化亚锰	MnS[2]	1.4×10^{-15}
硫化铅	PbS	8.0×10^{-28}	氢氧化亚钴	$Co(OH)_2$(粉红)	2×10^{-16}
硫化亚锡	SnS	1.0×10^{-25}	氢氧化钴	$Co(OH)_3$	1.6×10^{-44}
三硫化二砷	As_2S_3[2]	2.1×10^{-22}		$Co(OH)_3$(新沉淀)	1.6×10^{-15}
三硫化二锑	Sb_2S_3[2]	1.5×10^{-93}	氯化氧铋	$BiOCl$	1.8×10^{-31}
三硫化二铋	Bi_2S_3[2]	1×10^{-97}	碱式氯化铅	$Pb(OH)Cl$	2.0×10^{-14}
硫化亚铜	Cu_2S	2.5×10^{-48}	氢氧化镍	$Ni(OH)_2$	2.0×10^{-15}
硫化铜	CuS	6.3×10^{-36}	硫酸钙	$CaSO_4$	9.1×10^{-6}
硫化银	Ag_2S	6.3×10^{-50}	硫酸锶	$SrSO_4$	4.0×10^{-8}
硫化锌	α-ZnS	1.6×10^{-24}	硫酸钡	$BaSO_4$	1.1×10^{-10}
	β-ZnS	2.5×10^{-22}	硫酸铅	$PbSO_4$	1.6×10^{-8}
硫化镉	CdS	8.0×10^{-27}	硫酸银	Ag_2SO_4	1.4×10^{-5}
硫化汞	HgS(红)	4.0×10^{-53}	亚硫酸银	Ag_2SO_3	1.5×10^{-14}
	HgS(黑)	1.6×10^{-52}	硫酸亚汞	Hg_2SO_4	7.4×10^{-7}
硫化亚铁	FeS	6.3×10^{-18}	碳酸镁	$MgCO_3$	3.5×10^{-8}
硫化钴	α-CoS	4.0×10^{-21}	碳酸钙	$CaCO_3$	2.8×10^{-9}
	β-CoS	2.0×10^{-25}	碳酸锶	$SrCO_3$	1.1×10^{-10}
	α-NiS	3.2×10^{-19}	乙二酸镁	MgC_2O_4[2]	8.6×10^{-5}
硫化镍	β-NiS	1.0×10^{-24}	乙二酸钙	$CaC_2O_4\cdot H_2O$	2.6×10^{-9}
	γ-NiS	2.0×10^{-25}	乙二酸钡	BaC_2O_4	1.6×10^{-7}
氢氧化铝	$Al(OH)_3$(无定形)	1.3×10^{-33}	乙二酸锶	$SrC_2O_4\cdot H_2O$[2]	2.2×10^{-5}
氢氧化镁	$Mg(OH)_2$	1.8×10^{-11}	乙二酸亚铁	$FeC_2O_4\cdot 2H_2O$	3.2×10^{-7}
氢氧化钙	$Ca(OH)_2$	5.5×10^{-6}	乙二酸铅	PbC_2O_4	4.8×10^{-10}
氢氧化亚铜	$CuOH$	1.0×10^{-14}	六氰合铁(Ⅱ)酸铁(Ⅲ)	$Fe_4[Fe(CN)_6]_3$	3.3×10^{-41}
氢氧化铜	$Cu(OH)_2$	2.2×10^{-20}	六氰合铁(Ⅱ)酸铜(Ⅱ)	$Cu_2[Fe(CN)_6]$	1.3×10^{-16}
氢氧化银	$AgOH$	2.0×10^{-8}	碘酸铜	$Cu(IO_3)_2$	7.4×10^{-8}

1) 数据摘自 Dean J A. Lange's Handbook of Chemistry. 14th ed. New York:McGraw-Hill,1992,8.2。

2) 数据摘自日本化学会. 化学便览. 基础篇(Ⅱ)(改订二版). 东京:丸善株式会社,1975。

附录Ⅵ　标准电极电势

电对	电极反应	$E^{\ominus}$/V	
		$E_A^{\ominus}$	$E_B^{\ominus}$
Ag^+/Ag	$Ag^+ + e^- \rightleftharpoons Ag$	0.799 6	
AgI/Ag	$AgI + e^- \rightleftharpoons Ag + I^-$	−0.152 24	
$[Ag(S_2O_3)_2]^{3-}/Ag$	$[Ag(S_2O_3)_2]^{3-} + e^- \rightleftharpoons Ag + 2S_2O_3^{2-}$	0.01	
$AgBr/Ag$	$AgBr + e^- \rightleftharpoons Ag + Br^-$	0.071 33	
$AgCl/Ag$	$AgCl + e^- \rightleftharpoons Ag + Cl^-$	0.222 33	
Ag_2S/Ag	$Ag_2S + 2e^- \rightleftharpoons 2Ag + S^{2-}$		−0.069
$[Ag(CN)_2]^-/Ag$[1)]	$[Ag(NH_3)_2]^- + e^- \rightleftharpoons Ag + 2CN^-$		0.31
$AgCN/Ag$	$AgCN + e^- \rightleftharpoons Ag + CN^-$		0.017
$[Ag(NH_3)_2]^+/Ag$[1)]	$[Ag(NH_3)_2]^+ + e^- \rightleftharpoons Ag + 2NH_3$		0.373
$HAsO_2/As$[1)]	$HAsO_2 + 3H^+ + 3e^- \rightleftharpoons As + 2H_2O$	0.247 5	
$H_3AsO_4/HAsO_2$[1)]	$H_3AsO_4 + 2H^+ + 2e^- \rightleftharpoons HAsO_2 + 2H_2O$	0.58	
AsO_2^-/As[1)]	$AsO_2^- + 2H_2O + 3e^- \rightleftharpoons As + 4OH^-$		−0.68
AsO_4^{3-}/AsO_2^-[1)]	$AsO_4^{3-} + 2H_2O + 2e^- \rightleftharpoons AsO_2^- + 4OH^-$		−0.71
Bi^{3+}/Bi	$Bi^{3+} + 3e^- \rightleftharpoons Bi$	0.308	
Bi_2O_5/BiO^+[1)]	$Bi_2O_5 + 6H^+ + 4e^- \rightleftharpoons 2BiO^+ + 3H_2O$	1.6	
Bi_2O_3/Bi	$Bi_2O_3 + 3H_2O + 6e^- \rightleftharpoons 2Bi + 6OH^-$	−0.46	
Br_2/Br^-	$Br_2 + 2e^- \rightleftharpoons 2Br^-$	1.087 3	
BrO_3^-/Br^-	$BrO_3^- + 6H^+ + 6e^- \rightleftharpoons Br^- + 3H_2O$	1.432	
BrO_3^-/Br_2	$BrO_3^- + 6H^+ + 5e^- \rightleftharpoons 1/2Br_2 + 3H_2O$	1.482	
BrO_3^-/Br^-	$BrO_3^- + 3H_2O + 6e^- \rightleftharpoons Br^- + 6OH^-$		0.61
Cl_2/Cl^-	$Cl_2 + 2e^- \rightleftharpoons 2Cl^-$	1.358 27	
ClO_3^-/Cl_2	$ClO_3^- + 6H^+ + 5e^- \rightleftharpoons 1/2Cl_2 + 3H_2O$	1.451	
Co^{3+}/Co^{2+}	$Co^{3+} + e^- \rightleftharpoons Co^{2+}$	1.92	
$[Co(NH_3)_6]^{3+}/[Co(NH_3)_6]^{2+}$	$[Co(NH_3)_6]^{3+} + e^- \rightleftharpoons [Co(NH_3)_6]^{2+}$		0.108
$Co(OH)_3/Co(OH)_2$	$Co(OH)_3 + e^- \rightleftharpoons Co(OH)_2 + OH^-$		0.17
$Cr_2O_7^{2-}/Cr^{3+}$	$Cr_2O_7^{2-} + 14H^+ + 6e^- \rightleftharpoons 2Cr^{3+} + 7H_2O$	1.232	
$HCrO_4^-/Cr^{3+}$	$HCrO_4^- + 7H^+ + 3e^- \rightleftharpoons Cr^{3+} + 4H_2O$	4.350	
$CrO_4^{2-}/Cr(OH)_3$	$CrO_4^{2-} + 4H_2O + 3e^- \rightleftharpoons Cr(OH)_3 + 5OH^-$		−0.13

续表

电　对	电极反应	$E^{\ominus}/V$	
		$E_A^{\ominus}$	$E_B^{\ominus}$
Cu^{2+}/Cu	$Cu^{2+} + 2e^- \rightleftharpoons Cu$	0.341 9	
CuI_2^-/Cu	$CuI_2^- + e^- \rightleftharpoons Cu + 2I^-$	0.00	
$CuBr/Cu$[1)]	$CuBr + e^- \rightleftharpoons Cu + Br^-$	0.033	
$CuCl/Cu$	$CuCl + e^- \rightleftharpoons Cu + Cl^-$	0.538	
Cu^{2+}/CuI[1)]	$Cu^{2+} + I^- + e^- \rightleftharpoons CuI$	0.86	
$Cu^{2+}/CuBr$[1)]	$Cu^{2+} + Br^- + e^- \rightleftharpoons CuBr$	0.64	
$Cu^{2+}/CuCl$[1)]	$Cu^{2+} + Cl^- + e^- \rightleftharpoons CuCl$	0.137	
Cu^{2+}/Cu^+	$Cu^{2+} + e^- \rightleftharpoons Cu^+$	0.153	
Cu^+/Cu	$Cu^+ + e^- \rightleftharpoons Cu$	0.521	
Fe^{2+}/Fe	$Fe^{2+} + 2e^- \rightleftharpoons Fe$	−0.447	
Fe^{3+}/Fe	$Fe^{3+} + 3e^- \rightleftharpoons Fe$	−0.037	
Fe^{3+}/Fe^{2+}	$Fe^{3+} + e^- \rightleftharpoons Fe^{2+}$	0.771	
$Fe(OH)_3/Fe(OH)_2$	$Fe(OH)_3 + e^- \rightleftharpoons Fe(OH)_2 + OH^-$		−0.56
$[Fe(CN)_6]^{3-}/[Fe(CN)_6]^{4-}$	$[Fe(CN)_6]^{3-} + e^- \rightleftharpoons [Fe(CN)_6]^{4-}$		0.358
$FeS(\alpha)/Fe$[1)]	$FeS(\alpha) + 2e^- \rightleftharpoons Fe + S^{2-}$	−0.95	
$Fe(OH)_2/Fe$[1)]	$Fe(OH)_2 + 2e^- \rightleftharpoons Fe + 2OH^-$	−0.877	
H^+/H_2	$2H^+ + 2e^- \rightleftharpoons H_2$	0.000 0	
H_2O/H_2	$2H_2O + 2e^- \rightleftharpoons H_2 + 2OH^-$		−0.827 7
Hg^{2+}/Hg	$Hg^{2+} + 2e^- \rightleftharpoons Hg$	0.851	
Hg^{2+}/Hg_2^{2+}	$2Hg^{2+} + 2e^- \rightleftharpoons Hg_2^{2+}$	0.920	
Hg_2^{2+}/Hg	$Hg_2^{2+} + 2e^- \rightleftharpoons 2Hg$	0.797 3	
I_2/I^-	$I_2 + 2e^- \rightleftharpoons 2I^-$	0.535 5	
IO_3^-/I_2	$IO_3^- + 6H^+ + 5e^- \rightleftharpoons 1/2I_2 + 3H_2O$	1.195	
	$IO_3^- + 6H^+ + 6e^- \rightleftharpoons I^- + 3H_2O$	1.085	
IO_3^-/I_2	$IO_3^- + 3H_2O + 5e^- \rightleftharpoons 1/2I_2 + 6OH^-$		0.26
MnO_4^-/Mn^{2+}	$MnO_4^- + 8H^+ + 5e^- \rightleftharpoons Mn^{2+} + 4H_2O$	1.507	
MnO_4^-/MnO_4^{2-}	$MnO_4^- + e^- \rightleftharpoons MnO_4^{2-}$		0.588
MnO_4^-/MnO_2	$MnO_4^- + 4H^+ + 3e^- \rightleftharpoons MnO_2 + 2H_2O$	1.679	
MnO_4^{2-}/MnO_2	$MnO_4^{2-} + 2H_2O + 2e^- \rightleftharpoons MnO_2 + 4OH^-$		0.60

续表

电　对	电极反应	$E^\ominus/V$	
		$E_A^\ominus$	$E_B^\ominus$
MnO_2/Mn^{2+}	$MnO_2 + 4H^+ + 2e^- \rightleftharpoons Mn^{2+} + 2H_2O$	1.224	
$MnO_2/Mn(OH)_2$	$MnO_2 + 2H_2O + 2e^- \rightleftharpoons Mn(OH)_2 + 2OH^-$		−0.05
Mn_2O_3/Mn^{2+}	$Mn_2O_3 + 6H^+ + 2e^- \rightleftharpoons 2Mn^{2+} + 3H_2O$	1.485	
NiO_2/Ni^{2+}	$NiO_2 + 4H^+ + 2e^- \rightleftharpoons Ni^{2+} + 2H_2O$	1.678	
$Ni(OH)_3/Ni(OH)_2$ 1)	$Ni(OH)_3 + e^- \rightleftharpoons Ni(OH)_2 + OH^-$		−0.48
NO_3^-/NO	$NO_3^- + 4H^+ + 3e^- \rightleftharpoons NO + 2H_2O$	0.96	
NO_3^-/NO_2	$NO_3^- + 2H^+ + e^- \rightleftharpoons NO_2 + H_2O$	0.80	
NO_3^-/NH_4^+	$NO_3^- + 10H^+ + 8e^- \rightleftharpoons NH_4^+ + 3H_2O$	0.866	
O_2/H_2O	$O_2(g) + 4H^+ + 4e^- \rightleftharpoons 2H_2O$	1.229	
O_2/H_2O_2	$O_2 + 2H^+ + 2e^- \rightleftharpoons H_2O_2$	0.695	
H_2O_2/H_2O	$H_2O_2 + 2H^+ + 2e^- \rightleftharpoons 2H_2O$	1.776	
O_2/OH^-	$O_2(g) + 2H_2O + 4e^- \rightleftharpoons 4OH^-$	0.401	
SO_4^{2-}/SO_3^{2-}	$SO_4^{2-} + H_2O + 2e^- \rightleftharpoons SO_3^{2-} + 2OH^-$		−0.93
S/H_2S	$S + 2H^+ + 2e^- \rightleftharpoons H_2S(aq)$	0.142	
S/S^{2-}	$S + 2e^- \rightleftharpoons S^{2-}$	−0.476 27	
SO_4^{2-}/PbS 1)	$Pb + SO_4^{2-} + 8H^+ + 6e^- \rightleftharpoons PbS + 4H_2O$	−0.359	
$S_2O_3^{2-}/S$ 1)	$S_2O_3^{2-} + 6H^+ + 4e^- \rightleftharpoons 2S + 3H_2O$	0.5	
Sn^{2+}/Sn	$Sn^{2+} + 2e^- \rightleftharpoons Sn$		−0.137 5
Sn^{4+}/Sn^{2+}	$Sn^{4+} + 2e^- \rightleftharpoons Sn^{2+}$	0.151	
Zn^{2+}/Zn	$Zn^{2+} + 2e^- \rightleftharpoons Zn$	−0.761 8	
ZnS/Zn 1)	$ZnS + 2e^- \rightleftharpoons Zn + S^{2-}$		−1.44
$Zn(OH)_2/Zn$	$Zn(OH)_2 + 2e^- \rightleftharpoons Zn + 2OH^-$		−1.249
$[ZnO_2]^{2-}/Zn$	$[ZnO_2]^{2-} + 2H_2O + 2e^- \rightleftharpoons Zn + 4OH^-$		−1.215
$[Zn(NH_3)_4]^{2+}/Zn$ 1)	$[Zn(NH_3)_4]^{2+} + 2e^- \rightleftharpoons Zn + 4NH_3$		−1.04
$[Zn(CN)_4]^{2-}/Zn$ 1)	$[Zn(CN)_4]^{2-} + 2e^- \rightleftharpoons Zn + 4CN^-$		−1.26

1）摘自 Weast R C. Handbook of Chemistry and Physics. 61st ed. Boca Roton:CRC Press,1980～1981。

2）其他资料摘自 Lide D R. CRC Handbook of Chemistry and Physics. 73rd ed. Boca Roton:CRC Press,1992,8-17～8-22。

附录Ⅶ　某些离子和化合物的颜色

离子或化合物	颜　色	离子或化合物	颜　色	离子或化合物	颜　色
$AgCl$	白	$[Cr(NH_3)_4(H_2O)_2]^{3+}$	橙红	$[Ni(NH_3)_6]^{2+}$	蓝
$AgBr$	淡黄	$[Cr(NH_3)_6]^{3+}$	黄	$[Ni(CN)_4]^{2-}$	黄
AgI	黄	CrO_2^-	亮绿	Ni(DMG)	红
Ag_2CrO_4	砖红	CrO_4^{2-}	黄	MnO_2	棕
$Ag_2C_2O_4$	白	$Cr_2O_7^{2-}$	橙	$Mn(OH)_2$	白
$AgCN$	白	Cu_2O	暗红	MnS	肉
Ag_3AsO_4	红褐	CuO	黑	$MnCO_3$	白
$Ag_2S_2O_3$	白	Cu_2S	黑	$[Mn(H_2O)_6]^{2+}$	肉
Ag_3PO_4	黄	CuS	黑	MnO_4^{2-}	绿
Ag_2S	黑	Cu_2Cl_2	白	MnO_4^-	紫红
Ag_2SO_4	白	$Cu_2(OH)_2SO_4$	浅蓝	PbO_2	棕褐
Ag_2CO_3	白	$Cu_2(OH)_2CO_3$	蓝	Pb_3O_4	红
$Ag_3[Fe(CN)_6]$	橙	$[Cu(H_2O)_4]^{2+}$	蓝	PbS	黑
$Ag_4[Fe(CN)_6]$	白	$[CuCl_2]^-$	泥黄	$PbSO_4$	白
Ag_2O	褐	$[CuCl_4]^{2-}$	黄	$PbCrO_4$	黄
$Al(OH)_3$	白	$[CuI_2]^-$	黄	PbO_2^{2-}	无
$Ba(IO_3)_2$	白	$[Cu(NH_3)_4]^{2+}$	深蓝	TiO_2	白
$Ba_3(PO_4)_2$	白	$Cu_2[Fe(CN)_6]$	红棕	$TiCl_3$	紫
$BaCrO_4$	黄	$Cu(SCN)_2$	黑绿	$TiOSO_4 \cdot H_2O$	白
CdO	棕灰	$[Cu(OH)_4]^{2-}$	深蓝	$TiCl_4$	无
$Cd(OH)_2$	白	FeO	黑	$[TiO(H_2O_2)]^{2+}$	橘黄
CoO	灰绿	Fe_2O_3	砖红	$[Ti(H_2O)_6]^{3+}$	紫
Co_2O_3	黑	$Fe(OH)_3$	红棕	VO	黑
$Co(OH)Cl$	蓝	$Fe(NO_3)_3 \cdot 9H_2O$	淡蓝	V_2O_3	黑
$Co(OH)_2$	粉红	$FeSO_4 \cdot 7H_2O$	浅绿	VO_2	深蓝
$CoSO_4 \cdot 7H_2O$	红	$FeCl_3$	黑褐	V_2O_5	红棕
CdS	黄	FeS	黑	$[V(H_2O)_6]^{2+}$	蓝紫
$[Co(H_2O)_6]^{2+}$	粉红	$[Fe(H_2O)_6]^{2+}$	浅绿	$[V(H_2O)_6]^{3+}$	绿
$[CoCl_4]^{2-}$	蓝	$[Fe(H_2O)_6]^{3+}$	淡紫	VO^{2+}	蓝
$[Co(NH_3)_6]^{2+}$	黄	$[Fe(CN)_6]^{4-}$	黄	VO_2^+	黄
$[Co(NH_3)_6]^{3+}$	红	$[Fe(CN)_6]^{3-}$	红棕	$[VO_2(O_2)_2]^{2-}$	黄
$[Co(SCN)_4]^{2-}$	蓝	$[Fe(NCS)_n]^{3-n}$	血红	ZnO	白
$K_3[Co(NO_2)_6]$	黄	$[Fe(C_2O_4)_3]^{3-}$	黄	$Zn(OH)_2$	白
Cr_2O_3	绿	$Fe_3[Fe(CN)_6]_2$	滕氏蓝	ZnS	白
CrO_3	橙红	$Fe_4[Fe(CN)_6]_3$	普鲁士蓝	$[Zn(H_2O)_4]^{2+}$	无
CrO_5	蓝	NiO	暗绿	ZnO_2^{2-}	无
$Cr(OH)_3$	灰绿	Ni_2O_3	黑	$Zn_3[Fe(CN)_6]_2$	黄褐
$Cr_2(SO_4)_3$	桃红	$Ni(OH)Cl$	绿		
$Cr_2(SO_4)_3 \cdot 18H_2O$	紫	$Ni(OH)_2$	果绿	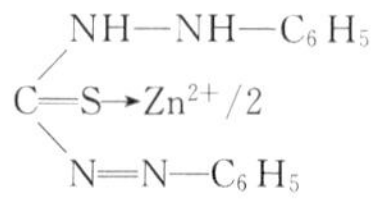	粉红
$CrCl_3 \cdot 6H_2O$	暗绿	$Ni(OH)_3$	黑		
$[Cr(H_2O)_6]^{3+}$	蓝紫	NiS	黑		
$[Cr(NH_3)_3(H_2O)_3]^{3+}$	浅红	$[Ni(H_2O)_6]^{2+}$	亮绿		

附录Ⅷ　配离子标准稳定常数[1)]

配离子	$K^{\ominus}_{稳}$	$\lg K^{\ominus}_{稳}$	配离子	$K^{\ominus}_{稳}$	$\lg K^{\ominus}_{稳}$
NaY^{3-} [2)]	5.0×10^{1}	1.66	$[Cd(NH_3)_4]^{2+}$	1.3×10^{7}	7.12
CaY^{2-}	1.0×10^{11}	11.0	$[Hg(NH_3)_4]^{2+}$	1.9×10^{19}	19.28
MgY^{2-}	6.8×10^{8}	8.64	$[Fe(CN)_6]^{3-}$	1.0×10^{42}	42.00
AlY^{-}	1.3×10^{16}	16.11	$[Fe(CN)_6]^{4-}$	1.0×10^{35}	35.00
PbY^{2-}	2.0×10^{18}	18.3	$[Ag(CN)_2]^{-}$	5.0×10^{21}	21.7
SnY^{2-}	1.2×10^{22}	22.1	$[Cu(CN)_4]^{3-}$	2.0×10^{30}	30.30
ZnY^{2-}	3.1×10^{16}	16.4	$[Ni(CN)_4]^{2-}$	2.0×10^{31}	31.3
CdY^{2-}	3.8×10^{16}	16.4	$[Zn(CN)_4]^{2-}$	5.0×10^{16}	16.7
HgY^{2-}	6.3×10^{21}	21.80	$[Cd(CN)_4]^{2-}$	6.0×10^{18}	18.78
MnY^{2-}	1.0×10^{14}	13.8	$[Ag(S_2O_3)_2]^{3-}$	2.9×10^{13}	13.46
FeY^{2-}	2.1×10^{14}	14.33	$[Cu(S_2O_3)_2]^{3-}$	1.7×10^{12}	12.22
FeY^{-}	1.7×10^{24}	24.23	$[Hg(S_2O_3)_2]^{2-}$	1.7×10^{33}	33.24
CoY^{2-}	1.0×10^{16}	16.31	$[Fe(SCN)_2]^{+}$	2.3×10^{3}	3.36
NiY^{2-}	4.1×10^{18}	18.56	$[Co(SCN)_4]^{2-}$	1.0×10^{3}	3.00
CuY^{2-}	5.0×10^{18}	18.7	$[Cu(SCN)_2]^{-}$	1.6×10^{5}	5.18
AgY^{3-}	2.0×10^{7}	7.32	$[Cd(SCN)_4]^{2-}$	4.0×10^{3}	3.6
$[Fe(en)_3]^{2+}$	5.0×10^{9}	9.70	$[Hg(SCN)_4]^{2-}$	1.8×10^{21}	21.23
$[Co(NH_3)_6]^{3+}$	1.6×10^{35}	35.2	FeF_6^{3-}	1.0×10^{16}	16.00
$[Co(NH_3)_6]^{2+}$	1.3×10^{5}	5.11	AlF_6^{3-}	6.9×10^{19}	19.84
$[Ni(NH_3)_6]^{2+}$	5.5×10^{8}	8.74	$CuCl_2^{-}$	3.5×10^{5}	5.5
$[Ag(NH_3)_2]^{+}$	1.1×10^{7}	7.05	$[Fe(C_2O_4)_3]^{3-}$	1.6×10^{20}	20.20
$[Cu(NH_3)_4]^{2+}$	2.1×10^{13}	13.32	$[Fe(C_2O_4)_3]^{4-}$	1.8×10^{5}	5.22
$[Zn(NH_3)_4]^{2+}$	3.0×10^{9}	9.46			

1）数据主要摘自 Dean J A. Lange's Handbook of Chemistry. 14th ed. New York：Hill，1992，8. 2. 2。

2）Y 表示 EDTA。

附录Ⅸ　常用指示剂

1. 酸碱指示剂

指示剂	pH变色范围	酸色	碱色	配制方法
甲基橙	3.1～4.4	红	黄	0.1%的水溶液
甲基红	4.4～6.2	红	黄	0.1%的60%乙醇溶液
溴百里酚蓝	6.0～7.6	黄	蓝	0.1%的20%乙醇溶液
酚红	6.4～8.0	黄	红	0.1%的20%乙醇溶液
苯酚红	6.0～8.4	黄	红	0.1%的60%乙醇溶液
酚酞	8.2～10.0	无	红	0.1%的60%乙醇溶液
百里酚酞	9.4～10.6	无	蓝	0.1%的90%乙醇溶液

2. 金属指示剂

名　称	颜　色		配制方法
	游离态	化合物	
铬黑T(EBT)	蓝	酒红	①将0.5 g铬黑T溶于100 mL水中； ②将1 g铬黑T与100 g NaCl研细、混匀
钙指示剂	蓝	红	将0.5 g钙指示剂与100 g NaCl研细、混匀
二甲酚橙(XO),0.1%	黄	红	将0.1 g二甲酚橙溶于100 mL水中
K-B指示剂	蓝	红	将0.5 g酸性铬蓝K加1.25 g萘酚绿B,再加25 g KNO_3 研细、混匀
磺基水杨酸,1%	无色	红	将1 g磺基水杨酸溶于100 mL水中
吡啶偶氮萘酚(PAN),0.1%	黄	红	将0.1 g吡啶偶氮萘酚溶于100 mL乙醇中
邻苯二酚紫,0.1%	紫	蓝	将0.1 g邻苯二酚紫溶于100 mL水中
钙镁试剂	红	蓝	将0.5 g钙镁试剂溶于100 mL水中

3. 氧化还原指示剂

名　称	变色电位 $E^{\ominus}$/V	颜　色		配制方法
		氧化态	还原态	
二苯胺,1%	0.76	紫	无色	将1 g二苯胺在搅拌下溶于100 mL浓硫酸和100 mL浓磷酸,储于棕色瓶中
二苯胺基苯甲酸,0.2%	0.85	紫	无色	将0.5 g二苯胺磺酸钠溶于100 mL水中,必要时过滤
邻苯氨基苯甲酸,0.2%	0.89	紫红	无色	将0.2 g邻苯氨基苯甲酸加热溶解在100 mL 0.2% Na_2CO_3 溶液中,必要时过滤
邻二氮菲硫酸亚铁,0.5%	1.06	浅蓝	红	将0.5 g $FeSO_4\cdot 7H_2O$ 溶于100 mL水中,加2滴 H_2SO_4,加0.5 g邻二氮菲

附录X　常见离子的鉴定

1. 常见阳离子的鉴定

离　子	试剂及介质条件	鉴定反应(干扰离子)	鉴定步骤及实验现象
NH_4^+	奈斯勒试剂($K_2[HgI_4]$+KOH)碱性介质	$NH_4^+ + 2[HgI_4]^{2-} + 4OH^- = HgO \cdot HgNH_2I(s) + 7I^- + 3H_2O$ (Fe^{3+}、Cr^{3+}、Co^{2+}、Ni^{2+}、Ag^+、Hg^{2+}干扰)	取10滴试液于试管中,加入NaOH溶液(2.0 mol·L^{-1})使呈碱性,微热,并用滴加奈斯勒试剂的滤纸检验逸出的气体,产生红棕色斑点
	NaOH强碱性介质	$NH_4^+ + OH^- = NH_3(g) + H_2O$ (CN^-干扰)	取10滴试液于试管中,加入NaOH溶液(2.0 mol·L^{-1})碱化,微热,并用润湿的红色石蕊试纸(或用pH试纸)检验逸出的气体,试纸显蓝色
K^+	$Na_3[Co(NO_2)_6]$	$2K^+ + Na^+ + [Co(NO_2)_6]^{3-} = K_2Na[Co(NO_2)_6](s)$ (Fe^{3+}、Cu^{2+}、Co^{2+}、Ni^{2+}、Be^{2+}、NH_4^+干扰)	取3～4滴试液于试管中,加入4～5滴Na_2CO_3溶液(0.5 mol·L^{-1}),加热,使有色离子变为碳酸盐沉淀。离心分离,在所得清液中加入HAc溶液(6.0 mol·L^{-1}),再加入2滴$Na_3[Co(NO_2)_6]$溶液,最后将试管放入沸水浴中加热2 min,产生黄色沉淀
	焰色反应	Na^+干扰,用蓝色钴玻璃可消除	用清洁的铂丝蘸取溶液,置于煤气灯的氧化焰中灼烧,火焰呈紫色
Na^+	$Zn(Ac)_2 \cdot UO_2(Ac)_2$(乙酸铀酰锌)	$Na^+ + Zn^{2+} + 3UO_2^{2+} + 8Ac^- + HAc + 9H_2O = H^+ + NaAc \cdot Zn(Ac)_2 \cdot 3UO_2(Ac)_2 \cdot 9H_2O(s)$ (K^+、Ag^+、Hg_2^{2+}、Sb^{3+}干扰)	取3滴试液于试管中,加氨水(6.0 mol·L^{-1})中和至碱性,再加HAc溶液(6.0 mol·L^{-1})酸化,然后加3滴EDTA溶液(饱和)和6～8滴乙酸铀酰锌,充分振荡,放置片刻,生成淡黄色晶状沉淀
	焰色反应		用清洁的铂丝蘸取溶液,置于煤气灯的氧化焰中灼烧,火焰呈黄色
Mg^{2+}	镁试剂Ⅰ(对硝基苯偶氮间苯二酚)强碱性介质	Mg^{2+}+镁试剂Ⅰ⟶蓝色沉淀 (Fe^{3+}、Cu^{2+}、Co^{2+}、Ni^{2+}、Cr^{3+}、Ag^+、Hg^{2+}、Mn^{2+}干扰)	取1滴试液于点滴板上,加2滴EDTA溶液(饱和),搅拌后,加1滴镁试剂Ⅰ、1滴NaOH溶液(6.0 mol·L^{-1}),生成蓝色沉淀
Ca^{2+}	乙二醛双缩(2-三羟基苯胺,简称GBHA)碱性介质	$Ca^{2+} + GBHA = Ca(GBHA)(s) + 2H^+$	取1滴试液于试管中,加入10滴$CHCl_3$,加入4滴GBHA(0.2%)、2滴NaOH溶液(6.0 mol·L^{-1})、2滴Na_2CO_3溶液(1.5 mol·L^{-1}),振荡试管,$CHCl_3$层显红色
Sr^{2+}	焰色反应		用清洁的镍铬丝或铂丝蘸取$SrCl_2$溶液置于煤气灯的氧化焰中灼烧,产生洋红色火焰
Ba^{2+}	K_2CrO_4中性或弱酸性	$Ba^{2+} + CrO_4^{2-} = BaCrO_4(s)$	取4滴试样于试管中,加$NH_3 \cdot H_2O$(浓)使呈碱性,再加少量锌粉,在沸水浴中加热1～2 min,并不断搅拌,离心分离。在溶液中加乙酸酸化,加3～4滴K_2CrO_4溶液,摇荡,在沸水中加热,产生黄色沉淀

续表

离　子	试剂及介质条件	鉴定反应(干扰离子)	鉴定步骤及实验现象
Al^{3+}	铝试剂(金黄色素三羧酸铵) $pH=4\sim5$	Al^{3+} +铝试剂$\longrightarrow$红色沉淀 (Fe^{3+}、Co^{2+}、Cr^{3+}、Ti^{4+}、Mn^{2+}干扰)	取4滴试液于试管中,加NaOH溶液($6.0\ mol\cdot L^{-1}$)碱化,并过量2滴,加2滴H_2O_2(3%),加热2 min,离心分离。用HAc溶液($6.0\ mol\cdot L^{-1}$)将溶液酸化,调pH为6~7,加3滴铝试剂,振荡后,放置片刻,加$NH_3\cdot H_2O$($6.0\ mol\cdot L^{-1}$)碱化,置于水浴上加热,如有橙红色(有CrO_4^{2-}存在)物质生成,可离心分离。用去离子水洗沉淀,沉淀为红色
Sn^{2+}	$HgCl_2$ 酸性	$2[SnCl_4]^{2-}+4HgCl_2$ ═══ $2[SnCl_6]^{2-}+2Hg_2Cl_2(s)$ $2[SnCl_4]^{2-}+2Hg_2Cl_2$ ═══ $2[SnCl_6]^{2-}+4Hg(s)$	取2滴试液于试管中,加2滴HCl溶液($6.0\ mol\cdot L^{-1}$),加少量铁粉,在水浴上加热至作用完全,气泡不再发生为止。吸取清液于另一干净试管中,加入2滴$HgCl_2$,先生成白色沉淀,后变成黑色沉淀
Pb^{2+}	K_2CrO_4 中性或弱酸性	$Pb^{2+}+CrO_4^{2-}$ ═══ $PbCrO_4(s)$ (Ba^{2+}、Sr^{2+}、Bi^{3+}、Ni^{2+}、Ag^{+}、Hg^{2+}、Zn^{2+}干扰)	取4滴试液于试管中,加2滴H_2SO_4溶液($6.0\ mol\cdot L^{-1}$),加热几分钟,振荡,使Pb^{2+}沉淀完全,离心分离。在沉淀中加入过量NaOH溶液($6.0\ mol\cdot L^{-1}$),并加热1 min,使$PbSO_4$转化为$Pb(OH)_3^-$,离心分离。在清液中加HAc溶液($6.0\ mol\cdot L^{-1}$),再加2滴K_2CrO_4溶液($0.1\ mol\cdot L^{-1}$),产生黄色沉淀
Bi^{3+}	$SnCl_2$,NaOH强碱性	$2Bi(OH)_3+3[Sn(OH)_4]^{2-}$ ═══ $2Bi(s)+3[Sn(OH)_6]^{2-}$ (Hg_2^{2+}、Hg^{2+}、Pb^{2+}干扰)	取3滴试液于试管中,加入$NH_3\cdot H_2O$(浓),Bi(Ⅲ)变为$Bi(OH)_3$沉淀,离心分离。洗涤沉淀,以除去可能共存的Cu(Ⅱ)和Cd(Ⅱ)。在沉淀中加入少量新配制的$Na_2[Sn(OH)_4]$溶液,沉淀变为黑色
Sb^{3+}	金属锡酸性	$2[SbCl_6]^{3-}+3Sn$ ═══ $2Sb(s)+3[SnCl_4]^{2-}$ (Bi^{2+}、Ag^{+}、AsO_2^-干扰)	取6滴试液于试管中,加$NH_3\cdot H_2O$溶液($6.0\ mol\cdot L^{-1}$)碱化,加5滴$(NH_4)_2S$溶液($0.50\ mol\cdot L^{-1}$),充分振荡,于水浴上加热5 min左右,离心分离。在溶液中加HCl溶液($6.0\ mol\cdot L^{-1}$)酸化,使呈微酸性,并加热3~5 min,离心分离。沉淀中加3滴HCl(浓),再加热使Sb_2S_3溶解。取此溶液滴在锡箔上,片刻锡箔上出现黑斑。用水洗去酸,再用1滴新配制的NaBrO溶液处理,黑斑不消失
As(Ⅲ) As(Ⅴ)	金属锌碱性	$AsO_3^{3-}+3OH^-+3Zn+6H_2O$ ═══ $3[Zn(OH)_4]^{2-}+AsH_3(g)$ $6AgNO_3+AsH_3$ ═══ $3HNO_3+Ag_3As\cdot3AgNO_3$(黄) $Ag_3As\cdot3AgNO_3+3H_2O$ ═══ $H_3AsO_3+3HNO_3+6Ag$(s,黑色) (若是AsO_4^{3-}应预先用亚硫酸还原)	取3滴试液于试管中,加NaOH溶液($6.0\ mol\cdot L^{-1}$)碱化,再加少量Zn粒,立刻用一小团脱脂棉塞在试管上部,再用5% $AgNO_3$溶液浸过的滤纸盖在试管口上,置于水浴中加热,滤纸上$AgNO_3$斑点渐渐变黑

续表

离　子	试剂及介质条件	鉴定反应(干扰离子)	鉴定步骤及实验现象
Ti^{4+}	H_2O_2 酸性	$Ti^{4+}+4Cl^-+H_2O_2$ ══ $[TiCl_4(O_2)]^{2-}+2H^+$ (F^-、Fe^{3+}、CrO_4^{2-}、MnO_4^- 干扰)	取4滴试液于试管中，加入7滴氨水(浓)和5滴 NH_4Cl 溶液(1.0 mol・L^{-1})，振荡，离心分离。在沉淀中加2～3滴HCl(浓)和4滴 H_3PO_4(浓)，使沉淀溶解，再加4滴 H_2O_2 溶液(3%)，摇荡，溶液呈橙色
Cr^{3+}	H_2O_2 或 Na_2O_2 碱性	$2[Cr(OH)_4]^-+3H_2O_2+2OH^-$ ══ $2CrO_4^{2-}+8H_2O$ $CrO_4^{2-}+2H^+$ ══ $Cr_2O_7^{2-}+H_2O$ $Cr_2O_7^{2-}+4H_2O_2+2H^+$ ══ $2CrO(O_2)_2+5H_2O$	取2滴试液于试管中，加NaOH溶液(2.0 mol・L^{-1})至生成沉淀又溶解，再多加2滴。加 H_2O_2 溶液(3%)，微热，溶液呈黄色。冷却后再加5滴 H_2O_2 溶液(3%)，加1 mL戊醇(或乙醚)，最后慢慢滴加 HNO_3 溶液(6.0 mol・L^{-1})，注意，每加1滴 HNO_3 都必须充分振荡。戊醇层呈蓝色
Mn^{2+}	固体 $NaBiO_3$ 硝酸介质	$2Mn^{2+}+5NaBiO_3(s)+14H^+$ ══ $2MnO_4^-+5Bi^{3+}+5Na^++7H_2O$ (Cl^-、Co^{2+} 干扰)	取2滴试液于试管中，加 HNO_3 溶液(6.0 mol・L^{-1})酸化，加少量 $NaBiO_3$ 固体，摇荡后，静置片刻，溶液呈紫红色
Fe^{2+}	$K_3[Fe(CN)_6]$ 酸性	$Fe^{2+}+K^++[Fe(CN)_6]^{3-}$ ══ $[KFe(Ⅲ)(CN)_6Fe(Ⅱ)](s)$	取1滴试液于点滴板上，加1滴HCl溶液(2.0 mol・L^{-1})酸化，加1滴 $K_3[Fe(CN)_6]$ 溶液(0.1 mol・L^{-1})，出现蓝色沉淀
Fe^{3+}	KSCN 酸性	$Fe^{3+}+nNCS^-$ ══ $[Fe(NCS)_n]^{3-n}$ ($n=1\sim6$)	取1滴试液于点滴板上，加1滴HCl(2.0 mol・L^{-1})酸化，加1滴KNCS溶液(0.1 mol・L^{-1})，溶液显红色
	$K_4[Fe(CN)_6)]$ 酸性	$Fe^{3+}+K^++[Fe(CN)_6]^{4-}$ ══ $[KFe(Ⅲ)(CN)_6Fe(Ⅱ)](s)$	取1滴试液于点滴板上，加1滴HCl溶液(2.0 mol・L^{-1})及1滴 $K_4[Fe(CN)_6]$，立即生成蓝色沉淀
Co^{2+}	KSCN，丙酮 酸性	$Co^{2+}+4NCS^-$ ══ $[Co(SCN)_4]^{2-}$	取5滴试液于试管中，加入数滴丙酮，再加少量KSCN或 NH_4SCN 晶体，充分振荡，溶液呈鲜艳的蓝色
Ni^{2+}	丁二酮肟(简称DMG)氨水介质	$Ni^{2+}+2DMG$ ══ $Ni(DMG)(s)+2H^+$ (Co^{2+}、Cu^{2+}、Bi^{3+}、Fe^{2+}、Fe^{3+}、Mn^{2+} 干扰)	取5滴试液于试管中，加入5滴氨水(2.0 mol・L^{-1})碱化，加丁二酮肟溶液(1%)，出现鲜红色沉淀
Cu^{2+}	$K_4[Fe(CN)_6]$ 中性或酸性	$2Cu^{2+}+[Fe(CN)_6]^{4-}$ ══ $Cu_2[Fe(CN)_6](s)$ (Fe^{3+}、Bi^{3+}、Co^{2+} 干扰)	取1滴试液于点滴板上，加2滴 $K_4[Fe(CN)_6]$(0.1 mol・L^{-1})，生成红棕色沉淀
Zn^{2+}	二苯硫腙强碱性	Zn^{2+}＋二苯硫腙⟶水层呈粉红色 (Co^{2+}、Cu^{2+}、Bi^{3+}、Hg^{2+}、Al^{3+}、Mn^{2+}、Ni^{2+}、Cd^{2+}、Cr^{3+}、Ag^+、Fe^{3+}、Pb^{2+} 干扰)	取2滴试液于试管中，加入5滴NaOH溶液(6.0 mol・L^{-1})，加10滴 CCl_4，加2滴二苯硫腙溶液，振荡，水层显粉红色，CCl_4 层由绿色变棕色

续表

离　子	试剂及介质条件	鉴定反应(干扰离子)	鉴定步骤及实验现象
Ag^+	稀 HCl,氨水 HNO_3 酸性	$Ag^+ + Cl^- \longrightarrow AgCl(s)$ $AgCl(s) + 2NH_3 \longrightarrow [Ag(NH_3)_2]^+ + Cl^-$ $[Ag(NH_3)_2]^+ + Cl^- + H^+ \longrightarrow AgCl(s) + 2NH_4^+$	取 5 滴试液于试管中,加 5 滴 HCl 溶液(2.0 $mol \cdot L^{-1}$),置于水浴上温热,使沉淀聚集,离心分离。沉淀用热的去离子水洗一次,然后加入过量 $NH_3 \cdot H_2O$(6.0 $mol \cdot L^{-1}$),振荡,如有不溶沉淀物存在时,离心分离。取部分溶液于试管中加 HNO_3 溶液(2.0 $mol \cdot L^{-1}$),产生白色沉淀
Cd^{2+}	Na_2S	$Cd^{2+} + S^{2-} \longrightarrow CdS(s)$	取 3 滴试液于试管中,加 10 滴 HCl 溶液(2.0 $mol \cdot L^{-1}$),加 3 滴 Na_2S 溶液(0.1 $mol \cdot L^{-1}$),可使 Cu^{2+} 沉淀,Co^{2+},Ni^{2+} 和 Cd^{2+} 均无反应,离心分离。在清液中加 NH_4Ac 溶液(30%),使酸度降低,黄色沉淀析出
Hg^{2+}	$SnCl_2$ 酸性	同 Sn^{2+} 的鉴定反应(Hg_2^{2+} 干扰)	取 2 滴试液,加入 2~3 滴 $SnCl_2$ 溶液(0.1 $mol \cdot L^{-1}$),生成白色沉淀,并逐渐转变为灰色或黑色
Hg_2^{2+}	$SnCl_2$ 酸性	$Sn^{2+} + Hg_2^{2+} + 6Cl^- \longrightarrow 2Hg(s) + [SnCl_6]^{2-}$ (Hg^{2+} 干扰)	取 2 滴试液,加入 2~3 滴 $SnCl_2$ 溶液(0.1 $mol \cdot L^{-1}$),生成黑色沉淀

2. 常见阴离子的鉴定

离子	试剂及介质条件	鉴定反应(干扰离子)	鉴定步骤及实验现象
CO_3^{2-}	H^+ $Ba(OH)_2$ 酸性	$CO_3^{2-} + 2H^+ \longrightarrow CO_2(g) + H_2O$ $CO_2 + Ba(OH)_2 \longrightarrow BaCO_3(s) + H_2O$ (SO_3^{2-}、$S_2O_3^{2-}$ 干扰)	取 10 滴试液于试管中,加入 10 滴 H_2O_2 溶液(3%),置于水浴上加热 3 min,如果检验溶液中无 SO_3^{2-}、S^{2-} 存在时,可向溶液中一次加入半滴管 HCl 溶液(6.0 $mol \cdot L^{-1}$),并立即插入吸有 $Ba(OH)_2$ 溶液(饱和)的带塞滴管,使滴管口悬挂 1 滴溶液,观察溶液是否变浑浊。或者向试管中插入蘸有 $Ba(OH)_2$ 溶液的带塞的镍铬丝小圈,镍铬小圈的液膜变浑浊
NO_3^-	$FeSO_4$ 浓 H_2SO_4 酸性	$6FeSO_4 + 2NaNO_3 + 4H_2SO_4 \longrightarrow 3Fe_2(SO_4)_3 + 2NO(g) + Na_2SO_4 + 4H_2O$ $FeSO_4 + NO \longrightarrow [FeNO]SO_4$ (NO_2^- 干扰)	取 10 滴试液于试管中,加入 5 滴 H_2SO_4 溶液(2.0 $mol \cdot L^{-1}$),加入 1 mL Ag_2SO_4 溶液(0.02 $mol \cdot L^{-1}$),离心分离。在清液中加入少量尿素固体,并微热。在溶液中加入少量 $FeSO_4$ 固体,振荡溶解后,将试管斜持,慢慢沿试管壁滴入 1 mL H_2SO_4(浓)。H_2SO_4 层与水溶液层的界面处有"棕色环"出现
NO_2^-	$FeSO_4$ HAc	$Fe^{2+} + NO_2^- + 2HAc \longrightarrow Fe^{3+} + NO(g) + H_2O + 2Ac^-$ $Fe^{2+} + NO \longrightarrow [Fe(NO)]^{2+}$	取 5 滴试液于试管中,加入 10 滴 Ag_2SO_4 溶液(0.02 $mol \cdot L^{-1}$),若有沉淀生成,离心分离。在清液中加少量 $FeSO_4$ 固体,振荡溶解后,加入 10 滴 HAc 溶液(2.0 $mol \cdot L^{-1}$),溶液呈棕色

续表

离　子	试剂及介质条件	鉴定反应(干扰离子)	鉴定步骤及实验现象
PO_4^{3-}	$(NH_4)_2MoO_4$ HNO_3 介质	$PO_4^{3-} + 3NH_4^+ + 12MoO_4^{2-} + 24H^+ = (NH_4)_3PO_4 \cdot 12MoO_3 \cdot 6H_2O(s) + 6H_2O$ (SO_3^{2-}、$S_2O_3^{2-}$、S^{2-}、I^-、Cl^- 干扰)	取 5 滴试液于试管中，加入 10 滴 HNO_3(浓)，并置于沸水浴中加热 1～2 min。稍冷后，加入 20 滴 $(NH_4)_2MoO_4$ 溶液，并在水浴上加热至 40～45 ℃，产生黄色沉淀
S^{2-}	$Na_2[Fe(CN)_5NO]$ 碱性	$S^{2-} + [Fe(CN)_5NO]^{4-} \longrightarrow [Fe(CN)_5NOS]^{6-}$	取 1 滴试液于点滴板上，加 1 滴 $Na_2[Fe(CN)_5NO]$溶液(1%)，溶液呈紫色
SO_3^{2-}	$Na_2[Fe(CN)_5NO]$、 $ZnSO_4$、 $K_4[Fe(CN)_6]$ 中性	(S^{2-} 干扰)	取 10 滴试液于试管中，加入少量 $PbCO_3(s)$，振荡，若沉淀由白色变为黑色，则需要再加少量 $PbCO_3(s)$，直到沉淀呈灰色为止。离心分离。保留清液。在点滴板上，加 $ZnSO_4$ 溶液(饱和)、$K_4[Fe(CN)_6]$溶液(0.1 mol·L^{-1})及 $Na_2[Fe(CN)_5NO]$溶液(1%)各 1 滴，加 1 滴 $NH_3 \cdot H_2O$(2.0 mol·L^{-1})将溶液调至中性，最后加 1 滴除去 S^{2-} 的试液，出现红色沉淀
$S_2O_3^{2-}$	$AgNO_3$ 中性	$2Ag^+ + S_2O_3^{2-} = Ag_2S_2O_3(s)$ $Ag_2S_2O_3(s) + H_2O = H_2SO_4 + Ag_2S(s)$ (S^{2-} 干扰)	取 1 滴除去 S^{2-} 的试液于点滴板上，加 2 滴 $AgNO_3$ 溶液(0.1 mol·L^{-1})，产生白色沉淀，并很快变为黄色、棕色，最后变为黑色
SO_4^{2-}	$BaCl_2$ 酸性	$Ba^{2+} + SO_4^{2-} = BaSO_4(s)$ ($S_2O_3^{2-}$ 干扰)	取 5 滴试液于试管中，加 HCl 溶液(6.0 mol·L^{-1})至无气泡产生时，再多加 1～2 滴。加入 1～2 滴 $BaCl_2$ 溶液(1.0 mol·L^{-1})，生成白色沉淀
Cl^-	$AgNO_3$ 酸性	$Ag^+ + Cl^- = AgCl(s)$	取 10 滴试液于试管中，加 5 滴 HNO_3 溶液(6.0 mol·L^{-1})和 15 滴 $AgNO_3$ 溶液(0.1 mol·L^{-1})，在水浴上加热 2 min。离心分离。将沉淀用 2 mL 去离子水洗涤 2 次，使溶液 pH 接近中性。加入 10 滴 $(NH_4)_2CO_3$ 溶液(12%)，并在水浴上加热 1 min，离心分离。在清液中加 1～2 滴 HNO_3 溶液(2.0 mol·L^{-1})，有白色沉淀生成
Br^-、I^-	Cl_2 水 CCl_4 中性或酸性	$2Br^- + Cl_2 = Br_2 + 2Cl^-$ $2I^- + Cl_2 = I_2 + 2Cl^-$	取 5 滴试液于试管中，加 1 滴 H_2SO_4 溶液(2.0 mol·L^{-1})酸化，加 1 mL CCl_4，加 1 滴 Cl_2 水，充分摇荡，CCl_4 层呈紫红色，有 I^- 存在。继续加入 Cl_2 水，并振荡，CCl_4 层紫红色褪去，呈现棕黄色或黄色，有 Br^- 存在